Dictionnaire
FRANÇAIS - ANGLAIS
d'informatique

CHEZ LE MÊME ÉDITEUR

Du même auteur :

DICTIONNAIRE D'INFORMATIQUE. Anglais-Français. Bureautique, télématique, micro-informatique. Par M. GINGUAY, 1990, 10ᵉ édition révisée et augmentée, 272 pages.

DICTIONNAIRE D'INFORMATIQUE. Par M. GINGUAY et A. LAURET, 1990, 4ᵉ édition refondue et augmentée, 360 pages.

DICCIONARIO DE INFORMÁTICA. Inglés-Español. Par M. GINGUAY, traduction de L. A. GARCIA-RAMOS, 1985, 2ᵉ édition, 288 pages.

DIZIONARIO DI INFORMATICA. Inglese-Italiano. Par M. GINGUAY, traduction par G. GINI, 1986, 2ᵉ édition, 280 pages.

Autres ouvrages :

DICTIONNAIRE DES TÉLÉCOMMUNICATIONS. Anglais-Français. Par J. de LUCA, 1988, 408 pages.

TÉLÉMATIQUE. Téléinformatique et réseaux. Par M. MAIMAN. *Collection MIM-Réseaux,* 1990, 3ᵉ édition révisée et augmentée, 330 pages.

LE RNIS, techniques et atouts. Réseau Numérique à Intégration de Services. Par G. DICENET, préface de J.-P. POITEVIN, *Collection Technique et Scientifique des Télécommunications,* 1989, 3ᵉ tirage, 392 pages.

ORDINATEURS, INTERFACES ET RÉSEAUX DE COMMUNICATION. Par S. COLLIN, *Collection MIM-Algorithmique, Programmation,* 1988, 120 pages.

LES CARTES À MICROCIRCUIT. Techniques et applications. Par F. GUEZ, C. ROBERT et A. LAURET, 1988, 204 pages.

DE NOUVELLES VOIES VERS L'INTELLIGENCE ARTIFICIELLE. Pluridisciplinarité, auto-organisation, réseaux neuronaux. Par J.-Cl. PÉREZ, 1988, 248 pages.

LES VIDÉODISQUES. Par G. BROUSSAUD, préface de P. AIGRAIN, *Collection Technique et Scientifique des Télécommunications,* 1986, 216 pages.

INFORMATIQUE DOCUMENTAIRE. Par A. DEWÈZE, préface de J. CORDONNIER et R. BOUCHÉ, *Méthode + Programmes,* 1989, 3ᵉ édition revue et augmentée, 272 pages.

PROGRAMMATION DES JEUX. Par E. SOLOMON, 1990, 200 pages.

Michel GINGUAY

Traducteur

Dictionnaire

FRANÇAIS ~ ANGLAIS

d'informatique

Bureautique – Télématique
Micro-informatique

CINQUIÈME ÉDITION
révisée et augmentée

MASSON
Paris Milan Barcelone Mexico
1990

AVERTISSEMENT

SI le présent dictionnaire français-anglais est issu pour l'essentiel de notre dictionnaire d'informatique, bureautique, télématique, micro-informatique anglais-français, il n'en est pas, tant s'en faut, la simple inversion. En effet, non seulement nous avons recensé les termes techniques des domaines susmentionnés (**bureautique, logiciel, monétique, ordinateur, progiciel, serveur, tableur, télématique,** etc.), mais nous avons également étoffé certains termes généraux, d'usage courant en informatique mais traités superficiellement par la plupart des dictionnaires (**contrôle, cumul, défiler, déroulement, encombrement, entrer, évolué, lancement, sortir, spécialisé, traitement,** etc.). De plus, nous avons enregistré les termes de domaines connexes souvent introuvables ailleurs (**déliasseuse, façonnage, griffes de chat, paravent, rupteuse,** etc.). Enfin, nous nous sommes efforcé d'enregistrer les néologismes les plus récents et les emplois nouveaux, en donnant parfois une explication succincte lorsque l'équivalent anglais ne semblait pas exister.

Les textes sur l'informatique étant émaillés de nombreuses abréviations, nous avons complété l'ouvrage par une liste d'abréviations anglaises, une liste d'abréviations françaises et une liste de signes courants (signes de ponctuation, symboles divers) utilisés notamment en programmation.

Cet ouvrage de quelque 10 300 mots constituera à la fois un outil de travail et un document de référence pour tous ceux qui, travaillant dans le secteur informatique ou les branches connexes, sont amenés à écrire directement en anglais ou à traduire vers cette langue.

Tout ouvrage de ce genre, *a fortiori* dans un domaine en constante évolution, comporte inévitablement des lacunes et ne peut être exempt d'imperfections ; aussi accueillerons-nous avec le plus grand intérêt les suggestions qu'il appellera de la part de ses utilisateurs (Voir « Appel au lecteur » *in fine*).

NOTE SUR LA CINQUIÈME ÉDITION

La présente édition comporte quelque 300 additions diverses : néologismes, nouvelles acceptions, traductions supplémentaires, etc.
Quant aux listes d'abréviations anglaises et françaises, elles ont été complétées par rapport à l'édition précédente.

ABRÉVIATIONS UTILISÉES

adj.   adjectif, adjectivement ;
adv.   adverbe ;
Brit.   terme anglais ou orthographe anglaise ;
conj.   conjonction ;
jarg.   jargon ou terme d'atelier ;
pl.   pluriel ;
p. p.   participe passé ;
prép.   préposition ;
s. f.   substantif féminin ;
sg.   singulier ;
s. m.   substantif masculin ;
U. S.   terme américain ou orthographe américaine ;
v. i.   verbe intransitif ;
v. t.   verbe transitif.

A

A (s. m.), **a commercial,** at sign,

A (prép.), **à bandes, à cartes, à disques,** tape-, card-, disk-, based, driven *or* oriented.

AAMMJJ, (année, mois, jour), YYMMDD (Year, Month, Day).

Abaissement (s. m.), depression (of push-button, etc.).

Abaissé, -e (adj.), down (key).

Abaisser (v. t.), to press, to depress (key).

Abandon (s. m.), abort (of a program).

Abandonner (v. t.), to discontinue (method, etc.) ; to abort (program).

Abaque (s. m.), **1.** abacus, **2.** nomograph, chart.

Abîmé, -e (adj.), mutilated (card), damaged.

Abonné (s. m.), subscriber (to telephone) ; **a. demandé,** called party ; **a. demandeur,** calling party.
See FICHIER, LIGNE, POSTE.

Aboutir (v. i.), **qui a abouti,** successful (search) ; **qui n'a pas abouti,** unsuccessful (search), lost (telephone call).

Abrégé, -e (adj.), abbreviated (dialling), **nom a.,** short name.
See NOTATION.

Abrégé (s. m.), abstract (of document).

Abréger (v. t.), to abbreviate (word, etc.), to abstract.

Abriter (v. t.), to host, to support, to accommodate (services).

Abscisse (s. f.), abscissa ; **axe des abscisses,** X-axis.

Absence (s. f.), absence, lack of ; **a. de frappe,** print holidays ; **a. de papier,** out-of-paper condition ; **a. de perforation, de virgule,** missing punch, comma ; **a. (dans** l'antémémoire) **de la donnée recherchée,** cache miss.

Absolu, -e (adj.), absolute ; **en valeur absolue,** absolutely.
See ADRESSAGE, ADRESSE, FORME.

Abstrait, -e (adj.), **symbole a.,** abstract symbol.

Accédant (s. m.), accessor.

Accéder (v. i.), **a. à,** to access to, to have access to, to gain access to, to get to ; to page to ; **a. (par touche) directement à,** to hot key to ; **permettre d'a. à,** to provide access to.

Accélérateur, -trice (adj.), **carte accélérateur *ou* carte accélératrice,** accelerator card.

Accélération (s. f.), acceleration.
See DURÉE.

Accéléré, -e (adj.), **de façon accélérée,** on a crash basis.
See COURS.

Accélérer (v. t.), to accelerate, to speed up.

Accentué, -e (adj.), **lettre accentuée,** accented letter.

Acceptation (s. f.), acceptance.

Accepter (v. t.), to accept ; to support.

Accepteur (s. m.), acceptor.

Accès (s. m.), access ; **donner accès à,** to provide access to ; **faire l'objet d'un a.,** to be accessed ; **a. aléatoire,** random access ; **a. direct,** random access ; **a. direct (à la) mémoire,** direct memory access (DMA) ; **a. direct (par touche) à,** hot keying ; **a. à distance,** remote access ; **a. immédiat,** immediate access ; **a. multiple avec répartition dans le temps (AMRT),** time-division multiple access (TDMA) ; **accès multiples (à),** multiport ; **a. (en) parallèle,** parallel access ; **a. partagé,** shared access ; **a. rapide,** fast access ; **a. sélectif,** random access ; **a.**

séquentiel, sequential access ; **a. (en) série,** serial access.
See MÉMOIRE, POSSIBILITÉ, TEMPS.

Accessibilité (s. f.), **1.** accessibility. **2.** affordability.

Accessible (adj.), accessible, retrievable ; affordable (price) ; reachable ; **être a.,** to be accessed from ; **ces caractères sont accessibles...,** these characters can be retrieved.

Accessoire (s. m.), accessory.

Accolade (s. f.), brace.

Accordéon (s. m.).
See PLIAGE.

Accro (s. m. & f.), **a. de l'informatique,** computer addict.

Accrochage (s. m.), anchorage.

Accroissement (s. m.), increase, increment.

Accueil (s. m.), greeting, etc. ; **machine d'a.,** hosting machine ; **message d'a.,** greeting message, welcome message ; **page d'a.,** banner page, log-on page, lead-in page ; **points d'a.,** (software) hooks.

Accueillir (v. t.), to greet (user), to host (services), to accommodate (boards).

Accumulateur (s. m.), accumulator ; **a. à décalage,** shift accumulator.
See MÉMORISER.

Accumulation (s. f.), accumulation ; building up (of stock).

Accumuler (v. t.), to accumulate ; to build up (stock).

Accusé (s. m.), **a. de réception,** acknowledgement of receipt ; **a. de réception négatif,** negative acknowledge (NAK) ; **a. de réception positif,** acknowledge (ACK).

Accuser (v. t.), **a. réception de,** to acknowledge receipt of ; **dont on n'a pas accusé réception,** unacknowledged.

Acheminement (s. m.), routing (of messages), route-through ; transport (of card) ; **a. adaptatif,** adap(ta)tive routing ; **a. automatique de messages,** automatic message routing (AMR) ; **a. de secours,** alternate routing ; **a. (par le chemin) le plus économique,** least-cost routing.
See INDICATEUR.

Acheminer (v. t.), to convey, to channel, to

dispatch (information) ; to route (message) ; to transport (card) ; **mal a.,** to misroute.

Acheteur (s. m.), buyer, purchaser ; **a. de temps machine,** computer coordinator.

Acoustique (adj.), acoustical ; **à couplage acoustique,** acoustically-coupled ; **isolation a.,** sound insulation.
See LIGNE, MÉMOIRE.

Acoustique (s. f.), acoustics.

Acquérir (v. t.), to acquire (data).

Acquisition (s. f.), **a. de données,** data acquisition ; **a. d'images,** frame grabbing.

Acquittement (s. m.), acknowledgement (ACK) ; **a. négatif,** negative acknowledge (NACK).

Actes (s. m. pl.), proceedings (of congress).

Actif, -ive (adj.), active (terminal), aggressive (salesman) ; **rendre a.,** to activate.

Action (s. f.), action.
See MISE.

Actionnement (s. m.), actuation, activation.

Actionner (v. t.), to actuate, to activate ; to press, to depress (key).

Actionneur (s. m.), actuator.

Activer (v. t.), to activate.

Activité (s. f.), activity, step ; **activités informatiques,** computer operations.
See TAUX.

Actualisable (adj.), updatable.

Actualisation (s. f.), updating.

Actualiser (v. t.), to update (information).

Acyclique (adj.), acyclic.

Adaptabilité (s. f.), adaptability, tailorability.

Adaptateur (s. m.), adapter, adaptor ; adapter card ; **a. de ligne,** line adapter ; **a. graphique,** graphics adapter ; **a. hôte,** host adapter.

Adaptatif, -ive (adj.), adaptive.
See AUTO.

Adaptation (s. f.), adaptation ; tailoring, customization (of a system), localization (of software, etc.) ; tuning ; **a. de vitesse,** speed matching ; **possibilités d'a.,** adaptability ;

possibilités d'a. (d'un logiciel) à un autre pays, localizability.

Adapter (v. t.), to adapt, to customize, to tailor (system, etc.), to localize (software).

Adapté, -e (adj.), **a. aux besoins de l'utilisateur,** custom-built, custom-designed, custom-made, purpose-built, tailored.

Addition (s. f.), addition ; **a. horizontale,** crossfoot operation ; **a. logique,** logical add ; **faire une a. horizontale,** to crossfoot.

Additionnel, -elle (adj.), **carte a.,** add-on card *or* board ; **mémoire a. externe,** add-on memory ; **mémoire a. interne,** add-in memory.

Additionner (v. t.), to add ; **a. un chiffre trop élevé,** to add over ; **a. un chiffre trop faible,** to add short.
See MACHINE.

Additionneur (s. m.), adder ; **a. à 2 entrées,** two-input adder ; **a. à 3 entrées,** three-input adder ; **a. binaire,** binary adder ; **a. complet,** full adder ; **a. parallèle,** parallel full adder ; **a. série,** serial full adder.
See DEMI.

Additionneur-soustracteur (s. m.), adder-subtracter.

Additionneuse (s. f.), adding machine ; **a. imprimante,** adding lister, add-listing machine.

Adjacent, -e (adj.), adjacent, contiguous.

Adjonction (s. f.), addition, adjunct, attachment ; add-on (equipment) ; addition record, latest addition to (a range of equipment) ; **par l'a. de,** by adding ; **possibilité d'a.,** add-on facility.

Administrateur (s. m.), **a. de base de données,** database administrator (DBA) ; **a. de réseau,** network administrator ; **a. de système,** system administrator.

Administratif, -ive (adj.), administrative.

Adressable (adj.), addressable ; **a. au niveau du caractère,** character-addressable ; **a. en tous points,** all-points addressable (APA) ; **a. par bit,** bit-mapped.
See NON.

Adressage (s. m.), addressing ; **a. abrégé,** abbreviated addressing ; **a. absolu,** absolute addressing, specific addressing ; **a. indirect,** indirect addressing, indirection ; **a. relatif,** relative addressing ; **a. symbolique,** symbolic addressing.

Adresse (s. f.), address, location ; **à deux adresses,** two-address ; **à plusieurs adresses,** multiple-address, multi-address ; **à trois adresses,** three-address ; **à une adresse,** one-address, single-address ; **a. absolue,** absolute address, specific address ; **a. calculée,** generated address ; **a. début,** start address ; **a. de base,** base address ; **a. de branchement,** branch address ; **a. de chaînage,** link address ; **a. de chargement,** load address ; **a. de départ,** start address ; **a. de destination,** TO address ; **a. de facturation,** bill-to-address ; **a. de fin,** ending address ; **a. de lancement,** entry address ; **a. de l'instruction,** instruction address ; **a. de mémoire,** memory location ; **a. de renvoi,** transfer address ; **a. de relance (du programme),** restart address ; **a. de retour,** return address ; **a. de transfert,** transfer address ; **a. d'implantation,** load address, start address ; **a. domiciliaire,** home address ; **a. d'origine,** base address ; **a. effective,** actual address ; **a. émettrice,** source address, FROM address ; **a. gauche,** high-order address ; **a. générale,** global address ; **a. immédiate,** immediate address, zero-level address ; **a. indexée,** indexed address ; **a. indirecte,** indirect address, second-level address ; **a. modifiée,** effective address ; **a. provisoire,** tentative address ; **a. réelle,** actual address, effective address ; **a. relative,** relative address ; **a. réseau,** network address ; **a. symbolique,** symbolic address ; **a. translatable,** relocatable address ; **a. variable,** variable address, indexed address.
See CALCUL, INSTRUCTION, MODIFICATION, PARTIE, REGISTRE, SANS.

Adresser (v. t.), to address.

Aération, fanning (of cards) ; spacing (out) (of characters).

Aérer (v. t.), **1.** to fan (deck of cards), **2.** to space out (the printed results), to spread out.

Aéroporté, -e (adj.), airborne (computer).

Affaiblissement (s. m.), attenuation.

Affectable (adj.), allocatable, assignable.

Affectation (s. f.), allocation (of peripherals, etc.), assignment (of priorities, etc.) ; **a. implicite,** default assignment.

See CHANGEMENT.

Affecter (v. t.), to allocate, to assign ; **a. un nom,** to name.

Affichable (adj.), displayable.

Affichage (s. m.), **1.** display, displaying, readout **2.** setting, selection ; **a. à cristaux liquides,** l. crystal display ; **a. à diodes électroluminescentes,** LED display ; **a. à plasma,** plasma display ; **a. en gras,** bolding, boldfacing.
See UNITÉ.

Afficher (v. t.), **1.** to display, to show (on a screen), **2.** to dial (a number, etc.) (using a selection switch, rotary switch, etc.), to rotate, to turn a switch to (a number, a letter, etc.), to set a switch at (a position), to select ; **a. à la suite,** to append.

Afficher (s'), to be displayed.

Afficheur (s. m.), readout.

Affolement (s. m.), thrashing.

Agence (s. f.), branch ; **chef d'a.,** branch manager.

Agencement (s. m.), arrangement, layout (of keyboard, etc.).

Agenda (s. m.), **a. électronique,** electronic agenda, (electronic) calendar management, electronic datebook.

Agent (s. m.), clerk ; **a. de réservation** booking clerk, (seat) reservation clerk ; **a. de saisie,** data entry operator *or* clerk, keyboarder ; **a. de transfert de message,** (ATM), message transfer agent (MTA) ; **a. utilisateur,** user agent (UA) ; **a. d'ordonnancement,** scheduling clerk.

AGL (Atelier de Génie Logiciel), software factory, computer-assisted software engineering (CASE), computer-based software development environment.

Agrandir (v. t.), to enlarge (area), to magnify (image).

Agrandissement (s. m.), enlargement (area), magnification (image).

Agréer (v. t.), **agréé par le BABT, les PTT,** BABT-, PTT-approved.

Agrément (s. m.), approval, acceptance.

Aide (s. f.), aid, assistance, help ; **a. à la décision,** decision aid *or* support ; **aides à la** mise au point, debugging aids ; **aides à la programmation,** programming aids ; **aides logicielles,** software aids ; **touche AIDE,** HELP key.

Aide-comptable (s. m. & f.), accounting clerk.

Aide-opérateur (s. m.), assistant machine-operator.

Aiguillage (s. m.), switch, switching (program).

Aiguille (s. f.), needle ; **a. de tri,** sorting needle, sorting rod ; **a. d'impression,** print(ing) pin, stylus.
See SÉLECTIONNER, TRI.

Aiguiller (v. t.), to route, to select, to segregate (card into a pocket).

Aimant (s. m.), magnet.

Aimantation (s. f.), magnetization.

Aimanter (v. t.), to magnetize.

Ajout (s. m.), addition.

Ajouter (v. t.), to add ; **a. au début,** to prepend ; **a. à la fin,** to append.

Ajustage (s. m.), **a. au laser,** laser trimming.

Ajustement (s. m.), adjustment ; **a. de courbe,** curve fitting.

Ajuster (v. t.), to adjust ; to fit (a curve).

Alarme (s. f.), **a. sonore,** audible alarm.

Aléatoire (adj.), de façon aléatoire, randomly.
See ACCÈS, GÉNÉRATEUR, NOMBRE.

Aléatoirement (adv.), randomly.

Algèbre (s. f.), algebra ; **a. booléenne, a. de Boole,** Boolean algebra ; **a. matricielle,** matrix algebra.

Algébrique (adj.), algebraic.

Algébriquement (adv.), algebraically.

ALGOL (ALGOrithmic Language), ALGOL.

Algorithme (s. m.), algorithm.

Algorithmique (adj.), algorithmic ; **de façon a.,** algorithmically.
See LANGAGE.

Alignement (s. m.), **1.** alignment, registration (of punches, paper), **2.** array (of buttons, etc.).

See DÉFAUT.

Aligner (v. t.), to align.

Alimentation (s. f.), **1.** feed, feeding (of cards, etc.), **2.** loading (a program into memory), **3.** power supply ; **a. colonne par colonne,** endwise feed, serial feed, column-by-column feed ; **a. de bande,** tape feeding ; **a. de cartes,** card feed(ing) ; **a. de cartes face au-dessus,** face-up feed ; **a. de cartes face en dessous,** face-down feed ; **a. de deux documents (à tort),** double feed ; **a. de référence,** reference supply ; **a. en papier,** form feed(ing) (FF) ; **a. feuille à feuille,** sheet feeding ; **a. intempestive,** sneak feed ; **a. ligne des 9 en tête,** nine-edge leading ; **a. ligne des 12 en tête,** Y-edge leading ; **a. ligne par ligne,** digit-by-digit feed, parallel feed, sideways feed ; **a. non interruptible,** uninterruptible power supply (UPS) ;
See COUPER, COUTEAU, DÉFAUT, ÉTABLIR, FILIÈRE, GROUPE, INCIDENT, MAGASIN, PLATEAU, ROULEAU, VITESSE.

Alimenter (v. t.), **1.** to feed (cards into a machine) ; to load, to bring into memory (program), **2.** to supply (with current) ; **mal s'a.,** to misfeed.

Aller (v. i.), **a. chercher,** to retrieve, to import, to fetch.

Aller-retour (s. m.), **document a.-r.,** turn-around *or* re-entry document ; **imprimante a.-r.,** bidirectional printer.

Allocation (s. f.), **a. dynamique,** dynamic allocation ; **a. des ressources,** resource allocation.

Allophone (s. m.), allophone.

Allouer (v. t.), to allocate.

Allumage (s. m.), lighting, illumination, glowing (indicator light, etc.).

Allumer (v. t.), to switch on (machine).

Allumer (s'), to come on, to glow (indicator light), to become illuminated ; **s'a. en rouge, vert, etc.,** to glow red, green.

Alpha = alphabétique.

Alphabet (s. m.), alphabet ; **a. mou,** Dynamically Redefinable Character Set (DRCS).

Alphabétique (adj.), alphabetic, alphabetical. See CODE, DONNÉE, MOT.

Alphagéométrique (adj.), alphageometric.

Alphagraphique (adj.), alphagraphic.

Alphamosaïque (adj.), alphamosaic.

Alphanumérique (adj.), alphanumeric (A/N), alphanumerical, alphameric, alphamerical. See CODE, DONNÉE.

Alphaphotographique (adj.), alphaphotographic.

Altération (s. f.), corruption (of data).

Altérer (v. t.), to corrupt (data).

Alternance (s. f.), alternation ; **en a.,** alternately, in a flip-flop manner, in ping-pong fashion.

Alternat (s. m.), **exploitation, fonctionnement, à l'alternat,** half-duplex operation. See BIDIRECTIONNEL.

Alternatif, -ive (adj.), alternating (current). See COUPURE.

Alterner (v. t.), to toggle between (e.g. two sessions).

Alvéole (s. f.), **a. pour carte,** card slot.

Amateur (s. m.), **a. d'ordinateurs, de micros,** computer hobbyist.

Ambiance (s. f.), environment ; **d'ambiance,** environmental ; **a. de fonctionnement,** operating conditions.

Ambiant, -e (adj.), ambient ; **température a.,** room temperature.

Améliorer (v. t.), **qui améliore les performances,** performance enhancer or enhancing.

Aménagement (s. m.), **a. des locaux,** site installation ; **étude de l'a. des locaux,** site planning.

Amener (v. t.), to move (cursor to a position).

Amont (s. m.), **en a.,** upstream ; **décaler vers l'a.** (ord. de fab.), to pull up ; **replanifier vers l'a.,** to reschedule in ; **référence a.,** backward reference.

Amorçable, bootable.

Amorçage (s. m.), bootstrapping (of a program).

Amorce (s. f.), bootstrap (of program), leader (of tape).

Amorcer (v. t.), to bootstrap (program).

Amortisseur (s. m.).
See BRAS.

Amovibilité (s. f.), removability.

Amovible (adj.), detachable (plugboard), exchangeable (disks), removable, replace-able, demountable (disk pack).

Ampli (s. m.), jarg. = *amplificateur.*

Amplificateur (s. m.), amplifier ; **a. à gain élevé,** high-gain amplifier ; **a. différentiel,** differential amplifier, diff amp ; **a. opérationnel,** operational amplifier, op amp ; **a. à tube à onde progressive (ATOP),** travelling wave tube amplifier (TWTA).

Amplification (s. f.), amplification.

Amplitude (s. f.), amplitude.
See MODULATION.

AMRT (Accès Multiple avec Répartition dans le Temps), time-division multiple access (TDMA).

A/N **(analogique/numérique),** A/D (Analog(ue)-to-digital).

Analogique (adj.), analog, analogue.
See APPAREIL, CALCUL, CALCULATEUR, CONVERTISSEUR, REPRÉSENTATION, RÉSEAU.

Analysable (adj.), scannable.

Analyse (s. f.), **1.** analysis, **2.** scanning, monitoring (of lines), sensing (of punched holes, etc.) parsing (of text) ; **a. automatique (de documents),** auto-abstract(ing) ; **a. cryptographique,** cryptanalysis ; **a. de bande,** tape dump ; **a. de disque,** disk dump ; **a. de régression linéaire,** linear regression analysis ; **a. de régression multiple,** multiple regression analysis ; **a. de variance,** variance analysis ; **a. des noms symboliques,** symbol analysis ; **a. des performances,** performance evaluation ; **a. d'imprimés,** forms design ; **a. financière,** financial analysis ; **a. fonctionnelle,** systems analysis ; **a. globale,** feasibility study ; **a. numérique,** numerical analysis ; **a. organique,** systems design ; **a. préalable,** feasibility study ; **a. rétrospective,** audit trail.
See COURS, PROGRAMME.

Analyser (v. t.), **1.** to analyze, to audit (accounts) ; **2.** to scan, to monitor (lines), to sense (punched holes), to parse (text).

Analyseur (s. m.), analyzer ; **a. de réseau,** network analyzer ; **a. différentiel,** differential analyzer ; **a. différentiel numérique,** digital differential analyzer (DDA).

Analyste (s. m.), (computer) analyst ; abstrac-tor (of a document) ; **a. fonctionnel,** systems analyst ; **a. organique,** systems designer.

Analyste-programmeur (s. m.), programmer analyst.

Anamorphose (s. f.), anamorphosis.

Ancien, -ienne (adj.), **a. (fichier) permanent,** old-master, master input file.

Ancrage (s. m.),
See FENTE.

Anglais (s. m.), **a. simple,** plain English.

Angulaire (adj.), angular.
See CODEUR.

Animation (s. f.), **a. sur *ou* par ordinateur,** computer animation.

Animatique (s. f.), computer animation.

Animer (v. t.), **1.** to actuate (mechanism) ; **2.** to animate (images).

Anneau (s. m.), ring ; **en forme d'a.,** doughnut-shaped (core) ; **a. à jeton,** token ring ; **a. de Cambridge,** Cambridge ring ; **a. d'écriture,** file protection ring, write permit ring ; **réseau en anneau,** ring network.

Annexe (adj.), ancillary, accessory, accessorial, auxiliary (equipment).

Annexer (v. t.), to append.

Annonce (s. f.), announcement (of a new product).

Annoncer (v. t.), to announce (new product), to unveil (equipment).

Annuaire (s. m.), **a. électronique, a. informatisé,** electronic (telephone) directory, (nationwide, computer-based, telephone directory) ; electronic directory service (EDS).

Annulable (adj.), cancelable, nullifiable, overridable.

Annulaire (adj.), annular, ring-shaped ; **réseau annulaire,** ring network.

Annulation (s. f.), cancellation, nullification.

Annuler (v. t.), to cancel, to nullify (keyboard entry), to undo.

Anomalie (s. f.), abnormal condition ; **a. de fonctionnement,** faulty operation.

Anormal -e (adj.), abnormal.

Antémémoire (s. f.), cache memory, cache store (Brit.) ; **a. à double écriture,** (processor → cache → main memory), write-through cache ; **a. à simple écriture,** (processor → cache), write-to cache ; **mettre en a.,** to cache.

Antenne (s. f.), arm (of network) ; **a. parabolique,** dish antenna ; **a. de toit,** rooftop antenna.

Antibourrage (adj.), antiblocking, jamproof ; **circuit a.,** jam circuit.

Anticipation (s. f.), **lecture par a.,** lookahead ; read-ahead.

Anticipé, -e (adj.), **lecture anticipée,** lookahead, read-ahead.

Anticrénelage (adj.), antialiasing.

Antiéblouissant, -e (adj.), antiglare.

Antimaculage (adj.), antismudging, smudge-proof.

Antiopisation (s. f.), (From ANTIOPE : broadcast videotex), coding data to videotex specifications.

Antiopiser (v. t.), to code data to videotex specifications.

Antiparasites (s. m.), interference suppressor.

Antirebond (adj.), debouncing.

Antiréfléchissant, -e (adj.), antiglare, glare-free.

Antireflet(s) (s. m.), antiglare, glare-free.

Antislash (s. m.), jarg. backslash.

Antistatique (adj.), **produit a.,** antistat ; **tapis a.,** antistatic mat.

Antiviral, -e (adj.), **logiciel a.,** antivirus software.

AO (Assisté par Ordinateur), computer-aided, computer-assisted.

APL (A Programming Language), langage APL.

Apostrophe (s. f.), apostrophe.

Appareil (s. m.), apparatus, unit, device, item of equipment ; **a. à accès direct,** random access device ; **a. à accès sélectif,** random access device ; **a. à clavier,** keyboard device ; **a. à contrôler les bandes magnétiques,** magnetic tape tester ; **a. à double alimentation,** dual-feed device ; **a. à double mouvement de papier,** dual-feed device ; **a. à nettoyer les bandes magnéti-** **ques,** magnetic tape cleaner ; **a. analogique,** analog device ; **a. classique,** unit record device ; **a. d'affichage,** display unit, viewing unit ; **a. de collecte de données,** data collector ; **a. de contrôle de bande,** tape certifier ; **a. de conversion,** conversion equipment ; **a. d'effacement de bande,** tape eraser ; **a. d'enregistrement automatique,** automatic transaction recorder ; **a. d'enregistrement sur bande magnétique,** data recorder, tape encoder ; **a. d'entrée,** input device *or* unit ; **a. d'entrée-sortie,** input-output device *or* unit ; **a. d'introduction de données,** data entry device ; **a. d'introduction de données par clavier,** keyboard entry device ; **a. d'interrogation par clavier,** keyboard inquiry device ; **a. émetteur-récepteur,** data transceiver ; **a. de manœuvre,** scratch device ; **a. de mesure,** measuring instrument ; **a. de nettoyage de bande,** tape cleaner ; **a. de saisie de l'information,** transaction recorder ; data capturing device ; **a. de reconnaissance de caractères,** character recognition device ; **a. de sortie,** output device *or* unit ; **a. de stockage,** storage unit ; **a. de stockage de masse,** bulk storage device *or* unit ; **a. de visualisation,** display unit, viewing unit ; **a. en bascule,** alternate device *or* unit ; **a. informatique,** data processing unit ; **a. multibande,** tape cluster ; **a. périphérique,** peripheral device *or* unit ; **a. terminal à écran de visualisation,** display terminal unit ; **a. virtuel,** virtual terminal.

Apparition (s. f.), appearance, occurrence.

Appartenance (s. f.), **a. à un (groupe, etc.),** membership ; **a. à un ensemble,** tenancy ; **contrôle d'a. à une table,** table check.

Appauvrissement (s. m.), depletion.

Appel (s. m.), call, calling ; **faire un a.,** to place a call ; **faire a. à (un sous-programme),** to call, to invoke (a subroutine) ; **a. au superviseur,** supervisor call ; **a. automatique,** autodialling ; **a. de l'ordinateur par un terminal,** contention ; **a. de sousprogramme,** subprogram call ; **a. direct,** direct call ; **a. en attente,** call waiting ; **a. entrant,** incoming call ; **a. malveillant,** abusive call ; **a. par boutons-poussoirs,** push-button dial(l)ing ; Touch-call (GT & E) ; Touch-tone (AT & T) ; **a. par cadran,** dial(l)ing ; **a. sélectif des terminaux par l'ordinateur,** selection, selective calling ; **a. téléphonique par carte,** card dial(l)ing.

See INSTRUCTION, NOM, NUMÉRO, SÉQUENCE.

Appelable (adj.), callable (program, subroutine, etc.).

Appelant, -e (adj.), calling (program, etc.).

Appelant (s. m.), caller, calling party (tél.).

Appelé (s. m.), called party (tél.).

Appeler (v. t.), to call ; to call in, into memory (subroutine) ; to dial a computer (time-sharing, etc.) ; to dub (program, etc.) ; to invoke (routine, etc.), to summon (from a menu).

Appeleur (s. m.), **a. automatique,** autocaller, automatic calling unit (ACU), automatic dialer.

Appellation (s. f.), name, designator.

Applicabilité (s. f.), applicability.

Applicatif, **1.** (adj.), applicational ; **cocktail a.,** application mix **2.** (s. m.) application program.

Application (s. f.), application, enforcement (of security policy) ; **d'application,** applicational ; **a. automatisée,** computerized application ; **a. de gestion,** business application ; **applications spéciales,** dedicated uses ; **a. sur ordinateur,** computer application.
See METTRE, MISE, PROGRAMME.

Appliquer (v. t.), to apply ; to enforce (policy).

Appoint (s. m.).
See CARACTÈRE.

Apposer (v. t.), to affix ; **a. son étiquette** (sur un matériel dont on n'est pas le constructeur), to badge engineer, to rebadge.

Apprenant (s. m.), learner (CAI).

Apprentissage (s. m.), learning, training ; **a. d'une machine,** machine learning ; **a. programmé,** programmed instruction.

Approche (s. f.), **a. de fin de bande, de fin de papier,** low-tape condition, low-paper *or* paper-low condition.

Approvisionnement (s. m.), procurement, supply(ing), acquisition.
See DÉLAI.

Approvisionner (v. t.), to load (paper) ; to replenish (hopper) ; to acquire, to procure (materials, etc.) ; to source (components).

Appui (s. m.), depression (of push-button, key).

Appuyer (v. i.), to press, to depress, to push (button) ; to hit (key, etc.).

Après-vente (adj.), after sales.

Aptitude (s. f.), **a. au service,** serviceability.

Arborescence (s. f.), tree structure ; **a. de menus,** menu tree ; **a. des défaillances,** fault tree.

Arborescent, -e (adj.), tree-like, tree-structured ; **méthode de recherche a.,** tree-searching method.

Arbre (s. m.), **1.** tree, **2.** shaft, spindle ; **a. binaire,** binary tree, B-tree ; **a. de décision,** decision tree ; **a. de menus,** menu tree ; **a. porte-disques,** disk support shaft.

Arcade (s. f.), **(abus) jeux d'a.,** arcade games.

Architecture (s. f.), architecture ; **ordinateur à a. RISC,** RISC computer ; **a. à jeu d'instructions réduit,** RISC architecture ; **A. de Systèmes Ouverts,** Open Systems Architecture (OSA) ; **a. de réseau,** network architecture.

Architecturer (v. i.), **a. autour de,** to build around ; **architecturé autour d'un processeur X,** X-based.

Archivabilité (s. f.), archivability.

Archivable (adj.), archivable.

Archivage (s. m.), **1.** filing, archival storage, bulk storage ; **a. électronique,** electronic filing or storage ; **2.** record-keeping space ; **fichier support d'a.,** archival file, medium ; **durée d'a.,** archival life.

Archiver (v. t.), to archive, to file (away).

Archives (s. f. pl.), records, stacks ; **fichier d'a.,** archival file, history file ; **local à a.,** storage vault, file vault ; **tenue d'a.,** record keeping ; **a. d'exploitation,** operations records.

Archiviste (s. m. & f.), file clerk, filing girl.

Arête (s. f.), edge.

Argument (s. m.), **1. a. (de vente),** sales point, **2.** argument (math.).

Argumentaire (s. m.), sales pitch.

Arithmétique (adj.), arithmetic(al).
See CALCULATEUR, CONTRÔLE, DÉCA-
LAGE, INSTRUCTION, OPÉRATION, REGIS-
TRE, UNITÉ.

Arithmétique (s. f.), arithmetic ; **a. binaire,**
binary arithmetic.

Armement (s. m.), setting (of mechanism),
cocking (of hammers).

Armer (v. t.), to arm, to set (mechanism), to
cock (hammers).

Armoire (s. f.), (upright) cabinet, cubicle ; **a.
de commutation,** peripheral switch ; **a. de
commutation de dérouleurs,** tape switching
unit.

Arrêt (s. m.), stop, halt, pause ; termination,
abort ; **caractère d'a.,** terminator ; **espace
arrêt-marche,** interblock space, interblock
gap, interrecord gap (IRG) ; **instruction
d'a.,** halt instruction, stop instruction ;
temps d'a., fault time, stop time ; **a. automatique,** automatic stop ; **a. du programme,** program stop ; **a. immédiat,** dead
halt ; **a. imprévu de la machine,** hang-up ;
a. momentané, suspension ; **a. normal,** orderly pause, orderly halt ; **a. prématuré,**
abort ; **a. programmé,** coded stop, programmed stop ; **a. sur caractère,** « stop on
character » capability ; **a. sur image,** freeze
frame.

Arrêté (s. m.), **jour de l'a. (comptable),** cut-
off date.

Arrêter (v. t. & i.), to stop, to halt, to shut
down (production line, etc.), to terminate,
to suspend, to hang up ; **a. prématurément,**
to abort.

Arrêter (s'), to stop, to halt ; **s'. anormale-
ment** (prog.), to abend.

Arrière (adv.).
See BORD, CARACTÈRE, ESPACEMENT, LEC-
TURE, TOUCHE.

Arrière-guichet (s. m.), back-office ; **applications d'a.-g.,** back-office applications.

Arrière-plan (s. m.), background.

Arriéré (s. m.), backlog.

Arrivée (s. f.), arrival ; **trafic à l'a.,** incoming
traffic.

Arriver (v. i.), to flow in (information) ; **a.
sur le marché,** to hit the market.

Arrondi, -e (adj.).
See CARTE.

Arrondi (s. m.), round, round-off, rounding,
rounding off.
See ERREUR, NON.

Arrondir (v. t.), to round, to round off ; **a. en
moins,** to round down ; **a. en plus,** to round
up.

Arrondissage (s. m.) = **arrondi.**

Arrondissement (s. m.) = **arrondi.**

Arroser (v. t.), to beam (programs at.).

Arséniure de gallium, gallium arsenide
(GaAs).

Artère (s. f.), trunk, link.

Article (s. m.), **1.** item (of stock, etc.),
2. item, (logical) record ; **a. appartenant à
un ensemble,** tenant record ; **a. d'information,** data record ; **a. (du fichier) permanent,** master (file) record ; **a. éliminé,** deletion record ; **a. en débordement,** overflow
record ; **a. en double,** duplicate record ; **a.
en tête,** header record ; **a. logique,** logical
record ; **a. mouvement,** detail record, transaction record ; **a. physique,** physical record.
See CARTE, DÉFINITION, DRAPEAU,
FICHIER, LONGUEUR, NOUVEAU, PROGRES-
SION, STRUCTURE.

Articulation (s. f.), organization, structure.

Articulé, -e (adj.), **a. autour de, sur, un
microprocesseur,** microprocessor-based.

Articuler (s'), **s'a. autour de,** to be built
around, to be designed around.

Artificiel, -elle (adj.), artificial.
See INTELLIGENCE, LANGAGE.

Artisanal -e (adj.), **de construction a.,** garage-
built ; **programmation artisanale,** cottage
programming.

Arythmique (adj.), **transmission a.,** start-stop
transmission.

Ascendant, -e (adj.), ascending, incrementing
(order), upward (compatibility) ; **conception ascendante,** bottom-up design.

Assemblable (adj.), compilable.

Assemblage (s. m.), **1.** assembly (of a program), assembly process, **2.** linking (of
segments, modules) ; **a. croisé,** cross-assembly ; **a. de paquets,** packet assembly.

See LANGAGE, LISTE, MOMENT, PHASE, PROGRAMME.

Assembler (v. t.), **1.** to assemble (program), to link (modules, etc.), **2.** to collate (documents).

Assembleur (s. m.), **1.** collator, collating machine, **2.** (program) assembler, assembly program *or* routine, **3.** systems integrator ; **a. absolu,** absolute assembler ; **a. croisé,** cross assembler ; **assembleur/désassembleur de paquets,** packet assembler/disassembler (PAD) ; **a. résidant en mémoire fixe,** ROM-resident assembler.

Assembleuse (s. f.), collating machine, collator.

Asservi, -e (adj.), ..-bound, ..-limited ; **calculateur a.,** slave computer ; **station a.,** slave station ; **a. à la vitesse de calcul,** computer-limited ; **a. au traitement,** process-bound.

Asservir (v. t.), to slave.

Asservissement (s. m.), closed-loop control.

Assimilable (adj.), **a. par (une) machine,** machine-acceptable, -readable, -sensible, -usable ; computer-acceptable, -readable, -usable.

Assimiler (v. t.), to digest (data).

Assistance (s. f.), aid, help, assistance ; **a. technico-commerciale,** systems engineering ; **a. téléphonique,** telephone support, hotline.

Assisté, -e (adj.), **a. par ordinateur (AO),** computer-aided, computer-assisted.

Associatif, -ive (adj.), associative.
See MÉMOIRE.

Association (s. f.), **a. d'utilisateurs,** users' association *or* group.

Assortiment (s. m.), **1.** match, matching, **2.** assortment, mix (of products, jobs).
See ERREUR.

Assortir (v. t.), to match (cards, etc.).

Assurance (s. f.), **a. qualité,** quality assurance (QA).

Astérisque (s. m.), asterisk, star, jarg. splat. ; **marqué d'un a.,** starred ; **protection par astérisques,** asterisk protection.

Asynchrone (adj.), asynchronous, asynch ; **de façon asynchrone,** asynchronously.

See CALCULATEUR, FONCTIONNEMENT.

Asynchronisme (s. m.), asynchronous operation.

Atelier (s. m.), shop, workshop ; **a. de façonnage,** auxiliary equipment department ; forms handling room ; **a. de génie logiciel (AGL),** software factory, computer-based software development environment, computer-assisted software engineering (CASE) ; **a. de perforation,** keypunch department, room *or* section ; punch(ing) room *or* section ; **a. de préparation,** data preparation department, room, section ; **a. flexible,** flexible manufacturing system (FMS) ; **a. logiciel = a. de génie logiciel ; a. mécanographique,** data processing department.
See CHEF.

ATM (Agent de Transfert de Messages), message transfer agent (MTA).

Atmosphère (s. f.), environment (industrial, etc.).

Attaque (s. f.), hack(ing).

Attaquer (v. t.), to attack (market) ; to access (data base) ; to hack.

Atteint, -e (adj.), exhausted (e. g. maximum number of retries).

Attendus (s. m. pl.), stock on order.

Attente (s. f.), wait, waiting, latency, suspense ; **en a.,** in standby ; **a. d'une station avant nouvel envoi d'un paquet,** backoff ; **a. musicale,** music on hold ; **a. signalée,** camp-on ; **(à) a. zéro,** no-wait, zero-wait (state) ; **mettre en a.,** to put on hold ; **retirer de l'attente,** to take off hold.
See BOUCLE, DÉLAI, ÉTAT, FICHIER, FILE, METTRE, MISE, TEMPS, THÉORIE.

Attention (s. f.), **qui attire l'a.,** attention-getting.

Attribuer (v. t.), to allot, to allocate, to assign ; **a. une erreur à,** to trace an error to.

Attribut (s. m.), attribute (of terminal, column in RDB) ; **a. implicite,** default attribute.

Attribution (s. f.), allocation, allotment, assignment.

AU (Agent Utilisateur), user agent (UA).

AUA (Architecture Unifiée d'Application), System Application Architecture (SAA).

Audioconférence (s. f.), audioconference, audioconferencing.

Audiomessagerie (s. f.), voice mail, audio mail.

Audionumérique (adj.), **bande a.,** digital audio tape (DAT) ; **disque a.,** CD audio disk.

Audiotypiste (s. f.), audiotypist, transcriptionist.

Audit (s. m.), **a. informatique,** computer audit(ing).

Auditabilité (s. f.), auditability.

Auditeur (s. m.), **a. informatique,** computer audit.

Augmentation (s. f.), increase, increment, incrementation ; **a. de volume d'un fichier,** file growth.

Augmenter (v. t.), to increase, to uprate (power).

Auteur (s. m.), **a. de logiciel,** software designer, software writer ; **langage a.,** author language.

Authentification (s. f.), authentication.

Authentifier (v. t.), to authenticate.

Auto-adaptatif, -ive (adj.), self-adapting, self-adaptative.

Auto-adaptation (s. f.), self-adaptation.

Autochargeable (adj.), self-loading.

Autochargement (s. m.), autoload(ing).

Autochargeur (s. m.), autoloader.

Autocode (s. m.), autocode.

Autocodeur (s. m.), autocoder.

Autocommutateur (s. m.), automatic switch(er), autoswitch, (electronic) switching system ; **a. numérique,** digital switch ; **a. privé,** PABX.

Autocomplémenteur (adj.), self-complementing.

Autoconnexion (s. f.), autoconnection.

Autocontrôle (s. m.), self-checking.

Autocopiant (adj.), **papier a.,** NCR paper (NCR = No carbon required), carbonless paper.

Autocorrecteur (adj.), self-correcting (code).

Autocorrection (s. f.), autocorrection.

Autocorrélation (s. f.), autocorrelation.

Autodécrémententation (s. f.), **(à) a.,** auto decrementing.

Autodiagnostic (s. m.), self-diagnostic (program, etc.).

Autodocumentant (adj.), self-documenting.

Auto-édition (s. f.), autoreport(ing).

Auto-étalonnage (s. m.), self-calibration.

Auto-générateur (adj.), self-generating (code).

Autogramme (s. m.), autochart.

Auto-incrémentation (s. f.), **à a.,** autoincrementing.

Auto-indexation (s. f.), auto-indexing.

Automate (s. m.), automaton (pl. automata) ; **a. bancaire = guichet automatique bancaire (GAB)** *or* **distributeur automatique de billets (DAB) ; a. fini,** finite-state machine ; **a. programmable,** programmable controller.

Automaticien (s. m.), control engineer, automation expert.

Automaticité (s. f.), automatic operation *or* working.

Automation (s. f.), automation.

Automatique (adj.), automatic ; unattended (operation) ; automated, customer-activated (terminal)).
See ADRESSAGE, ANALYSE, ARRÊT, CALCULATEUR, CENTRAL, CENTRE, COMMUTATION, COMPOSITION, CONTRÔLE, CONTRÔLEUR, CORRECTION, DICTIONNAIRE, MACHINE, PERFORATEUR, PROGRAMMATION, PROGRAMME, SÉLECTION, TRADUCTION, TRAITEMENT.

Automatique (s. m.), direct distance dialing (DDD).

Automatique (s. f.), control engineering.

Automatisable (adj.), automatable, computerizable.

Automatisation (s. f.), automation, automatization ; computerization ; **a. des études,** design automation ; **a. du bureau, a. des tâches administratives,** office automation ; **a. intégrée de la production,** computer-integrated manufacturing (CIM).

Automatiser (v. t.), to automate, to automatize ; to computerize.

Automatisé, -e (adj.), computer-based, computer-oriented, machine-based (system).
See GESTION.

Automatisme (s. m.), automatic operation *or* working : **a industriel**, process control.

Autonome (adj.), free-standing (cabinet, etc.), self-contained (system, etc.), stand-alone (unit), off-line (equipment, operation).
See EXPLOITATION, MATÉRIEL.

Autonomie (s. m.), **a. de fonctionnement**, autonomous operation, working.

Autopsie (s. f.).
See SOUS-PROGRAMME, VIDAGE.

Autorestauré, -e (adj.), self-resetting (loop).

Autorisation (s. f.), **a. d'accès**, access grant, access permission.

Autoriser, to clear.

Autosurveillance (s. f.), self-monitoring.

Autotranslatable (adj.), self-relocating.

Autovérification (s. f.), self-checking.

Auxiliaire (adj.), auxiliary, backing, secondary (storage) ; ancillary (equipment).
See MATÉRIEL, MÉMOIRE, OPÉRATION, PROGRAMME.

Aval (s. m.), **en a.**, downstream ; **décaler vers l'a.**, (ord. de fab.) to push out, to pull out ; **replanifier vers l'aval**, to reschedule out. **référence aval**, forward reference.

Avaler (v. t.), jarg. **1.** to read (card), **2.** par ext. to confiscate (credit card, etc).

Avance (s. f.), advance, advancement, feed, movement (of card, paper, tape).

Avancé, -e (adj.), advanced (technique, etc.).

Avancée (s. f.), advance.

Avancement (s. m.), advance, advancement, feed, movement ; **état d'a.**, progress report ; **a. de la bande, du papier**, tape, form feeding ; **a. d'un interligne**, line feed.

Avancer (v. i.), to move forward, to advance (tape) ; **faire a.**, to inch forward, to increment (counter), to feed (card), to slew (paper), to space forward (tape).

Avant (s. m.), leading edge (of card, document).
See DÉFILER, VITESSE.

Avant-dernier, -ère (adj.), next-to-last (page, etc.).

Avant-garde (s. f.), **à l'avant-garde de**, at the forefront of ; **technique d'a. g.**, advanced technique ; **a.-g. de la technique, technologie, etc.**, leading edge of the art, of technology, etc.

Avant-plan (s. m.), forefront, foreground.

Avertisseur (s. m.), annunciator, beeper.

Avis (s. m.), recommendation (of CCITT).

Axe (s. m.), **1.** centerline, **2.** spindle ; **a. de référence d'impression**, centerline of print position ; **a. des abscisses**, X-axis ; **a. des ordonnées**, Y-axis.

Axé (adj.), **a. sur les applications**, application-driven, application-oriented.

Axer (v. t.), **a. sur**, to center on, to orient toward.

Axial, -e (adj.), **à sorties axiales**, axial-leaded (pack).

B

B (s. m.), **b barré**, ɮ, slashed b.

Bac (s. m.), bin (of sheet feeder) ; **machine à deux bacs**, twin-bin machine ; **b. à bandes perforées**, tape tray ; **b. à cartes**, card tray ; **b. à confetti**, chad box, chip tray ; **b. à fiches**, card tray, storage tray, punch card carrying tray, tab card tub file ; **b. à papier**, paper tray ; **b. de rangement pour disquettes**, floppy disc box.

Badge (s. m.). badge ; **b. d'identification**, magnetic stripe card.
See Lecteur.

Badgeuse (s. f.), badge reader.

Bague (s. f.), ring ; **b. d'interdiction d'écriture**, write inhibit ring ; **b. d'autorisation d'écriture**, write (permit) ring.

Baie (s. f.), cubicle, bay.

BAL (Boîte aux lettres), mailbox.

Balai (s. m.), **b. de commande**, control brush ; **b. de commande de saut**, slew control brush ; **b. de lecture**, read brush ; **b. de tri**, sort brush ; **b. métallique**, wire brush.

Balayage (s. m.), polling (of stations), scanning (of lines) ; **b. cavalier**, directed beam ; **b. hélicoïdal**, helical scan ; **b. lent**, slow scan ; **b. récurrent**, **b. télévision**, raster scan.

Balayer (v. t.), to poll (stations), to scan (lines).

Balbutiement (s. m.), **l'informatique en était à ses (premiers) balbutiements**, computing was in its infancy ; **industrie à ses b.**, infant industry.

Balisage (s. m.), flagging.

Balise (s. f.), flag.

Baliser (v. t.), to flag.

Banal, -e (adj.), general-purpose (storage *or* store).

Banalisation (s. f.), non-dedication, non-specialization, trivialization ; floating (of chanel) ; commonality ; scratching (of tape, disk).

Banaliser (v. t.), to float (channel) ; to scratch (tape, disk).

Banaliser (se), to become (more) common.

Banalisé, -e, (adj.), general-purpose (register, etc.), non-specialized.

Banane (s. f.), jarg. separator (in box of punch cards).

Banc (s. m.), bank (of memory) ; **b. d'essais**, performance tests, benchmarking, benchmark test ; **b. d'essai Whetstone**, Whetstone benchmark.

Bancaire (adj.), **terminal bancaire**, banking terminal ; **opérations bancaires à domicile**, bank-at-home services.
See Guichet, Informatique.

Bancatique (s. f.), electronic banking.

Bande (s. f.), 1. band (of frequencies) ; strip (of card, cardboard) ; web (of continuous paper), 2. (magnetic, punched paper) tape ; **à bandes**, tape-based, tape-oriented ; **ordinateur à bandes**, tape-oriented computer ; **système d'exploitation à bandes**, tape operating system (TOS) ; **fichier sur bande**, tape file ; **bande-à-carte**, tape-to-card conversion ; **b. à confetti totalement détachés** ; chad tape ; **b. à imprimer**, print tape ; **b. à deux pistes**, dual-track tape ; **b. à perforations complètes**, chadded paper tape ; **b. à reproduire**, plot tape ; **b. adhésive**, splicing tape ; **b. audionumérique**, digital audio tape (DAT) ; **b. bibliothèque**, library tape ; **b. Caroll**, tear strip ; **b. certifiée**, certified tape ; **b.-chiffrier**, tally roll (of cash register) ; **b. de base**, baseband ; **b. de caisse enregistreuse**, cash register tape ; **b. de commande**, control tape (in numerical control) ; **b. de contrôle**, audit roll, detail roll, tally roll ; **b. d'exploitation**, operating tape ; **b. de listage**, listing tape ; **b. de machine à calculer,** tape roll ; **b. de manœuvre,** work(ing) tape, scratch tape ; **b. de microfilm,** microfilm strip ; **b. de perçage,** drill tape ; **b. de référence,** standard tape ; **b. de sauvegarde,** backup tape ; **b. de sécurité,** clear band (in magnetic document) ; **b. de travail,** work(ing) tape ; **b. de vidage,** dump tape ; **b. de vidage sur point de reprise,** dump checkpoint tape ; **b. d'impression,** print(er) tape ; **b. d'insertion des composants,** component-insertion tape ; **b. d'interclassement,** collation tape ; **b. données,** data (file) tape ; **b. émettrice,** input tape, master tape (tape copy) ; originating tape ; **b. en écriture,** output tape ; **b. en lecture,** input tape ; **b. en réserve,** back up tape (for safety purposes) ; **b. entrée,** input tape, IN tape ; **b. entrée en binaire,** input stack tape ; **b. étalon,** reference tape, standard tape ; **b. garantie exempte d'erreurs,** certified tape ; **b. historique,** history tape ; **b. imprimée,** tally roll ; **b. journal,** journal roll, journal tape ; **b. large,** broadband ; **b. latérale résiduelle (BLR),** vestigial side band (VSB) ; **b. latérale unique (BLU),** single side band (SSB) ; **b. magnétique (BM),** magnetic tape (MT) ; **b. magnétique pour enregistrements sonores,** audio tape ; **b. magnétoscopique,** video tape ; **b. maîtresse, 1.** reference tape ; **2.** master tape ; **b. marginale d'entraînement,** tractor feed margin, pin-feed margin, sprocket hole(d) margin, sprocket hole tear strip ; **b. mouvement(s),** transaction tape, change tape, amendment tape ; **b. multifichier,** multiple file tape ; **b. multipiste,** band (on magnetic drum) ; **b. papier,** paper tape ; **b. perforée,** punched tape, perforated tape, paper tape ; **b. perforée ne comportant que des perforations d'entraînement,** blank coil ; **b. perforée dont les perforations d'entraînement sont sur le même axe que les perforations de code,** center feed tape ; **b. perforée en sous-produit,** by-product tape ; **b. pilote,** format tape, (punched) tape loop, vertical format unit tape ; **b. portant le fichier permanent,** main file tape, master file tape ; **b. porte-caractères,** character band, charaband ; **b. pour ordinateur,** computer tape ; **b. programme,** program tape ; **b. programme d'exploitation,** master instruction tape ; **b. protégée,** write-protected tape ; **b. réceptrice,** copy tape, output tape ; **b. réceptrice de points de reprise;**

check-point tape ; **b. recevant les erreurs,** error tape ; **b. sans fin,** endless tape ; **b. semi-perforée,** chadless tape ; **b. sortie,** output tape ; **b. statistiques,** statistical tape ; **b. système,** system tape ; **b. Telex,** Telex tape ; **b. transversale,** waste strip (between continuous cards) ; **b. vide,** blank tape ; **b. vidéo,** video tape ; **b. vierge, 1.** blank tape (with sprocket holes), **2.** virgin tape (without sprocket holes).

See AMORCE, APPAREIL, AVANCEMENT, BIBLIOTHÈQUE, BLOC, BOBINAGE, BOBINE, BOBINEUSE, BOÎTE, BOUTON, CANAL, CHARGEUR, CHARIOT, CHEMIN, CODE, COLLEUSE, COLONNE, COMMANDE, COMPARATEUR, COMPTEUR, CONVERSION, CONVERTISSEUR, DÉFILEMENT, DÉFILER, DÉROULEUR, DÉTECTEUR, DISPOSITIF, DISTRIBUTEUR, DUPLICATION, EMBOUT, ENFILAGE, ENREGISTRÉ, ENREGISTRER, ERREUR, FABRICANT, FICHIER, FIN, GALET, GUIDE, IMPRIMANTE, LABEL, LECTEUR, MARQUE, MÉCANISME, MEUBLE, MISE, OBLIQUITÉ, ORDINATEUR, PERFORATEUR, POINÇONNEUSE, PRESSE, QUEUE, RACCORD, RATELIER, RECHERCHE, REPASSER, REPRODUCTEUR, RÉSERVOIR, ROULEAU, ROULEMENT, SOUS-PROGRAMME, SPIRE, STRUCTURE, SYSTÈME, TEMPS, TOPOGRAMME, TRAVERS, TRI, VÉRIFICATEUR, VÉRIFICATRICE, VIDAGE, VITESSE.

Bandothécaire (s. m.), tape librarian.

Bandothèque (s. f.), tape library.

Bannette (s. f.), mailbox.

Banque (s. f.), **1.** bank. **2.** banking business ; **b. à domicile,** home banking ; **b. de données,** data bank ; **b. de données bibliographiques,** bibliographic data bank, **b. de données d'entreprise,** corporate data bank ; **b. de données juridiques,** legal data bank ; **b. de l'emploi,** job bank ; **b. d'informations, b. de renseignements,** information bank ; **b. d'images,** image data base.

Baptiser (v. t.), to name, to dub.

Barème (s. m.), rate table, reference table ; **carte barème.** price card ; **fichier barème,** reference file of rates, price file.

Barre (s. f.), bar ; **b. à caractères,** type bar ; **b. de défilement,** scroll bar ; **b. d'espacement,** space bar ; **b. d'impression,** type bar, print bar ; **b. de menu,** menu bar ; **b. de saut,** skip bar ; **b. lumineuse,** highlight bar ;

b. oblique, slash (mark) ; **b. oblique inverse,** reverse slant, backslash ; **b. porte-caractères,** type bar ; **b. supérieure,** overbar. See CODE.

Barrette (s. f.), header (connectors).

Barré, b barré, slashed b.

Bas, -asse (adj.), low (density, frequency, etc.) ; **partie b.,** curtate (of punched card), lower positions (of memory), end (of a range).

Bas (s. m.), low end, bottom end (of a range) ; lower positions (of memory) ; **b. de casse,** lower case ; **bas de gamme,** bottom of the line, bottom of the range (machine, etc.), downmarket ; **m. bas de gamme,** entry level machine ; **b. de page,** footer.

Bascule (s. f.), **1.** flip-flop (FF), trigger, **2.** switch-over, **b. de dérouleurs,** tape swap(ping), tape switching, tape alternation ; **travail en bascule,** flip-flop operation.

Basculement (s. m.), switch(ing), switchover ; **temps de b.,** switching time (of core).

Basculer (v. t. & i.), to flip (core) ; to switch (over) ; to throw, to toggle (a switch) ; **en basculant un interrupteur,** by flicking a switch, at the flick of a switch, with a flip of a switch.

Base (s. f.), base ; radix (of number system) ; **à base de, (a) à base de menus, d'interrogations,** menu-driven, query-driven ; **(b) à base de microprocesseur, de 80386, de graphismes, règles,** microprocessor-based, 80386-based, icon-based, rule-based ; **de base,** basic ; **de base,** backbone (network), baseline (configuration) ; **b. commune de données (BCD),** common data base (CDB) ; **b. de connaissances,** knowledge base ; **b. de données (BDD),** data base (DB) ; **b. de données bibliographiques,** bibliographic database ; **b. de données d'entreprise,** corporate data base (CDB) ; **b. de données distribuées (BDD),** distributed data base ; **b. de données graphiques,** graphic database ; **b. de données d'images,** image data base ; **b. de données juridiques,** legal data base ; **b. de données publique,** public information data base ; **b. de données relationnelles (BDR),** relational data base (RDB) ; **b. de données réparties (BDR),**

distributed data base ; **b. de données statistiques,** statistical data base ; **b. de données techniques, (BDT),** engineering data base ; **b. de données télématique,** videotex database ; **très grande b. de données,** very large data base (VLDB) ; **b. de faits,** factual base, facts base ; **b. de numération,** number base ; **b. de règles,** rule base ; **b. de temps,** time base, time frame ; **b. installée,** installed base ; **b. mixte,** mixed base ; **b. télématique,** videotex base ; **b. terminologique,** termbase. See ADRESSE, BANDE, DOCUMENT, DONNÉES, FICHIER, FRÉQUENCE, INFORMATION, REGISTRE, SALAIRE.

Basé (adj.), **basé sur un 68020,** 68020-based.

BASIC (Beginners All-purpose Symbolic Assembly Code), langage Basic ; **Basic gestion,** business Basic.

Bâti (s. m.), frame.

Bâtiment (s. m.), **b. intelligent,** smart building.

Bâton (s. m.), **graphique à bâtons,** bar chart, bar graph.

Bâtonnet (s. m.), stroke, bar (CMC 7).

Battage (s. m.), jogging, joggling (of cards). See PLAQUE.

Battement (s. m.), float (CPM).

Batterie (s. f.), bank (of tape units) ; series (of tests), farm (of microprocessors) ; **qui marche sur b.,** battery-powered *or* operated ; **secouru par b.,** battery-backed.

Batteur (s. m.), **b. de cartes,** card joggler.

Battre (v. t.), to jog, to joggle (cards).

Baud (s. m.), baud.

Baudot. See CODE.

BCD (*Base Commune de Données*), common database (CDB).

BD(D) (*Base de données*), data base (DB).

BDR 1. (*Base de Données Relationnelles*), Relational Data Base (RDB), **2.** (*Base de Données Réparties*), distributed data base.

Bécane (s. f.), jarg. machine.

Bénéficiaire (adj.), **être b.,** to be in the black (of Company).

See Déficitaire.

Biaccès (adj.), dual-access, dual-port.

Biais (s. m.), skew ; **de biais,** askew (tape) ; **se mettre en biais,** to skew (tape).

Bible (s. f.), boilerplate.

Bibliothécaire (s. m.), 1. librarian (person), 2. librarian (program).

Bibliothèque (s. f.), library (of tapes, etc.) ; **b. de bandes (magnétiques),** tape library ; **b. de graphiciels,** graphics library ; **b. de logiciels,** software library ; **b. de programmes,** program library ; **b. de programmes d'application,** application library ; **b. de sous-programmes,** subroutine library ; **b. de sauvegarde,** backup library.
See Bande, Programme, sous-pro-gramme.

Bicanal (adj.), two-channel, dual-channel (controller).

Bicolore (adj.), two-color (ribbon).

Biconditionnel, -elle (adj.), biconditional.

Bidimensionnel, -elle (adj.), two-dimensional, 2-D.

Bidirectionnel, -elle (adj.), bidirectional ; **b. à l'alternat,** either-way, two-way communication, two-way alternate (TWA) ; **b. simultané,** both-way, two-way simultaneous (TWS) ; communication.

Bidisque (adj.), dual-disk, two-disk (configuration).

Bidouillage (s. m.) = bidouille.

Bidouille (s. f.), do-it-yourselfing.

Bidouiller (v. t.), to roll one's own (system), to customize.

Bidouilleur (s. m.), do-it-yourselfer, customizer.

Bidon (adj.), jarg. dummy.

Biface (adj.), dual-sided (diskette).

Bifilaire (adj.), two-wire.

Bifurcation (s. f.), branch(ing).

Bifurquer (v. t. & i.), to branch (to a subroutine, etc.).

Billet (s. m.), **distributeur automatique de billets (DAB),** cash dispenser.

Billetterie (s. f.), cash dispenser.

Binaire (s. m.), (AFNOR), bit.

Binaire (adj.), binary ; **b. par colonne,** column binary, Chinese binary ; **b. par ligne,** row binary ; **b. pur,** pure binary, straight binary.
See Additionneur, Arithmétique, Caractère, Carte, Chiffre, Codage, Code, Combinaison, Compteur, Conversion, Convertisseur, Décimal, Nombre, Numération, Opérateur, Opération, Paquet, Perforation, Plage, Poids, Position, Profil, Variable, Virgule.

Binarisation (s. f.), binarisation, binarising.

Binorme (adj.), dual-standard.

Biocapteur (s. m.), biosensor.

Bionique (s. f.), bionics.

Biopuce (s. f.), biochip.

Bip (s. m.) beep ; **faire un b.,** to beep. ·

Biper (v. i.), to beep.

Biposte (adj.), two-station, dual-station.

Biprocesseur 1. (adj.) dual-processor ; 2. (s. m.) dual-processor, two-processor system.

Biquinaire (adj.), biquinary.
See Code, Nombre, Numération.

Bistandard (adj.), dual-standard.

Bisynchrone (adj.), bisynchronous, bisynch.

Bit (s. m.), bit, binary digit ; **bit clé,** check bit ; **bit (d') arrêt,** stop bit ; **bit de contrôle,** check bit ; **bit de contrôle transversal,** lateral parity bit ; **bit (de) départ,** start bit ; **bit de parité,** (even) parity bit ; **bit de poids faible,** low-order bit ; **bit de poids fort,** high-order bit ; **bit de service,** service bit ; **bit de signe,** sign bit ; **bit de synchronisation,** sync bit ; **bit d'imparité,** odd parity bit ; **bit d'information,** data bit, information bit, intelligence bit ; **bit drapeau,** tag bit ; **bit hors texte,** zone bit ; **bit le plus significatif,** most significant bit (MSB) ; **bit le moins significatif,** least significant bit (LSB) ; **bit significatif,** data bit ; **bit utile,** data bit.
See Groupe.

Biunivoque (adj.), one-to-one (correspondence).

Bivitesse (adj.), dual-speed, two-speed.

Blanc (adj. & s. m.), blank (space), whitespace ; **mettre à b.,** to blank.

Bloc (s. m.), 1. (physical) record (on tape, etc.), block, 2. (memory) module ; **par**

blocs de, in increments of ; b. curseur, cursor pad ; b. d'alimentation, power pack *or* unit ; b. de calcul, arithmetic unit ; b. de dérouleurs, tape cluster ; b. de lecture, read(ing) unit ; b. de longueur fixe, fixed block ; b. de longueur variable, variable block ; b. de mémoire, storage block, memory bank ; b. début, heading, header block ; b. fin, trailer block ; b. de perforation, punching block ; b. d'impression, print yoke (of printer).
See COMPTAGE, DÉCOMPOSITION, DRAPEAU, ESPACE, LONGUEUR.

Blocage (s. m.), 1. locking (of key-board) ; deadlock ; 2. grouping ; de b., inhibit (pulse, wire).

Bloc-notes (s.m.), clipboard (Sprint, etc.).
See MÉMOIRE.

Bloquant, -e (adj.), erreur bloquante, inhibiting error.

Bloque-cartes (s. m.), compressor.

Bloquer (v. t.) 1. to inhibit (line) ; to lock (keyboard) ; to freeze (frame), 2. to group.

Bloquer (se), to jam (mechanism) ; to lock (keyboard) ; to stop dead (computer) ; to be stalled (on a loop) ; to get stuck (in a loop).

BM (Bande magnétique), magnetic tape (MT).

Bobinage (s. m.), 1. coil, 2. reeling, winding ; b. de bande, tape spooling.

Bobine (s. f.), 1. reel, spool (of tape), 2. roll (of paper, etc.) ; b. de bande perforée avec perforations d'entraînement, blank spool ; b. de bande perforée sans perforations d'entraînement, virgin spool ; b. débitrice = b. émettrice ; b. émettrice, feed reel, file reel, supply reel, delivery spool, input spool ; b. monofichier, single-file reel ; b. multifichier, multi-file reel ; b. réceptrice, take-up reel *or* spool, rewind spool, output spool.
See ATTACHE, BANDE, CHARIOT, DIAMÈTRE, ÉTIQUETTE, FENTE, FIN, FLASQUE, MATRICULE, MOYEU, NUMÉRO, RANG, SALLE.

Bobineau (s. m.), printer tape.

Bobiner (v. t.), to spool, to wind.

Bobineuse (s. f.), spooler ; b. de bande perforée, paper tape spooler, paper tape winder.

Bogue (s. m.), bug.

Boîte (s. f.), box ; container (for tape) ; b. à cartes, card box, card tray, card carton ; b. à confetti, chad box, chip box, bit box, cuttings box ; b. à disquettes, diskette holder, diskette (storage) box ; b. à outils, toolbox, toolkit, toolset ; b. aux lettres, mailbox ; b. de dialogue, dialogue box ; b. de rangement, canister, carrying case, container (for tape) ; b. noire, black box.

Boîtier (s. m.), case, package ; b. à une rangée de connexions, single-in-line package (SIP) ; b. à deux rangées de connexions, dual-in-line package (DIP), jarg. « bug » ; b. à quatre rangées de connexions, quad-in-line package (QUIP) ; b. plat, flatpack.

Bombe (s. f.), b. logique, logic bomb.

Bon (s. m.), b. de travail, job ticket.

Bond (s. m.), par bonds de (4 K etc.), in 4 K increments.

Boole.
See ALGÈBRE.

Booléen, -enne (adj.), Boolean.
See ALGÈBRE, OPÉRATEUR, OPÉRATION.

Bord (s. m.), edge (of card, tape, etc.) ; b. arrière de carte, card trailing edge ; b. avant de carte, card leading edge ; b. de référence, guide edge ; de bord, air-borne, satellite-borne, ship-borne, space borne.

Bordereau (s. m.), b. de perforation, source document ; b. de prélèvement (en stock), pick(ing) list.

Bornage (s. m.), cornering.

Borne (s. f.), 1. bound, boundary, delimiter, fence, 2. terminal (él.) ; 3. station, terminal ; b. de consultation, b. télématique, public access terminal ; b. inférieure, low delimiter ; b. supérieure, high delimiter.

Borné, -e (adj.), limited, bounded.

Borner (v. t.), to bound, to fence.

Bornier (s. m.), terminal block.

Boucher (v. t.), to cap (pen).

Bouchon (s. m.) ; 1. plug, 2. (fig.) bottleneck.

Bouclage (s. m.), looping ; wraparound (of memory).

Boucle (s. f.), loop (of tape, etc.) ; **parcourir une b.**, to go through a loop ; **sortir d'une b.**, to branch out of a loop ; **tourner sur une b.**, to hang up in a loop, to loop, to go into a loop ; **b. d'asservissement**, control loop ; **b. d'attente**, waiting loop ; **b. bloquée**, closed loop ; **b. de courant**, current loop ; **b. de Moebius**, Moebius loop ; **b. de programme**, program loop ; **b. d'itération**, iteration loop ; **b. d'itération commandée par compteur**, count-controlled loop ; **b. fermée**, closed loop ; **b. ouverte**, open loop.

Bouclé, -e (adj.).
See ARRÊT, REPORT.

Boucler (v. t.), **b. un cycle**, to cycle ; jarg. **le programme boucle**, the program gets stuck in an endless loop.

Boucler (se), to wrap around (word processing).

Boule (s. f.), ball, sphere ; **machine à écrire à b.**, golf-ball typewriter ; **b. de commande (JO), b. roulante**, track ball, rolling ball ; **b. roulante**, track ball.

Boulier (s. m.), **b. chinois**, Chinese abacus, Swanpan ; **b. japonais**, Japanese abacus, Soroban.

Bourrage (s. m.) jam (cards, paper) ; **b. de cartes**, card jam, wreck, crash ; muddle (of cards) ; **b. de papier**, paper jam.
See ANTIBOURRAGE.

Bout (s. m.), **contrôle de bout en bout**, end-to-end control.

Boutique (s. f.), **b. informatique**, computer shop *or* store, retail computer store.

Bouton (s. m.), button, key, knob, switch ; **b. à double effet**, alternate action switch ; **b. d'avancement de la bande**, tape feed switch ; **b. de commande**, control knob ; **b. de départ, d'arrêt**, start, stop key ; **b. moleté**, knurled knob.

Bouton-poussoir (s. m.), push-button.

Branche (s. f.), path (of flowchart).

Branchement (s. m.), branch(ing), jump, transfer of control ; **faire un b.**, to jump ; **faire un branchement sur une adresse**, to trap to a location ; **b. amont**, backward branching ; **b. aval**, forward branching ; **b. conditionnel**, conditional branch, conditional jump, conditional transfer of control ; **b. inconditionnel**, unconditional branch, unconditional jump, unconditional transfer of control ; **b. toujours = branchement inconditionnel.**

Brancher (v. t.), to branch, to connect ; **tout utilisateur branché sur le réseau**, each user on the network.

Brancher (se), to branch to, to take a branch.

Bras (s. m.), arm ; **b. amortisseur**, tension arm ; **b. de lecture/écriture**, access arm, positioning arm ; **b. de tension**, tension arm ; **b. porte-têtes**, head-carrying arm.

Brassage (s. m.), patching.

Brigade (s. f.), shift.

Brigadier (s. m.), shift worker.

Brillance (s. f.) intensity.

Briller (v. t.), to glow.

Brique (s. f.), **b. de base, b. élémentaire**, building block.

Brochage (s. m.), pinout.

Broche (s. f.), pin (of electronic tube) ; prong : **connecteur 3 broches** 3-prong connector.

Brosse (s. f.), **b. de lecture**, brush assembly, brush set.

Brouillage (s. m.), scrambling.

Brouiller (v. t.), to scramble (message).
See LIVRE.

Brouilleur (s. m.), scrambler.

Bruit (s. m.), noise ; **b. impulsionnel, b. impulsif**, impulse noise.

Brut, -e (adj.), **1.** raw, unprocessed (data), **2.** gross (pay, requirements, etc.).

Budget (s. m.), **b. informatique**, computer budget.

Bulle (s. f.), bubble ; **mémoire à bulles**, bubble memory.

Bureau (s. m.), **1.** desk, **2.** office ; **b. automatisé**, automated office, paperless office ; **b. de demain, du futur**, office of the future ; **b. d'architectes**, architectural firm ; **b. électronique**, électronic office ; **b. paysagé**,

paysager, open-plan office ; **b. sans papier,** paperless office.

See MACHINE, MATÉRIEL, ORDINATEUR.

Bureauticien, -ne (s. m.), **1.** office automation expert, office systems expert, office auto-mater, office automation buff ; **2.** word processing expert.

Bureautique (s. f.), **1.** (a) office automation (OA), « bureautics », office data process-ing, (b) office-based, office-oriented, sys-tems, office systems (c) office automation market, **2.** (a) word processing (b) word processing business, field, etc.

Bureautisable (adj.), automatable (office work, etc.).

Bureautisation (s. f.), office automation.

Bureautiser (v. t.) to automate (office work).

Buroviseur (s. m.) (INRIA), multifunction workstation.

Bus (s. m.), bus ; **b. à jeton,** token bus ; **b. d'adresses,** address bus ; **bus d'entrée/sortie,** input/output bus ; **b. de commande,** control bus ; **b. de données,** data bus ; **b. hôte,** host bus.

Buse (s. f.), nozzle.

C

C, **langage C,** C-language.

Cabestan (s. m.), capstan ; **c. d'entraînement,** drive capstan ; **c. pneumatique,** vacuum-driven capstan.

Cabinet (s. m.), **c. d'architectes,** architectural consultancy, architectural consultants, architectural firm ; **c. d'expert-comptable, c. d'expertise comptable,** certified public accountant firm, CPA firm ; **c. d'informatique,** computer consulting firm ; **c. d'organisation,** management consulting firm ; **c. juridique,** law firm.

Câblage (s. m.), wiring.
See SCHÉMA.

Câble (s. m.), cable ; **c. coaxial,** coaxial cable ; **c. d'alimentation,** power cable ; **c. jaune,** thin cable ; **c. noir,** thick cable ; **c. ruban,** ribbon cable.

Câblé, -e (adj.), wired ; **maison câblée,** wired house, **ville câblée,** wired city.
See CALCULATEUR, CONTRÔLE, PROGRAMME.

Câbler (v. t.), **1.** to wire, to hardwire, **2.** to cable (message).

Câbleuse (s. f.), **1.** wire wrapper (person), **2.** wiring-machine, wire-wrapper (machine).

Cabochon (s. m.), faceplate (of push-button).

Cache (s. m.), faceplate (of button), overlay (of keyboard), blanking plate.

Cache (s. f.) (abus), **mémoire cache,** cache memory ; **sans mémoire c.,** non-cached.

Cache-cache (s. m.), **c.-c. téléphonique,** telephone tag.

Caché, -e, (adj.) **ligne cachée,** hidden line.

Cacher (v. t.), to hide (codes).

Cadence (s. f.), rate (of punching, etc.) ; **c. d'accès,** access rate ; **c. de frappe,** typing rate ; **c. de transfert de données,** data transfer rate.

Cadencement (s. m.), clocking, timing.

Cadencer (v. t.), to time ; **le processeur est cadencé à 16 MHz,** the processor is clocked at 16 MHz.

Cadrage (s. m.), **1.** registration (of card, paper, etc.), alignment, **2.** justification, synchronization, scaling (of number) ; **c. à gauche, à droite,** left flush, right flush.
See DÉFAUT, ERREUR, FACTEUR, JAUGE.

Cadran (s. m.) dial ; **appeler (au moyen d'un cadran),** to dial.

Cadratin (s. m.), EM space.

Cadre (s. m.), **c. d'exploitation, d'utilisation (d'un matériel, d'un programme),** operating environment.

Cadré, -e (adj.), **c. à droite, à gauche,** right-, left-justified ; **non cadré,** unjustified ; **mal c.,** misregistered (paper, etc.).

Cadrer (v. t.), **1.** to register, to align (paper, card, etc.), **2.** to justify (number), to scale (value) ; **c. à droite, à gauche,** to right-, to left-justify.

Cadreur (s. m.), **c. de carte,** card registration device.

Cahier (s. m.), collated set (prior to binding, stitching, etc.) ; **c. des charges,** specifications, specs.

Caisse (s. f.), **c. enregistreuse électronique,** electronic cash register (ECR) ; **c. de sortie,** check-out (counter *or* station).

Caissier (s. m.), **1.** cashier, **2.** (bank) teller ; **caissière (supermarché),** checkout clerk *or* operator.

Caisson (s. m.), cubicle.

Calcinateur (s. m.), asher.

Calcul (s. m.), **1.** calculation, computation, **2.** arithmetic, calculating, computing, jarg. data *or* number crunching ; **de c.,** arithmetic (al), computational ; **au point de vue c.,** computationally ; **à fort pourcentage de**

calculs, math-intensive, computation-intensive (applications, etc.) **c. analogique,** analog computation ; **c. d'adresse,** address computation, address development ; **c. de répartition monétaire,** coinage analysis ; **c. de tableaux financiers,** (electronic) spreadsheeting ; **c. des besoins nets (en fabrication) (CBN),** material requirements planning (MRP) (function) ; netting ; **c. des prédicats,** predicate calculus ; **c. des propositions** *ou* **propositionnel,** propositional calculus ; **c. des structures,** structural analysis ; **c. d'un montant,** extension (quantity times unit price) ; **c. en chaîne,** chained calculation ; **c. en virgule fixe,** fixed-point arithmetic, calculation *or* computation ; **c. en virgule flottante,** floating point arithmetic, calculation *or* computation ; **c. scientifique,** scientific computation, computing ; **calculs techniques,** engineering calculations *or* computations.
See BLOC, CENTRE, ERREUR, ORGANE, TRIBUTAIRE, VITESSE.

Calculable (adj.), computable.

Calculateur (s. m.), **1.** (desk) calculator, **2.** (electronic) computer, **3.** calculating unit (in calculating punch), calculator ; **c. à cartes,** punched-card calculator, card-controlled calculator ; **c. à programme câblé,** wired-program computer ; **c. à programme enregistré,** stored-program computer ; **c. à programme fixe,** fixed-program computer ; **c. analogique,** analog computer ; **c. arithmétique,** arithmetic (al) computer ; **c. asynchrone,** asynchronous computer ; **c. automatique,** automatic computer ; **c. automatique à séquence contrôlée,** automatic sequence controlled calculator ; **c. central,** central computer, main-site computer ; **c. de bord,** on-board computer ; **c. de bureau, 1.** desk calculator, **2.** desk-sized computer ; **c. de compilation,** compiling computer, source computer ; **c. d'exécution,** object computer, target computer ; **c. de gestion de lignes,** front-end machine, front-end processor (FEP), front-ender ; **c. de reprise,** back-up computer ; **c. de tir,** fire-control computer ; **c. digital,** digital computer ; **c. électronique,** electronic computer ; **c. hybride,** hybrid computer ; **c. industriel,** process control computer, industrial control computer ; **c. numérique,** digital computer ; **c. parallèle,** parallel computer ; **c. pilote,** control computer ; **c. scien-**

tifique, scientific computer ; **c. séquentiel,** sequential computer ; **c. série,** serial computer ; **c. simultané,** simultaneous computer ; **c. spécialisé,** special-purpose computer, dedicated computer ; single-purpose computer ; **c. synchrone,** synchronous computer ; **c. universel,** general-purpose computer, all-purpose computer.
See COMMANDE, INDUSTRIE, MACHINE-OUTIL.

Calculatrice (s. f.) **1.** (desk) calculator, **2.** (electronic) computer, **3.** calculating unit, calculator ; **c. à relais,** relay calculator, relay computer ; **c. électronique,** electronic computer ; **c. de poche,** pocket calculator.

Calculer (v. t. & i.), to calculate, to compute, to extend ; to crunch (numbers).
See MACHINE, RÈGLE.

Calculette (s. f.), pocket calculator.

Calendrier (s. m.), **1.** calendar, **2.** schedule ; **c. de livraison,** delivery schedule ; **c. de fabrication,** manufacturing schedule.

CAM (Carte à Mémoire), *smart card, chip card.*

Camembert (s. m.), jarg. pie-chart.

CAN (Convertisseur Analogique-Numérique), analog-to-digital converter (ADC).

Canal (s. m.), channel (in central processor, punched tape, vertical format tape) ; **bande à 8 canaux,** 8-level tape ; **c. double,** dual channel ; **c. d'entraînement,** sprocket channel ; **c. de transmission,** data communication channel ; **c. multiple,** multiplex channel ; **c. simple,** single channel.
See BICANAL, CONTRÔLEUR, MONOCANAL, SOUS-CANAL.

Canaliser (v. t.), to channel (information).

CAO (Conception Assistée par Ordinateur), computer-aided design, computer-assisted design (CAD).

Cap (s. m.), **atteindre les, franchir le c. des, 1 000 unités,** to reach, to hit, to pass, the 1 000 mark.

Capacité (s. f.), **1.** capacity, size (of memory), **2.** throughput ; **mémoire de grande c.,** mass memory, storage, store ; bulk storage ; **c. d'extension,** expandability ; **c. de mémoire,** memory size, core size, storage capacity ; **c. de stockage de l'information,** information storage capacity ; **c. de traitement,** data handling capacity ; **c. de transmission,** line capacity ; **c. d'un magasin,** hopperful. See DÉPASSEMENT, INDICATEUR, MÉMOIRE.

Capot (s. m.), cover, hood. ; **c. d'insonorisation, c. insonorisant,** acoustic cover *or* hood.

Capter (v. t.), to pick up, to sense (signal).

Capteur (s. m.), sensor, sensing device.

Capture (s. f.), **c. de données,** data capture *or* acquisition ; **(jarg.) c. de schémas,** schematic capture.

Capuchon (s. m.), cap (of pen).

Capuchonnage (s. m.), capping.

Capuchonner (v. t.), to cap.

Caractère (s. m.), **1.** character, **2.** type ; **c. accusé de réception négatif,** negative acknowledge character (NACK) ; **c. accusé de réception positif,** acknowledge character (ACK) ; **c. alphabétiques,** alphabetics ; **c. alphanumériques,** alphanumerics ; **c. borné,** enclosed character ; **c. codé,** coded character ; **c. codé binaire,** binary coded character ; **c. d'alimentation de papier,** form feed character ; **c. d'annulation,** cancel character ; **c. d'appel,** Bell character ; **c. d'appoint,** filler ; **c. de bourrage,** stuffing character ; **c. de changement de code,** escape character ; **c. de changement de jeu,** font change character ; **c. de changement de ligne,** line feed character ; **c. de code normal,** shift-in character ; **c. de code spécial,** shift-out character ; **c. de commande,** control character ; **c. de commande d'appareil,** device control code ; **c. de commande de transmission,** transmission control character ; **c. de contrôle, 1.** check character, **2.** control character, functional character ; **c. de début d'en-tête,** start of heading (SOH) character ; **c. de début de texte,** start-of-text (SOT) character ; **c. de délimitation,** demarcation character ; **c. d'édition,** editing character, formatting character ; **c. de fin de bloc de transmission,** end-of-transmission (EOT) block character ; **c. de fin de support,** end-of-medium (EOM) character ; **c. de fin de texte,** end-of-text (EOT) character ; **c. de fin de transmission,** end-of-transmission (EOT) character ; **c. de fonction,** control character ; **c. de maintien,** locking-shift character ; **c. de mise en** forme, formatting character ; **c. de mise en page,** format effector, layout character ; **c. de parité longitudinale,** longitudinal parity check character ; **c. de poids faible,** least significant character, trailing character ; **c. de poids fort,** most significant character (MSC), leading character ; **c. de remplacement,** joker, wildcard character ; **c. de remplissage,** padding character ; **c. de retour à la ligne,** new-line character ; **c. de retour chariot,** carriage return character ; **c. de saut,** slew character ; **c. de saut de papier,** paper throw *or* slew character ; **c. de service,** control character ; **c. de signe,** sign digit ; **c. de synchronisation,** synchronous idle character, SYNC character ; **c. de tabulation horizontale,** horizontal tabulation character ; **c. de tabulation verticale,** vertical tabulation character ; **c. d'interligne,** new-line character ; **c. d'oblitération,** delete character, rub-out character ; **c. d'omission,** ignore character ; **c. espace,** blank character, space character ; **c. espace(ment) arrière,** backspace character ; **c. graphique,** graphic character ; **c. gras,** boldface character ; **c. interdit,** illegal character ; **c. magnétique,** magnetic character ; **c. nul,** idle character, null character ; **c. numériques,** numerics ; **c. préformé,** closed-font character ; **c. sans maintien,** non-locking shift character ; **c. spécial,** special character. See BARRE, CHAÎNE, DENSITÉ, ENSEMBLE, GARNIR, GÉNÉRATEUR, IMPRIMANTE, JEU, LECTEUR, MACHINE, ŒIL, PATE, PLAQUETTE, POLICE, RECONNAISSANCE, ROUE, TAMBOUR.

Caractéristique (s. f.), characteristic (of logarithm) ; feature (of a machine, etc.).

Carbone (s. m.), carbon ; **c. à frappe unique,** one-time carbon, single-shot carbon ; **c. intercalaire,** carbon interleave ; **c. partiel,** spot carbon.

Carboné, -e (adj.), **liasse c.,** carbon-interleaved forms *or* set.

Caret (s. m.), caret.

Carnet (s. m.), **c. de cartes perforées,** tab card set ; **c. de commandes,** order book.

Caroll, **bande C.,** tear strip.

Carotte (s. f.), delta character, ∇ character.

Carrosserie (s. f.), jarg. cabinetry, decorative covers.

Carte (s. f.), **1.** (punch) card ; (circuit) card or board, **2.** map (of memory), **3.** card stock (material) ; **à cartes** (a) punched-card operated, card programmed, (b) card-based, card-oriented ; **ordinateur à cartes,** punched card computer ; **système d'exploitation à cartes,** card operating system (COS) ; **sur cartes,** in card form ; **fichier sur cartes,** punched card file ; **c.-à-bande,** card-to-tape conversion ; **c. à bord perforé,** edge punched card ; **c.-à-c.,** card-to-card conversion ; **c. à coins arrondis,** round-cornered card ; **c. à coin coupé,** corner-cut card ; **c. à encoches marginales,** edge-notched card ; **c. à fenêtre (CAF),** aperture card ; **c. à graphiter,** mark-sense card ; **c. à lecture graphique,** mark-sense card ; **c. à magnétolecture,** mark-sense card ; **c. à mémoire (CAM),** smart card, chip card ; **c. à mémoire optique,** optical card ; **c. à microfilm,** aperture card ; **c. à microprocesseur,** microprocessor card, smart card ; **c. à perforations marginales,** edge-punched card, verge-perforated card, verge-punched card ; margin(al)-punched card ; **c. à perforer,** punch card ; **c. à piste magnétique,** magnetic (striped) ledger card ; **c. à puce,** smart card, chip card, chip-based card ; **c. à talon,** stub card ; **c. à volet,** stub card ; **c. accélérateur, c. accélératrice,** accelerator card ; **c. additionnelle,** add-on board ; **c. coprocesseur,** coprocessor board ; **c. bancaire,** bank card ; **c. binaire,** binary card ; **c. binaire par colonne,** column binary card ; **c. binaire par ligne,** row binary card ; **c.-chèque,** (tab) card check ; **c. commentaires,** comment card ; **c. compte,** account card ; **c. compte à piste magnétique,** magnetic stripe ledger card ; **c. contrôleur,** controller board ; **c. courte,** half-length card ; **c. cumul,** accumulative card, cumulative card ; **c. d'accélération,** accelerator card ; **c. d'accès,** access card ; **c. de base,** base board ; **c. de branchement,** transfer-of-control card ; **c. de chargement,** load card ; **c. de circuit imprimé,** printed circuit board (PCB) ; **c. de communication,** communications boards ; **c. de contrôle de lot,** batch control card ; **c. de correction,** patch card ; **c. de crédit,** credit card, « plastic money » ; **c. de démonstration,** demonstration card ; **c. d'émulation,** emulation board ; **c. d'entrée en stock,** receipt card ; **c. d'évaluation,** evaluation board ; **c. d'extension mémoire,** memory expansion board ; **c. de fin de fichier,** end-of-file card ; **c. de fin de groupe,** trailer card ; **c. de fin de paquet,** end-of-deck card, terminating card ; **c. d'interface,** interface board ; **c. de nettoyage,** cleaning card ; **c. de numérisation,** scanning board ; **c. de numérisation d'images,** frame-grabbing *or* frame-grabber card or board ; **c. de Lyon,** pressboard ; **c. de pointage,** attendance card, clock card, time card ; **c. de présence,** attendance card ; **c. de recherche,** aspect card (information retrieval) ; **c. de retenue,** deduction card ; **c. d'extension,** expander card, expansion card *or* board ; **c. d'initialisation,** bootstrap card ; **c. détail,** detail card ; **c. disque dur,** harddisk board *or* card, hard card ; **c. document,** dual (-purpose) card ; **c. données,** data card ; **c. d'ouverture,** leader card ; **c.EGA,** EGA board ; **c. électronique 1.** PCB board **2.** = carte à puce ; **c. en continu,** continuous (strip tab) card ; **c. en continu à pliage paravent,** fanfold card ; **c. en liasse,** card set ; **c. en-tête,** header card ; **c. entrée,** input card ; **c. erronée,** error card ; **c. fille,** daughter-board ; **c. gains,** earnings card ; **c. graphique,** graphics board ; **c. grillée,** laced card ; **c. IBM,** IBM card, Hollerith card ; **c. instruction,** instruction card ; **c. longue,** full-length board ; **c. magnétique, 1.** magnetic card (mass storage system), **2.** ledger card ; **c. maîtresse,** master card ; **c. mathématique,** math board ; **c. mécanographique,** tab card, data processing card, EAM card, punch card ; **c. mécanographiques en continu,** continuous tabulating cards ; **c. mémoire 1.** memory map **2.** memory board ; **c. mère,** motherboard *or* mother-card ; **c. mixte,** smart card (magnetic stripe + microprocessor) ; **c. modem,** modem board ; **c. mouvement,** transaction card ; **c. multifonction,** multifunction board ; **c. ordre,** control (record) card ; **c. paramètre(s),** control card, parameter card ; **c. passerelle,** gateway board ; **c. perforée, 1.** punch card, tab card (prior to being punched), **2.** punched card (after punching) ; **c. perforée miniature,** tag card ; **c. perforée 12 lignes,** twelve-row punched card ; **c. Perfostyl,** prescored card, Port-A-punch card (IBM) ; **c. police,** font card ; **c. privative,** proprietary card ; **c. processeur,** processor board ; **c. programme, 1.** program card, **2.** drum card (of key-punch) ; **c. 80 colonnes,** eighty-column card ; **c. récapi-**

tulative, summary card ; **c. réduite,** short card, 51-column card ; **c. réseau,** network card ; **c. sortie,** output card ; **c. stock,** stock card ; **c. suite,** continuation card ; **c. suiveuse,** traveler card ; **c. tarif,** rate card ; **c. télécopie,** fax card or board ; **c. tête-bêche,** tumble card ; **c. turbo,** turbo board ; **c. Transputer,** Transputer board ; **c. VGA,** VGA card or board ; **c. vierge,** blank card. See ALIMENTATION, APPAREIL, BAC, BOÎTE, BORD, BOURRAGE, CALCULATEUR, CARNET, CASE, CHARIOT, CHEMIN, CODE, COLONNE, CONVERTISSEUR, DOS, FACE, FICHIER, IMAGE, JEU, LECTEUR, LIGNE, MACHINE, MATÉRIEL, ORDINATEUR, PAQUET, PERFORATEUR, PERFORATION, PERFORATRICE, PILE, PISTE, RÂTELIER, RECTO, REPRODUCTRICE, ROULEAU, SYSTÈME, USINE, VÉRIFICATRICE, VERSO, ZONE.

Carter (s. m.), cover (of machine), decorative cover ; **sans carters,** uncovered (machine) ; **c. d'insonorisation,** noise reducer, acoustic control cover.

Cartographie (s. f.), **c. des défauts,** defect *or* flaw mapping.

Carton (s. m.), **c. de protection (pour le transport),** shipping card.

Cartothèque (s. f.), card library.

Cartouche (s. f.), cartridge ; **c. Bernouilli,** Bernouilli box ; **c. de bande, de ruban,** tape *or* ribbon cartridge ; **c. d'encre,** toner ; **c. de police,** font cartridge.

Cas (s. m.), **c. d'emploi,** where-used information ; **fichier des c. d'emploi,** where-used file.

Cascade (s. f.), cascade. See RÉGULATION, REPORT.

Case (s. f.), **1.** block, box (in flow-chart) ; (check) box (in form) ; cell (of spreadsheet) ; **2.** pocket, stacker (card sorter, etc.) ; **envoyer dans une c.,** to pocket, to select into a pocket ; **envoi dans une c.,** pocketing, segregation (into a pocket) ; **c. de réception,** stacker, output magazine, output hopper, output stacker ; **c. de réception auxiliaire,** auxiliary stacker ; **c. de réception de cartes,** card stacker, bin, pocket ; **c. de sélection,** special stacker ; **c. de tri,** card pocket, sort pocket ; **c. rebut,** reject pocket, reject bin, reject stacker.

See ERREUR.

Casier (s. m.), bin, rack ; **méthode des deux c.,** two-bin system ; **stock en c.,** available stock ; **c. de tri, de trieuse,** card storage rack, sorter rack ;

Casse (s. f.), Typ : case ; **bas de c.,** lower case ; **haut de c.,** upper case ; **envoyer à la c.,** to junk.

Cassette (s. f.), cassette ; **fichier sur cassette,** cassette file ; **à cassette,** cassette-based, cassette-driven.

Cassetothèque (s. f.), cassette library.

Catalogue (s. m.), catalog (US), catalogue (Brit.), data book ; **c. de vente par correspondance,** mail order catalogue ; **c. condensé,** short-form catalog ; **c. maître,** master catalog ; **être au c. de,** to be supplied by ; **mettre sur c.,** to catalog ; **vendu sur c.,** offered on a catalog basis ; **maison de vente sur c.,** mail order firm *or* house.

Cataloguer (v. t.), to catalog (US), to catalogue (Brit.).

Cathodique (adj.). See MÉMOIRE, TUBE, UNITÉ.

Cavalier (s. m.), jumper, jumper wire, jackplug ; **relier par c.,** to jackplug. Voir BALAYAGE.

Cellule (s. f.), cell (of spreadsheet, etc.) ; **c. de mémorisation,** storage cell ; **c. magnétique,** magnetic cell.

Centrage (s. m.), centering (of text) ; **c. automatique,** auto-centering.

Central, -e (adj), central, centrally-located ; host (system, computer, etc.) See FICHIER, MÉMOIRE, UNITÉ.

Central (s. m.), **1.** central office (US) public exchange (Brit.), **c. à commande par programme enregistré,** stored-program control (SPC) exchange ; **2.** central processor, **3.** central station (in teleprocessing network) ; **c. dactylographique,** typing pool.

Centralisation (s. f.), centralization.

Centraliser (v. t.) to centralize.

Centre (s. m.), center (US), centre (Brit.) ; **c. d'assistance,** support centre ; **c. de calcul,** data processing center, data center, computing center, computer center, computation center, information processing center ; **c. de commutation,** relay center, switching center ; **c. de commutation automatique (de messages),** automatic message switching center ; **c. de commutation de données,** data switching exchange ; **c. de commutation manuelle (bande perforée),** torn-tape switching center ; **c. de commutation semi-automatique (de messages),** semi-automatic message switching center ; **c. de contrôle et de diagnostic du trafic (de données),** technical control center ; **c. de démonstration,** demo *or* demonstration centre ; **c. de dépannage,** service center ; **c. de dépouillement des données,** data reduction center ; **c. de diagnostic,** diagnostic center ; **c. de formation,** training school, center ; **c. d'exploitation (des données),** data processing center ; **c. de numérisation,** scanning center ; **c. de recherche,** research establishment, research facility ; **c. de télédiagnostic,** remote diagnostic center ; **c. de temps partagé,** time-sharing center ; **c. de traitement à façon,** computer bureau, service bureau, data processing bureau ; **c. de traitement de l'information ; c. de traitement informatique (CTI) ;** computer center, data (processing) center, EDP center ; **c. de traitement interne,** in-plant data processing center ; **c. de travail à façon,** = **c. de traitement à façon,** data processing center ; **c. international,** gateway office ; **c. mécanographique,** (conventional) data processing center, tab shop ; **c. serveur = serveur 1.**

Centrer (v. t.), to center (text).

Cercle (s. m.), **c. de qualité,** quality circle (QC) ; **c. d'utilisateurs d'ordinateurs,** computer users' association.

Certificateur (s. m.), certifier.

Certification (s. f.), certification (of tape).

Certifier (v. t.), to certify.

Certifieur (s. m.), **c. de bande,** tape certifier.

Cerveau (s. m.), **c. électronique,** electronic brain.

Césure (s. f.), hyphenation ; **c. automatique,** automatic hyphenation ; **c. facultative,** discretionary hyphen, soft hyphen ; **c. imposée (par l'opérateur),** hard hyphen.

CFAO (Conception et Fabrication Assistées par Ordinateur) Computer-Aided Design/Manufacturing (CAD/CAM).

Chaînage (s. m.), chaining ; **chaînage arrière,** backward chaining ; **c. avant,** forward chaining.

Chaîne (s. f.), 1. chain (of printer, etc.), 2. string (of bits, characters, etc.) ; **c. binaire,** bit string ; **c. à caractères,** type chain, print chain ; **c. de caractères,** character string ; **c. de micro-instructions (stockées en mémoire),** firmware ; **c. de montage,** assembly line ; **c. de symboles,** symbol string ; **c. de traitement,** data processing sequence ; **c. d'impression,** print chain ; **c. d'ordres,** command string ; **c. mécanographique = c. de traitement ; c. unitaire,** unit string ; **c. recherchée,** search string ; **c. vide,** null string.
See IMPRIMANTE.

Chaîner (v. t.), to chain.

Chambrer (v. t.), to recondition (tape, etc.).

Champ (s. m.), field.

Changement (s. m.), change, alteration ; **c. d'affectation,** re-allocation, re-assignment ; **c. de cartes,** board swapping ; **c. de contexte,** context switch(ing) ; **c. de couleur (du ruban),** ribbon-color shift ; **c. de densité,** density switching ; **c. d'échelle,** scaling ; **c. de feuillet,** page break, page change ; **c. de nom,** renaming.

Changer (v. t.), to change ; **c. un nom,** to relabel (push-button), to rename (file).

Chapelet (s. m.), **éléments à chapelets,** bucket brigade device (BBD).

Charge (s. f.), load ; **c. d'impression,** print load ; **c. de travail,** workload (of shop, etc.) ; **prendre en c.,** to fetch, to staticize (program instruction), to service (interrupt), to process, to act upon (data), to accommodate, to support, to deal with, to serve (terminals, users, etc.) ; **prise en c.,** retrieval, staticizing (of an instruction), servicing (of an interrupt), accommodation, support (of peripherals, etc.).
See ERREUR.

Chargé, -e (adj.), **heures c.,** peak hours.

Chargeable (adj.), loadable ; **sous forme c.,** in loadable format.

Chargement (s. m.), loading, loading process ; **c. automatique,** autoload (ing) ; **c. frontal,** front-load(ing) ; **c. initial du. sys-**

tème, initial system load (ISL) ; **c. vertical,** top-load(ing).
See CARTE, MOMENT, POUSSOIR, PROGRAMME, RAMPE.

Charger (v. t.), to load (program, etc.).

Chargeur (s. m.) **1.** loader, load(ing) program, **2.** disk pack, disk cartridge ; **c. absolu,** absolute loader ; **c. à bande,** tape cartridge ; **c. binaire,** binary loader ; **c. de six disques,** 6-high disk pack.

Chariot (s. m.) **1.** carriage (of type-writer), **2.** cart (for forms) ; trolley, truck (for carrying tapes, etc.) ; **c. à bande pilote,** tape-controlled carriage ; **c. à cartes,** card truck, tray truck ; **c. à papier,** forms cart ; **c. navette,** shuttle carriage ; **c. porte-bobines,** (tape) reel truck ; **c. porte-document,** document carriage ; **c. pour cartes perforées,** tab card truck.
See RETOUR.

Châssis (s. m.) frame.

Chausse-pied (s. m.), bootstrap routine.

Chef (s. m.) head, leader, manager ; **c. d'agence,** branch manager ; **c. d'atelier,** shop supervisor ; **c. de bureau,** head clerk ; **c. de file,** leader (in industry) ; **c. de projet,** project leader *or* manager ; **c. de salle,** computer room manager ; **c. de service,** departmental manager ; **c. d'entreprise,** (business) manager ; **c. d'équipe, 1.** foreman, **2.** shift leader, shift supervisor (in shift working) ; **c. d'exploitation,** operations manager *or* supervisor ; **c. du service mécanographique,** tab room manager ; **c. du service informatique,** data processing manager (DPM) ; **c. du service programmation,** programming team leader ; **c. opérateur,** chief operator.

Chemin (s. m.), path (of card, tape), track, bed (of card) ; **c. d'accès,** access path ; **c. de câble,** cable tray, cable trough ; **méthode du c. critique,** critical path method (CPM).

Cheminement (s. m.), flow (of information, etc.).

Chenille (s. f.), **c. à ergots,** pin-feed tractor.

Chenillette (s. f.), **c. à ergots,** pinfeed tractor.

Chèque (s. m.), check (US), cheque (Brit.) ; **la Société sans chèques,** checkless Society.
See MACHINE, TRIEUSE.

Chéquier (s. m.), checkbook ; **c. électronique,** cheque card.

Chercheur, -euse (adj.).
See CARTE.

Chercheur, -euse (s. m.), research worker, research scientist ; **c. en IA,** AI researcher ; **c. opérationnel,** operational researcher, operations researcher.

Cheval (s. m.), **C. de Troie,** Trojan Horse (a type of computer fraud).

Chevauchement (s. m.) overlap(ping).

Chevaucher (se), to overlap.

Chevrons (s. m.), angle brackets.

Chien (s. m.), **c. de garde,** watchdog.

Chiffrage (s. m.) = *Chiffrement*.

Chiffre (s. m.) **1.** figure, numeral, digit, number, **2.** cipher ; **c. binaire,** binary digit, bit ; **c. décimal,** decimal digit ; **c. décimal codé binaire,** binary coded decimal digit ; **c. de contrôle,** check digit, sum check digit ; **c. octal,** octal digit ; **c. significatif,** significant digit.
See INVERSION, TOUCHE.

Chiffre-clé (s. m.) check digit.

Chiffrement (s. m.) **1.** figuring, **2.** ciphering, encryption.

Chiffrer (v. t.) **1.** to figure (out), **2.** to encrypt, to cipher.

Chine, vente à la c., off-the-truck sales.

Chronologique (adj.), chronological ; **par ordre c.,** in a time order ; **série c.,** time series.

Chronogramme (s. m.), timing chart *or* diagram.

Chronométrage (s. m.), timing.

Chronométrer (v. t.), to time.

CI (Circuit intégré), integrated circuit (IC).

Cible (s. f.), target ; **langage, machine, ordinateur, système, c.,** target language, machine, computer, system.

Cinq (s. m. & adj. num.) five.
See CODE.

Cinquième (adj.), **(de) cinquième génération,** fifth-generation (computer, etc.).

Circuit (s. m.) circuit, channel ; flow, path (of information) ; **c. à coïncidence,** coincidence

circuit ; **c. à fréquence vocale,** voice-grade circuit ; **c. à la demande,** custom circuit ; **c. additionneur,** add(ing) circuit, addition circuit ; **c. bistable,** bistable circuit ; **c. d'addition,** add(ing) circuit, addition circuit ; **c. de commande,** control circuit, control circuitry ; **c. de contrôle,** checking circuit ; **c. décodeur,** decoding circuit ; **c. de sélection,** selecting circuit ; **c. ET,** AND circuit ; **c. hybride,** hybrid circuit ; **c. imprimé,** printed circuit (PC) ; **c. intégré (CI),** integrated circuit (IC) ; **circuit intégré grand public,** customer IC ; **circuit intégré à très grande échelle,** very large scale integrated circuit (VLSIC) ; **c. intégré à très hautes performances,** very high performance integrated circuit (VHPIC) ; **c. interurbain,** toll circuit, trunk circuit ; **c. inverseur = circuit NON ; c. logique,** logical circuit ; **c. monolithique,** monolithic circuit ; **c. NI,** NOR circuit ; **c. NON,** NOT circuit ; **c. NON-ET,** NAND circuit ; **c. NON-OU = circuit NI ; c. OU,** OR circuit ; **circuit souple,** flex(ible) circuit ; **c. télégraphique,** telegraph circuit ; **c. téléphonique,** telephone circuit ; **c. virtuel,** virtual circuit ; **c. virtuel commuté (CVC),** switched virtual circuit ; **c. virtuel permanent (CVP),** permanent virtual circuit.
See METTRE, MISE.

Circulaire (adj.), circular ; round-robin (list).
See DÉCALAGE.

Circulant, -e (adj.).
See MÉMOIRE.

Circulation (s. f.) **1.** circulation (of air, etc.), flow (of data, information, documents, etc.), **2.** traffic.
See RÉGULATION.

Circuler (v. i.), to circulate (air, etc.), to flow, to flow back and forth, to move, to travel (information, etc.).

Citation (s. f.), reference (to an instruction name).

Citer (v. t.), to reference (an instruction).

Clair, -e (adj.), **en c.,** in plain language, in uncoded form.

Claquage (s. m.), blasting (of PROM).

Claquer (v.t.), jarg. to burn (PROM).

Classement (s. m.), **1.** classification, **2.** (a) arranging in sequence, sequencing, ordering, (b) filing (archival storage) ; **c. électronique,** electronic filing ; **faire une erreur de c.,** to misfile, to misplace.
See ERREUR, INDICATIF.

Classer (v. t.), **1.** to classify, **2.** (a) to arrange in sequence, to sequence, to order, (b) to file (document) ; **mal c.,** to misfile, to misplace.

Classeur (s. m.), filing cabinet.

Classique (adj.), standard, conventional.
See MATÉRIEL.

Clausier (s. m.), boilerplate paragraph(s).

Clavier (s. m.), keyboard (of typewriter, etc), pad ; **à c.,** keyboard-actuated, -based, -driven, -operated ; **c. aveugle,** blind keyboard ; **c. complet,** full keyboard ; **c. dactylographique,** alphanumeric keyboard ; **c. de commande,** control cluster ; **c. de fonctions,** function keyboard ; **c. d'identification personnel,** PIN pad ; **c. d'introduction de données,** data entry keyboard ; **c. fractionnable,** split keyboard ; **c. interactif,** live keyboard ; **c. mou,** programmable keyboard ; **c. multifréquence,** DTMF (Dual-Tone Multifrequency) pad ; **c. numérique,** digital keyboard, numeric keyboard, numeric (key-) pad ; **c. personnalisé,** customized keyboard ; **c. réduit,** condensed keyboard, ten-key keyboard ; **c. type machine à écrire,** typewriter-like keyboard.
See APPAREIL, BLOCAGE, COMMANDE, COMPOSER, DISPOSITION, IMPRIMANTE, INTERROGATION, INTRODUCTION, INTRODUIRE, MACHINE, PERFORATRICE, POSTE, SÉLECTION, TERMINAL, VERROUILLAGE.

Clavier-écran (s. m.), display station.

Claviste (s. m.), keyboard operator.

Clé (s. f.), **1.** key, **2.** = **chiffre-clé ; c. électronique,** dongle ; **clés en main,** turnkey (operation, etc.) ; (adv.) **clés en main,** on a turnkey basis ; **entreprise spécialiste du, faisant du, « clés en main »,** turnkey house ; **c. de contrôle,** folded checksum, check character ; **c. d'imparité,** odd parity bit ; **c. de parité,** parity check bit.
See MOT CLÉ.

Clicher (v. t.), (J. O.) to dump.

Client (s. m.), customer, occ, user, et par ext. « account » ; **gros client,** large account ; **c.**

éventuel *ou* **potentiel,** prospective customer ; **c. régulier (d'un magasin, etc),** patron.

Clientèle (s. f.), customers ; **c. de base,** customer base ; **en c.,** in the field, on site ; **machines installées en c.,** field-installed machines ; **entretien en c.,** field maintenance ; **service d'entretien en c.,** field service ; **extension d'un système en c.,** in-the-field upgrading.

Clignotement (s. m.), blinking, flashing (of light, etc.).

Clignoter (v. i.), to blink, to flash (light, etc.).

Climatisation (s. f.), air-conditioning, environmental control.

Climatiser (v. t.), to air-condition.

Climatiseur (s. m.), air-conditioner, air-conditioning unit.

Cliquage (s. m.), clicking (of mouse button).

Cliquer (v. t.), to click (mouse button).

Cloche (s. f.), **c. de protection (de disques),** disc pack canister.

Cloisonnement (s. m.), partitioning.

Cloisonner (v. t.), to partition, to divide.

Clonable (adj.), clonable.

Clonage (s. m.), cloning.

Clone (s. m.), clone.

Cloner (v. t.), to clone.

Clore (v. t.), to close (file) ; to log off, to sign off (following a session).

Club (s. m.), **c. d'utilisateurs,** users' association *or* group ; **c. micro,** microcomputer users' association, PC club.

CMS, (Composant Monté en Surface), surface-mounted device (SMD).

CN (Commande Numérique), numerical control (NC).

CNA (Convertisseur Numérique/Analogique), Digital-to-Analog Converter (DAC).

Coaxial, -e (adj. & s. m.), coaxial, coax.

Codage (s. m.), coding, coding process ; **c. (en) binaire,** binary coding.

Code (s. m.), code ; **c. à barres,** bar code ; **c. à distance minimum (*ou* minimale),** minimum distance code ; **c. à enchaînement,** chain code ; **c. à N adresses,** N-address code ; **c. alphabétique,** alphabetic(al)

code ; **c. alphanumérique,** alphanumeric(al) code ; **c. ASCII,** ASCII code ; **c. Baudot,** Baudot code ; **c. barres,** = **code à barres ; c. binaire,** binary code ; **c. binaire pur,** pure binary code, straight binary code ; **c. binaire réfléchi,** Gray code ; **c. biquinaire,** biquinary code ; **c. carte,** card code ; **c. correcteur d'erreurs,** error-correcting code (ECC) ; **c. cyclique,** cyclic code ; **c. de bande perforée,** paper tape code, punched tape code, perforated tape code ; **c. de changement de ligne,** line feed code ; **c. de contrôle,** check code ; **c. de contrôle d'erreur,** error-checking code ; **c. de conversion,** conversion code ; **c. de Hamming,** Hamming code ; **c. de perforation,** card code, punch code ; **c. de Reed-Solomon,** Reed-Solomon code, R.S. code ; **c. de service,** function code ; **c. décimal codé binaire,** binary coded decimal code, BCD code ; **c. détecteur d'erreurs,** error-detecting code ; **c. d'erreur,** error code, reason code ; **c. deux sur cinq,** two-out-of-five code ; **c. d'identification,** identifying code ; **c. d'instruction,** instruction code ; **c. d'intervention,** action code ; **c. fonctionnel,** function(al) code ; **c. Gray,** Gray code ; **c. Hollerith,** Hollerith code ; **c. jetable,** throw-away code *or* coding ; **c. lettres,** letters code ; **c. machine,** computer code, computer instruction code, machine code ; **c. mnémonique,** mnemonic code ; **c. mouvement,** transaction code ; **c. numérique,** numeric(al) code ; **c. objet,** object code ; **c. octal,** octal code ; **c. opération,** operation code, op code ; **c. plus trois,** excess-three code ; **c. pondéré,** weighted code ; **c. postal,** postal code (Brit.), zip code (US) ; **c. redondant,** redundant code.
See CARACTÈRE, CONVERSION, CONVERTISSEUR, FEUILLE.

Codé, -e (adj.), coded ; **non c.,** uncoded.
See MODULATION.

Codec (s. m.), codec.

Coder (v. t.), to code, to encode, to encipher.

Codet (s. m.) (JO), code element.

Codeur, -euse (s. m.), 1. coder, coding clerk, 2. encoder ; **c. de clavier,** keyboard encoder ; **c. de position angulaire,** shaft position encoder.
See DISQUE.

Codification (s. f.), codification ; **c. numérique,** numeric coding.

Codifier (v. t.), to codify.

Coefficient (s. m.), coefficient ; **c. de charge-ment,** load factor.

Cœur (s. m.) heart (of a computer system, etc.) ; **c. d'impression,** print engine.

Coffret (s. m.), (magnetic tape) container ; **en c.,** boxed ; **c. de commande, 1.** control box, **2.** stunt box.

Cogniticien (s. m.), knowledge engineer.

Cognitique (s. f.), knowledge engineering.

Cohérence (s. f.), coherence, consistency.

Cohérent, -e (adj.) coherent, consistent.

Coin (s. m.) corner ; **à c. arrondi,** round-cornered (card) ; **à c. coupé,** corner-cut (card) ; **clause des 4 coins,** approx. entire agreement clause.

Coïncidence (s. f.), coincidence.
See CIRCUIT.

Collationnement (s. m.), collation.

Collationner (v. t.), to collate.

Collecte (s. f.), collection, gathering ; **c. de données,** data collection, data gathering, data accumulation, **c. de données en usine *ou* industrielles,** factory data collection.
See APPAREIL, MATÉRIEL.

Collecter (v. t.), to collect, to gather (data).

Collecteur (s. m.), **c. de données,** data sink.

Collectif, -ve (adj.), **utilisation collective d'un ordinateur,** time-sharing.

Collection (s. f.), package (of programs).

Collerette (s. f.), bezel.

Colleuse (s. f.), **c. de bande perforée,** paper tape splicer.

Collision (s. f.), collision ; **détection de c.,** collision detection.

Colloque (s. m.), **1.** colloquium, **2.** establishment procedure & terminal procedure ; **caractère de c.,** control characters.

Colonnage (s. m.), column headings.

Colonne (s. f.), column (punched card, matrix), row (punched tape), frame (punched tape, magnetic tape), attribute (relational data base) ; **c. juxtaposées (TdT),** parallel columns ; **c. non perforée, vierge,** blank column ; **carte de 80 c.,** eighty-column card ; **dans le sens des c.,** columnwise ; **données en colonnes,** columnar data.
See ALIMENTATION, BINAIRE.

Coloriage (s. m.), color fill(ing), painting.

Colorier (v. t.), to paint (screen).

Combinaison (s. f.), combination ; **c. binaire,** bit configuration, bit pattern ; **c. de perforations,** pattern of holes, of punches, punched configuration, punch pattern.

Combinatoire (adj.), combinational.

Combiné (s. m.), **c. téléphonique,** handset.

Combiner (v. t.), **combiner dans une porte ET, OU, OU exclusif,** to AND, to OR, to EXOR.

Comité (s. m.), committee ; **c. d'automatisation, c. informatique,** feasibility committee.

Commande (s. f.), **1.** (a) order (b) command, **2.** control, activation, actuation ; **fait sur c.,** custom-built, custom-designed, custom-made ; **à c. électrique, électronique, etc.,** electrically, electronically (controlled, driven, etc.) ; **à c. numérique,** numerically-controlled, digitally-controlled ; **à c. par effleurement,** touch-controlled ; **à c. vocale,** voice-activated, voice-actuated, voice-controlled ; **de c.,** actuating (mechanism, etc.) ; **atelier travaillant à la c.,** job shop ; **passer c. de qch à qn,** to place an order for sthg with s. o. ; **c. abrégée,** shortcut ; **c. à distance,** remote control ; **c. à point,** dot command (e. g. • PRINT) ; **c. automatique,** automatic control ; **c. d'édition,** format control ; **c. arrobas, commande @,** at sign command ; **c. de processus industriel,** process control ; **c. de réapprovisionnement,** replenishment order ; **c. directe,** direct control ; **c. en boucle ouverte,** open loop control ; **c. indirecte,** indirect control ; **c. manuelle,** manual control, « hands-on » control ; **c. numérique (CN),** numerical control (N/C), digital control ; **c. numérique directe,** direct digital control (DDC) ; **c. en temps réel,** real-time control ; **c. par programme,** program control, programmatic control ; **c. prédictive,** feed forward control.
See BOUTON, CARACTÈRE, CIRCUIT, COFFRET, GRILLE, IMPULSION, ORGANE, PANNEAU, PRISE, PUPITRE, SIGNAL, TABLEAU, TRAITEMENT.

Commandé, -e (adj.), **c. à distance,** remote-controlled, remotely-controlled *or* operated ; **c. à la voix,** voice-activated, voice-actuated, voice-controlled ; **c. par bande,** tape-controlled, tape-driven, tape-operated ; **c. par calculateur *ou* ordinateur,** computer-controlled, computer-driven ; **c. par clavier,** keyboard-actuated, keyboard-controlled, keyboard-operated, key-driven ; **c. par programme,** program controlled.

Commander (v. t.), **1.** to order, **2.** to control, to actuate, to activate, to drive.

Commentaire (s. m.), comment, remark.

Commercial, -e (adj.), commercial ; business-oriented (data, etc.) ; sales (document, etc.).
See INGÉNIEUR, RÉSEAU.

Commercialisable (adj.), marketable.

Commercialisation (s. f.), marketing.

Commercialiser (v. t.), to market.

Commun, -e (adj.), common ; **mettre en c.,** to pool (resources, etc.) ; **mise en c.,** pooling (of resources, etc.) ; **utiliser en c.,** to share ; **utilisable en c.,** sharable.
See CRITÈRE, FICHIER, LIGNE.

Communauté (s. f.), **la c. informatique, des informaticiens,** the computing community *or* computer fraternity.

Communicant (adj.), communicating (word processor, etc.).

Communication (s. f.), **1.** paper, **2.** communication, jarg. : commo, call ; **c. de données,** data communication ; **c. entrante,** incoming call ; **c. sortante,** outgoing call ; **c. virtuelle,** virtual call ; **mettre en c.,** to connect.

Communiqué (s. m.), **c. de presse,** presse release.

Communiquer (v. t.), **1.** to communicate (information), to return (a status), to pass (parameters), **2.** to impart (motion).

Commutable (adj.), switchable ; **c. par logiciel,** software switchable.

Commutateur (s. m.), switch ; **c. rotatif,** rotary switch ; **c. de sélection,** selector switch ; **c. de tests,** test switch.

Commutation (s. f.), switch(ing), switch(ing) over ; **c. de circuits,** circuit-switching ; **c. de lignes,** line switching ; **c. de messages,** message switching ; **c. de paquets,** packet switching ; **c. de têtes,** head switching ; **c. spatiale,** space-division switching ; **c. temporelle,** time-division switching.
See CENTRE, IMPULSION, THÉORIE, TORE, VITESSE.

Commuter (v. t.), to switch (over).

Commuté, -e (adj.), switched.
See RÉSEAU.

Compacité (s. f.), compactness (of equipment).

Compact (adj.), compact (equipment).

Compactage (s. m.), compression, squeezing.

Compacter (v. t.), to compress, to squeeze.

Compagnie (s. f.), **c. téléphonique,** telephone company.

Comparaison (s. f.), comparison ; **c. logique,** logical comparison ; **terme d'une c.,** comparand.
See POSTE, UNITÉ.

Comparateur (s. m.), comparator ; **c. de bandes perforées,** tape comparator ; **c. d'inégalité,** non equivalence element.

Comparatif, -ive (adj.), **tableau c.,** comparison chart.

Comparer (v. t.), to compare (against, with), to check against.

Compartiment (s. m.), compartment, bucket (in core memory).

Compartimentage (s. m.), partitioning.

Compartimenter (v. t.), to partition.

Compatibilité (s. f.), compatibility ; **c. entre matériels,** equipment compatibility ; **c. ascendante,** upward compatibility ; **c. descendante,** downward compatibility ; **c. logicielle,** software compatibility ; **c. matérielle,** hardware compatibility.

Compatible (adj.), compatible ; **de façon c.,** compatibly ; **c. au niveau d'une industrie,** industry-compatible ; **c. Hayes,** Hayes compatible ; **c. télétype,** Teletype-compatible.

Compétitif, -ive (adj.), competitive.

Compétitivité (s. f.), competitiveness.

Compilable (adj.), compilable.

Compilateur (s. m.), compiler, compiling program, language processor ; **c. à un passage,**

c. **monopasse,** single-pass compiler, one-pass compiler ; **c. à plusieurs passages, c. multipasse,** multipass compiler ; **c. croisé,** cross-compiler ; **c. de c.,** compiler compiler, metacompiler ; **c. scientifique,** scientific compiler, scientific-oriented language processor ; **c. de gestion,** business compiler.

Compilation (s. f.), compilation, compiling ; **c. croisée,** cross-compilation *or* compiling ; **c.-exécution,** compile-and-go, compile-and-run.
See CALCULATEUR, DURÉE, MACHINE, PHASE, PROGRAMME, RÉSULTAT, TEMPS.

Compiler (v. t.), to compile.

Complément (s. m), complement ; **c. à deux,** two's complement ; **c. à dix,** ten's complement ; **c. à neuf,** nine's complement ; **c. à un,** ones complement ; **c. à la base,** radix complement ; **c. restreint,** diminished radix complement.

Complémentaire (adj.), complementary (operation, etc.) ; **matériel c.,** add-on equipment.

Complémentation (s. f.), complementation.

Complet, -ète (adj.), complete, full, all-in-one (microcomputer).
See ADDITIONNEUR, CLAVIER, REPORT.

Complexe (adj.), complex (operation), involved (calculation).

Composant (s. m.), component ; **composants discrets,** discrete components ; **composants électroniques,** electronic components ; **composants montés en surface (CMS),** surface-mounted components (SMC).
See ERREUR.

Composé (s. m.), parent part (manufacturing).

Composer (v. t.), to set up (value on keyboard) ; to dial (number) ; to format (message) ; to configure (a system) ; to typeset (text).

Composeur (s. m.), **composeur (automatique) de numéros,** dial(l)er.

Composition (s. f.), configuration (of equipment), hardware environment ; formatting (message) ; setting up (on keyboard) ; dialing (of a number) ; typesetting (text) ; arrangement (of deck of cards) ; **c. automatique,** computerized typesetting, computer

typesetting ; **c. de l'ordinateur d'exécution,** object configuration.

Compresser (v. t.), to compress.

Compresseur (s. m.), compressor (in card tray).

Compression (s. f.), compression (of data, of a file) ; blocking (of cards).

Comprimer (v. t.), to compress, to squeeze (data) ; to block (cards in card tray).

Comptabilisation (s. f.), accounting ; **c. d'appels automatique,** automatic call recording (ACR).

Comptabiliser (v. t.), to account.

Comptabilité (s. f.), **1.** accountancy, accounting (US), bookkeeping, **2.** accounting department ; **c. clients,** accounts receivable (AR) ; **c. fournisseurs,** accounts payable (AP) ; **c. générale,** general accounting ; **c. mécanographique,** computer accounting.

Comptable (s. m. & f.), accountant.

Comptable (adj.).
See MACHINE.

Comptage (s. m.), counting, tallying ; **c. de blocs, de cartes, de mots,** block, card, word count ; **c. d'itération,** iteration count ; **c. progressif,** count up, tally up ; **c. régressif,** count down, tally down.
See MOT.

Compte (s. m.), **1.** account, **2.** counting ; **c. à rebours,** count down ; **grand c.** large account ; **prendre en c.,** to retrieve (instruction), to accept (job).
See CARTE.

Compte-cartes (s. m.), card counter.

Compter (v. t.), to count (up) ; **c. en progressant,** to count up, upward, to tally up ; **c. en régressant,** to count down, downward, to tally down, downward ; **c. modulo n,** to count modulo n.

Compteur (s. m.), **1.** (a) counter, (b) count field, **2.** meter ; **c. additif,** adding counter ; **c. annulaire,** ring counter ; **c. binaire,** binaire counter ; **c. de bits,** bit counter ; **c. de cartes,** card counter ; **c. de cycles,** cycle counter ; **c. de défilement de bande,** tape footage counter ; **c. d'instruction,** location counter, program counter, P-counter ; **c. (de temps) machine,** computer meter ; **c.**

ordinal = **c. d'instruction** ; **c. progressif,** count-up counter ; **c. progressif/régressif,** up-down counter ; **c. régressif,** count-down counter ; **c. totalisateur,** accumulating counter.
See FAIRE, JOUR, PROGRESSER, RELEVÉ, RELEVEUR.

Compteur-décompteur (s. m.), reversible counter, up-down counter.

Comptométrice (s. f.), comptometer operator.

Concaténation (s. f.), concatenation.

Concaténer (v. t.), to concatenate.

Concentrateur (s. m.), 1. (remote) concentrator, 2. tape pooler ; **c. de lignes,** remote concentrator.

Concentration (s. f.), 1. concentration (of data), 2. pooling (onto a single tape).

Concentrer (v. t.), 1. to concentrate (data), 2. to pool (data onto a single tape).

Concepteur (s. m.), designer ; **c. de logiciels,** software designer, developer, writer ; **c. de puces,** chip designer.

Conception (s. f.), design(ing) ; **c. assistée par ordinateur (CAO),** computer-assisted design (CAD) ; **C. et Fabrication Assistées par Ordinateur (CFAO),** Computer-Assisted (*or* Aided) Design/Computer-Assisted Manufacturing (CAD/CAM) ; **C. et Dessin Assistés par Ordinateur (CDAO),** Computer-Assisted Design and Drafting (CADD) ; **c. fonctionnelle,** functional design ; **c. logique,** logical design.

Concevoir (v. t.), to design, to devise.

Concordance (s. f.), matching ; **c. avec un modèle,** pattern matching.

Conçu (p. p. of concevoir), **c. pour...,** -oriented ; e. g. : **c. pour la télégestion,** communications-oriented.

Concurrence (s. f.), 1. competition, 2. competitors ; **entrer en c.,** to compete for.

Concurrencer (v. t.), to compete with.

Concurrent (s. m.), competitor.

Condensateur (s. m.), capacitor.
See MÉMOIRE.

Condensation (s. f.), compression (of data).

Condenser (v. t.), to compress, to pack (data).

Condensé, -e (adj.), **en c.,** in packed form(at).

Condition (s. f.), **conditions de stockage,** storage environment.

Conditionnel, -elle (adj.), conditional.
See BRANCHEMENT, INSTRUCTION, OPÉRATION.

Conditionnellement (adv.), conditionally.

Conditionnement (s. m.), 1. conditioning, 2. packaging ; **c. d'air,** air conditioning.

Conditionner (v. t.), 1. to condition, 2. to package.

Conducteur, -trice (adj.), **crayon c.,** conductive pencil.

Conduit (s. m.), **c. vocal,** vocal tract.

Conduite (s. f.), **c. de processus (industriel),** process control ; **c. de projet,** project control, project management.

Confectionner (v. t.), to make (cable, etc.).

Conférence (s. f.), **c. à trois, c. additive (PTT),** add-on third party, three-way calling, three-party call ; **c. informatisée,** computer teleconferencing ; **c. téléphonique,** conference call(ing).

Confetti (s. m.), chad, chip, punching.
See BANDE, BOÎTE.

Confidentialité (s. f.), confidentiality.

Configurabilité (s. f.), configurability.

Configurable (adj.), configurable.

Configurateur (s. m.), 1. configurator (programme), 2. configurator (equipment layout sheet).

Configuration (s. f.), 1. configuration (of a system) ; lashup (of systems), 2. pattern (of bits, punches) ; **c. du système,** system requirements ; **c. matérielle,** hardware configuration ; **c. minimale,** basic configuration, minimum configuration ; **mauvaise (définition de la) configuration, configuration défectueuse,** misconfiguration ; **ne faisant pas partie de la configuration,** unconfigured.

Configurer (v. t.), to configure.

Conflit (s. m.), conflict, contention ; **c. entre appels entrant et sortant,** call collision.

Conforme (adj.), **c. au CODASYL, aux nor-**

mes du **CODASYL,** CODASYL-compliant.

Conglomérat (s. m.), conglomerate.

Conjonction (s. f.), conjunction.

Connectabilité (s. f.), connectability, attachability.

Connectable (adj.), connectable, interface-able, attachable, strappable ; **directement c.,** plug-to-plug compatible.

Connecté, -e (adj.), on-line (operation, working, etc.), on-hook (telephone).

Connecter (v. t.), to attach, to branch to, to connect, to hitch to, to hook into, to tie into ; **toute personne connectée au réseau,** anybody on the network.

Connecter (se), to connect, to log in, to sign on.

Connecteur (s. m.), connector ; **c. à force d'insertion nulle,** zero-insertion force (ZIF) connector.

Connectique (s. f.), **1.** connector industry, **2.** connectors, **3.** interfacing.

Connectivité (s. f.), connectivity.

Connexe (adj.), allied, related ; **industrie des ordinateurs et industries c.,** computer and computer-related industries.
See GRAPHE.

Connexion (s. f.), **1.** connection, attachment, hook-up, **2.** (control panel) wiring, jackplugging ; **c. enroulée,** wire-wrap (connection) (trade-mark of Gardner Denver Company) ; **machine à faire les c. enroulées,** wire-wrapping machine.
See FICHE, FIL, SCHÉMA, TABLEAU.

Connexionisme (s. m.), connectionism.

Consécutif, -ive (adj.), contiguous (memory positions, etc.).
See NON CONSÉCUTIF.

Conseil (s. m.), **c. en informatique,** data processing consultant ; **c. en organisation,** management consultant.

Conseiller (s. m.), **c. en informatique,** data processing consultant, computer consultant ; **c. en organisation,** management consultant.

Conservation (s. f.), saving (of register contents, etc.) ; **durée de c.,** shelf life (of product).

Conserver (v. t.), to retain, to preserve ; to save (register contents, etc.), to hold (the line).

Consignateur (s. m.), logger.

Consignation (s. f.), logging.

Consigne (s. f.), **c. d'exploitation,** operating instructions.
See POINT.

Consigner (v. t.), to record (in a log, etc.) ; to log.

Console (s. f.), console ; **c. de communication,** communication console, comsole (Arthur C. Clark) ; **c. de jeu,** game console ; **c. du système,** system console ; **c. graphique,** graphic(s) console ; **c. de temps partagé,** time-sharing console ; **c. de visualisation,** display console, visual display unit (VDU).

Consommables (s. m. pl.), expendables, consumables, consumable items.

Consommateur -trice (adj.), **gros c. de mémoire,** memory-intensive ; **gros c. de données,** data guzzler ; **gros c. de temps de calcul,** compute *or* computation-intensive.

Consommation (s. f.), consumption (of current, etc.), usage (of parts).

Constante (s. f.), constant ; **constantes,** constant data, fixed data ; **c. négative,** decrement ; **c. positive,** increment.
See PERFORATRICE, ZONE.

Constituant (s. m.), component.

Constituer (v. t.), to configure (equipment) ; to construct (table) ; to set up (committee, table) ; to build, to build up (table, queue, string) ; to take (a checkpoint).

Constitution (s. f.), **1.** configuration (equipment), make-up, **2.** construction (of table) ; set-up, setting up (table, committee) ; building (of string, table) ; taking, writing (of checkpoints) ; **c. de données d'essai,** test data dispersion.

Constructeur (s. m.), maker, manufacturer ; **c. d'ordinateurs,** computer manufacturer *or* maker, computer firm, main frame maker, hardware maker *or* manufacturer, computer vendor ; **c. de périphériques,** peripheral maker ; **c. de micro-ordinateurs,**

de micros, micromaker ; **c. de mini-ordinateurs, de minis,** minimaker ; **c. d'ordinateurs parallèles,** parallel company.
See MATÉRIEL, VENTE.

Construire (v. t.), to build, to make, to manufacture (computers, etc.)

Consultable (adj.), consultable, accessible.

Consultant (s. m.), consultant ; **consultants,** consultancy firm ; **c. en informatique,** data processing consultant.

Consultation (s. f.), consultation ; browsing, accession (library document) ; (file) query, inquiry, reference ; (table) look-up ; reference (to a table, etc.) data retrieval ; **c. et mise à jour,** read-write access ; **c. seule,** read-only access.

Consulter (v. t.), to consult ; to interrogate, to query (file) ; to look up (table) ; to browse (through).

Contact (s. m.), **1.** contact, **2.** switch.

Contenu (s. m.), content (of register, etc.).

Contexte (s. m.), context ; **dans un c. de multiprogrammation,** in a multiprogramming environment.

Contigu, -uë (adj.), contiguous.

Continu, -e (adj.), direct (current) ; **en c.,** continuous (form, paper, stationery), connected (speech).
See PAPIER.

Contournement (s. m.), bypassing, skipping ; **c. des défauts (sur disque),** defect skipping.

Contourner (v. t.), to bypass (telephone company), to skip (defects).

Contradiction (s. f.), discrepancy.

Contradictoire (adj.), conflicting.

Contraste (s. m.), contrast.

Contrat (s. m.), contract, agreement ; **c. d'entretien, de maintenance,** maintenance agreement ; **c. informatique,** computer contract.

Contre-argumentaire (s. m.), counter-competitive arguments.

Contre-vérification (s. f.), counter-check(ing), cross-check(ing).

Contre-vérifier (v. t.), to counter-check, to cross-check.

Contrôlabilité (s. f.), auditability (of accounts).

Contrôlable (adj.), auditable (acc.).

Contrôle (s. m.), **1.** check(-out), checking-(out), testing, verification ; auditing (of accounts) ; monitoring (of operation), **2.** (anglicism) control ; **c. arithmétique,** arithmetic(al) check ; **c. automatique,** automatic check(ing), built-in check ; **c. câblé,** hardware check, wired-in check ; **c. d'accès,** access control ; **c. d'alimentation (intempestive) de deux documents,** double document test ; **c. de bon fonctionnement,** sanity check ; **c. de cohérence,** consistency check ; **c. de colonnes vierges et doubles perforations,** double punch blank column check ; **c. de données avant traitement,** data purification ; **c. de gestion interne,** auditing ; **c. d'homogénéité,** consistency check ; **c. d'immatriculation,** block serial number checking ; **c. d'imparité,** odd parity check ; **c. de labels,** label checking ; **c. de l'aménagement des locaux,** readiness review ; **c. de parité,** even parity check ; **c. de parité longitudinale,** longitudinal parity check, horizontal parity check, track parity check ; **c. de parité transversale,** lateral parity check, vertical parity check, row parity check ; **c. de perforation,** punch check ; **c. de processus,** process control ; **c. de programmation,** desk checking *or* debugging, code check(ing) ; **c. de qualité,** quality assurance, quality control ; **c. de qualité assisté par ordinateur (CQAO),** computer-assisted quality control ; **c. de sélection,** selecting check ; **c. de séquence,** sequence check ; **c. de signe,** sign check ; **c. de stock, 1.** = inventaire, **2.** (anglicism) = gestion des stocks ; **c. de syntaxe,** syntax check(ing) ; **c. de validité,** validity check ; **c. de vraisemblance,** absurdity check, credibility check, reasonableness check, plausibility check, limit check ; **c. d'indicatifs numériques,** check digit verification ; **c. d'intégrité,** completeness check ; **c. des données à l'entrée,** input auditing ; **c. des tolérances,** marginal checking ; **c. du nombre de perforations,** hole count check ; **c. d'uniformité,** consistency check ; **c. dynamique,** dynamic check(ing) ; **c. en sortie,** output editing ; **c. général,** system check ; **c. interne,** internal audit(ing) ; **c. mathématique,** mathematical check ; **c. modulo n,** modulo n check, residue check ; **c. orthographique,** spellchecking ; **c. par balance**

carrée, cross checking ; **c. par comparaison,** loop checking ; **c. par détection de code interdit,** forbidden combination check ; **c. par duplication,** duplication check, copy check ; **c. par écho,** echo check(ing) ; **c. par lecture après écriture,** read-after-write check ; **c. par lecture comparée,** check reading ; **c. par parité,** even parity checking ; **c. par redondance,** redundancy check ; **c. par répétition,** transfer check ; **c. par sondage,** random check ; **c. par totalisation,** sum check, summation check, nonsense total check ; **c. par vidage,** dump check ; **c. programmé,** program(med) check ; **c. statique,** static check ; **c. visuel des cartes,** sight check.
See BIT, CARACTÈRE, CHIFFRE, CLÉ, CODE, IMPRIMANTE, INDICATEUR, LISTE, MACHINE, PERFORATION, POINT, REGISTRE, RUPTURE, TOTAL, ZONE.

Contrôlé, -e (adj.), verified (punched card), sight-checked (deck of cards), tested (tape), debugged (program).
See NON CONTROLE.

Contrôler (v. t.), 1. to check, to test, to verify ; to audit (accounts) ; to monitor (operation), 2. (anglicism) to control ; **c. la programmation,** to code check, to desk check ; **c. (l'ordre, la numérotation, la séquence),** to sequence check ; **c. l'écriture,** to write check ; **c. par rapport à (une référence),** to check against ; **c. par relecture,** to read-check ; **c. par impression,** to proof list.

Contrôleur (s. m.), 1. (a) controller, comptroller, inspector ; (data processing) auditor, (b) checking apparatus, tester, 2. (anglicism) controller, control unit ; **c. automatique,** automatic controller ; **c. bicanal,** dual-channel controller ; **c. de bande magnétique,** magnetic tape controller ; **c. de communication,** communication controller ; **c. d'entrée/sortie,** input/output controller ; **c. de dérouleur,** tape controller, tape control unit ; **c. de disques,** disk (storage) controller, disk control unit ; **c. de grappe,** cluster controller ; **c. de périphérique(s),** device controller, device control unit, peripheral control unit ; **c. de séquence,** watchdog, invigilator ; **c. de transmission,** (data) communication controller, communication control unit, transmission control unit ; **c. monocanal,** single-channel controller ; **c. multiligne,** multiline controller ; **c. uniligne,** single-line controller.

Convention (s. f.), **convention informatique,** data processing congress.

Convergence (s. f.), convergence (of technologies, etc.).

Conversation (s. f.), conversation, talk (over the telephone).

Conversationnel, -elle (adj.), conversational ; **mode c.,** conversational mode ; **programmation en (mode) c.,** conversational programming ; **terminal c.,** conversational terminal.

Conversion (s. f.), 1. conversion (from/into a code), conversion work, 2. conversion, conversion process (change of equipment) ; **c. bande/bande,** tape-to-tape conversion ; **c. bande/carte,** tape-to-card conversion ; **c. cartes/bande,** card-to-tape conversion ; **c. (de) binaire en décimal,** binary-to-decimal conversion ; **c. de code,** code conversion ; **c. de date,** date conversion ; **c. (de) décimal en binaire,** decimal-to-binary conversion ; **c. de données,** data conversion ; **c. de fichiers,** file conversion ; **c. de parallèle en série,** parallel-to-serial conversion ; **c. de protocole,** protocol conversion ; **c. de série en parallèle,** serial-to-parallel conversion ; **c. de support,** media conversion.
See MONOCONVERSION, MULTICONVERSION.

Convertir (v. t), to convert ; **c. de parallèle en série,** to serialize ; **c. de série en parallèle,** to staticize ; **c. en numérique,** to digitize.

Convertisseur (s. m.), converter ; **c. analogique/numérique (CAN),** analog-to-digital converter (ADC) ; **c. bande/carte,** tape-to-card converter ; **c. bande perforée/carte perforée,** paper tape-to-card converter ; **c. binaire/décimal,** binary-to-decimal converter ; **c. carte/bande,** card-to-tape converter ; **c. de bande magnétique,** magnetic tape converter ; **c. de code,** code converter ; **c. de protocole,** protocol converter ; **c. décimal/binaire,** decimal-to-binary converter ; **c. imprimant,** printing digitizer ; **c. numérique/analogique (CNA),** digital-to-analog converter (DAC) ; **c. numérique/parole,** digital-to-speech converter ; **c. parallèle-série,** dynamiciser ; **c. série-parallèle,** staticizer, serial-to-parallel converter.

Convivial (adj.), **c. pour (l'opérateur, le programmeur, l'utilisateur, etc.),** operator-friendly, programmer-friendly, user-friendly, etc.) ; plain text (messages).

Convivialement (adv.), in a user-friendly form.

Convivialiste (s. m.), designer *or* developer of user-friendly routines, systems, etc.

Convivialité (s. f.), user-friendliness, ease of use.

Convolution (s. f.), convolution.

Convolutionnel, -elle (adj.), **code c.,** convolutional code.

Coordonnées (s. f. pl.), coordinates ; **c. absolues,** absolute coordinates ; **c. cartésiennes,** cartesian coordinates ; **c. polaires,** polar coordinates ; **c. relatives,** relative coordinates ; **c. universelles,** world coordinates.

Copie (s. f.), copy ; **c. cachée,** blind copy ; **c. de bande,** copy tape ; **c. d'écran,** screen printing ; **c. de sauvegarde,** backup copy ; **c. sur papier,** hardcopy ; **faire une c. de secours,** to back up.

Copier (v. t.), to copy, to duplicate (tape, etc.).

Copieur (s. m.), copier.

Coprocesseur (s. m.), coprocessor ; **c. mathématique,** math coprocessor.

Corbeille (s. f.), basket ; **c. à papier,** waste basket (Macintosh) ; **c. arrivée,** in-tray ; **c. départ,** out-tray ; **c. d'impression,** type basket ; **position « c. basse »,** upper case ; **position « c. haute »,** lower case.

Cordon (s. m.), **c. spiralé,** coiled flex.

Coresidence (s. f.), coresidency.

Corps (s. m.), body ; size or point size (character).

Correcteur (s. m.), **c. orthographique,** spelling checker, word speller.
See CODE.

Correctif, -ive (adj.).
See ENTRETIEN.

Correction (s. f.), correction (of errors), patching (of program) ; **nouvelle c.,** repatching ; **c. automatique des erreurs,** automatic error correction ; **c. de désalignement,** deskew.

See CARTE, MÉMOIRE, SÉQUENCE, SOUS-PROGRAMME.

Corrélation (s. f.), correlation.

Correspondance (s. f.), **1.** correspondence ; match (between master file item and transaction file item) ; hit, mapping ; **2.** correspondence, mail ; **sans c.,** unmatched (item) ; **entreprise de vente par c.,** mail order firm *or* house ; **c. biunivoque,** one-to-one correspondence.
See NON-CORRESPONDANCE, TABLE, VENTE.

Correspondant, -e (adj. & s. m.), party (tél.) ; corresponding, associated, matching ; **article sans c.,** unmatched record.

Correspondre (v. i.), to correspond (to, with), to check.

Corriger (v. t.), to correct, to fix (error), to patch (program).

Côté (s. m.), side ; **c. reliure,** binding edge, bindery edge (of a document).

Cotraitement (s. m.), coprocessing.

Couche (s. f.), layer (of I.C., network, etc.) ; **en couches,** layered ; **c. application,** application layer ; **c. liaison de données,** data link layer ; **c. mince,** thin film ; **c. physique,** physical layer ; **c. présentation,** presentation layer ; **c. session,** session layer ; **c. transport,** transport layer ; **c. réseau,** network layer.
See MÉMOIRE.

Coupe (s. f.), **c. médiane,** center slitting, midform slitting (of continuous paper) ; **c. en W,** double slitting (of continuous paper) ; **c. en Y = coupe médiane.**

Coupe-rives (s. m.), edge cutter, edge trimmer.

Couper (v. t.), **1.** to remove, to switch off, to switch out, to turn off (power) ; to deactivate (peripheral, etc.), **2.** to trim (sprocket margin), to slit (continuous paper), to sever, to crop (image).

Couper/coller (v. t.), to cut and paste.

Couplage (s. m.), coupling ; **à c. acoustique,** acoustically-coupled ; **c. acoustique,** acoustic coupling ; **dispositif à c. de charge,** charge-coupled device (CCD).

Couple (s. m.), **1.** pair, **2.** torque (mech.).

Coupler (v. t.), to couple (up), to connect.

Coupleur (s. m.), coupler ; **c. acoustique,** acoustic coupler.

Coupure (s. f.), **1.** removal (of power), power dump, **2.** splitting (of a word), truncation (of excess digits), hyphenation ; **c. du courant alternatif,** A. C. dump ; **c. du courant continu,** D. C. dump ; **c. progressive de l'alimentation (électrique),** down sequencing ; **c. syllabique,** hyphenation.

Courant, -e (adj.), current, « bread and butter » (programs, applications).

Courant (s. m.), current, power ; **c. alternatif,** alternating current (AC) ; **c. continu,** direct current (DC).
See ALIMENTATION, CONSOMMATION, COUPURE, DEMI-COURANT, PANNE.

Courbe (s. f.), curve.
See AJUSTEMENT, LECTEUR, TRACEUR.

Courbure (s. f.), **c. transversale,** cupping (of tape).

Couronne (s. f.), **c. d'autorisation d'écriture,** write-permit ring ; file-protection ring.

Courrier (s. m.), mail ; **c. électronique,** electronic mail (EM, E-mail) ; **machine à fermer le c.,** letter sealer, letter-sealing machine ; **machine à ouvrir le c.,** letter opener, letter-opening machine ; **machine à traiter le c.,** mail handler ; **machine à trier le c.,** letter sorter, letter-sorting machine ; **c. vocal,** voice mail.

Courroie (s. f.), belt ; **c. crantée,** timing belt ; **c. d'entraînement,** drive belt ; **c. d'impression,** print belt.

Cours (s. m.), **1. en cours,** in process, in progress (instruction, program) **en c. (d'exécution),** current (instruction, program) ; **les en-c.,** work-in-process (WIP), in-process inventory, **2.** course ; **c. accéléré,** crash course ; **c. d'analyse,** systems design course ; **c. d'informatique,** computer course, EDP course, data processing course ; **c. d'initiation,** introductory course ; **c. de sensibilisation,** appreciation course ; **c. de perfectionnement,** advanced course ; **c. de recyclage,** brush-up course.

Course (s. f.), travel (of mechanism).

Court-circuit (s. m.), short circuit, short.

Court-circuiter (v. t.), to short-circuit, to bypass.

Courtier (s. m.), (J. O.), broker.

Cousu, -e (adj.), **c. main,** hand-tailored, customized, custom-made.

Coût (s. m.), cost ; **c. de pénurie,** out-of-stock cost, shortage cost ; **c. de possession,** ownership cost ; **c. de possession du stock,** carrying cost ; **c. de stockage,** storage cost.

Couteau (s. m.), knife, cutter, slitter ; **c. d'alimentation, c. d'entraînement, (de cartes),** feed knife, picker knife ; **c. pour coupe longitudinale (de papier en continu),** center slitter.

CPAO (Conception des Programmes Assistée par Ordinateur), Computer-Assisted Program Design.

CQ (Cercle de Qualité), quality circle (QC).

CQAO (Contrôle de Qualité Assisté par Ordinateur), Computer-Assisted Quality Control.

Cracher (v. t.), jarg. to spew out (computer printer).

Crayon (s. m.), **c. graphite,** lead pencil ; **c. lumineux,** light pen *or* gun.

Crayon-lecteur (s. m.), wand reader ; **c. lecteur de code à barres,** bar-code pen.

Créateur, -trice, 1. (s. m.), designer (of a form), originator (of data), **2.** (adj.), **c. de logiciel,** software designer *or* writer ; **fichier c.,** father file ; **bande créatrice,** father tape.

Création (s. f.), **1.** creation, generation ; addition (of a new record to a file), building (of menus), **2.** origination (of data) ; **c. de points de reprise,** checkpointing.

Crédit-bail (s. m.), leasing ; **c.-b. à remboursement partiel,** non-full payout lease ; **c.-b. à remboursement total,** full payout lease.

Créditer (v. t.), **1.** to credit (account), **2.** to clock ; **imprimante 80 colonnes créditée de 250 l/mn,** 80-column printer clocked at 250 lpm.

Créé, -e (adj.), **c. par, sur, ordinateur,** computer-generated, computer-produced.

Créer (v. t.), to create, to generate ; to construct, to build (up) (a table), to build (menus) ; to take (a checkpoint) ; to add (new record to a file).

Crénage (s. m.), kerning.

Créneau (s. m.), **c. d'un marché,** market slot *or* niche.

Crénelage (s. m.), aliasing.

Creux, -euse (adj.), **heures creuses,** offpeak hours.

Cristal (s. m.), **affichage à cristaux liquides,** liquid crystal display (LCD).

Critère (s. m.), criterion ; **c. commun,** mutual key ; **c. de décision,** decision criterion ; **c. de recherche,** search key ; **c. de tri,** sort key.

Critique (adj.).
See CHEMIN.

Crochet (s. m.), **c. droit,** right bracket ; **c. gauche,** left bracket ; **crochets,** square brackets.

Crochu, -e (adj.), **méthode des doigts c.,** punching alphabetic data on a numeric keyboard by depressing several keys simultaneously.

Croiser (v. t.), to mix (files).

Croisé -e (adj.), **assemblage, compilateur, c.,** cross-assembly, cross-compiler.

Croisement (s. m.), **c. de fichiers,** computer matching.

Croissance (s. f.), growth ; **taux de c.,** growth rate.

Croissant, -e (adj.), ascending (sequence) ; increasing (order) e.g. 8, 15, 22, 53 ; incrementing (order) e.g., 5, 10, 15, 20.

Cru (s. m.), **un système, etc. de son cru,** its proprietary system.

Cryogénie (s. f.), cryogenics.

Cryogénique (adj.), cryogenic.
See MÉMOIRE.

Cryptage (s. m.), (par abus) encryption.

Crypter (v. t.), (par abus), to encrypt.

CTI (Centre de Traitement de l'Information), computer center, data processing center.

Culture (s. f.), **c. informatique,** computer literacy.

Cumul (s. m.), accumulation, accumulated total *or* value, accumulative total, cumulative total, progressive total, running count *or* total, total ; **c. (de dépenses, des ventes, etc.),** cumulative (expenses, sales, etc.) ; (up to a date) : **c. salaire,** earnings to date ; **c. salaire annuel,** year-to-date earnings ; faire le **c. de** = **cumuler.**
See CARTE, ZONE.

Cumulande (s. m.), (AFNOR), augend.

Cumulateur (s. m.), (AFNOR), addend.

Cumulatif, -ive (adj.), cumulative.

Cumulativement (adv.), accumulatively, cumulatively.

Cumulation (s. f.) = **cumul.**

Cumuler (v. t.), to accumulate, to total, to keep a running total of.

Curseur (s. m.), cursor, entry maker ; **c. à réticule,** cross-hair cursor.

CVC (Circuit Virtuel Commuté), switched virtual circuit.

CVP (Circuit Virtuel Permanent), permanent virtual circuit.

Cybernéticien (s. m.), cybernetician, cyberneticist.

Cybernétique (s. f.), cybernetics.

Cycle (s. m.), cycle ; **c. d'accès,** access cycle ; **c. de base,** cycle time, memory cycle ; **c. de mémoire** = **cycle de base ; c. majeur,** major cycle ; **c. mineur,** minor cycle ; **c. opératoire,** execution cycle.
See COMPTEUR, VOL, VOLER.

Cyclique (adj.), cyclic.
See CODE.

Cylindre (s. m.), cylinder (disk unit) ; platen (typewriter) ; print drum, print roll (printer) ; **c. d'impression,** print roll, type roll, print drum ; **c. de lecture,** read roller ; **c. de remplacement, de réserve,** spare cylinder.

D

DAB (*Distributeur Automatique de Billets*), cash dispenser.

Dactylo (s. f.), = **dactylographe.**

Dactylocodage (s. m.), keypunching.

Dactylocoder (v. t.), to keypunch.

Dactylographe (s. f.), typist.

Dactylographié, -e (adj.), typewritten (document).

Dactylographier (v. t.), to type.

Dactylographique (adj.), **clavier d.,** alphabetical keyboard, typewriter-like keyboard.

Damier (s. m.), checkerboard ; **occupation de la mémoire en d.,** memory checkerboarding.

DAO (*Dessin Assisté par Ordinateur*), Computer-Assisted *or* Computer-Aided Drafting (CAD).

Datagramme (s. m.), datagram.

Date (s. f.), date ; **d. de compilation,** date compiled ; **d. de création,** creation date ; **d. de figeage,** freeze date, frozen date ; **d. de l'arrêté (comptable),** cut-off date ; **d. de limite de validité,** purge date ; **d. de livraison,** delivery date ; **d. de mise en service,** cut-over date ; **d. d'écriture,** date written ; **d. d'enregistrement,** creation date ; **d. d'installation,** installation date ; **d. de péremption,** purge date ; retention date, scratch date ; **d. de remise (du matériel au client),** handover date ; **d. du jour,** today's date, current date ; **d. du mouvement,** transaction date ; **d. début au plus tard,** latest start date (PERT) ; **d. début au plus tôt,** earliest start date (PERT) ; **d. fin au plus tard,** latest completion date (PERT) ; **d. fin au plus tôt,** earliest completion date (PERT) ; **d. limite,** deadline.

DCB (*Décimal Codé Binaire*), Binary Coded Decimal (BCD).

DD (*Disque Dur*), hard disk (HD).

Déballage (s. m.), unpacking, uncrating.

Déballer (v. t.), to unpack, to uncrate.

Débarrasser (v. t.), to relieve (processor, of a task).

Débit (s. m.), thruput (US), throughput (Brit.), data (transfer) rate *or* speed ; **d. d'une ligne,** line speed ; **d. (exprimé) en bauds, bits, caractères, etc.,** baud rate, bit rate, character rate ; **d. global,** aggregate rate ; **périphérique à faible d.,** slow-speed peripheral ; **périphérique à d. élevé,** high-speed peripheral.

Débiter (v. t.), to dispense, to feed (tape).

Débiteur, -trice (adj.).
See BOBINE.

Déblocage (s. m.), unlocking (of keyboard), releasing.

Débloquer (v. t.), to unlock (key-board), to release ; to unfreeze (frame).

Débogage (s. m.), debugging.

Déboguer (v. t.), to debug.

Débogueur (s. m.), debugger.

Débordement (s. m.), overflow.
See ZONE.

Déborder (v. t. & i.), to overflow ; **d. sur disque,** to overflow to disk.

Débourrer (v. t.), to run in, to shake down (prog.).

Débranchement (s. m.), **1.** disconnection (of line), unplugging (of components), **2.** branching off (program).

Débrancher (v. t.), **1.** to disconnect (terminal, etc.), to unplug, **2.** to branch off a program.

Débrochable (adj.), unpluggable.

Débrocher (v. t.), to unplug.

Dé-brouillage (s. m.) descrambling.

Dé-brouiller (v. t.), to descramble.

Début (s. m.), beginning, start ; leading end (of tape) ; **d. de message,** start of message (SOM) ; **d. de texte,** start of text (SOT). See ADRESSE, BLOC, LABEL.

Décadrage (s. m.), off-register, off-registration, misregistration, off-punching.

Décadré, -e (adj.), out-of-alignment, out-of-register, off-register.

Décadrer (se), to get out of register.

Décalage (s. m.), 1. shift, 2. indentation ; **faire un d.,** to shift ; **introduire par d.** to shift in ; **sortir par d.,** to shift out ; **d. arithmétique,** arithmetic(al) shift ; **d. binaire,** binary shift ; **d. circulaire,** circular shift, cyclic shift, end-around shift, ring shift ; **d. logique,** logic(al) shift. See RÉCEPTEUR, REGISTRE.

Décalé, -e (adj.), **en d.,** indented (report).

Décaler (v. t.), 1. to shift, 2. to indent (line).

Décapuchonnage (s. m.), uncapping (of pen).

Décapuchonner (v. t.), to uncap (pen).

Décarbonage (s. m.), carbon removal.

Décarboner (v. t.), to remove carbons (in multipart set).

Décarboneuse (s. f.), carbon deleaver.

Décélération (s. f.), deceleration. See TEMPS.

Décentralisateur, -trice (adj.), decentralizing.

Décentralisation (s. f.), decentralization.

Décentraliser (v. t.), to decentralize.

Déchargement (s. m.), unloading.

Décharger (v. t. & i.), 1. to unload 2. to relieve (of a task), to unburden.

Déchiffrable (adj.), decipherable.

Déchiffrage (s. m.), deciphering.

Déchiffrement (s. m.), deciphering, decipherment, decryption.

Déchiffrer (v. t.), to decipher, to unscramble (message), to decrypt.

Décideur (s. m.), decision maker.

Décimal, -e (adj.), decimal ; **d. codé binaire (DCB)** binary coded decimal (BCD). See CHIFFRE, CONVERSION, NOMBRE, NOTATION, POSITION, SYSTÈME, VIRGULE.

Décimale (s. f.), decimal ; **résultat à quatre décimales,** four-place result.

Décimalisation (s. f.), decimalization.

Décimaliser (v. t.), to decimalize.

Décision (s. f.), decision. See ARBRE, POUVOIR, PRISE, TABLE, THÉORIE.

Décisionnel (s. m.), decision aid package.

Déclaration (s. f.), declaration ; **état des déclarations,** yearly earnings statement.

Déclassé, -e (adj.), out of sequence (card, etc.), misplaced, out of place.

Déclassement (s. m.), out-of-sequence *or* out-of-order condition (card, etc.), misplacement.

Déclasser (v. t.), to misplace (cards, etc.) ; to derate (equipment).

Déclenché, -e (adj.), **d. par comptage,** count-driven ; **d. par l'ordinateur, l'utilisateur,** computer-initiated, user-initiated.

Déclenchement (s. m.), 1. initiation (of action), 2. activation, firing (of print hammers), launching (of campaign), triggering, tripping (of mechanism).

Déclencher (v. t.), 1. to initiate (action), 2. to activate ; to actuate, to fire (print hammers), to release (orders), to launch (campaign), to trigger, to trip.

Déclencheur (s. m.), trigger (database).

Décliner (v. t.), **décliner son identité,** to sign on, to identify oneself.

Décodage (s. m.), decoding ; interpretation (of an instruction).

Décoder (v. t.), to decode ; to interpret (instruction).

Décodeur (s. m.), decoder.

Décodification (s. f.), decoding.

Décoller (s. t.), to take off, to get off the ground (industry).

Décompactage (s. m.), decompression, unsqueezing.

Décompacter (v. t.), to decompress, to unsqueeze.

Décompilateur (s. m.), decompiler.

Décomposer (v. t.), to break down, to break up into ; **d. un bloc en articles,** to unblock.

Décomposition (s. f.), break-down (of costs) ; **d. d'un bloc en articles,** unblocking.

Décompression (s. f.), decompression, un-squeezing.

Décomprimer (v. t.), to unblock (cards in card tray), to unpack, to decompress (data).

Décomptage (s. m.), count down, tally(ing) down.

Décompter (v. t.), to count down, to tally down.

Déconfidentialisation (s. f.), declassification.

Déconfidentialiser (v. t.), to declassify.

Déconfigurer (v. t.), to deconfigure.

Déconnecté, -e (adj.), off-line (equipment), off-hook (telephone).

Déconnecter (v. t.), to disconnect, to unplug.

Déconnexion (s. f.), disconnection, disconnect ; **d. automatique,** auto-disconnect.

Découpage (s. m.), **1.** structure, format, subdivision, **2.** division, partitioning, segmentation, zoning ; (time) slicing, slitting (of printer tape) ; trimming (of sprocket margins), clipping, cropping ; sectorizing.

Découper (v. t.), **1.** to divide, to partition, to segment, to subdivide (areas, fields, etc.), to sectorize, **2.** to slice (time), to slit (tape), to trim (sprocket-feed margins), to clip, to crop.

Découvrir (v. t.), to detect, to sense, to uncover, to discover, to find.

Décrément (s. m.), decrement.

Décrémenter (v. t.), to decrement.

Désencombrer (v. t.), to unclutter.

Décrochement (s. m.), indentation (of line) ; **faire un d.,** to indent (line).

Décrocher (v. t.), to lift, to pick up (telephone receiver), to off-hook.

Décroissant, -e (adj.), descending (sequence) ; decreasing (order).

Décryptage (s. m.), decryption.

Décryptement (s. m.), = **décryptage.**

Décrypter (v. t.), to decrypt.

Dédié, -e (adj.), (abus) dedicated.

Défaillance (s. f.), failure, fault, malfunction ; fallout (of electronic components) ; **d. machine,** machine fault.

Défaut (s. m.), **1.** lack, etc., **2.** defect ; flaw (in tape, disk) ; drop-out (in reading tape) ; **d. d'alignement,** misalignment ; **d. d'alimentation (de cartes),** misfeed ; **d. d'encrage,** void ; **d. de cadrage,** misregistration ; **défauts de jeunesse,** « teething troubles » (of machine, etc.) ; **valeur par d.,** default value ; **prendre (une valeur) par défaut,** to assume, to default to ; **sans d.,** flaw-free, flawless ; **gestion des d.,** flaw management.

Défavorable (adj.), adverse (conditions) ; **vitesse d'impression dans le cas le plus d.,** worst case print(ing) speed.

Défectueux, -euse (adj.), faulty, defective ; **CI défectueux,** problem chip.

Défectuosité (s. f.), defect ; flaw (in tape, etc.) ; bug (in program).

Défichage (s. m.), unplugging, removal of a plug.

Déficher (v. t.), to unplug, to remove a plug.

Déficitaire (adj.), loss-making ; **être d.,** to be in the red (of Company).
See BÉNÉFICIAIRE.

Défilement (s. m.), advance, advancement (of card in track, tape over read/write head) ; scrolling (of screen image) ; **d. de la bande,** tape motion, tape movement ; **d. lent,** smooth scrolling ; **d. ligne par ligne,** line scrolling ; **d. par saut,** jump scrolling.
See VITESSE.

Défiler (v. i.), (a) (drum) to rotate past (print hammers), (b) (card) to advance (in card track), to pass, to be transported past (read station), (c) (tape) to move past, to travel past, to traverse (R/W head) ; **d. en marche avant, arrière,** to move forward, backward (tape) ; **faire d.,** to transport (tape) past, to feed (cards) past ; **faire d. en marche avant, arrière,** to forward space, to back (ward) space ; **faire d. la bande alternativement en avant et en arrière,** to rock the tape back and forth ; **faire d. vers le haut, vers le bas,** to scroll up, to scroll down.

Défini, -e (adj.), **nom symbolique d. plusieurs fois,** multi-defined symbol.
See NON DÉFINI.

Définition (s. f.), definition ; **d. du découpage des articles,** item design, item layout ; **d. des fichiers,** file design.

Déformation (s. f.), garbling (of message).

Déformer (v. t.), to garble (message).

Dégorgeoir (s. m.), chute blade cleaner.

Dégradé, -e (adj.), **fonctionnement en mode d.,** graceful degradation.

Degré (s. m.), degree ; **d. de liberté,** degree of freedom ; **d. d'intégration,** level of integration (IC).

Dégroupage (s. m.), **1.** (a) unblocking (of physical records into logical records), deblocking, (b) unpacking (of data), **2.** unbundling (separation of hardware, software, support, etc. into independently purchasable elements).

DEL (Diode Électroluminescente), light-emitting diode (LED).

Délai (s. m.), time, lead time ; **d. d'approvisionnement,** procurement lead time ; **d. de fabrication,** manufacturing lead time ; **d. d'attente, 1.** waiting time, **2.** time out ; **d. de basculement (de ligne),** turn-around time ; **d. d'exécution,** turn-around time ; **d. d'inactivité,** timeout ; **d. de livraison,** delivery time ; **d. de mise sur le marché,** time to market ; **d. de montée en vitesse,** acceleration time ; **d. de réaction,** response time ; **d. de restitution,** turn-around time.

Déliassage (s. m.), decollation, decollating, deleaving.

Déliasser (v. t.), to decollate, to deleave.

Déliasseur (s. m.), decollator, deleaver.

Déliasseuse (s. f.), decollator, deleaver.
See PLATEAU.

Délimitation (s. f.), delimitation, fencing.

Délimiter (v. t.), to delimit, to bracket.

Délimiteur (s. m.), delimiter, separator.

Délinquance (s. f.), **d. informatique,** computer crime, computer fraud.

Délivrance (s. f.), delivery (of message).

Délivrer (v. t.), to deliver, to issue.

Déloquetage (s. m.), unlatching.

Déloqueter (v. t.), to unlatch.

Démagnétisation (s. f.) demagnetization, degaussing.

Démagnétiser (v. t.), to demagnetize, to degauss.

Démagnétiseur (s. m.), bulk eraser.

Demande (s. f.), request ; **d. de connexion,** log-in, log-on ; **d. de ligne,** line bid, **d. de prise en charge,** service request ; **d. pour émettre (DPE),** request-to-send (RTS) ; **d. de répétition automatique,** automatic repeat request (ARQ) ; **fabriqué, fait sur d.,** custom-built, custom-designed, custom-made ; **atelier travaillant à la d.,** job shop.
See TRAITEMENT.

Demandé (s. m.), called party (telephone).

Demander (v. t.), **d. (ligne),** to bid ; **d. à intervenir (opérateur),** to request control (from the computer) ; **d. à l'opérateur d'introduire un ordre, etc. (ordinateur),** to request control information (from the operator), to prompt the operator for ; **lorsque le système vous le d.,** when prompted ...

Demandeur, -euse (adj.) **(programme, etc.) d.,** requesting (program, etc.).

Demandeur (s. m.), requestor, inquirer ; calling party, caller (telephone).

Démarrage (s. m.), start(ing)-up ; **d. à chaud,** warm start ; **d. à froid,** cold start ; **(à) d. automatique,** autostart ; **jour du d.,** start-up day ; **faire un d.,** to start up operations.

Démarrer (v. i.), to start ; **faire d.,** to start (machine), to initiate (operation).

Démasquer (v. t.), to unmask.

Demeure, à (loc. adv.) permanently.

Demi-additionneur (s. m.), half-adder ; **d.-a. parallèle,** parallel half-adder ; **d.-a. série,** serial half-adder.

Demi-cadratin (s. m.), en space.

Demi-courant (s. m.), half current, half pulse.

Demi-hauteur (s. f.), half-height.

Demi-soustracteur (s. m.), half subtracter ; **d.-s. parallèle,** parallel half subtracter ; **d.-s. série,** serial half subtracter.

Démo (s. f.), demonstration.

Démocratique (adj.), (abus), affordable (device, system, etc.).

Démocratiser (v. t.), to bring within reach.

Démocratiser *(se)*, to become affordable.

Démodulateur (s. m.), demodulator.

Démodulation (s. f.), demodulation.

Démoduler (v. t.), to demodulate.

Démon (s. m.), daemon.

Démonstrateur, -trice (s. m.), demonstrator ; **d. sur ordinateur,** computer demonstrator.

Démonstration (s. f.), demonstration ; **carte, imprimé, jeu de cartes, de d.,** demonstration card, forms, deck ; **faire une d.,** to conduct, to perform, a demonstration ; **d. mobile,** road show.

Démontable (adj.), removable, dismountable.

Démontage (s. m.), dismounting (of tape reel), disassembly (into sub-assemblies), removal.

Démonter (v. t.), to dismount, to unmount (tape reel), to disassemble (assembly), to remove (parts), to deinstall.

Démultiplexage (s. m.), demultiplexing.

Démultiplexer (v. t.), to demultiplex.

Démultiplexeur (s. m.), demultiplexer, demux.

Dénombrement (s. m.), counting.

Dénombrer (v. t.), to count.

Dénommer (v. t.), to name, to dub.

Dénormaliser (v. t.), to denormalize.

Densité (s. f.), density ; **d. d'enregistrement,** packing density, recording density, data density ; **d. d'enregistrement en bits, caractères, etc.,** bit, character, density ; **d. d'occupation,** load factor ; **d. d'intégration,** level of integration (IC) ; **d. radiale,** radial density ; **d. verticale,** pitch (characters per inch) ; **basse, haute d.,** low, high, density.

Déontologie (s. f.), **d. informatique,** computer ethics.

Dépannage (s. m.), trouble-shooting, trouble-tracing ; fault-finding, fault-locating ; debugging.

Dépanner (v. t.), to trouble shoot, to repair, to debug.

Dépanneur (s. m.), serviceman, repair man, troubleshooter.

Départ (s. m.), start ; **de d.,** outgoing (line).

Départemental -e (adj.), departmental (computer, computing).

Dépassement (s. m.), **d. de capacité (positif),** overflow ; **d. de capacité (négatif),** underflow ; **d. du temps imparti,** timeout ; **d. des limites,** overrange.

Dépistage (s. m.) tracking down, location (of errors, faults, etc.).

Dépister (v. t.), to track down, to locate (errors, faults, etc.).

Déplacement (s. m.), **1.** displacement (relative to base address), shift (in frequency), relocation, resiting (of equipment, etc.), dragging (of cursor, mouse), **2.** travel, movement (of tape, card, etc.) scrolling (of screen image), move.

Déplacer (v. t.), to change the place of ; to relocate, to resite (equipment, plant, etc.), to move around, to shift around (data on screen), to drag (mouse) ; **d. le curseur jusqu'à, positionner le curseur sur,** to cursor to ; **d. vers le haut, vers le bas,** to scroll up, to scroll down (screen image) ; **d. vers le début, vers la fin (d'une file d'attente),** to unpend, to pend.

Déplacer *(se)* (v.), to move, to travel (tape, etc.).

Déplanifier (v. t.), to deschedule.

Déport (s. m.), **1.** imperfect alignment, misalignment, **2.** remoting.

Déporté -e (adj.), **ordinateur d.,** remote computer ; **site d.,** remote site.

Déporter (v. t.), to remote.

Dépôt (s. m.), **d. en phase vapeur,** chemical vapor deposition.

Dépouillé, -e (adj.), naked, « bare-bones », « no-frills » (version).

Dépouillement (s. m.), **d. de données,** data reduction.

Dépouiller (v. t.), to analyse (survey data).

Dépoussiérage (s. m.), dust removal.

Dépoussiérer (v. t.), to remove the dust, to vacuum clean.

Dépoussiéreur (s. m.), **d. de bande,** tape cleaner.

Dépression (s. f.), vacuum ; **colonne à d., puits à d.,** vacuum bin, column, pocket ; **système d'alimentation à d.,** vacuum-feed system.

Déprogrammation (s. f.), deprogramming.

Déprogrammer (v. t.), to programm.

Déprotéger (v. t.), to unprotect.

Déqualification (s. f.), deskilling.

Déqualifier (v. t.), to deskill.

Dérangement (s. m.), fault, malfunction, trouble ; **en d.,** out of order.

Déréglé, -e (adj.), out of order.

Déréglementation (s. f.), deregulation.

Dernier, -ière (adj.), **système dernier entré premier sorti,** last in first out, (LIFO) ; **dernière ligne (d'un état imprimé),** report footing line.

Dernier-né (s. m.), latest addition to (a range of computers, etc.).

Dérogation (s. f.), overriding ; « grandfathering » (FCC).

Déroulant (adj.), **menu d.,** pull-down menu, pop-down menu, drop-down menu.

Déroulement (s. m.), 1. unwinding, unreeling (of tape), 2. (a) sequence, flow (of events, operations, etc.), (b) running, execution, progress (of a program, etc.) ; **être en cours de d.,** to be in progress, to be in execution, to be currently executing, to be active (program), to be in control ; **modifier le d. (d'un programme),** to change the course (of a program).

Dérouler (v. t.) 1. to unwind, to unreel (tape), 2. to step through, to execute, to run (a program).

Dérouler (se) (v.), 1. to unwind, to unreel (tape), 2. to be in execution, to be in progress, to be running (program), to take place, to proceed ; **les opérations suivantes se déroulent,** the following occurs ; **opérations, programmes, qui se déroulent simultanément,** concurrent operations, programs.

Dérouleur (s. m.), 1. (paper) tape unwinder, 2. **d. de bande (magnétique) :** (a) (magnetic) tape unit, tape handler, tape servo, tape station, (b) tape deck, tape drive, tape transport ; **d. (en) continu,** streaming tape drive, streamer ; **d. de film magnétique,** magnetic film handler.
See ARMOIRE, BASCULE, BLOC, CONTRÔLEUR, LIMITE, MÉMOIRE.

Déroutement (s. m.), deviation (of traffic), rerouting, diversion, detouring.
See VOIE.

Dérouter (v. t.), to reroute, to divert (traffic).

Désactiver (v. t.), to de-activate.

Désaffectation (s. f.), de-allocation.

Désaffecter (v. t.), to de-allocate.

Désaligné, -e (adj.), out of alignment, misregistered (paper, etc.).

Désalignement (s. m.), skew (of tape).

Désarchiver (v. t.), to de-archive.

Désassemblage (s. m.), **d. de paquets,** packet disassembly.

Désassembler (v. t.), to disassemble.

Désassembleur (s. m.), disassembler.

Descripteur (s. m.), descriptor (in information retrieval).

Désectorisation (s. f.), desectorization.

Désectoriser (v. t.), to desectorize.

Désemballage (s. m.), **d. des données,** data decapsulation.

Désemballer (v. t.), to decapsulate (data).

Désembrouillage (s. m.), descrambling.

Désembrouiller (v. t.), to descramble.

Désembrouilleur (s. m.), descrambler.

Désencombrer (v. t.), to unclutter.

Désenliassage (s. m.) = **déliassage.**

Désenliasser (v. t.) = **déliasser.**

Désenliasseur (s. m.) = **déliasseur.**

Désenliasseuse (s. f.) = **déliasseuse.**

Désexcitation (s. f.), de-energization (of a relay, etc.).

Désexciter (v. t.) to de-energize (relay).

Déshabillé, -e (adj.), naked, stripped-down (version).

Désignation (s. f.), assignment (personnel), description (of item).

Désophistiqué -e (adj.), desophisticated.

Désordre (s. m.), disorder ; **en d. (fichier),** unordered (file).

Desservir (v. t.) to serve, to service (peripheral, etc.).

Dessin (s. m.), **1.** drawing, **2.** design, layout ; **un (bon) d. vaut mieux qu'un (long) discours,** a picture is worth a thousand words ; **d. assisté par ordinateur (DAO),** computer-assisted *or* computer-aided drafting (CAD), automated drafting ; **d. de carte,** card design *or* layout.

Dessiner (v. t.) to draw ; **machine à dessiner (à plat),** (flat-bed) drafting-machine.

Dessouder (v. t.), to unsolder.

Dessouligner (v. t.), to de-underscore, to de-underline.

Dessus (s. m.), **dessus de touche,** keycap.

Destinataire (s. m. & f.), addressee, recipient, **service d.,** terminating department ; **adresse d.,** TO address.

Destination (s. f.), **1.** destination ; **adresse de d.,** TO address ; **2.** usage intended (of parts, etc.).

Destructeur (s. m.), **d. de documents,** shredder, shredding machine, disintegrator.

Destructif, -ive (adj.), destructive. See LECTURE.

Désynchronisation (s. f.), **d. des entrées/sorties,** spool, spooling.

Désynchroniser (se) (v.), to become out of step, out of sync.

Détachable (adj.), burstable (sheets of continuous paper). See LIASSE.

Détaché, -e (adj.), burst (sheets of continuous paper). See BANDE.

Détacher (v. t.), to burst (sheets of continuous paper) ; to punch out (chip in prescored card) ; to delink (item in chain) ; to explode (slice in pie-chart).

Détail (s. m.), **1.** retail, **2.** detail ; breakdown (of costs), itemization (of invoice). See CARTE.

Détaillé, -e (adj.), detailed ; **organigramme d.,** low-level flowchart.

Détailler (v. t.), **1.** to retail (goods), **2.** to itemize (account).

Détasser (v. t.), to unpack (data).

Détecté, -e (adj.), detected. See TAUX.

Détecter (v. t.), to detect, to sense.

Détecteur (s. m.) detector, sensing device, sensor ; **d. d'approche de fin de papier,** paper-low sensor, out-of tape sensor ; **d. de fin de bande,** end-of-tape sensor ; **d. de niveau de bande,** tape level sensor ; **d. de rupture de bande,** tape break sensor.

Détection (s. f.), detection, sensing ; **d. automatique de débit,** autobaud ; **d. de porteuse,** carrier detect (CD).

Détenteur, -trice (s. m.), holder (of credit card, etc.).

Détérioration (s. f.), damage ; mutilation (of information, etc.).

Détérioré, -e (adj.), damaged ; mutilated (card).

Détourage (s. m.), routing.

Détourer (v. t.), **machine à d.,** router.

Détoureuse (s. f.), router.

Détournement (s. m.), diversion.

Détourner (v. t.), to divert.

Détrompage (s. m.), foolproofing.

Détrompeur (s. m.), foolproof(ing) device ; **avec d.,** keyed ; **sans d.,** non-keyed, un-keyed.

Détruire (v. t.), to destroy (data) ; to zap.

Deux (s. m. & adj. num.), two ; **à d. processeurs,** dual-processor ; **à d. usages,** dual use. See COMPLÉMENT.

Deuxième (adj.), **d. unité** *ou* **zone,** alternate unit *or* area.

Développer (v. t.), (jarg.) to develop (software), to expand.

Développeur (s. m.), **d. de logiciel,** software developper.

Déverminage (s. m.), **1.** burn-in, **2.** (par abus) debugging.

Déverminer (v. t.), **1.** to burn in **2.** (par abus) to debug.

Déverrouillage (s. m.), unlocking (of keyboard), unlatching.

Déverrouiller (v. t.), to unlock (key-board), to unlatch.

Déviateur (s. m.), **d. d'appels,** call diverter.

Dévidage (s. m.), unwinding (of tape).

Dévider (v. t.), to unwind (paper tape, etc.).

Dévideur (s. m.) (J. O.), streamer.

Dévoiler (v. t.), to take the wraps off (new equipment) ; to unveil.

DFDD (Double Face Double Densité), double sided double density (DSDD).

DI (Directeur Informatique), data processing manager (DPM).

Diacritique (adj.), diacritic (sign).

Diagnostic (s. m.), diagnostic ; **d. en mémoire morte,** PROM-based diagnostics.
See PROGRAMME, TEST.

Diagnosticable (adj.), diagnosable.

Diagnostiquer (v. i.), to diagnose.

Diagramme (s. m.), chart, diagram ; **d. à barres, d. de Gantt,** bar chart ; **d. circulaire,** pie-chart ; **d. de Venn,** Venn diagram ; **d. des temps,** timing chart ; **d. fonctionnel,** function chart.

Dialogue (s. m.), dialogue, conversation, two-way communication, interchange, exchange ; **d. homme-machine,** man-machine communication.

Dialogué, -e (adj.), **mode dialogué,** conversational mode, interactive mode.

Dialoguer (v. t.), to converse, to communicate ; to exchange, to talk *or* speak with each other, to interact with, to conduct a dialog with, to crosstalk, to talk to one another.

Diamètre (s. m.), diameter ; **d. de bobine** = reel size.

Diaphonie (s. f.), crosstalk.

Diapo (s. f.), = **diapositive.**

Diapositive (s. f.), slide.

Diapothèque (s. f.), slide library.

Dichotomie (s. f.), dichotomy ; **recherche par d.,** dichotomizing search.

Dichotomique (adj.).
See RECHERCHE.

Dicter (v. t.), to dictate ; **dicté par le marché,** market-driven.

Dictionnaire (s. m.), dictionary ; **d. automatique,** automatic dictionary ; **d. d'abréviations,** abbreviation dictionary ; **d. de césure,** hyphenation dictionary ; **d. de données,** data dictionary ; **d. orthographique,** spelling dictionary.

Didacthèque (s. f.), teaching software library, courseware *or* teachware library.

Didacticiel (s. m.), courseware, educational software, teaching software, teachware.

Dièse (s. m.), number sign, #.

Différé (s. m.), **en d.,** off-line, deferred, store-and-forward (message system) ; **fichier à traitement d.,** spool file ; **impression d.,** deferred printing ; **traitement en d.,** off-line processing, spooling.

Différence (s. f.), difference, discrepancy.

Différent, -e (adj.), different ; unlike (signs) ; not equal to ; **d. de zéro,** non-zero.

Difficile (adj.), **ambiance, environnement, d.,** harsh environment.

Diffuser (v. t.), to disseminate (information) ; to distribute, to release (library, etc.) ; to broadcast (over a network, etc.), to beam (from satellites).

Diffuseur (s. m.), **d. de logiciels,** software distributor.

Diffusion (s. f.) dissemination (of information) ; release (of library) ; broadcasting (over network, etc.) ; **liste de d.,** mailing list, distribution list ; **d. de données,** data dispersal, data dissemination ; **d. sélective de l'information,** selective dissemination of information (SDI) ; **de grande d.,** **1.** widely circulated **2. grand public.**
See PUBLIC.

Digigraphie (s. f.), man/machine communication (via graphic techniques).

Digital, -e (adj.), digital (computer, data).

Digitalisation (s. f.), digitization.

Digitaliser (v. t.), to digitize.

Digitaliseur (s. m.), digitizer.

Dimension (s. f.), dimension, size ; **à deux dimensions,** two-dimensional, 2D ; **à trois dimensions,** three-dimensional, 3D. See TABLEAU.

Diminuer (v. t. & i.), to decrease ; **d. d'une unité,** to decrement by one.

Diminution (s. f.), decrementation (of counter).

Diode (s. f.), diode ; **d. électroluminescente (DEL),** light-emitting diode (LED).

Direct, -e (adj.), direct, random ; **(traitement, etc.) en d.,** on-line (processing, etc.). See ACCÈS, COMMANDE, INSTRUCTION.

Directeur (s. m.), manager ; **d. d'agence,** branch manager ; **d. informatique (DI)** *ou* **d. de l'informatique,** data processing manager (DPM).

Directive (s. f.), command.

Diriger (v. t.), **d. vers, sur,** to path.

Discontinu, -e (adj.), discontinuous, discrète.

Discret, -ète (adj.), discrete (representation, etc.) ; **composants discrets,** discrete components.

Disjoint, -e (adj.), non-contiguous.

Disjoncter (v. i.), to cut out, to trip.

Disjoncteur (s. m.), circuit-breaker.

Disjonction (s. f.), **1.** circuit-breaking, **2.** exclusive OR (operation).

Disponibilité (s. f.), availability. See TAUX.

Disponible 1. (adj.), available ; spare (slot), **2.** (s. m.) (a) quantity on hand (QOH), (b) quantity on hand + quantity on order ; **d. en option,** optional, available as an option ; **immédiatement d.,** off-the shelf, off-the-rack, off-the-peg (device, etc.) ; **non disponible,** unavailable. See TEMPS.

Dispositif (s. m.), device, attachment, feature ; **d. à couplage de charge,** charge-coupled device (CCD) ; **d. à transfert de charge,** charge-transfer device (CTD) ; **d. d'accès,** accessor ; **d. d'alimentation de car-** tes, card feed attachment ; **d. d'alimentation feuille à feuille,** sheet feeder ; **d. d'alimentation frontale,** front-feed (device) ; **d. de cadrage de cartes,** card aligner ; **d. de contrôle d'indicatif numérique,** check digit verification attachment ; **d. d'impression,** imprinter ; **d. de récupération des carbones,** carbon-saving device, carbon saver ; **d. de soulèvement de bande,** tape lifter ; **d. de traduction dynamique d'adresse,** dynamic address translation (DAT) box.

Disposition (s. f.), arrangement (of characters on drum), layout (of keyboard) ; **à votre disposition,** at your disposal ; « at your fingertips » (computer, etc.).

Disque (s. m.), disc, disk ; **à d.,** disk-oriented, disk-based (system) ; **d. à une tête par piste,** head-per-track disk ; **d. amovible,** removable disk ; **d. audionumérique,** CD audio disk ; **d. bibliothèque,** library disk ; **d. codeur,** code disk, code wheel ; **d. compact,** compact disk ; **d. compact interactif,** compact disk interactive (CD-I) ; **d. compact ROM,** compact disk read-only memory (CD-ROM) ; **d. de travail,** work disk ; **d. de grande capacité,** mass storage device *or* unit, mass store ; **d. d'évacuation,** swapping disk ; **d. d'exploitation,** master disk ; **d. de manœuvre,** scratch disk ; **d. de synchronisation,** clock disk, timing disk ; **d. d'impression,** daisy wheel ; **d. dur,** hard disk ; **d. émetteur,** master disk (in disk copy) ; **d. fixe,** fixed-head disk ; **d. intermédiaire,** staging disk ; **d. laser,** laser disk ; **d. magnétique,** magnetic disk ; **d. miroir,** mirror disk ; **d. optique numérique (DON),** digital optical disk, write once optical disk (WOOD) ; **d. optique réinscriptible,** erasable optical disk ; **d. rigide,** hard disk ; **d. souple,** floppy disk, diskette ; **d. souple double face double densité,** double-sided, double-density floppy disk ; **d. système,** system disk ; **d. virtuel,** virtual disk, RAM disk ; **d. Winchester,** Winchester disk. See CHARGEUR, CONTRÔLEUR, FACE, FICHIER, MÉMOIRE, PILE, SYSTÈME, UNITÉ.

Disquette (s. f.), **1.** (medium) diskette, floppy disk, **2.** diskette drive ; **unité de d. double densité, simple densité, double face, simple face,** dual-density (*or* double-density), single density, two-sided (*or* dual-sided), one-sided (*or* single-sided) diskette (*or* floppy disk) (drive) ; **d. de démonstration, de**

diagnostic, de distribution, d'évaluation, d'initiation, de sauvegarde, demonstration, diagnostic, distribution, evaluation, tutorial, backup, diskette.

Dissemblance (s. f.), discrepancy.

Dissipateur (s. m.), **d. thermique,** heat sink.

Distance (s. f.), distance ; **(qui est) à d.,** remote ; **(à) courte distance,** short-haul (modem, etc.) ; **(à) longue distance,** long-haul (modem, etc.).

Distant -e (adj.), remote (computer).
See ACCÈS, COMMANDE, COMMANDÉ, INTERROGATION, POSTE, TRAITEMENT.

Distorsion (s. f.) distortion.

Distribuer (v. t.), to distribute, to issue, to dispense.

Distributeur (s. m.), digit emitter ; dispenser (of tape, etc.) ; dispatcher ; **d. automatique de billets (DAB),** automatic cash dispenser ; **d. d'appels automatique,** automatic call distributor (ACD) ; **d. de timbres,** stamp dispenser.

Distribution (s. f.), distribution, dispatching.
See TABLEAU.

Divergence (s. f.), discrepancy.

Dividende (s. m.), dividend.

Diviser (v. t.), to divide ; **d. B par A,** to divide A into B.

Diviseur (s. m.), **1.** divisor, **2.** divider ; **d. numérique,** digital divider.

Division (s. f.), division ; **d. par zéro,** divide check.

Dix (s. m. & adj. num.), ten.
See COMPLÉMENT.

Document (s. m.), document ; **d. à traiter,** input document ; **d. aller-retour,** turnaround document, round-trip document, re-entry document ; **d. comptables,** accounting documents ; **d. de base,** source document, input document ; **d. de travail,** working document ; **d. mécanographiques,** computer records ; **d.-navette,** turnaround document ; **d. par minute (DPM),** documents per minute.
See DESTRUCTEUR, LECTEUR, TRIEUSE, VITESSE.

Documentaire (adj.), documentary.

See INFORMATIQUE, RECHERCHE.

Documenté, -e (adj.), documented ; **non d.,** undocumented.

Domaine (s. m.), **1.** field, area **2.** extent ; scope (of tasks) ; **(du) d. public,** public domain (software, etc.).

Domestique (adj.), **informatique d.,** home computing ; **ordinateur d.,** home computer ; **terminal d.,** home terminal.

Domestiquer (v. t.), to tap, to harness.

Domicile (s. m.), **l'informatique, l'ordinateur, le terminal, à domicile,** home computing, computer, terminal.

Domotique (s. f.), house automation.

Domotisation (s. f.), house automation ; automation of house functions (heating, etc).

Domotiser (v. t.), to automate (the home).

DON (Disque Optique Numérique), digital optical disk (DOD), write once optical disk (WOOD).

Donnée (s. f.), data item ; item ; **d. alphabétique,** alphabetic item ; **d. alphanumérique,** alphanumeric item ; **d. élémentaire,** data item ; **d. émettrice,** sending data.

Données (s. f. pl.), data ; **d. à traiter,** raw data, unprocessed data ; **d. analogiques,** analog data ; **d. brutes,** raw data, unprocessed data ; **d. commerciales,** business data ; **d. de base,** source data, basic data ; **d. de gestion,** business data, commercial data ; **d. d'entrée,** input data, incoming data ; **d. d'essai,** sample data, test data ; **d. d'exploitation,** working data, raw data ; **d. fictives,** pseudo-data ; **d. fixes,** static data, constant data, master data ; **d. informatiques,** computerized data, computer-stored data ; **d. numériques,** digital data, numeric(al) data ; **d. permanentes,** static data, constant data, master data ; **d. variables,** variable data.
See BASE, COLLECTE, CONVERSION, DIFFUSION, ÉCHANGE, ENSEMBLE, GESTION, INTRODUCTION, SAISIE, SUPPORT, TRAITEMENT, TRANSMISSION.

Dopage (s. m.), doping.

Dopant (s. m.), dopant.

Doper (v. t.), to dope.

Dorsal (s. m.), back-end computer.

Dorsale (s. f.), thick wire (Ethernet).

Dos (s. m.), back (of card).

Dossier (s. m.), file, folder, casebook ; **d. de fabrication,** shop packet ; **d. de presse,** press kit ; **d. d'informations,** information pack.

Dotation (s. f.), **liste de dotation,** spare parts list.

Doté, -e (adj.), **d. d'un tampon,** buffered ; **non d. d'un tampon,** unbuffered.

Double 1. (adj.), double, dual, non-unique, 2. (s. m.) back-up copy (of file) ; duplicate (copy) ; **(à) d. accès,** dual porting, dual-ported ; **(à) d. bac,** twin-bin (sheet feeder) ; **d. débit,** split baud rate ; **d. écriture,** store-through, write-through (in cache and main memory) ; **d. face,** dual-sided (*or* two-sided) (diskette) ; **d. face double densité (DFDD),** dual-sided double density (DSDD) ; **d. face simple densité (DFSD),** dual-sided single density (DSSD) ; **d. frappe,** double keying *or* punching technique ; **d. mouvement de papier,** dual-form feed ; **d. perforation,** double punch(ing) ; **d. précision,** double precision ; **d. unité de disquettes,** twin-drive ; **à d. vocation,** double-le-duty (design).

Doublement (s. m.), duplexing (for safety purposes).

Doublet (s. m.), = **doublon.**

Doublon (s. m.), duplicate.

Douchette (s. f.), touch reader, scanner head (looking like a shower head).

Douze (s. m. & adj. num.), twelve.
See CARTE, PERFORATION.

Drapeau (s. m.), flag, mark(er), sentinel ; **d. d'article,** record mark, record separator ; **d. de bloc,** block mark, block separator ; **d. d'erreur,** error flag ; **d. de fin de fichier,** file mark ; **d. groupe,** group mark ; **en d.,** ragged left *or* right ; **signaler au moyen d'un d.,** to flag (an error, etc.).

Droit (s. m.), **droit (de l') informatique,** computer law ; **d. d'adjonction,** append access ; **d. de consultation,** status access ; **d. de modification,** modify access ; **d. de parole (donner le),** to give the turn ; **droits d'accès,** access rights.

Droit, -e (adj.), **(bit, position, etc.) de droite,** least significant, low-order, rightmost, terminating, trailing (bit, position, etc.).

DSI (Diffusion Sélective de l'Information), selective dissemination of information (SDI).

Duodécimal, -e (adj.), duodecimal.

Duplex (adj.), duplex ; **d. intégral,** full duplex.
See SEMI-DUPLEX.

Duplication (s. f.), duplication, copying ; **d. de bande, de disque,** tape, disk duplication.
See CONTRÔLE.

Dupliquer (v. t.), to duplicate, to copy.

Dur (s. m.), bind (mech.).

Dur, -e (adj.), hard (disc), harsh (environment).

Durée (s. f.), duration, time ; **d. d'accélération,** start time ; **d. de calcul,** computing time ; **d. de compilation,** compiling duration, compile time ; **d. de connexion,** connect time ; **d. de défilement,** pass time ; **d. d'entretien,** maintenance time ; **d. d'établissement de la connexion,** connect time ; **d. d'exécution,** execution time (of an instruction) ; **d. moyenne de reprise,** mean time to repair ; **d. moyenne entre maintenance,** mean time between maintenance (MTBM) ; **d. moyenne sans panne,** mean time to failure ; **d. d'utilisation,** service time.

Dus (s. m. pl.), backorder.

Dyadique (adj.), dyadic (processor).

Dynamique (adj.), dynamic.
See CONTRÔLE, ERREUR, MÉMOIRE, PROGRAMMATION, TRANSLATION, VIDAGE.

Dysfonctionnement (s. m.), abnormal operation.

E

EAO (Enseignement Assisté par Ordinateur), Computer-Assisted Instruction (CAI).

EB (Elément Binaire), bit.

Éblouissement (s. m.), glare.

Écart (s. m.), **écart type,** standard deviation (stat.).

Échange (s. m.), exchange ; interchange (of information, etc.) ; conversation (between terminal operators) ; swap-out (of equipment) ; **é. de cartes,** board swapping ; **é. de données,** data exchange (process) ; **é. de données avec les périphériques,** transfer of data to and from peripherals ; **é. de documents *ou* de données informatisé(e)s (EDI),** electronic data interchange (EDI) ; **é. de pages,** page swapping.

Échanger (v. t.), to exchange ; to interchange (information) ; to swap (boards).

Échantillon (s. m.), sample.

Échantillonnage (s. m.), sampling. See FRÉQUENCE, THÉORIE.

Échantillonner (v. t.), to sample.

Échantillonneur-bloqueur (s. m.), sample and hold.

Echappement (s. m.), escapement ; **touche é.,** ESCAPE key.

Echéancier (s. m.), schedule.

Échelle (s. f.), scale (of map, etc.) ; **é. de gris,** grey scale : **é. des temps,** time scale. See INTÉGRATION.

Écho (s. m.), echo ; **f. écho,** to echo.

Echoplex (s. m.), echoplex.

Éclaté, -e (adj.), **sous forme éclatée,** in unpacked form *or* format.

Éclatement (s. m.), bursting (of continuous paper) ; unpacking (of physical records) ; explosion (of parts list). See LECTURE.

Éclater (v. t.), to burst (continuous paper) ; to unpack (data) ; to explode (parts list).

Éclateur (s. m.), burster, bursting machine.

Éclateuse (s. f.) = **éclateur.**

École (s. f.) school ; **é. d'informatique,** computer (training) school, data processing school, EDP school ; **é. de programmation,** programming school ; **é. de perforation,** keypunch school.

Économat (s. m.), stationery store.

Économe (adj.), **é. en mémoire,** memory-efficient, bit-efficient.

Économie (s. f.), **é. de place,** conservation, saving (of space) ; saving (of time).

Économique (adj.), economic, low-cost. See QUANTITÉ, SÉRIE.

Économiser (v. t.), to save (money, etc.).

Economiseur (adj.), **circuit é.,** saver circuit.

Écoulement (s. m.), flow (of traffic).

Écouler (s') (v.), to flow (traffic).

Ecoute (s. m.), listening ; **mode é.,** listen mode ; **é. (électronique) clandestine,** eavesdropping, wire tapping.

Écouter (v. t.), to listen.

Écouteur (s. m.), **1.** earphone ; **2.** listener.

Écran (s. m.) **1.** screen **2.** (par ext.) = **unité de visualisation à écran,** visual display unit (VDU), **3.** (image apparaissant sur l'écran ou image-écran) screen, screen load (of information) ; **4.** screen form, screen format ; **é. à cristaux liquides,** liquid crystal display (LCD) ; **é. à plasma,** plasma display screen ; **é. cathodique,** cathode screen, CRT screen ; **é de contrôle,** monitor ; **é de copyright,** copyright screen ; **é. d'accueil,** first page ; **é. de saisie,** data entry screen ; **é. de visualisation,** display screen ; viewing screen ; **é. genre écran de télévision,** television-like screen. ; **é. menu,** pop-up menu ; **é. plat,** flat-faced screen ; **é. pleine page,** full-page display ; **é. tactile,** touch (-sensitive), screen.

Écrasement (s. m.), jarg. overlay(ing).

Écraser (v. t.), jarg, to overlay, to overwrite.

Écrire (v. t.), to write ; to write out (on tape, etc.) ; to put ; **é. des labels,** to label ; **é. une séquence (d'instructions),** to hand code. See MACHINE.

Écrit, -e (adj.), written ; **é. en Cobol,** coded in Cobol, Cobol-coded ; **é. en caractères d'imprimerie,** hand printed.

Écriture (s. f.), **1.** writing, **2.** entry ; **é. avec regroupement,** gather-write ; **é. de labels,** labelling ; **é différée,** lazy write ; **é. miroir (en double) sur disques distincts,** disk mirroring.

EDI (Echange de Documents Informatisés ou de Données Informatisées), electronic data interchange (EDI).
See BAGUE, CONTRÔLER, COURONNE, ENROULEMENT, IMPULSION, INTERDICTION, INTERDIRE, LECTURE, SIGNAL, TEMPS, TÊTE.

Édité, -e (adj.), edited (data) ; **non é.,** unedited (data, etc.).

Éditer (v. t.), **1.** to publish (book etc.), **2.** (anglicism) a) to edit b) to print out, to display.

Éditeur (s. m.), **1.** publisher, **2.** editor, editing program. ; **é. de liens,** linkage editor ; **é. de logiciels,** software publisher ; **é. de texte,** text editor ; **é. ligne,** line-oriented editor.

Édition (s. f.), **1.** (a) publishing (b) publishing industry, **2.** edition, editing ; **é. assistée par ordinateur,** computer-aided publishing (CAP) ; **é. d'états,** report writing ; **é. de liens,** linkage editing ; **é. de textes,** text-editing ; **é. électronique,** electronic publishing, desktop publishing (DTP) ; **é. personnelle,** desktop publishing (DTP) ; **qui a fait l'objet d'une é. de liens,** link-edited.
See CARACTÈRE, COMMANDE, GÉNÉRATEUR, PROGRAMME.

Editique (s. f.) (Marque déposée), desktop publishing (DTP).

Éducatif, -ive (adj.), educational (software, etc.).

Éducatique (s. f.), Computer-Assisted Instruction (CAI).

Effaçable (adj.), erasable (store) ; **non e.,** non-erasable.

Effacement (s. m.) erasure (tape), clearing (screen, register).

Effacer (v. t.), to erase (tape) ; to clear (screen, register) ; to blank out (line).

Effaceur (s. m.), **e. de mémoire morte reprogrammable,** REPROM eraser.

Effectif, -ive, (adj.), actual (address, etc.).

Effet (s. m.), effect ; **e. d'empreinte,** printthrough ; **e. d'escalier,** jaggies, aliasing.

Effleurement (s. m.), **touche à e.,** touch-sensitive (key, switch, etc.).

Efficacité (s. f.), efficiency.

Effraction (s. f.), **e. électronique,** hacking.

Égal, -e (adj.), equal ; **rendre é. à,** to equate with ; **d'égal à égal,** peer to peer.

Égalisation (s. f.), equalization ; **é. fixe,** compromise equalization (modems).

Égaliseur (s. m.), equalizer.

Égalité (s. f.), equality ; **é. (décelée par une comparaison),** equal compare, equal comparison.

EIAO (Enseignement Intelligemment Assisté par Ordinateur), Intelligent Computer-Assisted Instruction (ICAI).

Éjecter (v. t.), to eject (card, paper) ; to bump (program onto auxiliary storage).

Éjection (s. f.), ejection (of card, paper) ; **é. du papier,** form feed-out.
See TAMBOUR.

Élaboration (s. f.), working out (of plan) ; manufacture (of product) ; writing (of computer program) ; development (of software).

Élaboré, -e (adj.), sophisticated (machine, equipment).

Élaborer (v. t.), to work out (plan) ; to manufacture (product) ; to write (computer program) ; to develop (software).

Électrique (adj.), electric(al).
See MACHINE.

Électro (s. m.) = **électro-aimant.**

Électro-aimant (s. m.) magnet ; **e. a. de perforation,** punching magnet.

Électrocomptable (adj.), **matériel é.-c.,** tabulating equipment.

Électroluminescent, -e (adj.).
See DIODE.

Électromagnétique (adj.), electromagnetic.

Électromécanique (adj.), electromechanical.

Électronicien, -ienne (s. m.) electronics expert, specialist, technician.
See INGÉNIEUR.

Électronique (adj.), electronic ; **fichier é.,** computer-held or electronically-held file.
See CALCULATEUR.

Électronique (s. f.), electronics ; **é. de loisir,** entertainment electronics ; **é. industrielle,** industrial electronics ; **é. grand public,** consumer electronics ; **é. médicale,** medical electronics, medical computing.

Électronisation (s. f.), going electronics, electronicization.

Électroniser (s'), to go electronics, to electronicize, to convert to electronics.

Électrostatique (adj.), electrostatic.
See IMPRIMANTE, MÉMOIRE.

Élément (s. m.), element ; level (of code) ; unit (of equipment), item (of table), peripheral unit ; **é. binaire (EB),** bit ; **é. *ET*,** AND element ; **é. *OU*,** OR element ; **é. *NON-ET*,** NOT-AND element ; **é. *NON-OU*,** NOR element ; **é. d'information,** piece of information, data element ; **é. logique,** logic(al) element.

Élémentaire (adj.), elementary, elemental ; **la plus élémentaire,** lowest-level (operation).
See TEMPS.

Élévation (s. f.), **é. à une puissance,** raising (to a power), exponentiation.

Élève (s. m. & s. f.), pupil, student ; **é. opérateur,** trainee operator ; **é. programmeur,** computer programmer trainee, programming trainee.

Élevé, -e (adj.), high ; **à débit é.,** high-rate, high-speed (terminal, etc.) ; **à taux de mouvement élevé,** high-activity (file).

See AMPLIFICATEUR.

Élever (v. t.), **é. à une puissance,** to raise (to a power), to exponentiate.

Éliminateur (s. m.), **é. de modem,** modem eliminator ; ....-killer, ...-basher.

Élimination (s. f.), suppression (of zeros) ; deletion (of items, etc.) ; dropping off, stripping off (of bits, etc.) ; removal (of margins in continuous paper), rejection (of cards) ; **é. des lignes cachées,** hidden line removal ; **é. des surfaces cachées,** hidden surface removal ; **é. par décalage, par filtrage, par masque,** shifting out, filtering out, masking out.

Éliminer (v. t.), to eliminate ; to suppress (zeros) ; to delete (items from file) ; to drop off (bits, etc.) ; to remove ; to strip off (margins in continuous paper) ; to reject (erroneous card) ; to weed out (e. g. defective chips) ; to edit out (parts of text) ; **é. par décalage, par filtrage, par masque,** to shift out, to filter out, to mask out.

Éloigné, -e (adj.), remote (terminal, etc.).

Emballage (s. m.), packing ; **e. des données,** data encapsulation.

Emballement (s. m.), thrashing.

Emballer (v. t.), to pack ; to encapsulate (data).

Embarqué, -e (adj.), airborne, ship-borne, space-borne, satellite-borne (equipment, computer, etc.).

Embase (s. f.), bottom plate (of disk pack canister).

Emboîtage (s. m.) = **emboîtement.**

Emboîtement (s. m.), nesting (of loops).

Emboîté, -e (adj.).
See SOUS-PROGRAMME.

Emboîter (v. t.), to nest (loops).

Embout (s. m.), **e. de bande,** tape connector.

Embrochable (adj.), pluggable, plug-in, slot-in (module, etc.).

Embrocher (v. t.), to plug in.

Émetteur, -trice (adj.), issuing, originating (department, etc.) ; sending, transmitting (station, terminal, etc.) ; sending, source (data, field, etc.), FROM (address) ; **appa-**

reil é.-récepteur, send-receive unit ; **machine à écrire émettrice-réceptrice,** input/output typewriter.
See BANDE, BOBINE, DONNÉE, SERVICE, STATION, TERMINAL, ZONE.

Émetteur (s. m.), **1.** transmitter ; talker (system) **2.** originator (of data), issuer (of credit card).

Émetteur-récepteur (s. m.), transceiver.

Émettre (v. t. & i.), to emit, to send (out), to transmit.

Émission (s. f.), transmission, origination (of data) ; utterance (of sound) ; **trafic en é.,** outgoing traffic.
See MODE, POINT.

Emmagasinage (s. m.), storage (of information).

Emmagasiner (v. t.), to store (information).

Emparer (s'), to grab (token).

Empêcher (v. t.), to inhibit (reading, etc.).

Empilage (s. m.), stacking (of cards, etc.) ; stack (of relays).

Empilement (s. m.), stacking.

Empiler (v. t.), to stack.

Emplacement (s. m.), location (in store), position (of sign, punched hole), site (of installation) ; **e. de la virgule,** radix point ; **e. long,** full-length slot.

Emploi (s. m.), use.
See CAS, FICHIER, SOUPLESSE.

Employé (s. m.), employee ; **e. d'IBM, de Texas Instruments,** etc. IBMer, TIer.

Empreinte (s. f.), **e. digitales,** fingerprints ; **e. vocale,** voice print.

Emprunter (v. t.), to borrow.

~~**Émulateur** (s. m.), emulator.~~

Émulation (s. f.), emulation.

Émuler (v. t.), to emulate.

Encadré (s. m.), box, sidebar.

Encadrement (s. m.), framing (of data) ; bezel (of financial terminal, etc.).

Encadrer (v. t.), to frame (data).

Encapsulage (s. m.), encapsulation.

Enceinte (s. f.), **e. acoustique** *ou* **d'insonorisation,** sound-deadening enclosure, silencer, acoustic cabinet.

Enchaînement (s. m.), chaining, catenation, concatenation ; **e. des touches,** key rollover ; **par e. de menus,** menu-driven.

Enchaîner (v. t.), to chain, to catenate, to concatenate.

Enclenchement (s. m.), throwing (of a switch).

Enclencher (v. t.), to throw (a switch).

Encochage (s. m.), notching, notch coding (of edge-notched card).

Encoche (s. f.), notch (in punched card) ; **e. d'interdiction** *ou* **de protection d'écriture,** write-protect notch.

Encoché -e (adj.), notched ; **non e.,** unnotched (card).

Encocher (v. t.), to notch (away) (card).

Encocheuse (s. f.), card groover, slotting punch.

Encodage (s. m.), encoding.

Encoder (v. t.), to encode.

Encombrant -e (adj.), bulky ; « memory-eating » (program), space-hogging ; **peu e.,** compact ; **peu e.,** space-efficient.

Encombrement (s. m.), **1.** congestion, contention (of lines), **2.** (a) floor space, footprint, (b) overall dimensions (of machine, etc.), (c) core usage, memory or storage requirements, space requirements, size (of program), (d) real-estate, (circuit), (e) clutter (of screen, desk, etc.) ; **faible e.,** compactness (of machine, etc.) ; **avoir un e. de n octets,** to « inhabit » n bytes.

Encombrer (v. t.), to clutter (screen, desk, etc.).

En-cours (s. m. pl.), **les en-cours,** work-in-process (WIP), in-process inventory.

Encrage (s. m.), inking.
See DÉFAUT.

Encre (s. f.), ink ; **e. magnétique,** magnetic ink.

Encrer (v. t.), to ink.

Encreur (adj.), **ruban e.,** inking ribbon.

Encryptage (s. m.) (par abus), encryption.

Encrypter (v. t.) (par abus), to encrypt.

Endos (s. m.), endorsement (check).

Endosser (v. t.), to endorse (check).

Endosseur (s. m.), endorser.

Enduction (s. f.), coating (of tape).

Enduire (v. t.), to coat (tape).

Endurance (s. f.), **test d'e.,** shake-down test.

Enfichable (adj.), pluggable ; plug-in, slot-in ; **unité e.,** plug-in unit.

Enfichage (s. m.), plugging.

Enficher (v. t.), to plug in (a unit) ; to slot in (board).

Enfilage (s. m.), threading (of tape on tape unit) ; stringing (of magnetic cores) ; **e. automatique de la bande,** autothreading.

Enfiler (v. t.), to thread (tape) ; to string (magnetic cores).

Enfoncement (s. m.), depression (of push-button, etc.).

Enfoncer (v. t.), to press, to depress, to push in (push-button).

Enfourner (v. t.), to insert, to slot in (card).

Engendrer (v. t.), to generate (heat, etc.).

Engorgement (s. m.), contention (of lines).

Engranger (v. t.), to store, to accumulate (data, messages, etc.).

Enliassage (s. m.), tying *or* binding in a bundle.

Enliasser (v. t.), to tie *or* bind in a bundle.

Enquête (s. f.), survey.

Enquêteur, -trice (s. m.), interviewer.

En-queue (s. m.), trailer.

Enregistrable (adj.), storable, recordable ; **e. en (mémoire) ROM,** ROMable.

Enregistré, -e (adj.), stored, recorded ; **e. sur bande,** tape recorded.
See CALCULATEUR, NON-ENREGISTRÉ, PROGRAMME.

Enregistrement (s. m.), **1.** (a) recording, (b) logging (of data), (c) posting, writing, (d) booking (of an order), **2.** record ; **e. avec retour à zéro,** return-to-zero recording ; **e. de longueur fixe,** fixed-length recording ; **e. des erreurs,** error-logging ; **e. de longueur variable,** variable-length recording ; **e. en**
modulation de phase, phase-encoding, phase-recording ; **e. logique,** logical record ; **e. initial,** home record ; **e. magnétoscopique,** videotape recording ; **e. non polarisé avec retour à zéro,** non-polarized return-to-zero recording ; **e. non retour à zéro,** non-return-to-zero recording ; **e. optique numérique,** digital optical recording (DOR) ; **e. par groupe,** group code recording (GCR) ; **e. physique,** physical record ; **e. polarisé avec retour à zéro,** polarized return-to-zero recording.
See APPAREIL, DENSITÉ, EN-TÊTE, ESPACE, MACHINE, MODE, SUPPORT, TÊTE, VOIE.

Enregistrer (v. t.), to record (data, etc.), to log (continuous process), to post, to write (an entry), to book (an order), to tape (on tape), to store (into memory), to commit (to ICs), to cast in silicon (chips), to journalize (in a log).
See PRÉENREGISTRER, RÉENREGISTRER.

Enregistreur (s. m.), recorder, logger ; **e. à cassette,** cassette recorder ; **e. à clavier,** keyboard encoder ; **e. de (temps de) présence,** attendance (time) recorder ; **e. de temps de travaux,** job recorder ; **e. magnétique,** magnetic recorder ; **e. pas à pas,** incremental tape recorder ; **e. sur bande magnétique,** magnetic tape encoder, magnetic tape inscriber, data encoder, data encoding device, data inscriber, data transcriber.

Enrichir (v. t.), to enhance.

Enrichissement (s. m.), enhancement ; **MOS à e.,** enhancement MOS.

Enroulé, -e (adj.).
See TORE.

Enroulement (s. m.), **1.** wind, winding (of tape), **3.** (read *or* write) winding ; **e. d'écriture,** write winding.

Enrouler (v. t.), to wind (tape).

Enrouler (s') (v. p.), to wind, to feed (onto a take-up reel).

Enseignement (s. m.), **e. assisté par ordinateur (EAO), e. automatisé,** computer-aided instruction *or* learning, computer-assisted instruction (CAI) *or* learning, computer-based instruction *or* learning ; **e. programmé,** programmed instruction *or* learning ; **e. séquentiel = e. programmé.**

Enseigner (v. t.), to teach.
See MACHINE.

Ensemble (s. m.), **1.** array (of switches, etc.), assembly (of parts, sub-assemblies), set (of characters, data, etc.), package (of programs), mix (of applications, of options), **2.** (obsolete) = **ensemble électronique** ; **e. moyen,** medium-scale computer ; **gros e.,** large-scale computer ; **petit e.,** small-scale computer ; **e. de caractères,** character array, character set ; **e. de circuits,** circuitry ; **e. de composants,** componentry ; **e. de données,** data set ; **e. de programmes,** program package ; **e. de programmes de service,** utility package ; **e. de traitement de l'information,** data processing system ; **e. électronique,** data processing system, computer.
See SOUS-ENSEMBLE, THÉORIE.

Ensemblier (s. m.), turnkey house, full-line supplier.

En-tête (s. m.), header, heading ; **en-t. d'enregistrement,** record header ; **en-t. d'état,** report heading ; **en-t. de lot (de documents),** batch header ; **en-t. de page,** page header.
See CARTE.

Entier, -ière (adj.), **nombre e.,** integer.

Entier (s. m.), integer.

Entité (s. f.), entity.

Entraînement (s. m.) (paper, etc.) feed ; (tape, etc.) drive ; dragging (of screen image) ; **à double e. de papier,** dual-form feed ; **à perforations d'e.,** sprocket punched ; **e. par ergots,** pin-feed ; **e. par friction,** friction drive ; **e. par picots,** pin-feed.
See BANDE, COUTEAU, ERGOT, MÉCANISME, PAS, PERFORATION, PICOT, ROULEAU, VOIE.

Entraîner (v. t.), to drive (machine), to feed (card, tape, etc.).

Entraîneur (s. m.), ~~e. à ergots, à picots,~~ pin-feed tractor ; **e. de papier,** paper tractor, forms tractor ; **e. inférieur,** infeed tractor, input tractor ; **e. supérieur,** outfeed tractor, output tractor.

Entrance (s. f.), fan-in.

Entraxe (s. m.), **e. Caroll,** distance between centers of feed holes.

Entre-bloc (s. m.), interrecord gap.

Entre-carte (s. m.), intercard gap.

Entrée (s. f.), **1.** input, entry (of data, etc.), shift in (shift register) ; keying-in, typing-in, entry (through keyboard) ; read-in, reading-in (of a program into store) ; entry (on tabulator control panel), **2.** receipt (in stock) ; **e. en communication (avec le système),** log-in, log-on ; **e. vocale des données,** voice data entry ; **tableau à deux, trois entrées,** two-dimensional, three-dimensional table *or* array.
See ADDITIONNEUR, APPAREIL, BANDE, CARTE, CONTRÔLE, CONTRÔLEUR, DONNÉE, FICHIER, GESTION, LABEL, LIMITE, MESSAGE, MOUVEMENT, ORGANE, PAQUET, PÉRIPHÉRIQUE, PILE, POINT, POSTE, PRÉPARATION, REGISTRE, SÉQUENCE, SOUSTRACTEUR, SUITE, TABLEAU, TRIBUTAIRE, ZONE.

Entrée-sortie (E/S) (s. f.), input-output (I/O)) ; **E/S industrielles,** process I/O.
See APPAREIL, CONTRÔLEUR, GESTION, ORGANE, SYSTÈME, TRIBUTAIRE.

Entre-enregistrement (s. m.), interrecord gap.

Entrefer (s. m.), head gap.

Entrelacement (s. m.), interlacing, interleaving.

Entrelacer (v. t.), to interlace, to interleave.

Entreprise (s. f.), firm ; **e. (prestataire) de services,** service firm ; **e. de traitement à façon,** service bureau ; **e. de vente par correspondance *ou* sur catalogue,** mail order firm *or* house.
See JEU.

Entrer (v. t. & i.), to enter, to input (data), to read (a program) into store, to key in, to type in (through keyboard), to shift (into a shift register) ; **e. en service,** to go into service, to go on, to go on the air, to go live (computer system), to go on stream (plant).

Entretenir (v. t.), to maintain (equipment).

Entretien (s. m.), maintenance ; **qui ne nécessite pas d'e.,** maintenance-free ; **e. correctif,** remedial maintenance ; **e. de routine,** routine maintenance, scheduled maintenance ; **e. en clientèle,** field maintenance ; **e. préventif,** preventive maintenance.
See DURÉE, FACILITÉ, MANUEL, NOTICE, PANNEAU, SERVICE, TECHNICIEN.

Entropie (s. f.), entropy.

Environnement (s. m.), environment.

Envoi (s. m.), sending (out) ; mailing, shipment, shipping.

Envoyer (v. t.), to send (out), to ship.

Epaisseur (s. f.), thickness ; width (of line).

Épingle (s. f.), **é. de contact (de tableau de connexions),** contact pin.

Épreuve (s. f.), test(ing), trial ; **mettre à l'é.,** to put through one's paces.

Éprouvé -e (adj.), **é. en clientèle, en secteur,** field-proven, field-tested (program, etc.).

Éprouver (v. t.), to test, to check out, to try.

Équilibrage (s. m.), balancing.

Équilibre (s. m.), balance.

Équilibrer (v. t.), to balance.

Équilibreur (s. m.), **é. de partition,** partition balancer.

Équipe (s. f.), **1.** team (of programmers, etc.), **2.** shift (in shift working) ; **é. de jour, de nuit,** day shift, night shift ; **première é.,** prime shift.
See CHEF, TRAVAIL.

Équipement (s. m.), equipment ; hardware ; **é. auxiliaire,** auxiliary equipment ; **é. de terminaison de circuit de données, (ETCD),** data circuit terminating equipment (DCE) ; **é. terminal de traitement de données (ETTD),** data terminal equipment (DTE) ; **é. mécanographique,** punched card equipment ; **é. périphérique,** peripheral equipment.

Équipementier (s. m.), equipment vendor.

Équiper (s') (v.), **1.** to gear up, **2.** (absolute use), to buy, to get a computer.

Équivalence (s. f.), equivalence.
See NON-ÉQUIVALENCE.

Ère (s. f.), **ère (de l')informatique,** computer age.

Ergonome (s. m.), ergonomicist.

Ergonomie (s. f.), ergonomics ; human engineering, human factors.

Ergonomique (adj.), human engineered, ergonomically-designed (terminal, etc.) ; **bras e.,** ergo arm.

Ergot (s. m.), pin ; **e. d'entraînement,** feed pin.
See ENTRAÎNEMENT.

Erreur (s. f.), error, mistake ; **e. absolue,** absolute error ; **e. bloquante,** inhibiting error ; **e. d'arrondi,** round-off, rounding, rounding-off error ; **e. d'assortiment,** mismatch ; **e. cumulée,** accumulated, accumulative, cumulative, error ; **e. de cadrage,** misregistration ; **e. de calcul,** computational error, miscalculation, miscount ; **e. de case,** mispocket ; **e. de charge,** loading error ; **e. de classement, 1.** sequence error, **2.** misfile, misfiling ; **e. de diagnostic,** misdiagnostic ; **e. de donnée,** data error ; **e. de facturation,** misbilling ; **e. de frappe,** keying error ; **e. de lecture,** misreading, read error ; **e. de logique,** logical error ; **e. de numérotation,** misdialling ; **e. de perforation,** keypunch(ing) error ; keystroking error, mispunching, punching error ; **e. de programmation,** programming error, coding error, program bug ; **e. de sélection de case,** mispocket ; **e. de transcription,** transcription error ; **e. de tri,** missort ; **e. de troncature,** truncation error ; **e. d'identification,** misidentifying ; **e. d'orthographe,** misspelling ; **e. due au composant,** component error ; **e. dynamique,** dynamic error ; **e. héritée,** inherited error ; **e. machine,** machine error ; **e. par transposition,** transposition error ; **e. passagère, temporaire,** soft error, transient error ; **e. permanente, persistante,** hard error, solid error ; **e. portant sur un seul bit, sur deux bits,** single-bit, double-bit error ; **e. propagée,** propagated error ; **e. relative,** relative error ; **e. résiduelle,** residual error ; **e. révélée par comparaison,** comparison error ; **e. statique,** static error ; **e. sur bande,** tape error.
See CODE, FAUTE, MESSAGE, TAUX.

Erroné, -e (adj.), erroneous.

E/S (Entrée/Sortie), Input/Output (I/O).

Escalade (s. f.), hill climbing (syst. exp.).

Escalier (s. m.), **en e.,** jagged (lines) ; **marches d'e.,** aliasing.

Escargot (s. m.), jarg at sign, @.

Esclave (s. m.), **station esclave,** slave station.

Escroc (s. m.), **e. informatique,** computer criminal.

Escroquerie (s. f.), **e. informatique,** computer crime.

Espace (s. m.), **1.** space, blank **2.** gap ; **e. à droite, à gauche,** terminal blank, leading blank ; **e. arrêt-marche,** interrecord gap, interblock gap ; **e. d'archivage,** record-keeping space ; **e. entre enregistrements,** inter-record gap ; **e. entre fichiers,** file gap ; **e. fermé,** lake ; **e. interbloc = e. arrêt-marche ; e. intercalaire,** embedded blank.
See CARACTÈRE, GARNIR.

Espacement (s. m.), **1.** spacing, **2.** space ; **e. arrière,** backspace, backspacing ; **e. horizontal,** character pitch ; **e. proportionnel,** proportional spacing ; **e. vertical,** line pitch.
See BARRE.

Espacer (v. t. & i), to space.

Esquisse (s. f.), rough.

Essai (s. m.), **1.** test, **2.** try, attempt ; **e. de programme,** program test(ing) ; **e. de réception ou de recette,** acceptance test ; **e. pilote,** beta test ; **e. réel,** live test.
See CONSTITUTION, DONNÉE, JEU, PASSAGE, PROGRAMME, TABLEAU.

Essayer (v. t.), **1.** to test (program, etc.), **2.** to try, to attempt.

Et (conj.), and ; **et commercial,** ampersand, &.
See CIRCUIT, ÉLÉMENT, OPÉRATEUR, OPÉRATION.

Établir (v. t.), to set up ; to switch on, to turn on (power) ; to do, draw up (flowchart) ; to compile (statistics).

Établissement (s. m.), **1.** setting-up (of communications, etc.) drawing up (of flowchart, etc.), compilation (of statistics), establishment (of call, session, etc.) **2.** location, plant, manufacturing facility ; **é. d'enseignement,** educational establishment.

Étage (s. m.), **é. de contrôle,** control level ; **é. de programme,** program level.

Étalon (s. m. & adj.), standard.
See BANDE.

Étalonnage (s. m.), calibration.

Étalonner (v. t.), to calibrate.

Étape (s. f.), step, stage.

État (s. m.), **1.** condition, status, state ; balance (of an account), **2.** report, list, statement, sheet ; **en l'état,** as is ; **é. à imprimer,** printer report ; **é. d'attente,** wait state ; **é. d'avancement (des travaux, etc.),** progress report, status report ; **é. de fonctionnement,** operating state *or* status ; **é. de l'art, é. de la question,** state of the art, progress report ; **é. de marche,** operating state ; **é. de stock,** inventory status report ; **é. du stock,** inventory position *or* status ; **é. imprimé,** printed report, output report ; **é. informatique,** data processing report, printed report, computer-produced report ; **é. principal,** major status ; **é. récapitulatif,** summary report ; **é. secondaire,** substatus ; **é. sélectif,** exception report ; **é. sous forme de tableau,** tabular report ; **é. statistique,** statistical report ; **é. « un »,** one condition ; **é. « zéro »,** zero condition, nought state.
See DERNIER, EN-TÊTE, FICHIER, GÉNÉRATION, IMPRIMÉ, MODÈLE, MOT, PAQUET, PRODUCTION, PROFIL, REMETTRE, REMISE, SIGNALER.

ETCD (Equipement de Terminaison de Circuit de Données), data circuit terminating equipment (DCE).

Eteindre (v. t.), to switch off (machine).

Étendu, -e (adj), extended.

Etiqueter (v. t.), to label, to tag.

Étiquette (s. f.), **1.** reference symbol, tag, **2.** (identification) label (on reel, etc.) ; **é. en continu,** pin-feed labels, tabulating labels, tab labels ; **é. perforée,** punch(ed) tag.
See LECTEUR, PERFORATEUR, TABLE.

Etirement (s. m.), rubber banding.

Étoile (s. f.), star, asterisk ; **é. de lecture,** starwheel ; **réseau (en) étoile,** multiline network, star network.

Étoilé, -e (adj.), **réseau é.,** star network.

Étranger, -ère (adj.), foreign, alien.

Étreinte (s. f.), **é. fatale,** deadly embrace.

ETTD (Equipement Terminal de Traitement de Données), data terminal equipment (DTE).

Étude (s. f.), study, survey ; **é. automatisée,** computer-aided design (CAD) ; **é. d'application,** application study ; **é. de faisabilité,**

feasibility study ; **é. de marché,** market survey ; **é. d'opportunité (d'emploi),** feasibility study ; **é. préalable,** feasibility study ; **é. préliminaire,** feasibility study ; **é. du travail,** work study.

Évacuation (s. f.), swapping out (onto auxiliary storage).

Évacuer (v. t.), to swap out (onto auxiliary storage).

Évaluateur (s. m.), **é. de bande,** tape evaluator.

Évaluation (s. f.), **é. des performances,** performance evaluation, benchmarking ; **disque, disquette, d'évaluation,** evaluation disk, diskette.

Événement (s. m.), event.

Éventail (s. m.), range, spectrum (of applications, etc.) ; array (of products).

Éventuel, -elle (adj.), **client é.,** prospect, prospective customer.

Évidement (s. m.), window (in tape reel), recess.

Évidence (s. f.), **mettre en é. (sur l'écran par soulignement, clignotement, etc.),** to enhance, to highlight ; **mise en é.,** enhancement, highlighting.

Évolué, -e (adj.), advanced (system), sophisticated (machine), high-level, high-order (language) ; **peu é.,** unsophisticated (machine), low-level (language).

Évoluer (v. i.), to change, to grow (requirements, etc.) ; **faire é.,** to increment (counter) ; **qui évolue rapidement,** fast changing.

Évolutif, -ive (adj.), changing, evolutionary, open-ended.

Évolution (s. f.), change ; growth (of requirements), pattern (of sales, etc.) ; development (of market, etc.) ; **en pleine é.,** fast-growing (industry), fast-moving (situation) ; **possibilité d'é.,** upgrading capability (of system) ; **en fonction de l'é. de vos besoins,** as your needs change ; **é. des besoins,** growing requirements ; **en perpétuelle é.,** continually changing.

Exactitude (s. f.), accuracy, correctness.

Excitation (s. f.), energization, pick(ing) up (of relay, etc.).

Exciter (v. t.), to energize, to pick up (relay).

Exclusif, -ive (adj.), exclusive ; dedicated (product).
See OU EXCLUSIF.

Exclusion (s. f.), exclusion.

Exécutabilité (s. f.), runnability.

Exécutable (adj.), executable, operational, runnable (program) ; **programme e.,** object program.

Exécuté, -e (adj.), DONE ?

Exécuter (v. t.), to execute, to run (program, etc.), to take (a branch, a dump, an interrupt, a skip, etc.) ; to perform ; to install (change) ; **é. en pas à pas,** to single step.

Exécution (s. f.), execution, running, operation (of program, etc.), taking (of a branch, dump, etc.) ; **être en cours d'é.,** to be in progress, in control, executing, in execution, running (program) ; **e. en pas à pas,** single-stepping.
See CALCULATEUR, COMPOSITION, DÉLAI, LANGAGE, MACHINE, MOMENT, PHASE, SIMULTANÉITÉ, TEMPS.

Exemplaire (s. m.), **1.** copy, **2.** part, ply (of multipart set) ; **liasse de 5 exemplaires,** 5-part set, **3.** unit.

Exemple (s. m.), example ; **e. de programmation,** sample coding ; **e. de programme,** sample program.

Exempt, -e (adj.), **e. d'erreurs,** error-free.

Existant, -e (adj.), existing, in-place.

Existant (s. m.), quantity on hand (QOH).

Existants (s. m. pl.) = **existant** (s. m.).

Expert (s. m.), **système expert (SE),** expert system (ES).

Expertise (s. f.), **1.** appraisal, **2.** (abus) expertise. **1.** survey, **2.** (jarg) expertise.

Expiration (s. f.), expiration, timeout ; **date d'e.,** scratch date.

Exploitable (adj.), usable, workable ; **e. par machine,** machine-processable ; **support directement e.(par un ordinateur),** machine-readable medium, machine-sensible medium ; **sous forme e.,** in object format (program).

Exploitant (s. m.), **e. de réseau,** network operator.

Exploitation (s. f.), **1.** (a) operation, working, running, (b) processing (of data), **2.** harnessing, tapping, utilization. **3.** (= service exploitation), operations ; **e. avec, sans, opérateur, sous** *ou* **sans surveillance,** attended, unattended operation ; **e. en autonome,** offline working or operation ; **e. en connexion,** online working *or* operation ; **e. en multiprogrammation,** multiprogram operation *or* working ; **e. en parallèle,** parallel operation, running, working ; **e. en salle fermée,** closed shop operation ; **e. en salle ouverte,** open shop operation ; **e. en temps réel,** real-time operation ; **e. multi-calculateur,** multicomputer operation.
See ARCHIVE, BANDE, CADRE, CHEF, CONSIGNE, DONNÉE, DOSSIER, FRAIS, LIEU, MACHINE, PARAMÈTRE, PERSONNEL, PHASE, SYSTÈME, TEMPS.

Exploiter (v. t.), **1.** (a) to operate, to work, to run, (b) to operate on, upon (data), to process (data), **2.** to harness, to tap (resources), to utilize.

Explorateur (s. m.), scanner.

Exploration (s. f.), scanning.

Explorer (v. t.), to scan.

Exporter (v. t.), to export (data, programs, etc.).

Exposant (s. m.), **1.** exhibitor, **2.** exponent.

Expression (s. f.), expression, phrase.

Expulser (v. t.), to kick out (program onto auxiliary store).

Expulsion (s. f.), kicking out (of program onto auxiliary store).

Extensibilité (s. f.), expansibility, open-endedness, upgrading capability, upgradability ; scalability (extension to n processors).

Extensible (adj.), expandable, open-ended (system, etc.), upgradable.

Extension (s. f.), extension, enhancement(s) (of a language, etc.) ; extension (to a file) ; **d'e.,** uncommitted (slot) ; **câble d'e.,** extension cable ; **possibilité d'e.,** upgrading capability.

Extérieur, -e (adj.), outplant (system, etc.) ; **l'extérieur,** the outside world.

Externe (adj.), external (symbol, etc.) ; **réalisé en externe,** sub-contracted, subbed out, farmed out (tasks, etc.).

Extracteur, -trice (s. m.), card puller, tub file clerk.

Extraction (s. f.), extracting, output, fetching ; (hand) pulling (of punched cards) ; readout, reading out (of store) ; dump (on tape), print out (on printer), punching out (on card punch), typing out (on I/O typewriter), retrieval (from drum, etc.).
See FICHIER, POSSIBILITÉ, PROGRAMME.

Extraire (v. t.), to extract, to output, to fetch, to remove ; to print out, to list (on printer) ; to pull (out) (card from pulling file) ; to punch out (on card punch) ; to read out (of store) ; to retrieve (from drum, etc.) ; to type out (on I/O typewriter) ; to write out, to dump (on tape) ; **introduire et e. alternativement,** to shuttle in and out, to swap in and out, to usher in and out.

Extrait (s. m.), extract, excerpt.

Extrémité (s. f.), end.

F

Fabricant (s. m.), maker, manufacturer ; **f. de circuits intégrés, de CI,** IC maker, chip maker ; **f. de composants,** component maker, component house ; **f. de cartes,** board manufacturer ; **f. d'imprimés,** forms manufacturer ; **f. d'ordinateurs,** computer maker *or* manufacturer ; **f. de bandes magnétiques,** tape maker ; **f. de périphériques,** peripheral maker.

Fabrication (s. f.), manufacture ; **f. de masques,** mask-making ; **f. assistée par ordinateur (FAO),** computer-assisted manufacturing (CAM) ; **f. intégrée par ordinateur (FIO),** computer-integrated manufacturing (CIM).

Fabriquer (v. t.), to manufacture, to make.

Façade (s. f.), front ; **de f.,** through-the-wall (terminal).

Face (s. f.), face (of punched card), side, surface (of disk) ; **f. imprimée (de carte),** card face ; **f. imprimée vers le bas et ligne des 12 en avant,** face down and 12-row first. See ALIMENTATION, DISQUETTE.

Facilité (s. f.), **f. d'accès,** accessibility ; **f. d'entretien,** maintainability ; **f. de consultation,** retrievability.

Façon (s. f.).
See CENTRE, TRAVAIL.

Façonnage (s. m.), bindery ; **matériel de f.,** forms handling equipment.

Façonnier (s. m.) = (computer) service bureau, service center.

Fac-similé (s. m.), fascimile, fax.

Facteur (s. m.), factor ; **f. de cadrage,** scale factor ; **f. d'échelle,** scale factor ; **f. de groupage,** blocking factor.

Factice (adj.), dummy.

Faction (s. f.), shift (in shift working).

Factuel, -elle (adj.), factual.

Facturable (adj.), billable.

Facturation (s. f.), billing, invoicing ; **f. globale,** bundling ; **f. séparée (du matériel, du logiciel, etc.)** unbundling.

Facture (s. f.), bill, invoice.

Facturer (v. t.), to bill, to invoice ; **f. séparément (matériel, logiciel, etc.),** to unbundle.

Facturette (s. f.), small invoice.

Facturière (s. f.), 1. invoicing clerk, 2. invoicing machine.

Facultatif, -ive (adj.), optional.

Fagot (s. m.), pound sign, number sign #.

Faible (adj.), **à f. débit,** low-rate (terminal) ; **à f. taux de mouvement,** low-activity (file) ; **de poids f.,** least significant, low-order (bit, character, etc.) ; **f. encombrement,** compactness.

Faire (v. t.), **f. défiler,** to advance, to move (tape, etc.), to scroll (screen image) ; **f. de l'informatique,** to be in computers ; **f. ENTREE,** to press RETURN ; **f. évoluer,** to increment (counter), to update (counter, database, etc.) ; **f. l'inventaire,** to take (physical inventory) ; **f. progresser (compteur),** to step, to increment (counter) ; **f. + 1 (sur un compteur),** to increase by one, to increment by one (counter) ; **f. régresser (compteur),** to decrement (counter) ; **f. un décalage,** to shift ; to rotate (circular shift) ; **f. un organigramme,** to draw (flowchart) ; **f. un OU EXCLUSIF,** to exclusively OR ; **f. un retour arrière,** to backspace ; **f. un vidage,** to take a dump, to dump ; **f. une analyse automatique (de document),** to auto-abstract ; **f. une coupe en Y,** to center slit (continuous paper) ; **f. une double perforation,** to double punch ; **f. une intersection logique,** to and.
See DÉFILER.

Faisabilité (s. f.), feasibility.

Faisable (adj.), feasible.

Faisceau (s. m.), beam ; bundle (optic fib-

ers) ; harness (of cables) ; **f. électronique,** electron beam, E-beam ; **f. lumineux,** light beam.
See Mémoire.

Falsification (s. f.), **f. des données,** data diddling.

Familial, -e (adj.), **informatique familiale,** home computing ; **ordinateur familial,** home computer.

Fana (s. m.), **f. d'informatique, d'ordinateurs, de l'ordinateur,** computer addict, computer buff.

Fanion (s. m.), flag.

FAO (Fabrication Assistée par Ordinateur), computer-assisted manufacturing (CAM).

Fait (s. m.), **norme de f.,** de facto standard.

Fait, -e (adj.), **f. sur commande, demande, mesure,** custom-built, custom-designed, custom-made.

Faute (s. f.), fault, mistake ; **f. de frappe,** keystroking error, typing error, type-in error ; **f. d'impression,** misprint.

Faux, -ausse (adj.), false (condition, etc.) ; dummy (loser *or* winner in sort program) ; **faux numéro,** wrong number ; **fausse couleur,** pseudocolour ; **fausse manœuvre,** mishandling.

Faux-plafond (s. m.), false ceiling.

Faux-plancher (s. m.), false floor, elevated floor, (free) access floor, raised floor.

FDT (Flux de Données Transfrontière), transborder data flow (TDF).

Fédération (s. f.), **f. de bases de données, de fichiers, de bases de règles,** object store.

Féminin, -e (adj.), **voix féminine,** female-intonated voice.

Fenêtrage (s. m.), windowing.

Fenêtre (s. f.), aperture (in aperture card), window (in envelope, screen, etc.) ; **f. de dialogue,** chat window.

Fente (s. f.), **f. d'ancrage de la bande (dans bobine),** reel slot.

Fer (s. m.), **fer à repasser** (literally « flat iron »), credit card receipt machine.

Fermé, -e (adj.).
See Sous-Programme.

Fermer (v. t.), to close (file, etc.).

Fermeture (s. f.), closing, close (of file, etc.), log-off, sign-off (session).

Ferraillage (s. m.), scrapping (of equipment, etc.).

Ferraille (s. f.), **mettre à la f.,** to scrap, to junk.

Ferrailler (v. t.), to scrap, to junk.

Ferrite (s. f.), ferrite.
See Mémoire, Tore.

Ferro-électrique (adj.), ferro-electric.

Ferromagnétique (adj.), ferromagnetic.

Ferromagnétisme (s. m.), ferromagnetics.

Feu (s. m.), **f. vert,** go-ahead, OK, okay, green light, thumbs up.

Feuille (s. f.), sheet (of paper) ; **f. à feuille,** sheet feeder ; **f. de calcul électronique,** electronic spreadsheet ; **f. de code,** code sheet ; **f. de programmation,** coding form *or* sheet, program(ming) form *or* sheet ; **f. de style,** style sheet ; **dispositif d'alimentation f. à f.,** sheet feeder.

Feuillet (s. m.), sheet (of paper), page, form (in continuous paper), card (magnetic card store).
See Changement, Hauteur, Mémoire, Perforation, Saut.

Feuilleter (v. t.), to page through, to flick through (videotex), to browse (through), to leaf, to shuffle through.

Fiabilisation (s. f.), making sthg reliable.

Fiabiliser (v. t.), to make sthg reliable.

Fiabiliste (s. m.), reliability engineer.

Fiabilité (s. f.), reliability ; **à haute f.,** high-reliability, hi-rel.

Fiable (adj.), reliable (equipment).

Fibre f. à gradient d'indice, graded index fiber ; **f. à saut d'indice,** step index fiber.

Ficelle (s. f.), jarg : = **fiche de connexion.**

Fichage (s. m.), **1.** putting on a list **2.** putting on a computer file ; **f. informatique,** computer matching.

Fiché (s. m.), a person whose name is on a (computer) file.

Fiche (s. f.), **1.** plug, patchcord, patchplug (of control panel), **2.** (a) slip, form, record,

(b) index card ; **sans fiches,** unplugged, cordless (control panel) ; **f. à piste magnétique,** ledger card ; **f. de compte,** ledger card ; **f. de test,** test probe ; **f. double,** squid (on control panel) ; **f. multiple,** split wire (on control panel) ; **f. perforée,** punched card.

Ficher (v. t.), **f. qqn, 1.** to put s.o. on a list ; **2.** to put on a computer file.

Ficheur (s. m.), a person or organization who builds a (computer) file for any purpose.

Fichier (s. m.), **1.** card (index) file, **2.** file (on cards, tape, etc.). set ; **f. à accès non réservé,** unrestricted file ; **f. à accès réservé,** restricted file ; **f. à accès sélectif,** random (access) file ; **f. à imprimer,** printer file ; **f. à traitement différé,** spool file, spoofle ; **f. avec ajouts,** add file ; **f. avec labels,** labelled file ; **f. barème,** reference file of rates ; **f. catalogue,** catalog file ; **f. central,** (central) data base ; **f. central commun,** shared data base ; **f. d'abonnés,** subscription file ; **f. d'adresses,** address file ; **f. d'aide,** help file ; **f. d'archives,** archival *or* archive file ; **f. d'attente,** suspense file ; spool file, spoofle, parking file ; **f. de clés,** key file ; **f. de communication,** stream file ; **f. de commandes,** command file ; **f. de consultation,** dormant file ; **f. de données,** data file ; **f. d'entrée,** input file ; **f. d'essai,** sample file ; **f. d'états à imprimer,** report file ; **f. d'extraction,** pulling file ; **f. de facturation,** billing file ; **f. de journalisation,** logging file ; **f. de lettres,** letter file ; **f. de liaison,** communications file ; **f. de listage,** list file ; **f. de manœuvre,** work(ing) file, scratch file ; **f. de paie,** payroll file ; **f. de programmes,** program file ; **f. de sortie,** output file ; **f. de tri,** sort file ; **f. de sauvegarde,** backup file ; **f. (des) articles,** item file ; **f. des cas d'emploi,** where-used file ; **f. (des) clients,** customer file ; **f. des programmes,** program file, program deck (on cards) ; **f. des travaux,** job stream file ; **f. d'impression,** print file ; **f. d'interclassement,** collation file ; **f. en double,** backing file ; **f. en écriture,** output file ; **f. en images de cartes,** card image file ; **f. en lecture,** input file ; **f. en séquentiel,** sequential file ; **f. en séquentiel indexé,** indexed sequential file ; **f. graphique,** display file ; **f. historique,** archival file, history file ; **f. informatique, informatisé,** computer(ized) file ; **f. inversé,** inverted file ; **f.-journal,** journal file ; **f. maître,**

master file, main file ; **f. mécanisé,** computerized file ; **f. mécanographique,** tab file ; **f. monobobine,** single-reel file ; **f. mouvements,** transaction file, detail file, change file ; **f. multibobine,** multi-reel file ; **f. multivolume,** multivolume file ; **f. nominatif,** name file ; **f. non-standard,** non-standard file ; **f. organisé en pages,** paged file ; **f. organisé par adresses,** direct file ; **f. permanent,** master file, main file, permanent file ; **f. principal,** master file, main file ; **f. public,** public file ; **f. récepteur de points de reprise,** checkpoint file ; **f. résultats,** output file, result file ; **f. sans labels,** unlabelled file ; **f. séquentiel,** sequentially-ordered file, batch file ; **f. spécial,** non-standard file ; **f. stock,** stock file ; **f. sur bande magnétique,** magnetic tape file ; **f. sur bande perforée,** paper tape file ; **f. sur cartes (perforées),** (punched) card file ; **f. sur cartes comptes à pistes magnétiques,** ledger file ; **f. sur disques,** disk file ; **f. sur feuillets magnétiques,** magnetic card file ; **f. sur film,** film file ; **f. sur microfiches,** microfiche file ; **f. sur tambour,** drum file ; **f. tarif,** pricing file ; **f. texte,** textual file ; **f. vidéo,** image file.

See AUGMENTATION, COMPRESSION, CONSULTATION, CONVERSION, DÉFINITION, DRAPEAU, ESPACE, FUSION, GESTION, GROUPAGE, INDICATIF, MISE, NOM, PROTECTION, SÉPARATEUR, SOUS-PROGRAMME, SYSTÈME, TABLE, TENUE.

Fictif, -ive (adj.), dummy.

Fidélisation (s. f.), development of consumer (or customer) loyalty.

Fidéliser (v. t.), to develop consumer (or customer) loyalty.

Figeage (s. m.), setting (of parameter value).

Figer (v. t.), to freeze (system) ; to set (parameter value).

Fil (s. m.), wire ; printing pin (of stylus printer) ; **au fil de l'eau,** in order of occurrence, as available ; **f. de connexion,** plug cord, plug wire ; **modèle f. de fer,** wireframe model ; **f. de lecture,** sense line, sense winding.
See MÉMOIRE.

Filaire (adj.), **structure f.,** wire-frame (model).

File (s. f.), stream (of jobs) ; **f. d'attente,**

queue, waiting line ; **f. de sortie (supermarché),** checkout lane ; **mettre en f. d'attente,** to queue ; **remettre en f. d'attente,** to re-queue.
See THÉORIE.

Filiale (s. f.), affiliate, subsidiary.

Filialisation (s. f.), « subsidiarization ».

Filialiser (v. t.), « to subsidiarize ».

Filière (s. f.), card throat (in card punch or reader) ; **f. d'alimentation,** feed gate ; **(la) filière électronique,** integrated product area, electronics and related industries.

Film (s. m.), film ; **f. argentique,** silver film ; **f. diazoïque,** diazo film ; **f. magnétique,** magnetic film ; **f. mince,** thin film ; **f. vésiculaire,** vesicular film.
See MÉMOIRE.

Filoguidé, -e (adj.), wire-guided.

Filtrage (s. m.), masking, screening, pattern matching.

Filtre (s. m.), mask.

Filtrer (v. t.), to mask, to screen.

Fin (s. f.), end (of file, reel, tape, etc.) ; trailing end (of tape) ; trailer (label, etc.) ; terminating (symbol, etc.) ; **f. anormale,** abnormal termination, abnormal end, ABEND ; **fin de bloc,** end of block (EOB) ; **f. de communication,** log-off, log-out ; **f. de message,** end of message (EOM) ; **f. de papier,** out-of-form *or* out-of-paper condition ; **f. de support,** end of medium (EOM) ; **fin de travail,** end of job (EOJ).
See APPROCHE, BLOC, CARTE, DÉTECTEUR, LABEL, PALPEUR.

Financier, -ère (s. m. & adj.), **fichier de données financières,** financial file ; **terminal f.,** financial terminal.

FIO (Fabrication Intégrée par Ordinateur). Computer-Integrated Manufacturing (CIM).

Fixe (adj.), fixed ; still (image).
See CALCUL, CALCULATEUR, ENREGISTREMENT, MÉMOIRE, NOTATION, REPRÉSENTATION.

Flasque (s. m.), side plate (of card hopper) ; side, flange, rim (of reel).

Flèche (s. f.), arrow ; pointer (of mouse) ; **f.**

horizontale, horizontal arrow ; **f. orientée, dirigée, vers le haut,** up arrow (↑), **orientée, dirigée, vers le bas,** down arrow (↓).

Fléché, -e (adj.), **touche f.** arrow key.

Flexette (s. f.) (registered trade-mark), diskette, flexible disk.

Flot (s. m.), flow (of data), stream (of jobs).

Flottant, -e (adj.), floating.
See CALCUL, REPRÉSENTATION, TÊTE, VIRGULE.

Flou (adj.), fuzzy ; **ensemble f.,** fuzzy set.

Flou (s. m.), fuzziness.

Fluidique (s. f.), fluidics.

Flux (s. m.), flow (of data) ; **f. de données transfrontière,** transborder data flow (TDF) ; **f. informationnel,** information flow ; **(à) f. poussé,** push system ; **(à) f. tiré,** pull system.

Foisonnement (s. m.), bulging (of paper).

Foliotage (s. m.), page numbering.

Foncteur (s. m.), functor.

Fonction (s. f.), 1. function, 2. feature, facility, capability ; **fonctions d'édition d'états,** reporting facilities ; **en fonction,** up (switch), **hors fonction,** down (switch) ; **f. de transfert,** transfert function.
See TOUCHE.

Fonctionalité (s. f.), functionality.

Fonctionnel, -elle (adj.), functional.
See, ANALYSE, CODE, CONCEPTION, DIAGRAMME, SCHÉMA, SYMBOLE.

Fonctionnement (s. m.), operation, running, working ; **f. asynchrone,** asynchronous working ; **f. en boucle fermée,** closed-loop operation ; **f. en (mode) autonome,** autonomous working, offline operation ; **f. en (mode) connecté,** oniine operation ; **f. en mode dégradé,** failsoft operation ; **f. en parallèle,** parallel operation, dual operation (old and new systems) ; **f. en pas à pas,** single-step operation ; **f. en simultanéité,** concurrent operation ; **f. en temps partagé,** time-sharing ; **f. en temps réel,** real-time operation *or* working ; **f. séquentiel,** sequential operation ; **f. sous surveillance directe,** attended operation ; **f. sous surveillance indirecte,** unattended operation ; **f.**

synchrone, synchronous operation *or* working.
See ESSAI, IMPOSSIBILITÉ, MAUVAIS.

Fonctionner (v. i.), to operate, to run, to work, to function ; **qui ne fonctionne pas à son arrivée,** dead on arrival.

Fond (s. m.), **f. de page,** background image ; **f. de panier,** backplane, backpanel ; **de fond,** background.

Fondamental -e (adj.), **couleurs f.,** primary colors.

Fondeur (s. m.), silicon foundry.

Fonte (s. f.), font, fount (GB).

Forçage (s. m.), setting, presetting (to a value, etc.) ; **f. à zéro,** setting to zero.

Force (s. f.), **f. du papier,** paper weight.

Forcer (v. t.), to set, preset (to a value).

Forêt (s. f.), **f. d'antennes,** antenna farm.

Format (s. m.), **1.** format, **2.** size ; **f. à l'italienne,** landscape format ; **f. américain,** US format (month/day/year) ; **f. britannique,** UK format (day/month/year).
See MISE.

Formatage (s. m.), formatting ; **capacité après formatage,** formatted capacity ;

Formater (v. t.), to format, to prep (diskette).

Formateur (s. m.), **1.** trainer, training officer, instructor, **2.** formatter (program).

Formation (s. f.), education, training ; **f. permanente,** continuing education ; **f. pratique,** hands-on training ; **f. théorique,** formal training ; **f. sur le tas,** on-the-job training.
See CENTRE.

Forme (s. f.), **1.** shape, **2.** form, format (of data, etc.) ; **f. absolue,** high-speed format ; **f. binaire,** binary format ; **f. exploitable par la machine,** computer-usable form, machine-sensible form ; **f. externe,** external format ; **f. interne,** internal format, computer format ; **f. normalisée,** standard form ; **mises en f. (données)** edited, formatted ; **non mises en f. (données)** non-edited, unedited, unformatted.
See METTRE, MISE, RECONNAISSANCE, REMETTRE, REMISE.

Former (v. t.), to build (program, etc.), to train (personnel).

Formulaire (s. m.), form ; **f. en continu,** continuous form ; **f. informatique,** computer form.

Formulation (s. f.), phrasing (of a request).

Formule (s. f.), **1.** formula, **2.** form ; **f. de calcul des temps,** timing formula.

Formuler (v. t.), to make (a request).

Fort, -e (adj.), **de poids f.,** high-order, most significant (bit, character, etc.).

Four (s. m.), **f. à diffusion,** diffusion furnace.

Foulage (s. m.), embossment.

Fournisseur (s. m.), supplier, vendor ; **f. d'informations,** information provider (IP).
See COMPTABILITÉ

Fourniture (s. f.), **fournitures informatiques,** data processing supplies.

Fractale (s. f.), fractal.

Fraction (s. f.), fraction.

Fractionnable (adj.).
See CLAVIER, REGISTRE.

Fractionnaire (adj.), fractional.

Fractionnement (s. m.), split(ting), segmentation.

Fractionner (v. t.), to split, to segment ; **écran fractionné,** split screen.

Fragmentation (s. f.), fragmentation.

Frais (s. m.), **f. d'exploitation,** operating expenses.

Franc, -che (adj.), solid (failure).

Français -e (adj.), **format à la française,** portrait format.

Francisation (s. f.), « Frenchifying », customizing (software, etc.) to French requirements ; localization.

Frappe (s. f.), **1.** striking (of keys), typing, type-in, keying, key-in (of data), **2.** key depression, keystroke ; **f. aller-retour, bidirectionnelle, en lacet,** bidirectionnal printing ; **f. au kilomètre,** automatic word wrapping ; **f. coulée,** rolling the keys, key-rollover ; **f. à la volée, au vol,** on-the-fly (printing).

See ABSENCE, ERREUR, INTENSITÉ, MARTEAU, VITESSE.

Frapper (v. t.), to strike (hammers), to type (on keyboard), to hit, to punch, to press (a key), jarg. to peck.

Fraude (s. f.), **f. informatique,** computer fraud, computer crime.

Fraudeur (s. m.), **f. informatique,** computer criminal.

Fréquence (s. f.), frequency ; **avoir une f. de,** to clock at. **f. de base,** base frequency, clock frequency, clock rate ; **f. d'échantillonnage,** sampling rate ; **f. de répétition,** repetition rate ; **f. vocale,** voice frequency. See CIRCUIT, GAMME, LIGNE, MODULATION.

Fromage (s. m.), jarg. pie-chart.

Front (s. m.), **de front,** foreground.

Frontal (s. m.), front-end processor (FEP).

Frontal, -e (adj.) ; **chargement f.,** front-load(ing) ; **introduction frontale,** front feed ; **processeur f.,** front-end processor (FEP).

Frontière (s. f.), boundary.

Fuite (s. f.), **f. de données,** data leakage.

Fusion (s. f.), merge, merging (of files), merger, consolidation (of firms). See PROGRAMME.

Fusionner **1.** (v. t.) to merge (files), **2.** (v. i.) to merge, to consolidate (firms).

G

GAB *(Guichet Automatique Bancaire),* automatic teller machine (ATM).

Gâche (s. f.), punching error rate, card spoilage.

Galbage (s. m.), tenting (of paper).

Galet (s. m.), roller ; **g. de renvoi de bande,** tape idler.

Galette (s. f.), pie-chart.

Gamelle (s. f.), jarg. disk pack.

Gamme (s. f.), range (of prices, frequencies, etc.), spectrum (of applications, etc.), gamut (of colours, etc.) ; sequence of operations (in manufacturing process), routing ; **g. de remplacement,** alternate routing ; **fichier des gammes,** routing file. See BAS, HAUT.

Gammiste (s. m.), a production routing specialist.

GAO *(Graphique Assisté par Ordinateur),* computer-assisted graphics.

Garantique (s. f.), computer security (privacy, signature identification and user authentication).

Garde (s. f.). See MISE, TEMPS.

Garder (v. t.), to keep, to preserve ; **g. la main,** to retain control (program).

Garni, -e, (adj.), **g. d'espaces,** blank-filled, space-filled ; **g. de zéros,** zero-filled.

Garnir (v. t.), to load (register) ; **g. d'espaces,** to blank fill, to space fill, to space pad ; **g. de zéros,** to zero fill.

Garnissage (s. m.), loading (of register) ; filling, padding (with spaces, etc.).

Gâteau (s. m.), pie-chart.

Gauche (adj.), **(bit, position, etc.) de gauche,** most significant, high-order, leftmost, leading (bit, position, etc.).

See CADRER.

Gaufrage (s. m.), puckering (of paper).

Géant (s. m.), **géant de l'informatique,** computer giant.

Général, -e (adj.), general. See INTERRUPTEUR, ORGANIGRAMME, PROGRAMME, TOTAL.

Générateur, -trice (adj.), **programme générateur,** generating program *or* routine ; **g. d'erreurs, de fatigue, etc.,** error-producing, fatigue-inducing, etc.

Générateur (s. m.), generator ; **g. d'applications,** application builder, application generator ; **g. de caractères,** character generator ; **g. de données d'essai,** test data generator ; **g. de fontes de caractères,** font character generator ; **g. de nombres au hasard, de nombres aléatoires,** random number generator ; **g. de programme,** program generator ; **g. de programme d'édition,** report program generator (RPG) ; **g. de programme d'interclassement,** merge generator ; **g. de programme de tri,** sort generator ; **g. de système expert,** expert system generator ; **g. de vecteurs,** vector generator ; **g. d'organigrammes,** flowcharter.

Génération (s. f.), 1. generation (of reports, etc.), 2. generation (of a computer) ; **g. de, d'un, système,** system generation (SYSGEN) ; **faire une g. de système,** to sysgen ; **ordinateur de la troisième g.,** third-generation computer ; **règle des trois g.,** grandfather cycle.

Génération-exécution (s. f.), generate-and-go.

Générer (v. t.), to generate, to gen.

Généricité (s. f.), (ADA), generics.

Générique (adj.), generic.

Génie (s. m.), **g. logiciel,** software engineering ; **g. de la connaissance,** knowledge engineering ; **g. informatique,** computer engineering.

Genouillère (s. f.), **interrupteur à g.,** toggle switch.

Genoux (s. m.), **jarg. se mettre à g.,** to go bananas.

Géométrie (s. f.), **g. de 1 μm,** 1 μm design rule.

Gérable (adj.), controllable, manageable.

Gérance (s. f.), **g. d'exploitation, g. informatique,** facilities management (FM).

Géré, -e (adj.), **g. par calculateur, par ordinateur,** computer-based, computer-controlled, computer-directed, computer-driven, computer-managed ; **g. par le système,** system-maintained.

Gérer (v. t.), to manage (personnel, etc.), to run (library, etc.), to service (lines, etc.), to control (peripherals, etc.), to maintain.

Gestion (s. f.), management (of personnel, etc.), administration ; running (of tape library, etc.) ; servicing (of lines, interrupts, etc.) ; control (of lines, peripherals, etc.) ; **de g.,** managerial, business-oriented, administrative ; **g. automatisée,** automated management ; **g. automatisée de la production,** computerized production control ; **g. budgétaire,** budgetary control ; **g. de base de données,** data base management (DBM) ; **g. de cabinet dentaire,** dental office management ; **g. de catalogue(s),** catalog(ue) management ; **g. de données industrielles,** factory data management ; **g. de données techniques,** engineering data control (EDC) ; **g. de fichiers,** file management ; **g. de l'énergie,** energy management ; **g. de l'espace,** space management ; **g. de (la) production,** production control ; **g. de lignes,** line control, line discipline, line servicing ; **g. de parc de véhicules,** fleet management ; **g. de projet,** project management, project control ; **g. de production assistée par ordinateur (GPAO),** computer-assisted production control, computer-assisted manufacturing (CAM) ; **g. de réseau(x),** network management, networking ; **g. de stock,** inventory control, inventory management, stock control, stock management ; **g. de tampons,** buffer control ; **g. de trésorerie,** (a) cash management (b) cash flow control ; **g. des achats,** purch-

ase order control ; **g. des données,** data management ; **g. des entrées/sorties,** input/output control ; **g. du personnel,** personnel management ; **g. du risque,** risk management ; **g. documentaire,** document management ; **g. financière,** financial management ; **g. hospitalière,** hospital administration, hospital management ; **g. hôtelière,** hotel management ; **g. intégrée,** integrated management ; **g. par exception,** management by exception ; **g. par ordinateur,** computer control ; **g. simulée,** management game, business game ; **g. transactionnelle,** transaction management.
See INFORMATIQUE, LANGAGE, ORDINATEUR, ORDRE, OUTIL.

Gestionnaire (s. m.), administrator, manager, business manager ; **g. d'écran,** screen manager, screen handler ; **g. d'espace,** space manager ; **g. de base de données,** database manager ; **g. de file(s) d'attente,** queue handler, queue manager ; **g. de réseau,** network manager ; **g. de tâches,** task scheduler.

Gigamot (s. m.), gigaword.

Giga-octet (s. m.), gigabyte.

Gigognarité (s. f.), « nestability » (of smart cards).

Gigue (s. f.), jitter.

Gisement (s. m.), **g. de données,** data repository, data source, storehouse of information.

Glissement (s. m.), **g. par inertie,** cinching (of tape).

Global, -e (adj.), aggregate, total ; global (variable).

Gorge (s. f.), card throat (in card hopper).

Goulet (s. m.), **g. d'étranglement,** bottleneck.

Goulot (s. m.), **g. d'étranglement,** bottleneck.

Goulotte (s. f.), chute (for cards, checks, etc.).

Gourmand, -e (adj.), **g. en courant,** power-hungry ; **g. en matériel,** hardware-intensive ; **g. en mémoire,** memory-consuming, memory-eating, memory-hungry, memory-intensive (applications, etc.) ; **g. en ressources,** resource-heavy, resource-hungry (tasks) ; **g. en temps de calcul,** computational-intensive, compute-intensive.

GPAO *(Gestion de Production Assistée par Ordinateur),* computer-assisted production control.

Grand, -e (adj.), **les grands (de l'informatique),** the Big Boys ; **g. compte,** large account (Ministries, big firms) ; **grande informatique,** supercomputing.
See DIFFUSION, PUBLIC.

Grandeur (s. f.), size, length (of field), magnitude (of number).

Granularité (s. f.), granularity.

Graphe (s. m.), graph ; **g. connexe,** connected graph ; **g. non orienté,** undirected graph ; **g. orienté,** directed graph.
See THÉORIE.

Grapheur (s. m.), graphics package.

Graphiciel (s. m.), graphics package *or* software.

Graphie (s. f.), spelling.

Graphique (adj.), graphic (character, etc.) ; **fichier g.,** display file ; **mettre sous forme (de) g.,** to graphitize.

Graphique (s. m.), **1.** graph ; **g. à barres,** bar chart *or* graph ; **g. d'affaires, d'entreprise ou de gestion,** business graphics, business charts ; **g. circulaire,** pie chart ; **2.** graphics ; **graphique en mode point,** bit-map graphics.

Graphisme (s. m.), icon ; **g. d'affaires,** business chart, business graphics.

Graphitage (s. m.), pencil marking (of cards).

Graphite (s. m.), **crayon au g.,** graphite pencil, lead pencil.

Graphité, -e (adj.).
See CARTE.

Graphiter (v. t.), to pencil mark (card).

Grappe (s. f.), cluster (of terminals, etc.) ; **en grappe,** clustered.

Grappé, -e (adj.), clustered.

Gras (s. m.), **(en) g.,** boldface ; **mise en g.** bolding, boldfacing.

Graver (v. t.), to etch ; to burn into (PROM).

Gravité (s. f.), severity (of error).

Gravure (s. f.), etch(ing).

Gray.

See CODE.

Griffage (s. m.), two-, three- *or* four-prong crimping (of continuous paper).

Griffe (s. f.), **griffes de chat,** four-prong crimping (of continuous paper).

Grille (s. f.), grid (of electronic tube, etc.), lacing (in punched card), form or format (on screen) ; **g. de saisie,** data entry form ; **faire une g. dans une carte,** to lace (a card).

Griller (v. t.), **g. une carte,** to lace (a card).

Gros, -sse (adj.), heavy (user), large (file, etc.).

Grossir (v. t. & i.), to magnify (image) ; to grow (file).

Grossissement (s. m.), magnification.

Groupage (s. m.), blocking (of logical records into physical records), packing (of data), batching (of files, etc.), joint ordering (of several items), gathering (of data), kitting (of parts).
See FACTEUR.

Groupe (s. m.), **1.** group ; **g. de bits,** byte, **2.** unit, pack ; cluster (of control keys) ; **g. d'alimentation,** power pack ; **g. de programmation,** programming team ; **g. de travail sur les bases de données,** database task group ; **g. fermé d'utilisateurs,** closed user group (CUG).
See DRAPEAU, MOT.

Groupement (s. m.), **g. d'utilisateurs,** users' association *or* group.

Grouper (v. t.), to block (records), to order jointly (items), to assemble, to combine, to cluster, to gang.

GSE *(Générateur de Système Expert),* expert system generator.

Guichet (s. m.), window (of teller), counter ; **g. automatique, 1.** automatic (*or* automated) teller machine *or* system (ATS), customer-activated terminal ; **2.** (occ.), automatic cash dispenser ; **g. automatique de banque (ou bancaire) (GAB),** automatic teller machine (ATM) ; **g. de réservation,** reservation counter ; **g. en libre-service,** self-service terminal ; **g. externe, de façade,** outdoor terminal, « through-the-wall » terminal ; **g. interne, intérieur,** indoor terminal ; **applications de guichet, d'arrière-guichet,** front-office, back-office applications.

See MACHINE, POSTE.

Guichetier (s. m.), counter clerk, teller, window clerk.

Guidage (s. m.), prompting (of operator), handholding (of customer).

Guidé, -e (adj.), **g. par un menu,** menu-driven.

Guide-bande (s. m.), tape guide.

Guide-opérateur (s. m.), prompt ; **g.-o. implicite,** default prompt.

Guider (v. t.), to prompt (operator).

Guillemets (s. m. pl.), quotation marks (US), inverted commas (Brit.).

Guirlande (s. f.), daisy chain(ing).

H

Habilitation (s. f.), clearance.

Habillage (s. m.), **1.** cabinetry, packaging, **2.** run-around.

Habiller (v. t.), to install "add-on" cards.

Hachurage (s. m.), hatching.

Hachurer (v. t.), to hatch.

Halte (s. f.) halt.

Hard (s. m.) jarg : = **hardware.**

Hardware (s. m.), hardware.

Hasard (s. m.), **au h.,** at random, randomly. See GÉNÉRATEUR, NOMBRE.

Haut, -e (adj.), high (density, frequency, etc.) ; **(à) haute technologie,** high-tech-(nology) (industry, etc.) ; **partie haute,** upper curtate (of punched card), upper positions, top part (of memory), upper memory *or* store, top end (of a range).

Haut (s. m.), top end, high end (of a range), top part, upper positions (of memory) ; **h. de casse,** upper case ; **h. de feuillet,** top of page, head of form ; **machine (en) h. de gamme,** top-of-the line, top-of-the range, machine.

Hauteur (s. f.), height ; length (of page in continuous paper).

Hébergement (s. m.), hosting (of services, applications, etc.).

Hébergé (s. m.), "hosted" party, "host".

Héberger (v. t.), to host (services, applications, etc.).

Hébergeur (s. m.), hosting party.

Héritage (s. m.), inheritance (expert system).

Hérité, -e (adj.).
See ERREUR.

Hétérogène (adj.), heterogeneous (networks, etc.).

Hertzien, -nne (adj.), **liaison hertzienne,** microwave link.

Heure (s. f.), hour, time ; **heures machine,** computer time ; **24 heures sur 24,** around the clock, on a 24-hour basis, 24 hours a day.

Heuristique (adj.), heuristic.
See PROGRAMME.

Heuristique (s. f.), heuristics.

Hexadécimal, -e (adj.), hexadecimal.

Hexaprocesseur (adj. & s. m.), six-processor (system).

Hexet (s. m.), six-bit byte.

Hiérarchie (s. f.), hierarchy.

Hiérarchique (adj.), **niveau hiérarchique (d'une donnée),** data level.
See ORGANIGRAMME.

Histogramme (s. m.), histogram.

Historique (adj.).
See BANDE, FICHIER.

Hollerith.
See CODE.

Hologramme (s. m.), hologram.

Holographie (s. f.), holography.

Holographique (adj.), holographic.

Homologation (s. f.), certification.

Homologue (s. m.), **réseau entre homologues,** peer to peer network.

Homologuer (v. t.), to certify ; **homologué par les PTT,** PTT-approved.

Homothétie (s. f.), homothety.

Honorer (v. t.), to handle, to service (a call) ; **ne pas h.,** to dishonour (a call).

Horaire (s. m.), **horaire variable,** flexible working hours (FWH), flextime, flexitime.

Horizontal, -e (adj.), horizontal (application, etc.).

Horloge (s. f.), clock ; **piste h.,** clock track ; **h. numérique,** digital clock, **h. pilote,** master clock ; **h. temps réel,** real-time clock.

Horodatage (s. m.), time stamping.

Horodater (v. t.), to time stamp.

Horodateur (s. m.), time stamp.

Hors (prép.).
See FONCTION, SERVICE.

Hors-texte (s. m.), zone (of punched card) ; **perforation h.-t.,** zone punch, overpunch.

Hospitalier, -ière (adj.).
See GESTION.

Hostile (adj.), hostile *or* harsh environment.

Hôte (s. m.), host (computer).

Hybride (adj.), hybrid.
See CALCULATEUR.

Hystérésis (s. f.), hysteresis.

I

IA (Intelligence Artificielle), artificial intelligence (AI).

IAO (Ingiénierie Assistée par Ordinateur), Computer-Assisted Engineering (CAE).

Ici (adv.), here is (Teletype).

Icône (s. f.), icon.

Iconique (adj.), iconic.

Iconothèque (s. f.), image library.

ID (Identification), ID fichier, file ID.

Identifiable (adj.), recognizable ; **non i.,** unrecognizable.

Identifiant (s. m.), identifier, identification.

Identificateur (s. m.), identifier, name.

Identificatif (s. m.), identifier.

Identification (s. f.), identification (ID), ident ; recognition ; **i. d'utilisateur,** user identification, USERID.
See CODE, ERREUR, ÉTIQUETTE.

Identifier (v. t.), to identify, to recognize.

Identité (s. f.), identity, identification (of file, etc.).

Illimité, -e (adj.), unlimited, unrestricted (access), uncontrolled.

Illisible (adj.), illegible, unreadable.

Illumination (s. f.), **i. de Gouraud,** Gouraud shading ; **i. de Phong,** Phong shading.

Ilôt (s. m.), **ilôt d'automatisation,** island of automation.

Image (s. f.), image ; **images d'archives,** file tape ; **i. de carte,** card image, card record (on tape, etc.) ; **i. de marque,** Company image, industry image ; **i. de synthèse ou synthétiques,** computer (-generated) images ; **i. électronique ou de synthèse,** computer (-generated) image ; **image-écran,** display, screen ; **image-mémoire,** dump ; **prendre une image-mémoire,** to dump.

Imagerie (s. f.), imagery ; **i. électronique,** electronic imaging ; **i. médicale,** medical imagery.

Imbrication (s. f.), interleaving (of programs), nesting (of loops).

Imbriquer (v. t.), to interleave (programs), to nest (loops).

Immatriculation (s. f.), (sequence) numbering, serialization (of cards, etc.), labelling (of tapes, etc.).
See NUMÉRO.

Immatriculé (adj.), serially numbered ; labelled (tape, etc.).

Immatriculer (v. t.), to number, to serialize ; to label (tape, etc.).

Immédiat, -e (adj.), immediate.
See ACCÈS, ADRESSE, TRAITEMENT.

Immeuble (s. m.), **i. intelligent,** smart building.

Immobilisation (s. f.), tie-up (of equipment) ; down-time, standstill.
See TEMPS.

Immobiliser (v. t.), to tie up (equipment, etc.).

Impair, -e (adj.), odd.
See PARITÉ.

Imparité (s. f.), odd parity.
See BIT, CLÉ, CONTRÔLE.

Impartialité (s. f.), fairness, **algorithme d'i.,** fairness algorithm.

Implantation (s. f.), **1.** layout (of data, etc.), location, **2.** installation (e. g. of terminals at strategic locations), siting (of equipment), storage (into memory) ; **i. permanente en mémoire, sur disques,** core residency, disk residency ; **adresse d'i.,** storage address *or* location ; **adresse de début d'i.,** start(ing) address *or* location ; **lieu d'i.,** site ; **zone d'i.,** storage area.

Implanté, -e (adj.), **i. en permanence en mémoire centrale,** core resident ; **i. sur disques,** disk-resident ; **i. à Paris (etc.),** Paris-based (computer manufacturer, etc.) ; **solidement i.,** firmly established, strongly entrenched (firm).

Implanter (v. t.), to install, to locate, to site, to place, to plant (terminals, etc.), to store (program into memory), to insert (components) ; **i. à l'envers,** to store backward.

Implanter (s') (v.), to establish oneself (firm) ; **commencer à s'i.,** to capture, to establish a foothold, a toehold, to have a foot in the door.

Implicite (adj.), implicit, implied ; **valeur implicite,** default value.
See OPTION, VIRGULE.

Implicitement (adv.), **prendre i. une valeur,** to default to.

Importance (s. f.), **ordinateur de moyenne i.,** medium-size computer, medium-scale computer.

Imposé, -e (adj.).
See NON IMPOSÉ.

Importer (v. t.), to import (programs, data).

Imposer (v. t.), to key in (value), to override.

Imposition (s. f.), keying-in (of a value), overriding.

Impossibilité (s. f.), impossibility ; **i. de fonctionnement,** inoperable condition ; unable to...

Imprécision (s. f.), inaccuracy.

Impression (s. f.), printing, print(ing) out ; **i. à l'italienne,** landscape printing ; **i. à la française,** portrait printing ; **i. à un, deux, mouvements de papier,** single-stream, double-stream printing ; **i. à la volée,** hit-on-the-fly, hit-on-the-run printing ; **i. aller-retour,** two-direction, bidirectional printing ; **i. caractère par caractère,** character-at-a-time printing ; **i. de droite à gauche,** reverse printing ; **i. du contenu de la mémoire,** memory print-out ; **i. d'une ligne à la fois,** line printing ; **i. dynamique,** dynamic print-out ; **i. en bout de carte,** end printing ; **i. en différé,** deferred printing ; **i. en gras,** bold printing ; **i. en parallèle,** parallel printing ; **i. en série,** serial printing ; **i. en Y,** side-by-side printing ; **i. ligne**

à ligne, line printing ; **i. par contact,** contact printing ; **i. par impact,** impact printing ; **i. par points,** dot printing ; **i. qualité courrier** *ou* **correspondance,** letter-quality printing ; **i. qualité listage** *ou* **ordinateur,** draft quality printing ; **i. qualité pseudo-courrier,** near-letter quality printing ; **i. récapitulative,** group printing ; **i. recto-verso,** two-sided printing, duplex printing ; **i. sans impact,** impactless printing ; **i. sélective,** snapshot print-out.
See BARRE, BLOC, CADENCE, CHAINE, CORBEILLE, CYLINDRE, DISPOSITIF, ERREUR, LARGEUR, LIGNE, MARTEAU, MATÉRIEL, PAPIER, POSITION, POSTE, PRÉ-IMPRESSION, PRÉSENTATION, ROUE, SAUT, SOUS-PROGRAMME, TAMBOUR, TÊTE, UNITE, VITESSE, ZONE.

Imprévisible (adj.), unpredictable (results, etc.).

Imprimabilité (s. f.), printability.

Imprimable (adj.), printable, printing (character, etc.).

Imprimant, -e (adj.).
See CONVERTISSEUR, MACHINE A CALCULER, PERFORATRICE.

Imprimante (s. f.), printer ; **i. à aiguilles,** wire-matrix printer, needle printer ; **i. à bande,** band printer ; **i. à barres,** bar printer ; **i. à chaîne,** chain printer ; **i. à clavier,** keyboard printer ; **i. à courroie,** belt printer ; **i. à deux mouvements de papier,** dual paper feed printer ; **i. à grande vitesse,** high-speed printer ; **i. à impact,** impact printer ; **i. à jet d'encre,** ink-jet printer ; **i. à laser,** laser printer ; **i. à la volée,** hit-on-the fly printer ; **i. à marguerite,** daisywheel printer ; **i. à navette,** shuttle printer ; **i. à roues,** wheel printer ; **i. à sphère,** golf-ball printer ; **i. à tambour,** drum printer ; **i. caractère par caractère,** character-at-a-time printer, character printer ; **i. de contrôle,** monitor printer, supervisory printer ; **i. de guichet sur livret,** passbook printer ; **i. de pupitre,** console type-writer, console printer ; **i. de recopie (d'écran),** hardcopy printer ; **i. de remplacement,** alternate printer ; **i. électrostatique,** electrostatic printer ; **i. (en) Braille,** Braille printer ; **i. graphique,** graphics printer ; **i. ligne à ligne, i. ligne** *ou* **par ligne,** line printer (LP), line-at-a-time printer ; **i. matricielle,** (dot-) matrix printer ; **i. numérique,** digital

(output) printer ; **i. parallèle,** parallel printer ; **i. par page,** page printer, page-at-a-time printer ; **i. par points,** dot printer, matrix printer, mosaic printer, stylus printer, wire printer ; **i. PostScript,** PostScript printer ; **i. rapide,** high-speed printer ; **i. sans contact,** contactless printer ; **i. sans impact,** impactless printer ; **i. série,** serial printer ; **i. sur bande,** strip printer ; **i. sur écran cathodique,** CRT display printer ; **i. sur microfilm,** computer output microfilmer, COM printer ; **i. système,** system printer ; **i. thermique,** thermal printer ; **i. vidéo,** videoprinter ; **i. xérographique,** xerographic printer.
See AIGUILLE, FIL, VIDAGE.

Imprimé -e, (adj.).
See CIRCUIT, ÉTAT, LISTE, NON IMPRIMÉ, PRÉIMPRIMÉ.

Imprimé (s. m.), form ; **i. de démonstration,** demonstration form ; **i. de description d'état,** report description form *or* format ; **i. de dessin de carte,** card layout form *or* sheet ; **i. détachés,** burst forms ; **i. en continu,** continuous form ; **i. fait sur demande,** custom form ; **i. mécanographique,** data processing form, EDP form ; **i. multiple,** multipart form(s) ; **i. simple,** single-part form(s) ; **i. non en continu,** unit form ; **i. spécial,** custom form.
See ANALYSE, DÉCOUPAGE, FABRICANT, MACHINE, MATÉRIEL.

Imprimer (v. t.), to print, to print out ; **i. en bout de carte,** to end print ; **i. en liste,** to list ; **i. le parcours d'un programme,** to trace (a program) ; **caractère qui ne s'imprime pas,** non-print(ing) character.
See BANDE, ÉTAT, FICHIER.

Imprimerie (s. f.), **i. à cartes,** data card plant ; **caractère d'i.,** type ; **« écrire en caractères d'i. »,** « please print » (as opposed to « write »).

Imprimeur (s. m.), printer.

Improductif, -ive (adj.), unproductive.

Impulsif, -ive (adj.), **bruit i.,** impulse noise.

Impulsion (s. f.), impulse, pulse ; **i. de blocage,** inhibit pulse ; **i. de commande,** drive pulse ; **i. de commande de lecture,** read pulse ; **i. de commande d'écriture,** write pulse ; **i. de commutation,** switching pulse ; **i. de distributeur,** emitter pulse ; **i.**

d'horloge, clock pulse ; **i. de positionnement,** set pulse ; **i. de synchronisation,** timing pulse ; **i. de test,** interrogating pulse ; **i. de validation,** enable pulse.
See TRAIN.

Impulsionnel, -elle (adj.), **bruit impulsionnel,** impulse noise, impulsive noise.

Imputation (s. f.), charging, charging back, charge back.

Imputé, -e (adj.), **temps machine non i.,** uncharged time.

Imputer (v. t.), to charge (machine time) to ; to trace (an error) to.

Inaccessible (adj.), unrecoverable, irretrievable (information), unreachable ; **le fichier est i.,** the f. cannot be accessed.

Inactif, -ive (adj.), inactive, dormant (terminal).

Inactivité (s. f.), idle period.

Inaltérable (adj.), incorruptible, **mémoire i.,** read-only memory (ROM), read-only store (ROS), fixed store.

Inamovible (adj.), non-removable.

Inauguration (s. f.), dedication (of plant), unveiling (of equipment).

Inaugurer (v. t.), to dedicate (plant), to unveil (equipment).

Inchangé, -e (adj.), unchanged, undisturbed.

Incident (s. m.), alert, alert condition, fault, hitch, trouble ; **i. d'alimentation,** feed alert ; **i. de lecture,** read alert ; **i. de perforation,** punch alert ; **i. machine,** hardware failure, machine failure ; **sans i.,** trouble-free (operation).
See RAPPORT, SOURCE.

Incitation (s. f.), prompting.

Inciter (v. t.), **i. l'opérateur à,** to prompt the operator for.

Inclinable (adj.), tiltable (screen, etc.).

Inclinaison (s. f.), tilt (of screen).

Inclusif, -ive (adj.).
See OU.

Inclusion (s. f.), inclusion.

Incohérence (s. f.), inconsistency.

Incohérent (adj.), inconsistent ; garbled (message) ; **données i.,** garbage.

Incompatibilité (s. f.), incompatibility, inconsistency.

Incompatible (adj.), incompatible, inconsistent.

Inconditionnel, -elle (adj.), unconditional.
See BRANCHEMENT, INSTRUCTION, RENVOI.

Inconditionnellement (adv.), unconditionally.

Incopiable (adj.), copy protected.

Incorporé, -e (adj.), built-in, integral ; designed-in.

Incorporer (v. t.), to incorporate, to build into.

Incrément (s. m.), increment.

Incrémenter (v. t.), to increment.

Incrémentiel, -elle (adj.), incremental.

Incriminé, -e (adj.), faulty (module, part, etc.).

Incrustation (s. f.), inset.

Incruster (v. t.), to inset.

Indéchiffrable (adj.), undecipherable (message, etc.).

Indécryptable (adj.), undecipherable.

Indépendant, -e (adj.), free-standing, self-contained, stand-alone ; **i. du type de machine,** machine-independent ; **i. de la distance,** distance-insensitive (rate).

Index (s. m.), index. ; **i. de pages,** page directory.
See MOT, REGISTRE.

Indexage (s. m.), indexing.

Indexation (s. f.), indexing ; **i. automatique,** automatic indexing, auto-indexing.

Indexé, -e (adj.), indexed (address) ; **non-i.,** unindexed.

Indexer (v. t.), to index. ; **i. automatiquement,** to auto-index.

Indiçage (s. m.), subscripting.

Indicateur (s. m.), **1.** indicator, **2.** pointer, designator ; **i. d'acheminement,** routing indicator ; **i. de colonne,** column indicator ; **i. de contrôle,** check indicator ; **i. de dépassement de capacité,** overflow indicator ; **i. de rupture de bande,** broken tape indicator.

Indicatif (s. m.), **1.** indicator, **2.** name, (sort) key, **3.** identifier ; **i. d'appel, 1.** call

signal ; **2.** ring indicator (RI) ; **i. de classement,** sequence key ; **i. de fichier,** file name, file identification ; **i. de tri,** sort (control) key, sorting key ; **i. majeur,** major key ; **i. mineur,** minor key.
See SOUS-INDICATIF, ZONE.

Indication (s. f.), indication, designation, reference, entry, label.

Indice (s. m.), **i. inférieur,** subscript ; **i. supérieur,** superscript ; suffix (to drawing number, etc.).

Indicé, -e (adj.), subscripted (variable) ; **non i.,** unsubscripted.

Indicer (v. t.), to subscript.

Indifférent, -e (adj.), don't care (state).

Indirect, -e (adj.), indirect.
See ADRESSAGE, ADRESSE, COMMANDE.

Indisponibilité (s. f.), unavailability, down time.
See TEMPS.

Indisponible (adj.), unavailable.

Individuel, -elle (adj.), personal (computer, computing, etc.).

Indulgence (s. f.), forgiveness (the computer "forgives" errors).

Indulgent, -e (adj.), forgiving.

Industrie (s. f.), industry ; **i. des calculateurs, des ordinateurs,** computer industry ; **i. (de l')informatique,** data processing industry ; **i. (de l')électronique,** electronics industry ; **i. du logiciel,** software industry.

Industriel, -elle (adj.), industrial.
See CALCULATEUR, COMMANDE, CONDUITE, ENTRÉE-SORTIE, INFORMATIQUE, TERMINAL, VOCATION.

Ineffaçable (adj.), non-erasable.

Ineffectif, -ive (adj.), **instruction ineffective,** no-op, no-operation instruction.

Inégalité (s. f.), unequal compare, unequal comparison.
See COMPARATEUR.

Inexploitable (adj.), unprocessable (data), unworkable.

Inexploité, -e (adj.), untapped (market, etc.).

Infalsifiable (adj.), foolproof.

Inférieur, -e (adj.), lower ; **partie inférieure (de la mémoire),** lower memory *or* store.
See BAS, BORNE, INDICE, RUPTURE.

Infixé, -e (adj.).
See NOTATION.

Infocentre (s. m.), infocenter.

Infographie (s. f.), graphic data processing, computer graphics ; **i. interactive,** interactive graphics ; **i. tridimensionnelle,** 3-D graphics.

Infographique (adj.), **informatique i.,** graphic data processing.

Infographiste (s. m.), computer graphics expert.

Informathèque (s. f.), data bank.

Informaticien, -ne (s. m. & adj.) **1.** (s. m.), DP person, computer expert, computer scientist, computer specialist, (E)DP man, data processing expert *or* scientist, dp professional, « computernik » ; **2.** (adj.) **personnel informaticien,** data processing personnel *or* staff, computer staff.
See INGÉNIEUR.

Informatif, -ve (adj.), **message i.,** informative message.

Information (s. m.), **1.** information, intelligence, **2.** piece of information ; **i. analogiques,** analog data ; **i. brutes,** raw data ; **i. autres que les données à traiter,** non-data information ; **i. erronées,** misinformation ; **informations numériques,** numerical information, digital data ; **i. pratiques,** service aids ; **sans i.,** blank (medium).
See APPAREIL, BIT, CAPACITÉ, CENTRE, CHEMINEMENT, CIRCUIT, CIRCULATION, CRÉATION, DENSITÉ, ÉMETTEUR, MACHINE, MANIPULATION, MATÉRIEL, MOT, POINT, RECHERCHE, SERVICE, SIGNAL, SUPPORT, SYSTÈME, TRAITEMENT.

Informationnel, -elle (adj.). **1.** informational, **2.** (s. m.) information worker.

Informatique (s. f. & adj.) **1.** (s. f.), **il est dans, il fait de, il travaille dans, l'informatique,** he is in computers ; (a) information science ; (b) information processing, (electronic) data processing ; (c) information processing industry, data processing industry, computer industry ; (d) computer field, data processing field ; (e) computer world, data processing world ; (f) computer business, data processing business ; (g) computer arena, data processing arena ; (h) computer market, data processing market ; (i) computer scene, data processing scene ; (j) computer front, data processing front ; **i. à façon,** service bureau ; **i. agricole,** agricultural data processing ; **i. amateur,** hobby computing ; **i. bancaire,** bank data processing ; **i. communale,** computer use in local government ; **i. conversationnelle,** interactive computing ; **i. créative,** creative computing ; **i. de gestion,** business (-oriented) data processing, commercial data processing, business computing ; **i. de groupe,** groupware ; **i. de guichet,** teller window applications, front-office applications ; **i. de loisir,** recreational computing ; **i. de masse,** mass computing ; **i. départementale,** departmental computing ; **i. distribuée,** dispersed (*or* distributed) data processing (DDP), distributed computing ; **i. documentaire,** documentary information retrieval ; **i. domestique,** home computing ; **i. éducative,** educational computing, instructional computing ; **i. familiale,** home computing ; **i. financière,** financial data processing ; **i. grand public,** mass computing ; **i. graphique,** graphic data processing ; **i. hospitalière,** hospital data processing ; **i. immobilière,** computer use in the real-estate business ; **i. individuelle,** personal computing (PC), end-user computing ; **i. interactive,** interactive computing ; **i. industrielle,** industrial data processing, industrial computing ; **i. juridique,** legal data processing ; **i. linguistique,** computational linguistics ; **i. ludique,** computer games ; **i. médicale,** medical computing, medical data processing ; **i. militaire,** computer use in military applications, military computing ; **i. municipale,** computer use in local government ; **i. musicale,** data processing applied to music-making, computer music ; **i. neuronale,** neural computing ; **i. notariale,** computer use in notary (public) practices ; **i. personnelle,** personal computing (PC) ; **i. publique,** data processing in government agencies ; **i. répartie = i. distribuée ; i. scientifique,** scientific *or* scientific-oriented data processing, scientific computing ; **i. spatiale,** computer use in space ; **i. verte, = informatique agricole ; 2.** (adj.), **fichier i.,** computer (-based) file ; **installation i.,** DP shop, computer facility, computing facility.
See CABINET, CENTRE, CONSEILLER,

Cours, Directeur, École, Matériel, Professeur, Réseau, Service, Système.

Informatiquement (adv.), **données traitées i.,** computer-processed data.

Informatisable (adj.), computerizable.

Informatisation (s. f.), computerization.

Informatisé, -e (adj.), computer-based, computer-controlled, computer-driven ; **la Société informatisée,** computerized, information-based Society.

Informatiser (v. t.), to computerize.

Infraudable (adj.), foolproof, tamper-proof.

Infravocal, -e (adj.), **données infravocales,** data under voice.

Infructueux, -euse (adj.), unsuccessful (attempt).

Ingénierie (s. f.), **i. de la connaissance,** knowledge engineering ; **i. du logiciel, i. logicielle,** software engineering ; **i. assistée par ordinateur (IAO),** computer-assisted engineering (CAE) ; **i. informatique,** computer engineering.

Ingénieur (s. m.), engineer ; **i. chargé de l'installation,** site application engineer ; **i. commercial,** sales engineer, EDP salesman, computer salesman ; **i. de la connaissance,** knowledge engineer ; **i. électronicien, i. en électronique,** electronics engineer ; **i. en logiciel,** software engineer ; **i. fiabiliste,** reliability engineer ; **i. informaticien, i. en informatique,** information engineer, computer engineer ; **i. logicien,** hardware engineer, logic (design) engineer ; **i. programmeur,** software engineer ; **i. technico-commercial,** application engineer.

Ingénieur-conseil (s. m.), consultant ; **i.-c. en informatique,** data processing consultant.

Ingérable (adj.), unmanageable.

Inhérent, -e (adj.), **mémoire inhérente,** inherent store.

Inhibiteur (s. m.), inhibitor.

Ininterrompu, -e (adj.), uninterrupted (operation), unbroken (sequence).

Initial, -e (adj.), home (position), starting (value) ; **mettre à la valeur initiale,** to initialize.

Initialisation (s. f.), initialization ; **i. automati-**

que, autoboot ; **instructions d'i.,** initial instructions.

Initialiser (v. t.), to initialize ; **i. à une valeur,** to initialize to a value, to preset.

Initiation (s. f.), initiation ; **cours d'i.,** introductory course ; **i. à la gestion des stocks,** inventory primer.

Injecter (v. t.), jarg : to insert (e. g. character into line to be printed).

Injection (s. f.), jarg : insertion (of characters, etc.).

Inoccupé, -e (adj.), **rester i.,** to sit idle.

Inscriptible (adj.), writable (medium).

Inscription (s. f.), writing (to tape, etc.), posting (to a journal), enrollment (to a course).

Inscrire (v. t.), to write (to tape), to post (to a journal), to enroll (in a course) ; **i. (un matériel, un logiciel) à son catalogue,** to add (to a catalog) ; **i. un rendez-vous sur son agenda,** to calendarize.

Insécable (adj.), indivisible, non-breaking.

Insérer (v. t.), to insert.

Inséreuse (s. f.), envelope-inserting machine.

Insertion (s. f.), insertion ; **i. de zéros,** zero insertion ; **i. frontale,** front-feed.

Insigne (s. m.), badge.

Insonorisation (s. f.), sound-proofing.

Insonoriser (v. t.), to sound-proof.

Inspecteur (s. m.), customer engineer (CE), field engineer, data processing service man.

Installation (s. f.), 1. installation, 2. facilities ; **i. de calcul,** computing facilities ; **i. de secours,** hot site ; **i. informatique,** computer facility.
See Date, Ingénieur, Lieu.

Installer (v. t.), to install, to site (equipment), to load (tape) ; **installé sur PC,** PC-based, PC-hosted.

Instanciation (s. f.), instanciation.

Instancier (v. t.), to instantiate.

Instant (s. m.), **i. de référence,** time origin.

Instaurer (v. t.) (JO), to set.

Instructeur (s. m.), (training) instructor.

Instruction (s. f.), instruction ; statement (in Fortran, etc.) ; **i. à opérande direct,** im-

mediate instruction ; **i. absolue,** absolute instruction ; **i. arithmétique,** arithmetic(al) instruction ; **i. d'affectation,** assignment statement ; **i. d'appel,** call instruction ; **i. d'arrêt,** halt, stop, instruction ; **i. de branchement,** branch instruction ; **i. de branchement conditionnel,** conditional branch instruction ; **i. de branchement inconditionnel,** unconditional control transfer instruction, unconditional jump instruction ; **i. de calcul,** arithmetic(al) instruction ; **i. de programme,** program instruction ; **i. de recherche dans une table,** table look-up instruction ; **i. de répétition,** repetition instruction ; **i. de transfert,** transfer, move instruction ; **i. effective,** actual instruction ; **i. fictive,** dummy instruction ; **i. ineffective,** no-op instruction ; **i. logique,** logic(al) instruction ; **i. machine,** computer instruction, machine instruction ; **i. opératoire,** effective instruction ; **i. symbolique,** symbolic instruction.
See ADRESSE, CARTE, CODE, COMPTEUR, DÉCODAGE, JEU, MACRO-INSTRUCTION, MANUEL, MICRO-INSTRUCTION, MOT, PRISE, PSEUDO-INSTRUCTION, REGISTRE, RÉPERTOIRE, REPRENDRE, SÉQUENCE, STRUCTURE, TEMPS, ZONE.

Intégrable (adj.), embeddable.

Intégral, -e (adj.), **texte i.,** full text.

Intégrande (s. m.), integrand.

Intégrateur (s. m.), **1.** integrator, **i. numérique,** digital integrator, **2.** integrated (software) ; **i. de systèmes,** systems integrator.

Intégration (s. f.), integration ; **i. à petite échelle,** small-scale integration (SSI) ; **i. à moyenne échelle,** medium-scale integration (MSI) ; **i. à grande échelle,** large-scale integration (LSI) ; **i. à très grande échelle,** very large-scale integration (VLSI).

Intégré, -e (adj.), built-in, integral (unit), integrated (circuit) ; in-house, in-plant (system) ; embedded (computer).
See SYSTÈME, TRAITEMENT.

Intégrer (v. t.), to integrate, to incorporate, to embed, to design into, to encapsulate.

Intégrité (s. f.), **i. des données,** data integrity.

Intelligence (s. f.), **i. artificielle (IA),** artificial intelligence (AI) ; **i. répartie,** distributed intelligence.

Intelligent, -e (adj.), **terminal i.,** intelligent *or* smart terminal.

Intendance (s. f.), **opérations d'i.,** housekeeping operations ; chores.

Intention (s. f.), **lettre d'i.,** letter of intent.

Interactif, -ive (adj.), interactive, conversational ; **en i.,** interactively.

Interactivement (adv.), interactively.

Interactivité (s. f.), interactivity.

Interbancaire (adj.), interbank.

Interbloc (s. m.), interrecord gap, interblock gap.

Interblocage (s. m.), deadlock.

Intercalaire (adj.), embedded, intervening (bank, etc.) ; interleaved (carbon) ; dividing, separating (card, etc.).

Intercalation (s. f.), insertion.

Intercalculateur (adj.), intercomputer.

Intercalé, -e (adj.), **perforation intercalée,** interstage punching.

Intercaler (v. t.), to intercalate, to interleave, to insert, to intersperse.

Intercanal (adj.), inter-channel.

Intercarte (adj.), interboard.

Interchangeable (adj.), interchangeable, exchangeable.

Interclassement (s. m.), collation, collating.

Interclasser (v. t.), to collate, to merge.

Interclasseuse (s. f.), (card) collator, interpolator.

Interconnectabilité (s. f.), interconnectability.

Interconnecter (v. t.), to interconnect, to interlink, to connect together, to link, to network, to cross couple.

Interconnexion (s. f.), interconnection, interconnect ; **possibilité d'i.,** interconnectability ; **i. de systèmes ouverts,** Open Systems Interconnection (OSI).

Intercycle (s. m.), intercycle.

Interdiction (s. f.), inhibition, lock-out ; **i. d'écriture,** write lockout ; **être en i. d'écriture,** to be write-inhibited.
See SIGNAL.

Interdire (v. t.), to inhibit, to lock out ; **i. l'accès à,** to deny access to.

Interdit, -e (adj.), forbidden, illegal.
See CONTROLE.

Interfaçage (s. m.), interfacing, interface.

Interface (s. f.), interface ; **i. graphique,** graphical interface ; **i. homme-machine,** man-machine interface (MMI), human-computer interface (HCI) ; **i. logicielle,** software interface ; **i. matérielle,** hardware interface ; **i. normalisée,** standard interface ; **i. parallèle,** parallel interface ; **i. série,** serial interface.

Interfacer (v. t.), to interface.

Interférence (s. f.), interference.

Interfichier (adj.), interfile.

Interfonctionnement (s. m.), interworking.

Intérieur, -e (adj.), in-house, in-plant (system, etc.).

Intérimaire (adj.), temporary (office personnel, office worker).

Interlignage (s. m.), line spacing ; **i. simple,** single spacing.

Interligne (s. m.), line space ; **double i.,** double space, **simple i.,** single space.

Intermédiaire (adj.), intermediate.
See MÉMOIRE, RUPTURE.

Intermémoire (adj.), memory-to-memory.

Intermodule (adj.), module-to-module, inter-module.

Intermodulation (s. f.), cross modulation.

Interne (adj.), internal ; in-house, in-plant (system, etc.) ; **(système, etc.) conçu ou réalisé en interne,** in-house, in-plant (system, etc.).
See CONTROLE, MÉMOIRE, TRANSFERT.

Internœud (adj.), internodal, internode.

Interopérabilité (s. f.), interworking.

Interpersonnel, -elle (adj.), person-to-person (communications).

Interposer (v. t.), to interpose.

Interposeur (s. m.), interposer.

Interprétatif, -ive (adj.), interpretive.
See PROGRAMME.

Interprétation (s. f.), interpretation.
See PROGRAMME.

Interpréter (v. t.), to interpret ; **mal i.,** to misinterpret.

Interpréteur (s. m.), interpreter ; **i. BASIC,** BASIC interpreter.

Interpréteuse (s. f.), interpreter.

Interprocesseur (adj.), interprocessor.

Interprogramme (adj.), interprogram, program-to-program.

Interréseau (adj.), crossnet.

Interrogateur, -trice (s. m. & adj.), accessor (to a file).

Interrogation (s. f.), examination, testing (of status word, etc.) ; polling (of multipoint line, etc.) ; interrogation, consultation, query, enquiry, inquiry (of data base, etc.), retrieval ; **i. à distance,** remote inquiry ; **i. par clavier,** keyboard inquiry.
See MACHINE, POSTE.

Interrogeable (adj.), testable (status word).

Interroger (v. t.), to examine, to test (status word, etc.), to poll (multipoint line), to interrogate, to consult, to query (file, data base, etc.).

Interrompre (v. t.), to interrupt (program), to break (circuit), to terminate.

Interrupteur (s. m.), switch ; **i. à genouillère,** toggle switch ; **i. général,** master switch, main line switch.
See BASCULER.

Interruptible (adj.), interruptible.

Interruption (s. f.), interruption, interrupt, break ; **i. de programme,** program interrupt ; **i. externe,** external interrupt, operator-initiated interrupt ; **i. interne,** internal interrupt, equipment-initiated interrupt ; **i. masquable,** maskable interrupt ; **i. non-masquable,** non-maskable interrupt ; **exécuter une i. de programme,** to take an interrupt.
See SOUS-PROGRAMME, TRAITEMENT.

Intersecteur (s. m.), AND element.

Intersection (s. f.), AND operation, conjunction ; **faire une i. logique,** to AND.

Interunité (adj.), inter-device.

Interurbain, -e (s. m. & adj.), intercity (s. m.), **l'interurbain,** direct distance dialing (DDD).
See CIRCUIT.

Interutilisateur (adj.), user-to-user.

Intervallage (s. m.), in-betweening.

Intervalle (s. m.), interval, gap.

Intervenir (v. t.), to take action, to take control (operator) ; **demander à i.,** to request control.

Intervention (s. f.), intervention ; **i. de l'opérateur,** operator action, operator involvement ; **demande d'i. (faite par l'opérateur),** request for control ; **sous-programme de demande d'i.,** request control routine.

Interville (adj.), **trafic téléphonique i.,** intercity telephone traffic.

Interverrouillage (s. m.), N-key rollover.

Intervertir (v. t.), to transpose (figures) ; to exchange (parts, etc.).

Intitulé (s. m.), title.

Intransportable (adj.), desk-bound (computer).

Introducteur (s. m.), **i. frontal,** front feeder, front-feed device ; **i. feuille à feuille (automatique),** (automatic) sheet feeder (ASF).

Introduction (s. f.), entry, input (of data, etc.), keying in (through keyboard) ; **i. frontale,** front feed ; **i. manuelle,** manual entry ; **i. par clavier,** keyboard entry.
See ENTRÉE.

Introduire (v. t.), to enter, to input, to punch (data) ; to read (a program) into store ; to pipe into, to tape into ; to key in, to type in (through keyboard), to keyboard, to keystroke.
See also SORTIR.

Introuvable (adj.), that cannot be found ; **fichier introuvable** "file not found".

Intrus (s. m.), **1.** intruder, **2.** computer hacker.

Intrusion (s. f.), computer tresspassing, computer hacking.

Inutilisation (s. f.).
See TEMPS.

Invalidable (adj.), maskable (interrupt), defeatable (safety device, etc.).

Invalidation (s. f.), disabling, inhibition.

Invalide (adj.), invalid.

Invalider (v. t.), to disable, to inhibit, to disarm, to defeat.

Inventaire (s. m.), physical inventory ; **faire l'i.,** to take stock ; **i. permanent,** perpetual inventory ; **i. tournant,** cycle counting.

Inverse (adj.), opposite (direction), reverse (order).

Inversé, -e (adj.), inverted (file, etc.).

Inverser (v. t.), to reverse.

Inverseur (s. m.), **1.** alteration switch, sense switch, **2.** NOT circuit.

Inversion (s. f.), **1.** inversion, reversal, turnaround (half-duplex line), **2.** negation ; **i. chiffres,** figures shift ; **i. lettres,** letters shift.

Inviolable (adj.), foolproof.

Invitation (s. f.), **i. à émettre,** polling ; **i. à émettre de proche en proche,** hub polling ; **i. à recevoir,** selective calling.
See TONALITÉ.

Invite (s. f.) (JO), prompt ; **i. du DOS,** DOS prompt (>).

Inviter (v. t.), **i. l'utilisateur à,** to prompt the user for.

Irréparable (adj.), irrecoverable, non-recoverable (error).

Isolation (s. f.), **i. acoustique ou phonique,** sound insulation ; **i. thermique,** heat insulation.

Isolé, -e (adj.), separate, non-contiguous (data item) ; one-of-a-kind (problem, etc.) ; single, isolated, stand-alone.

Italien, -ienne (adj.), **format à l'i.,** landscape format.

Itératif, -ive (adj.), iterative, repetitive.

Itération (s. f.), iteration, iterative process.
See BOUCLE, COMPTAGE.

Itérativement (adv.), iteratively, repetitively.

Itérer (v.), to iterate.

Itinéraire (s. m.), route.

Itinérant, -e (adj.), roving (user of portable computer) ; **exposition itinérante,** road show.

J

Jalon (s. m.), mark, checkpoint, milestone, landmark.

Jalonnable (adj.), checkpointable.

Jalonnement (s. m.), checkpointing (of a program).

Jalonner (v. t.), **j. (un programme) de points de reprise),** to checkpoint (a program) ; **j. (au moyen de messages, etc.) l'exécution d'un programme,** to mark the progress of a program.

Jambage (s. m.), ascender, descender.

Jargon (s. m.), **j. de l'informatique,** computerese, compuspeak.

Jarretiérage (s. m.), jumpering.

Jarretière (s. f.), jumper.

JAT (Juste A Temps), Just In Time (JIT).

Jauge (s. f.), gauge ; **j. de cadrage de carte,** registration gauge.

Jet (s. m.).
See IMPRIMANTE.

Jetable (adj.), throw-away (code) ; disposable, discardable (expendables).

Jeton (s. m.), badge, token.
See LECTEUR.

Jeu (s. m.), **1.** game, **2.** set (of instructions, characters, etc.), deck (of cards) ; **j. de caractères,** character set or array ; **j. de caractères dynamiquement redéfinissable (JCDR),** dynamically redefinable character set (DRCS) ; **j. de caractères spécial,** nonstandard character set ; **j. de cartes, 1.** card deck, pack of cards, **2.** board set ; **j. de commandes,** command set ; **j. d'entreprise,** business game, management game ; **j. d'essai,** test deck ; **j. de puces,** chip kit, chip set ; **j. d'instructions** (computer) instruction set ; **j. d'instructions optimisé,** reduced instruction set (RISC) ; **j. d'outils,** tool set ; **j. partiel** (character) subset, subdeck (of cards) ; **j. réduit (de caractères),** reduced type font ; **j. télématique,** videotex game ; **j. vidéo,** videogame.

Jeunesse (s. f.).
See DÉFAUT.

Joncteur (s. m.), junctor.

Jonction (s. f.), **1.** join operation, **2.** interface ; **j. normalisée,** standard interface.

Jour (s. m.), day ; **j. de relevé (d'un compteur),** meter reading day ; **j. du démarrage,** startup day ; **être à j.,** to be up-to-date, to be current ; **mettre à j.,** to update, to maintain (file, etc.) ; **mise à j.,** updating, maintenance (of a file, etc.) ; **tenir à j.,** to keep (a file, etc.) current.
See DATE.

Journal (s. m.) log ; ledger (accounting) ; **j. d'exploitation,** operator's log ; **j. machine à écrire,** console (typewriter) log ; **enregistrer dans un j.,** to journalize, to log.
See BANDE.

Journalisation (s. f.), journalizing, journalling.

Journaliser (v. t.), to journalize.

Journée (s. f.), **j. « portes ouvertes »,** open day, open house.

Jumelé, -e (adj.).
See UNITÉ.

Juste (adj.), **Juste à temps (JAT),** just in time (JIT).

Justification (s. f.), justification (of text).

Justifié, -e (adj.), justified (text) ; **non j.,** unjustified (text).

Justifier (v. t.), to justify (text).

Juxtaposé, -e (adj.), **cartes perforées juxtaposées en continu,** two-wide tab cards ; **imprimés juxtaposés en continu à pliage paravent,** two-wide fanfold form.

Juxtaposition (s. f.), **impression en j.,** side-by-side printing ; **lettres imprimées en j. (sur ordinateur),** two-up (computer letters).

K

K = Kilo = 2^{10}, soit 1024 (mots, octets, etc.)

Karnaugh, **diagramme de K.,** Karnaugh map.

Kilobaud (s. m.), kilobaud.

Kilomètre (s. m.), **(composé, saisi, frappé) au kilomètre,** automatic word wrapping ; **bande au k.,** idiot tape.

Kilomot (s. m.), kiloword.

Kilo-octet (s. m.), kilobyte.

Kiosque (s. m.), general public videotex service ; **k. multipalier** *ou* **multitarif,** "multirate" billing system.

Kit (s. m.), **k. de base, de départ, de démarrage,** starter kit ; **k. d'adaptation** *ou* **d'extension,** upgrade kit.

L

L4G *(Langage de Quatrième Génération)*, fourth generation language (FGL).

Label (s. m.), label ; **avec l.**, labelled ; **sans l.**, unlabelled ; **l. début**, header label ; **l. début de bande entrée**, input header label ; **l. début de bande sortie**, output header label ; **l. début utilisateur**, user header label ; **l. de début de bande**, beginning tape label ; **l. de début de fichier**, beginning file label ; **l. de fin de bande**, end-of-tape label, ending tape label ; **l. de fin de fichier**, end-of-file label, ending file label ; **l. fin**, trailer label, ending label ; **l. fin de bande entrée**, input trailer label ; **l. fin de bande sortie**, output trailer label ; **l. fin utilisateur**, user trailer label.
See CONTRÔLE, ÉCRIRE, ÉCRITURE, NON-CONCORDANCE, SOUS-PROGRAMME.

Labéllisation (s. f.), branding.

Laboratoire (s. m.), **l. de calcul**, computing laboratory.

Lacet (s. m.), **impression en l.**, bidirectional printing.

Lame (s. f.), **l. de tri**, chute blade.

Lancement (s. m.), (a) release (of library, etc.), calling (for bids), (b) introduction, launch, launching (of product, system, etc.), (c) initiation, triggering (of operation, etc.) ; calling into execution, activation, (of subroutine, etc.), transfer of control (to supervisor, etc.) ; **de l.**, introductory (offer, rate, etc.) ; **état (d'un périphérique) au l.**, initiation status.

Lancer (v. t.), (a) to release (library, order, etc.), to call for (bids), (b) to introduce, to launch (product, system, etc. on a market), (c) to initiate, to start, to trigger (operation, execution, etc.) ; to activate, to call into execution, to enter (subroutine, etc.) ; to give, transfer, control to (supervisor, etc.).

Lancer (s. m.), **l. de rayons**, ray tracing.

Langage (s. m.), language ; **l. à objets**, object-oriented language ; **l. algorithmique**, algorithmic language ; **l. artificiel**, artificial language ; **l. assembleur**, assembly language ; **l. auteur**, author language ; **l. autocode**, autocode ; **l. C**, C-language ; **l. d'assemblage**, assembly language ; **l. de bas niveau**, low-level language ; **l. de contrôle des opérations (LCO)**, operation control language (OCL) ; **l. de définition de données (LDD)**, data definition language ; **l. de description de données**, data description language (DDL) ; **l. de description de base de données**, database description language, **(DBDL)** ; **l. de description de pages (LDP)**, page description language ; **l. d'exécution**, object language ; **l. de gestion**, business language, commercial language ; **l. de haut niveau (LHN)**, high-level language (HLL) ; **l. de manipulation de données**, data manipulation language (DML) ; **l. de programmation**, programming language ; **l. de quatrième génération (L4G)**, fourth generation language (FGL) ; **l. de requête**, query language ; **l. formel**, formal language ; **l. d'interrogation interactif**, interactive query language (IQL) ; **l. évolué**, advanced, high(er)-level language ; **l. informatique**, computer language ; **l. machine**, machine language, computer language ; **l. naturel**, natural language, jarg. natlang ; **l. non lié à un type de calculateur**, computer-independent language, machine-independent language ; **l. non procédural**, non-procedural language ; **l. orienté machine**, machine-oriented language ; **l. orienté objets**, object-oriented language ; **l. orienté (vers le) problème**, problem-oriented language ; **l. orienté (vers le) traitement**, procedure-oriented language ; **l. commun orienté vers les problèmes de gestion**, Common Business Oriented Language, COBOL ; **l. orienté applications**, application-oriented language ; **l. procédural**, procedural language ; **l. très évolué**, very high level language (VHLL) ; **l. propre à un calculateur particulier**, computer-dependent language ; **l. source**, source language ; **l. symbolique**, symbolic language ; **l. synthéti-que = langage évolué.**

Large (adj.), **(à) large b.,** broadband.

Largeur (s. f.), width ; **l. de bande,** bandwidth ; **l. de chariot (de machine à écrire),** carriage length ; **l. de la ligne d'impression,** line length, print span, printing width ; **l. de trait,** line width ; **l. d'un imprimé en continu après élimination des rives,** torn (out) size.

Laser (s. m.), **à laser,** laser-based, laser-driven.
See IMPRIMANTE.

Latéral, -e (adj.).
See BANDE.

LDD (Langage de Définition de Données), Data Definition Language (DDL).

LDP (Langage de Description de Page), page description language (PDL).

LECAM (Lecteur de Carte à Mémoire), smart card reader.

Lecteur (s. m.), reader, player ; **l. automatique de cartes à piste magnétique,** ledger card auto reader ; **l. de badges,** badge reader ; **l. de bande magnétique,** magnetic tape reader ; **l. de bande perforée,** (paper) tape reader, punched tape reader, perforated tape reader ; **l. de bande de contrôle,** tally roll reader ; **l. de bande journal,** journal roll reader ; **l. de caractères,** character reader ; **l. de caractères magnétiques,** magnetic (ink) character reader (MCR) ; **l. de cartes (perforées),** card reader (CR) ; **l. de cassettes,** cassette player ; **l. de code à barres,** bar code reader *or* scanner ; **l. de courbes,** curve follower ; **l. de disque,** disk player ; **l. de disquette(s),** diskette drive, floppy disk drive ; **l. de documents,** document reader, document handler ; **l. d'étiquettes,** tag reader ; **l. de jetons,** badge reader ; **l. de marques,** mark reader ; **l. de microfiches,** microfiche reader ; **l. de pages,** page reader ; **l. de vidéodisque,** videodisk player ; **l. optique,** optical reader ; **l. optique de caractères,** optical character reader (OCR) ; **l. optique de marques,** optical mark reader (OMR) ; **l. rapide,** high-speed reader ; **l. série,** serial reader.

Lecteur-perforateur (s. m.) (card) reader-punch.

Lecture (s. f.), reading ; **l. arrière,** reverse reading ; **l. avec éclatement,** scatter read(ing) ; **l. destructive,** destructive read(ing), *or* readout (DRO) ; **l. directe après écriture,** direct read after write (DRAW) ; **l. magnétique,** magnetic readout, sensing ; **l. non destructive,** non-destructive read(ing) *or* readout (NDRO) ; **l. optique de marques,** optical mark reading (OMR) ; **l. photoélectrique,** photosensing ; **faire une erreur de l.,** to misread ; **faire une l.,** to read, to get ; **faire une l. arrière,** to read backwards ; **faire une l. non destructive,** to read non-destructively.
See BALAI, BRAS, BROSSE, CARTE, CYLINDRE, ENROULEMENT, ERREUR, ÉTOILE, FIL, IMPULSION, INCIDENT, PISTE, PLONGEUR, POSTE, SIGNAL, TEMPS, TÊTE, VITESSE.

Légendage (s. m.), labelling.

Légende (s. f.), caption, label.

Légender (v. t.), to label, to caption.

Lent, -e (adj.), slow, slow-speed, low transfer rate (peripheral, etc.).

Lettre (s. f.), letter ; **l. (A,B,C) de désignation d'unité,** drive letter ; **l. d'engagement,** letter of commitment ; **l. d'intention,** letter of intent ; **l.-type,** form letter.
See CODE, INVERSION.

Levier (s. m.), lever ; **l. d'extraction (de cartes de CI),** board puller.

Lexicographique (adj.).
See ORDRE.

Lexique (s. m.), lexicon ; **l. des instructions,** repertoire of instructions.

Lézarde (s. f.), river (in text).

Liaison (s. f.), (communication) link, linkup ; connection, hook-up ; **l. analogique,** analog(ue) link ; **l. commutée,** circuit switched connection ; **l. de démonstration,** demo link ; **l. de données,** data link ; **l. descendante,** downlink, **l. montante,** uplink ; **l. directe par satellite,** direct satellite link ; **l. micros/gros ordinateur,** micro-to-mainframe link ; **l. multipoint,** multipoint link ; **l. numérique,** digital link ; **l. optique,** optical link ; **l. par fibres optiques,** fiber optic link ; **l. par modem,** modem link ; **l. par satellite,** satellite link ; **l. pour transmission de données,** data link ; **l. point à point,**

point-to-point link ; **l. spécialisée**, dedicated *or* leased line.

Liant (s. m.), binder.

Liasse (s. f.), forms set, flatpack *or* pack ; **l. carbonée**, carbon-interleaved forms *or* set ; **l. de 5, 6 exemplaires**, 5-part, 6-part set ; **l. d'imprimés non en continu**, unit set ; **l. multiple**, multipart forms, paper, set, stationery ; **l. simple**, single-part set.
See CARTE.

Libellé (s. m.), wording (of document), name, literal, text, reference, description.

Libération (s. f.), release, de-allocation.

Libérer (v. t.), to release, to de-allocate.

Librairie (s. f.), (abus), library.

Libre (adj.), unoccupied, spare (slot), **pas libre**, engaged, busy ; **recherche de poste libre**, extension hunting.

Libre-appel (s. m.), **(en) libre appel**, toll-free.

Libre-service (s. m.), **fonctionnement en l.-s.**, « open shop » operation ; **guichet en l.-s.**, self-service terminal ; **terminal financier en l.-s.**, customer-activated, customer-operated financial terminal ; **copieur en l.-s.**, walk-up copier.

Lien (s. m.), link, linkage, relationship.
See ÉDITEUR.

Lieu (s. m.), site ; venue (of congress, etc.) ; **l. de fabrication**, where made ; **l. d'exploitation**, processing area *or* site ; **l. d'installation principal**, central site, main site.

Ligne (s. f.), **en l.**, on line ; **hors l.**, off line ; 1. (telephone, telegraph, etc.) line, 2. (card, etc.) row ; **l. à fréquence vocale**, voice-grade line ; **l. à retard**, delay line ; **l. à retard acoustique**, acoustic delay line ; **l. à retard à fil de nickel**, nickel delay line ; **l. à retard à magnétostriction**, magnetostrictive delay line ; **l. à retard à mercure**, mercury delay line ; **l. à retard électrique**, electric delay line ; **l. à retard magnétique**, magnetic delay line ; **l. cachée**, hidden line ; **l. commune**, party line, multipoint line ; **l. commutée**, switched line, dial-up line ; **l. d'abonné**, subscriber's loop ; **l. de bas de page**, page footing line ; **l. de produits**, product line ; **l. de programmation**, code line, coding line ; **l. de prolongation**, continuation line ; **l. d'en-tête**, heading line ; **l.**

d'impression, print line ; **l. directe**, hot line (telephone support) ; **l. duplex**, duplex line ; **l. inférieure (de l'écran)**, bottom line ; **l. louée**, leased line ; **l. multipoint**, multipoint line, multidrop line ; **l. partagée**, party line ; **l. privée**, private line ; **l. spécialisée (LS)**, dedicated line, leased line ; **l. « suite »**, continuation line ; **l. téléphonique**, telephone line ; **l. télégraphique**, telegraph line, telegraph-grade line ; **l. terrestre**, land line.
See ALIMENTATION, AVANCEMENT, CARACTÈRE, CODE, COMMUTATION, DÉBIT, IMPRESSION, IMPRIMANTE, LARGEUR.

Limande (s. f.), ribbon cable.

Limite (s. f.), boundary, limit.
See DATE.

Limité, -e (adj.), -bound *or* -limited ; **l. par la vitesse de l'unité centrale**, compute-bound, computer-bound *or* limited, process limited, processor limited ; **l. par la vitesse des périphériques d'entrée, de sortie**, input bound *or* limited, output bound *or* limited ; **l. par la vitesse des dérouleurs**, tape-bound *or* limited.

Limiter (v. t.), **1.** to bound, **2.** to limit, to restrict.

Linéaire, **1.** (adj.). linear **2.** (s. m.) shelf-space (supermarket).
See PROGRAMMATION, RÉGRESSION.

Linéairement (adv.), linearly.

Linéarisation (s. f.), linearisation.

Linéariser (v. t.), to linearise.

Linéarité (s. f.), linearity.

Liquider (v. t.), to abort (program).

Lire (v. t.), to read (card, tape, etc.), to sense (mark, etc.), to scan in (images).

Lisible (adj.), legible, readable ; **l. à l'œil humain**, human readable.

LISP, **machine L.**, LISP machine.

Lissage (s. m.), smoothing ; leveling (of load) ; **l. exponentiel**, exponential smoothing.

Lisser (v. t.), to smooth ; to level (load).

Listage (s. m.), listing ; **unité de l.**, list device ; **u. de l. du système**, system list device, syslist device.

See BANDE.

Liste (s. f.), list, listing ; **l. d'appel,** polling list ; **l. d'assemblage,** assembly list(ing) ; **l. de câblage,** wiring list ; **l. de contrôle,** audit list, check list ; **l. de contrôle d'accès,** access control list (ACL) ; **l. de paramètres,** parameter list ; **l. d'envoi,** mailing list ; **l. directe,** push-up list ; **l. imprimée,** output list(ing) ; **l. noire,** credit black list ; **l. rouge,** unlisted numbers ; **l. refoulée,** push-down list.
See TRAITEMENT, VITESSE.

Lister (v. t.), to list, to list out.

Listeuse (s. f.), lister, lister printer.

Lit (s. m.), bed ; part (of multipart set) ; **l. de cartes,** card bed ; **« lit de clous »,** (abus), bed of nails.

Livraison (s. f.), delivery.
See CALENDRIER, DATE.

Livre (s. m.), book ; **l. « brouillé »,** scrambled book.

Livrer (v. t.), to deliver.

Livret (s. m.), passbook ; **imprimante sur l.,** passbook printer.

Local 1. (adj.) local, on-site ; **2.** (s. m.) room ; **« en l. »,** jarg. locally.
See CONTRÔLE.

Localisation (s. f.), **1.** fault finding, pin-pointing (of errors, etc.) ; **2.** (abus) localization (of software, etc.).

Localiser (v. t.), **1.** to locate (fault), to pin-point (error), to find ; **2.** (abus) to localize (software, etc.).

Localiseur (s. m.), (abus) localization product leader (LPL).

Locatif, -ive (adj.), rental (value).

Location (s. f.), **matériel de l.,** rental equipment.

Locuteur (s. m.), (male) speaker (ling.).

Locutrice (s. f.), (female) speaker (ling.).

Logement (s. m.), **l. pour carte,** card slot.

Loger (v. t.), to house ; to accommodate (boards).

Logiciel **1.** (s. m.), software, package ; **par l.** under software control ; **logiciels,** software products *or* programs ; **l. à fenêtres,** win-dowing software ; **l. antivirus ou antiviral,** antivirus software ; **l. d'application,** application software ; **l. de base,** basic software ; **l. bancaire,** banking software ; **l. de commande,** driving software (for plotting table) ; **l. de communication,** comms software ; **l. de comptabilité,** accounting package ; **l. de dessin,** drafting package ; **l. de diagnostic,** diagnostic software ; **l. de gestion de réseau,** network management software ; **l. de traitement de texte,** word processing software ; **l. de transmission de données,** datacom package ; **l. d'émulation,** emulating software ; **l. d'exploitation,** operating software ; **l. de numérisation,** digitizing software ; **l. de pilotage,** driving software, driver ; **l. de PAO,** desktop publishing software ; **l. de reconnaissance/synthèse de la parole,** speechware ; **l. graphique,** graphic software ; **l. du constructeur,** manufacturer's software ; **l. du marché, du commerce,** commodity software ; **l. éducatif,** educational software ; **l. intégré,** integrated software ; **l. linguistique,** lingware ; **l. personnalisé,** custom software ; **l. prêt à l'emploi,** shrinkwrap(ped) software ; **2.** (adj.) **aides logicielles,** software aids.

Logicien (s. m.), logician, logic (design) engineer.
See INGÉNIEUR.

Logique (adj.), logic(al).
See ADDITION, ARTICLE, CIRCUIT, COMPARAISON, CONCEPTION, DÉCALAGE, ÉLÉMENT, ERREUR, INSTRUCTION, INTERSECTION, OPÉRATEUR, OPÉRATION, RÉSEAU, RÉUNION, SCHÉMA, SOMME, STRUCTURE, SYMBOLE, TABLE, UNITÉ.

Logique (s. f.), **l. combinatoire,** combinatorial logic ; **l. formelle,** formal logic ; **l. intégrée à injection,** integrated injection logic, I^2L ; **l. partagée,** shared logic, **l. répartie,** distributed logic ; **l. symbolique,** symbolic logic.

Logistique (s. f.), logistics, support.

Logithèque (s. f.), software library.

Loi (s. f.), **loi sur la protection des données,** data law.

Longitudinal, -e (adj.), longitudinal.
See CARACTÈRE, CONTRÔLE, MOLETAGE, PARITÉ.

Longueur (s. f.), length ; size (of storage area) ; **l. d'article,** item size, record length ; **l. de bloc,** block length ; **l. de mot,** word length ; **l. de mot fixe,** fixed word length ; **l. de mot variable,** variable word length ; **l. de registre,** register length ; **l. du mot machine,** machine word length.

Losange (s. m.), diamond-shaped box.

Loupe (s. f.), **1.** magnifying glass ; **2.** « zoom » ; A Minitel key which magnifies characters displayed on the screen.

Lot (s. m.) batch (of cards, data, etc.).
See Traitement.

Lourd, -e (adj.), **1.** heavy, clumsy, cumbersome, unwieldy ; **2.** powerful (installation).
See Terminal.

LS (Ligne spécialisée), dedicated line.

Ludiciel (s. m.), computer gaming software.

Ludique (adj.), relating to games, game-oriented.

Ludothèque (s. f.), (computer) game library.

Ludotique (s. f.), computer games.

Lumineux, -euse (adj.).
See Crayon, Faisceau, Stylet, Voyant.

Luminance (s. f.), luminance.

Luminophore (s. m.), phosphor.

Luminosité (s. f.), brightness.

Luminostyle (s. m.), light gun *or* pen.

Lunule (s. f.), verification notch (in punched card).

Lutin (s. m.), sprite.

Lutrin (s. m.), lectern.

M

Machine (s. f.), machine ; jarg : computer ; **m. à additionner**, adding machine ; **m. à adresser**, addressing machine ; **m. à calculer, 1.** desk (-top) calculator, **2.** (obsolete) computer ; **m. à calculer de bureau**, desk calculator ; **m. à calculer électrique, électronique**, electric, electronic calculator ; **m. à calculer imprimante**, printing calculator, printing calculating machine ; **m. à calculer mécanique**, hand calculator ; **m. à caractère(s)**, character (-oriented) machine ; **m. à cartes (perforées)**, punched card machine ; **m. à clavier**, keyboard machine, keyboard-actuated machine ; **m. à couper les rives**, margin remover, power slitter ; **m. à dessiner automatique**, computerized drafting machine ; **m. à détruire les documents**, shredder, shredding machine ; **m. à dicter**, dictating machine ; **m. à éclater**, burster ; **m. à écrire**, typewriter ; **m. à écrire automatique**, automatic typewriter, tape-controlled typewriter ; **m. à écrire à boule, à sphère**, golf-ball typewriter ; **m. à écrire à correction de frappe**, correcting typewriter ; **m. à écrire à tête d'impression sphérique**, golf-ball typewriter ; **m. à écrire de contrôle**, monitor typewriter, supervisory typewriter ; **m. à écrire de pupitre**, console typewriter ; **m. à écrire d'interrogation**, interrogating typewriter, input/output typewriter ; **m. à écrire direction**, executive typewriter (IBM) ; **m. à écrire électrique**, electric typewriter ; **m. à écrire émettrice/réceptrice**, input/output typewriter ; **m. à enseigner**, teaching machine ; **m. à fermer les enveloppes**, letter sealer, letter-sealing machine ; **m. à flot de données**, dataflow machine ; **m. à insérer les puces**, chip-inserting machine ; **m. à mettre sous enveloppe**, envelope-inserting machine ; **m. à mot(s)**, word (-oriented) machine ; **m. à ouvrir le courrier**, envelope-opening machine ; **m. à personnaliser les chèques**, check personalisation machine ; **m. à relier**, binding machine ; **m. à souder à la vague**, wave-soldering machine ; **m. à statistiques**, statistical machine ; **m. à traiter l'informa-** tion, data processing machine ; **m. à trier le courrier**, letter sorter, letter sorting machine ; **m. à vocation « gestion »**, business-oriented machine ; **m. à vocation scientifique**, scientific (-oriented) machine ; **m. abstraite**, abstract machine ; **m. base de données (MBDD)**, database machine (DBM) ; **m. cible**, target computer ; **m. comptable**, accounting machine, bookkeeping machine ; **m. comptable électrique**, electric accounting machine (EAM) ; **m. comptable à clavier**, keyboard accounting machine ; **m. de base**, basic machine ; **m. de compilation**, source computer ; **m. d'enregistrement**, posting machine ; **m. d'exécution**, object computer ; **m. d'exploitation**, object computer ; **m. de façonnage d'imprimés**, forms handling machine ; **m. de guichet**, window (posting) machine ; **m. de référence**, review machine ; **m. de traitement de l'information**, data processing machine, data processor ; **m. de traitement de texte**, word processor ; **m. de traitement de texte communicante**, communicating word processor (CWP) ; **m. de Turing**, Turing machine ; **m. numérique**, numerical machine ; **m. parlante**, speaking machine ; **m. pensante**, thinking machine ; **m. virtuelle**, virtual machine (VM).

See APPRENTISSAGE, ASSIMILABLE, CHARGE, CODE, CYCLE, DÉFAILLANCE, ERREUR, EXPLOITABLE, INCIDENT, INDÉPENDANT, INSTRUCTION, JOURNAL, LANGAGE, LONGUEUR, MOT, OPÉRATION, PASSAGE, PLANNING, POINT, RÉPARTITION, SALLE, SENS, SUPPORT, TABLEAU, TEMPS, TRIÉ.

Machine-outil (s. f.), machine-tool ; **m.-o. à commande numérique (MOCN)**, numerically-controlled machine-tool ; **m.-o. commandée par calculateur**, computer-controlled machine-tool.

Macro (s. f.) = macro-instruction.

Macro-assembleur (s. m.), macroassembler.

Macro-commande (s. f.), macro-command.

Macro-générateur (s. m.), macro-generator.

Macro-informatique (s. f.), macro-computing.

Macro-instruction (s. f.), macroinstruction.

Macro-programmation (s. f.), macroprogramming.

Maculage (s. m.), smudging, smearing; **impression sans m.**, smearless printing.

Maculer (v. t.), to smudge, to smear.

Magasin (s. m.), stock-room (in plant, etc.); **m. d'alimentation (de cartes, etc.),** card hopper, feed hopper, input magazine; **m. de réception (de cartes),** card stacker, output hopper, output magazine, output stacker.
See CAPACITÉ, FLASQUE, POTEAU.

Magnétique (adj.), magnetic.
See APPAREIL, BANDE, BOBINE, CARACTÈRE, CARTE, CELLULE, CERTIFIEUR, CHARIOT, CONTRÔLEUR, CONVERTISSEUR, DÉROULEUR, DISQUE, ENCRE, ENREGISTREMENT, ENREGISTREUR, FEUILLET, FICHIER, FIL, FILM, LECTEUR, LECTURE, LIGNE, MÉMOIRE, NETTOYEUR, ORDINATEUR, PISTE, PLAN, RECONNAISSANCE, REGISTRE, RUBAN, SOUS-ENSEMBLE, SPOT, SUPPORT, SYSTÈME, TAMBOUR, TÊTE, TORE, UNITÉ.

Magnétisable (adj.), magnetizable.

Magnétisation (s. f.), magnetization.
See TÊTE.

Magnétiser (v. t.), to magnetize.

Magnétisme (s. m.), magnetism.

Magnétolecteur (s. m.), mark sense card reader.

Magnétolecture (s. f.), mark sensing.

Magnéto-optique (adj.), magneto-optical (disk).

Magnétophone (s. m.), tape recorder.

Magnétoscope (s. m.), videotape recorder (VTR).

Magnétoscopique (adj.), bande m., videotape.

Magnétostriction (s. f.), magnetostriction.

Magnétothèque (s. f.), tape library.

Maillage (s. m.), meshing, mesh topology.

Maillé, -e (adj.), **réseau m.,** multiconnection network.

Main (s. f.), hand.
See PASSER, PRENDRE, RENDRE, REPASSER.

Maintenabilité (s. f.), maintainability.

Maintenance (s. f.), maintenance (hardware and software); **m. assistée par ordinateur (MAO),** computer-assisted maintenance; **m. corrective,** remedial maintenance; **m. industrielle,** plant maintenance; **m. logicielle,** software maintenance; **m. matérielle,** hardware maintenance; **m. prédictive,** predictive maintenance; **m. préventive,** preventive maintenance; **m. tierce,** third-party maintenance (TPM).
See TEMPS.

Maintenir (v. t.), to maintain; **m. un bouton abaissé,** to hold (a push-button) down.

Maintien (s. m.), maintenance.
See CARACTÈRE.

Maison (s. f.), business house, firm; **m. de vente par correspondance,** mail order firm *or* house; **m. intelligente,** smart house.

Maison (adj.), in-house, in-plant, proprietary, home-made, home-written, home-grown, own-designed.

Maître, -esse (adj.), **carte maîtresse,** master card; **fichier m.,** master file.

Maître (s. m.), **m.-d'œuvre,** prime contractor.

Maîtrise (s. f.), supervisory staff.

Majeur, -e (adj.), **cycle m.,** major cycle; **indicatif m.,** primary key.

Majuscule (s. f.), upper case letter; **en majuscules,** capitalized; **mettre en majuscules,** to capitalize.

Maladie (s. f.), **m. de jeunesse (d'une machine), m. infantiles,** « teething troubles ».

Mallette (s. f.), **m. de transport,** carry case.

Malveillant, -e (adj.).

Manche (s. m.), **m. à balai,** joystick.

Manchet (s. m.), joystick.

Mandat (s. m.), **m. optique,** optically-read money order.

Mandatement (s. m.), conversion of a numeric amount into a written statement.

Manette (s. f.), **m. de jeu,** joystick.

Manip (s. f.), jarg. = **manipulation.**

Manipulation (s. f.), manipulation, keystroke, handling ; **m. de bits,** bit banging ; **manipulation(s) préalables,** set-up ; **manipulation(s) entre travaux,** takedown ; **faire une demande de m. (à l'opérateur),** to request operator's intervention.

Manipulé, -e (adj.), **m. à la souris,** mouse-driven.

Manipuler (v. t.), to manipulate, to handle.

Manœuvre (s. f.), operation ; **fausse m.,** mishandling ; **faire une fausse m.,** to mishandle.
See APPAREIL, BANDE, DISQUE, FICHIER, MÉMOIRE, REGISTRE, ZONE.

Manœuvrer (v. t.), to operate.

Manquants (s. m. pl.), out-of-stock items, shortage, back-order(s).

Manque (s. m.), lack, shortage ; **m. d'encre,** void.

Mantisse (s. f.), mantissa.

Manuel, -elle (adj.), manual, hand-operated.
See PERFORATRICE.

Manuel (s. m.), **m. d'instruction,** instruction manual.

Manuscrit, -e (adj.), hand-written.

Manutention (s. f.), handling.

MAO (Maintenance Assistée par Ordinateur), computer-assisted maintenance.

Mappage (s. m.) (J. O.), mapping.

Mappe (s. f.) (J. O.), map.

Mapper (v. t.) (J. O.), to map.

Maquettage (s. m.), breadboarding.

Maquette (s. f.), **réalisation d'une maquette,** breadboarding.

Marche (s. f.), running, working, operation ; **m. d'escalier,** aliasing ; **m. en parallèle,** parallel operation (old and new systems).
See ESPACE, TEMPS.

Marché (s. m.), market, marketplace ; **mettre sur le m.,** to place on the market, to introduce ; **m. grand public,** consumer market ; **mise sur le marché,** introduction, launching.

Marcher (v. i.), to work, to operate, to run (machine, etc.).

Marge (s. f.), **1.** margin, **2.** slack, float ; **m. de référence,** guide margin ; **m. de reliure,** binding margin.

Margeur (s. m.), margin stop.

Marginal, -e (adj.), **à perforations marginales,** marginally-punched.
See CARTE, LIASSE, PERFORATION.

Marguerite (s. f.), daisywheel ; **imprimante à m.,** daisy printer, daisywheel printer.

Marier (v. t.), to mix (texts and graphics).

Marquage (s. m.), marking (of cards, etc.) ; date stamping ; highlighting (of characters).
See POST-MARQUAGE, PRÉ-MARQUAGE.

Marque (s. f.), mark, marker ; **document porteur de marques,** marked document ; **données sous formes de marques,** marked data ; **sans marques,** unmarked (document) ; **m. de bande,** tape mark ; **m. de bloc,** block ; **m. de début de bande,** beginning-of-tape mark(er) ; **m. de fichier,** file mark ; **m. de fin de bande,** end-of-tape mark(er) ; **m. de mot,** word mark ; **m. de fin de bobine,** end-of-reel mark ; **m. de réservation,** placeholder ; **m. réfléchissante,** reflective strip.
See LECTEUR, LECTURE.

Marquer (v. t.), to mark ; to highlight (characters).

Marqueur (s. m.), **1.** marker, cursor, **2.** light gun or pen.

Marteau (s. m.), hammer ; **m. d'impression,** print hammer.
See DÉCLENCHEMENT, RANGÉE.

Masculin, -e (adj.), **voix m.,** male-intonated voice.

Masquable (adj.), maskable.

Masquage (s. m.), masking ; **m. de données,** data hiding, information hiding.

Masque (s. m.), **à base de masques,** forms-driven ; **1.** mask ; **m. d'édition,** edit mask ; **2. m. d'écran, m. de saisie,** data entry form, « fill-in-the-blanks » form, screen form, screen format ; **m. de touches,** key overlay.

Masquer (v. t.), to mask ; to hide (information).

Masse (s. f.).
See MÉMOIRE.

Massicot (s. m.), guillotine ; **m. de bureau,** paper cutter.

Massicotage (s. m.), guillotining, trimming ; **dimensions (d'un document) après massicotage,** trimmed size.

Massicoter (v. t.), to guillotine, to trim.

Massicotier (s. m.), auxiliary equipment operator, guillotine operator.

Matériel (s. m.), equipment ; hardware (as opposed to software), « box » ; **m. à cartes (perforées),** punched card equipment *or* machinery, unit record equipment ; **m. à la pointe du progrès,** state-of-the-art equipment ; **m. annexe,** auxiliary equipment, auxiliary forms handling equipment ; **m. autonome,** offline equipment ; **m. auxiliaire,** auxiliary equipment ; **m. classique,** conventional (punched card) equipment, EAM equipment, tabulating equipment ; **m. complémentaire,** add-on equipment ; **m. comptable,** bookkeeping equipment ; **m. de bureau,** office equipment, office machinery ; **m. de collecte de données,** data collection equipment ; **m. de façonnage,** auxiliary forms handling equipment ; **m. de préparation,** data preparation equipment, input preparation equipment ; **m. de saisie des données à la source,** source data collection equipment ; **m. de télégestion,** data terminal equipment ; **m. d'impression,** forms writing equipment ; **m. de traitement de l'information,** data processing equipment ; **m. de transmission de données,** data transmission equipment ; **m. de traitement automatique de l'information,** automatic data processing equipment (ADPE) ; **m. de traitement électronique de l'information,** electronic data processing equipment (EDPE) ; **m. embarqué,** airborne equipment ; **m. émetteur de données,** data originating equipment ; **m. (en) bas de gamme,** bottom-of-the-range equipment ; **m. (en) haut de gamme,** top-of-the-range equipment ; **m. informatique,** computer equipment ; **m. mécanographique,** conventional punched card equipment, unit record

equipment ; **m. nécessaire,** hardware requirements ; **m. périphérique,** peripheral equipment.

Mathématique (adj.), mathematical.
See MODÈLE, PROGRAMMATION.

Matière (s. f.), **en m. d'information,** information-wise ; **m. grise (jarg.),** « wetware ».

Matriçage (s. m.), mastering.

Matrice (s. f.), (core) matrix ; (punching) die, master (of optical disk) ; **m. de points,** dot matrix.

Matricer (v. t.), to master.

Matriciel, -elle (adj.).
See ALGÈBRE, IMPRIMANTE, MÉMOIRE.

Matricule (s. m.), serial number (of reel, etc.).

Mauvais, -e (adj.), **mauvaise alimentation,** misfeed ; **m. fonctionnement,** malfunction(ing).

Maximal, -e (adj.), maximum ; top, peak (speed).

MBDD (Machine Base De Données), database machine (DBM).

Mécanique (adj.), mechanical.

Mécanisabilité (s. f.), **1.** mechanizability, **2.** computerizability.

Mécanisable (adj.), **1.** mechanizable, **2.** computerizable.

Mécanisation (s. f.), **1.** mechanization, **2.** computerization.

Mécaniser (v. t.), **1.** to mechanize, **2.** to computerize.

Mécanisme (s. m.), mechanism ; **m. d'alimentation de cartes,** card feed ; **m. d'entraînement de cartes,** card handling mechanism ; **m. d'entraînement de bande,** tape transport ; **m. d'entraînement de papier,** paper feed mechanism ; **m. de retournement de cartes,** card reversing device ; **m. de perforation,** punching mechanism.

Mécano 1. Jarg. : (s. m.) = **mécanicien, 2.** Jarg. : (s. f.), = **mécanographie.**

Mécanographe (s. m. & f.), **1.** accounting machine operator, bookkeeping machine operator, **2.** punched card machine operator, tabulating machine operator, tab operator, unit record machine operator.

Mécanographie (s. f.), **1.** data processing performed with conventional punched card machines, **2.** tab room, tabulating room ; **chef de la m.,** tabulating supervisor.

Mécanographier (v. t.), to mechanize.

Mécanographique (adj.), **atelier m.,** data preparation department, punch card shop ; **carte m.,** tab card, tabulating card, punch card ; **comptabilité m.,** machine accounting, computer accounting ; **document m.,** computer records ; **données m.,** computer-stored data ; **état m.,** computer (output) report, computer-prepared *or* produced report, printed report ; **fiche m.,** punch card *or* punched card ; **fichier m.,** punched card file, computer file, machine file ; **imprimé m.,** data processing forms, computer forms, tab forms ; **installation m.,** tabulating equipment *or* machinery, data processing equipment ; **matériel m. (classique) à cartes perforées,** (conventional) punched card equipment ; **service m.,** data processing department, tabulating department, computer department *or* section, punched card department, machine accounting department.

Mécanographiquement (adv.), machine-produced, computer-produced (report, etc.).

Médiathèque (s. f.), media library.

Médiatique (s. f.), media, media industry.

Mégabit (s. m.), megabit.

Mégamot (s. m.), megaword.

Mégaoctet (s. m.), megabyte.

Mégapuce (s. f.), megachip.

Mégaserveur (s. m.), mainframe-based server.

Mélanger (v. t.), to mix, to intermix.

Mélangeur (s. m.), OR element.

Mélangeur-inverseur (s. m.), NOR element.

Mêlé, -e (adj.).
See TOTAL.

MEM *(MEmoire Morte)* (s. f.), read-only memory (ROM).

Mémoire (s. f.), memory, storage, store ; **m. à accès aléatoire,** random access memory ;

m. à accès direct, random access memory ; **m. à accès rapide,** fast-access storage, high-speed storage ; **m. à accès sélectif,** random access memory (RAM) ; **m. à accès séquentiel,** sequential access storage ; **m. à affectation dynamique,** dynamically allocated memory ; **m. à bande magnétique,** magnetic tape storage ; **m. à bulles (magnétiques),** (magnetic) bubble memory (MBM) ; **m. à condensateurs,** capacitor storage *or* store ; **m. à correction d'erreurs,** error-correcting memory ; **m. à couche mince sur fil,** thin-film store ; **m. à deux tores par bit,** two-core-per-bit store ; **m. à disque,** disk memory *or* storage ; **m. à faisceau,** beam store ; **m. à feuillets magnétiques,** magnetic card store ; **m. à film magnétique,** magnetic film store ; **m. à film mince,** thin film store ; **m. à film mince sur fil,** plated-wire memory ; **m. à laser,** laser memory ; **m. à lecture majoritaire,** read mostly memory (RMM) ; **m. à ligne à retard à mercure,** mercury storage ; **m. à N tores par bit,** N core per bit storage ; **m. à propagation,** delay line storage *or* store ; **m. à régénération,** regenerative storage *or* store ; **m. à sélection matricielle,** coordinate storage *or* store, matrix storage *or* store ; **m. à support amovible,** data carrier store ; **m. à tambour,** drum storage *or* store ; **m. à tores de ferrite,** ferrite core storage ; **m. à tores magnétiques,** magnetic core storage *or* memory ; **m. à tube cathodique,** cathode ray tube storage *or* store ; **m. à un tore par bit,** one-core-per-bit store ; **m. acoustique,** acoustic storage *or* memory ; **m. additionnelle,** add-on memory ; **m. annexe,** bump ; **m. associative,** associative memory, parallel search storage, content addressed storage ; **m. auxiliaire,** auxiliary storage *or* store, backing storage *or* store, « blackboard » storage ; **m. banalisée,** scratch storage ; **m. bloc-notes,** scratch-pad memory ; **m. cache,** cache buffer, cache memory, cache store ; **m. CD-ROM,** CD-ROM (Compact Disc Read-Only Memory) ; **m. centrale,** internal memory, primary storage ; **m. circulante,** circulating memory *or* storage ; **m. cryogénique,** cryogenic storage *or* store ; **m. d'archivage,** archival store ; **m. de grande capacité,** bulk memory *or* storage, mass storage ; **m. de manœuvre,** scratch storage, working storage, working storage area ; **m. de masse = m. de grande capacité ; m. de régénération,** refresh memory ; **m. de travail,** working storage ; **m. d'expansion,**

expanded memory; **m. d'extension,** extended memory; **m. dynamique,** dynamic storage; **m. effaçable,** erasable storage; **m. électronique,** electronic storage; **m. électrostatique,** electrostatic storage *or* store; **m. externe,** external storage; **m. fixe,** read-only storage *or* store (ROS) *or* memory (ROM); **m. holographique,** holographic memory; **m. inaltérable,** read-only storage *or* store (ROS); **m. inhérente,** automatic store; **m. intermédiaire,** temporary storage, buffer (storage); **m. interne,** internal memory, storage *or* store, computer store; **m. interprète,** scratch-pad memory; **m. magnétique,** magnetic storage; **m. morte (MM),** read-only memory (ROM) *or* storage (ROS); **m. morte à fusibles,** fusible read-only memory (FROM), blastable ROM; **m. morte effaçable électriquement,** electrically-erasable; read-only memory (EEROM); **m. morte graphique,** graphic ROM, G-ROM; **m. morte modifiable électriquement,** electrically-alterable read-only memory (EAROM); **m. morte programmable effaçable électriquement,** electrically-erasable programmable read-only memory (EEPROM); **m. morte programmable électriquement,** electrically programmable read-only memory (EPROM); **m. morte reprogrammable,** reprogrammable read-only memory (REPROM); **m. non rémanente,** volatile storage *or* store; **m. optique,** optical memory; **m. organisée en mots,** word-organized store; **m. périphérique,** peripheral memory; **m. principale,** main storage, main memory; **m. RAM dynamique,** dynamic RAM; **m. RAM statique,** static RAM; **m. rémanente,** non-volatile storage; **m. statique,** static storage; **m.-tampon,** buffer (storage); **m. virtuelle,** virtual memory (VM); **m. vive (MEV),** read-write memory (R/W memory).
See ADRESSE, AFFECTATION, BLOC, CAPACITÉ, CYCLE, ENCOMBREMENT, EXTRAIRE, HAUT, IMPRESSION, INTRODUCTION, INTRODUIRE, METTRE, MISE, PLAN, POSITION, PROTECTION, REGISTRE, REMPLISSAGE, RÉSIDER, SORTIE, SORTIR, TOPOGRAMME, TRANSFÉRER, UNITÉ, VIDAGE, ZONE.

Mémoriel (adj.), **produits m.,** memory products.

Mémorisable (adj.), storable.

Mémorisation (s. f.), storage, reading (into store).
See CELLULE, ENTRÉE, INTRODUCTION, ZONE.

Mémoriser (v. t.), to store, to read in, to memorize.
See ENTRER, INTRODUIRE.

Menu (s. m.), menu; **m. à base d'icônes,** icon-based menu; **m. d'accueil,** opening menu; **m. déroulant,** drop-down menu, pull-down menu, pop down menu; **création de menus,** menu building; **guidé par des menus (dialogue),** menu-oriented.

Mercure (s. m.), mercury.
See LIGNE, MÉMOIRE.

Message (s. m.), message; **à base de m.,** message-based *or* driven; **m. alphabétique d'entrée,** alpha type-in; **m. avec texte,** text(ual) message; **m. d'accueil,** greeting *or* welcome message; **m. d'avertissement,** warning message; **m. de bienvenue** (émis par l'ordinateur), welcome message; **m. de diagnostic,** diagnostic message; **m. d'erreur,** error message; **m. d'établissement de liaison,** handshake message; **m. de service,** functional message; **m. d'incitation à la frappe,** prompt; **m. d'intervention,** action message; **m. émis par l'opérateur,** operator-originated message; **m. (en) entrée,** input message, type-in; **m. (en) sortie,** ouput message, type-out; **m. enregistré,** recorded voice announcement (RVA); **m. guide-opérateur,** prompting message; **m. privilégié,** dedicated message; **m. sans texte,** non-text message; **unité de messages enregistrés,** RVA unit; **introduire un m.,** to type in, to key in; **sortir un m.,** to type out.
See ACCUMULATION, ACHEMINEMENT, CENTRE, COMMUTATION, DÉBUT, FIN.

Messagerie (s. f.), message service; **m. électronique,** electronic messaging; **m. rose,** « blue » message service, (on-line) rendez-vous service; **m. textuelle,** text messaging; **m. vocale,** voice messaging.

Mesure (s. f.), measure, measurement; **sur mesure,** tailor-made, custom, customized, custom-built, custom-made, etc.

Métalangue (s. f.), metalanguage.

Méthode (s. f.), method; **m. d'accès,** access method; **m. d'accès de base,** basic access method (BAM) ; **m. d'accès aux bases de données,** data base access method (DBAM) ; **m. du chemin critique,** critical path method (CPM) ; **m. de Monte Carlo,** Monte Carlo method ; **m. manuelle,** manual method, « paper and pencil ».

Métrologie (s. f.), metrology, measurement ; **m. du logiciel,** software metrics ; **m. informatique,** computer performance measurement *or* monitoring, compumetrics.

Mettre (v. t.), to put, to place, to set, etc. ; **m. à « 1 »,** to set, to turn on ; **m. à « 0 »,** to reset, to turn off, to clear, to zeroise ; **m. à blanc,** to blank out ; **m. à exécution,** to carry out, to execute (scheme, etc.) ; **m. à jour,** to bring up to date, to update ; **m. à la ferraille,** to scrap ; **m. à la masse,** to earth, to ground ; **m. à la terre,** to earth, to ground ; **m. à l'état initial,** to initialize ; **m. à son catalogue,** to add (to a catalogue) ; **m. au catalogue,** to insert in (a catalog, price list) ; **m. au format,** to cut to size ; **m. au niveau,** to retrofit ; **m. au point,** to debug, to check out (program) ; to desk check (flowchart) ; **m. au rebut,** to discard, to scrap ; **m. au repère,** to position (paper) ; **m. au repos,** to drop out (relay) ; **m. au travail,** to pick up (relay) ; **m. dans un registre, un fichier, etc.,** to place into a register, a file, etc. ; **m. en action,** to actuate ; **m. en application,** to implement (scheme) ; **m. en caractères gras *ou* en gras,** to boldface ; **m. en circuit,** to turn on, to connect, to switch in *or* on ; **m. en commun,** to pool (resources, etc.) ; **m. en communication,** to connect ; **m. en état de fonctionnement,** to ready ; **m. en évidence,** to highlight, to enhance ; **m. en fabrication,** to launch production of ; **m. en file d'attente,** to queue, to enqueue ; **m. en fonction,** to place, to put (a switch) in the ON position, to raise (a switch) ; **m. en forme,** to format, to edit, to post-edit, to arrange ; **m. en liaison,** to connect, to link ; **m. en marche,** to start, to start up ; **m. en mémoire,** to store, to read in, to place into memory ; **m. en mémoire-tampon,** to buffer ; **m. en mode Lecture,** to enter Read mode ; **m. en mouvement,** to actuate ; **m. en œuvre,** to implement ; **m. en ordre,** to sequence, to order ; **m. en page,** to make up ; **m. en parallèle,** to parallelize ; **m. en place,** to implement (scheme), to install (equipment), to phase in (system), to thread, to load (tape onto transport), to

insert, to slot in (module, card) ; **m. en production,** to launch production of ; **m. en réserve, 1.** to save (register contents), **2.** to put, to place (into standby) ; **m. en retrait,** to indent ; **m. en route,** to start, to start up ; **m. en séquence,** to order, to sequence ; **m. en série,** to serialize ; **m. en service,** to put into service, to put, to place on the air ; **m. en sommeil,** to mute (terminal, etc.) ; **m. en valeur,** to enhance, to highlight (characters on screen, etc.), to emphasize ; **m. entre accolades, crochets,** to place within braces, brackets ; **m. entre parenthèses,** to parenthesize ; **m. fin (à l'exécution d'un programme, etc.),** to terminate, to abort (program) ; **m. hors circuit,** to turn off, to disconnect, to switch off ; **m. hors fonction, 1.** to disable, to cripple, **2.** to place, put (a switch) in the OFF position ; **m. hors service,** to disable, to cripple ; **m. hors tension,** to turn off (power) ; **m. sous forme de sous-programme,** to subroutinize ; **m. sous tension,** to apply power to, to energize ; **m. sur fiches,** to card index ; **m. sur le marché,** to place on the market, to bring to market ; **m. sur ordinateur,** to computerize.

Meuble (s. m.), cabinet ; **m. à cartes,** card (filing) cabinet ; **m. à tableaux de connexions,** control panel cabinet ; **m. bas,** low-boy ; **m. de rangement pour bobines (de bandes magnétiques),** tape reel storage cabinet ; **m. de rangement pour chargeurs,** disk pack cabinet ; **m. haut,** high-boy.

MEV (MEmoire Vive) (s. f.), read-write memory (R/W memory), random-access memory (RAM).

Miagiste (s. m. & f.), holder of a MIAGE degree.

MIC (Modulation par impulsions codées), pulse code modulation (PCM).

Micro **1.** (préfixe) micro, **2.** (s. m.) microcomputer, **3.** (s. f.) micro-computing ; **m. familial** = micro-ordinateur familial.

Micro-amateur (s. m.), micro buff, computer hobbyist.

Micro-assemblage (s. m.), micro-assembly.

Micro-assembleur (s. m.), micro-assembler.

Microboîtier (s. m.), micropack.

Micro-calculateur (s. m.), microcomputer.

Microcassette (s. f.), microcassette.

Microcircuit (s. m.), microcircuit.

Microcode (s. m.), microcode.

Microcopie (s. f.), microcopy.

Microcopieur (s. m.), microcopier.

Microcoupure (s. f.), power line disturbance (PLD), transient, micro-interruption.

Microcuvette (s. f.), micropit.

Microcycle (s. m.), microcycle.

Microdiagnostic (s. m.), microdiagnostic.

Microdisque (s. m.), microdisk.

Microdisquette (s. f.), microdiskette, micro-floppy.

Micro-éditeur (s. m.), micro-editor.

Micro-édition (s. f.), desktop publishing (DTP).

Micro-électronique (s. f.), micro-electronics.

Micro-espacement (s. m.), microspacing.

Microfichage (s. m.), putting on microfiches.

Microfiche (s. f.), microfiche.
See VISIONNEUSE.

Microficher (v. t.), to put on microfiches.

Microfilm (s. m.), microfilm ; **m. de sortie d'ordinateur,** computer ouput microfilm ; **unité d'impression sur m.,** COM unit.
See CARTE, BANDE, VISIONNEUSE.

Microfilmage (s. m.), microfilming.

Microfilmer (v. t.), to microfilm.

Microforme (s. f.), microform.

Micrographie (s. f.), micrographics.

Micrographique (adj.), micrographic.

Micro-image (s. f.), micro-image.

Micro-imprimante (s. f.), microprinter.

Micro-informaticien, -ne (s. m.), micro-computerist, micro-computer expert.

Micro-informatique (s. f.), 1. microcomputing, microprocessing 2. microcomputer business, field, industry, world 3. micro-computers ; **m.-i. domestique** *ou* **familiale,** home computing ; **m.-i. professionnelle,** business micro-computing.

Micro-informatisation (s. f.), « microcomputerization ».

Micro-instruction (s. f.), micro-instruction.

Microlithographie (s. f.), microlithography.

Micrologiciel (s. m.), microsoftware, microcomputer software, firmware.

Micromation (s. f.), micromation.

Micromémoire (s. f.), microstore.

Microminiaturisation (s. f.), microminiaturization.

Micromodule (s. m.), micromodule.

Micro-onde (s. f.), microwave.

Micro-ordinateur (s. m.), micro-computer, μc ; **m. o. domestique** *ou* **familial,** home computer ; **m. o. professionnel,** business microcomputer.

Micropas (s. m.), microstepping.

Micropériphérique (s. m.), microperipheral.

Microplaquette (s. f.), chip.

Microprocesseur (s. m.), microprocessor, μp ; **m. en tranches,** bit-slice microprocessor.

Microprogrammabilité (s. f.), microprogrammability, microcodability.

Microprogrammable (adj.), microprogrammable, microcodable.

Microprogrammateur (s. m.), microprogrammer.

Microprogrammation (s. f.), microprogramming, microcoding, firmware.

Microprogramme (s. m.), microprogram, firmware, microcoded program.

Microprogrammer (v. t.), to microprogram, to microcode.

Microprogrammeur (s. m.), microprogrammer.

Microseconde (s. f.), microsecond.

Microserveur (s. m.), microcomputer-based retrieval center ; PC-based server.

Microterminal (s. m.), microterminal.

Milieu (s. m.), 1. middle, 2. environment ; **m. industriel,** industrial environment, factory environment ; **milieux informatiques,** computer circles ; **ordinateur de m. de gamme,** middle-of-the-range computer, middle-of-the-line computer.

Militaire (adj.), **ordinateur militaire,** military computer.

Mille-pattes (s. m.), bug, dual-in-line package (DIP).

Milliseconde (s. f.), millisecond.

Mince (adj.).
See MÉMOIRE.

Mineur, -e (adj.), minor (cycle, fault, key).

Mini **1.** (préfixe) mini, **2.** (s. m.) minicomputer.

Miniaturisation (s. f.), miniaturization.

Miniaturiser (v. t.), to miniaturize.

Miniaturiser (se), to go miniature.

Minibobine (s. f.), minireel.

Minicartouche (s. f.), minicartridge.

Minicassette (s. f.), minicassette.

Minidisque (s. m.), diskette.

Minidisquette (s. f.), minifloppy (drive), minidiskette.

Mini-informaticien, -ne (s. m.), minicomputer expert.

Mini-informatique (s. f.), **1.** minicomputer business, market, field, industry, scene, world, **2.** minicomputers.

Minimal, -e (adj.), minimum.
See CODE, CONFIGURATION, PROGRAMMATION.

Minimisation (s. f.), minimization.

Minimiser (v. t.), to minimize.

Mini-ordinateur (s. m.), minicomputer.

Minipériphérique (s. m.), miniperipheral.

Minisuper (s. m.) = minisupercalculateur.

Minisupercalculateur (s. m.), nearsupercomputer.

Minitel (s. m.), videotex terminal. (French PTT) ; **m. rose,** = **messagerie rose.**

Minitélisation (s. f.), **1.** distributing Minitels (videotex terminals) to telephone subscribers, **2.** use of videotex terminals.

Minitéliser (v. t.), to distribute Minitels to telephone subscribers.

Minitéliser (se), « to go videotex », to get a videotex terminal.

Minitéliste (s. m.), owner *or* user of a Minitel, videotex user, home user.

Mini-tour (s. f.), mini-tower.

Minuscule (s. f.), lower case letter.

Minuterie (s. f.), timer, timing (device, system, etc.).

MIPS (millions d'instructions par seconde), (Millions of Instructions per Second) MIPS.

Mirage (s. m.), sight-check(ing) (of cards).

Mirer (v. t.), to sight-check (cards).

Miroir (s. m.), **écriture miroir,** mirroring.

Mise (s. f.), placing, putting, etc. ; **m. à « 1 »,** setting to « 1 », turning on ; **m. à « 0 »,** resetting, turning off, clearing, zeroising ; **m. à disposition,** availability of ; **m. à exécution,** carrying out, execution (of scheme) ; **m. à jour,** updating ; **m. à jour par substitution,** update-in-place ; **m. à la masse,** earthing, grounding ; **m. à l'échelle,** scaling ; **m. à l'échelle automatique,** autoscaling ; **m. à l'état initial,** initialization ; **m. au catalogue,** insertion (in a catalog) ; **m. au format,** cutting to size ; **m. au niveau (technique),** retrofitting ; **m. au point,** debugging, checking out (program) ; desk checking (flowchart) ; **m. au point interactive,** interactive debugging ; **m. au rebut,** discarding, scrapping ; **m. au repère (du papier)** forms positioning ; **m. au repos,** dropping out (of relay), quiescing ; **m. au travail,** picking up, energization (of relay) ; **m. dans un registre, un fichier,** placing, (into a register, file) ; **m. en action,** actuation ; **m. en antémémoire,** caching ; **m. en application,** implementation (of scheme) ; **m. en attente,** camp on ; **m. en caractères gras,** bolding, boldfacing ; **m. en circuit,** turning on, connection, switching in *or* on ; **m. en commun,** pooling (of resources, etc.) ; **m. en communication,** connection, handshaking ; **m. en correspondance,** mapping ; **m. en état de fonctionnement,** readying ; **m. en évidence (de zones sur l'écran),** highlighting, enhancement ; **m. en fabrication,** launching (production) ; **m. en file d'attente,** queueing ; **m. en fonction,** placing, putting, in the ON position (switch) ; **m. en forme,** formatting, editing, post-editing, arranging ; **m. en garde,** clamp on ; **m. en liaison,** connection, linking ; **m. en marche,** starting, starting up ; **m. en mémoire,** storing, reading in ; **m. en mémoire tampon,** buffering ; **m. en mouvement,** actuation ; **m. en œuvre,** implementation ; **m. en ordre,** sequencing, ordering ; **m. en page,** making up, formatting ; **m. en parallèle,** parallelization ; **m. en place,** implementation, installation, phasing in ; threading, loading (of tape), insertion ; **m. en présence,** connection ; **m. en production,** launching (of production) ; **m. en relation,** connection ; **m. en réserve, 1.** saving (into a register), **2.** putting, placing into standby ; **m. en retrait,** indentation ; **m. en route,** starting, starting up ; **m. en séquence,** ordering, sequencing ; **m. en série,** serialization ; **m. en service,** putting into service, putting, placing on the air ; **m. en sommeil (d'une tâche),** de-activation ; **m. en valeur,** enhancement, highlighting ; **m. en veille,** de-activation ; **m. entre accolades, crochets,** placing within braces, brackets, bracketing ; **m. entre parenthèses,** parenthesizing ; **m. hors circuit,** turning off, disconnection, switching off ; **m. hors fonction, 1.** disabling, crippling, **2.** placing, putting, in the OFF position (switch) ; **m. hors service,** disabling, crippling ; **m. hors tension,** turning off (power) ; **m. sous forme de sous-programme,** subroutinizing ; **m. sous tension,** energization, applying power to, powering up ; **m. sur fiches,** card indexing ; **m. sur ordinateur,** computerization.

Mixte (adj.), mixed, dual-purpose ; **a) base mixte,** mixed base ; **b) document mixte** = text + graphics ; **c) carte mixte** = combined smart card (magnetic stripe + microprocessor) ; **d) programmes mixtes** = absolute + symbolic forms ; **e) périphérique m.,** input/output peripheral ; **f) travail mixte,** batch + non-batch job ; **g) système mixte,** analog + digital ; **h) réseau mixte ;** = space-division switching + time-division switching ; **i) terminal mixte** = data/word processing terminal ; **j) trait mixte,** dash-dot ; **k) mode mixte,** an expert system with forward chaining and backward chaining ; **l) système mixte,** multivendor computer system ; **m) disque mixte** = images + text.

Mnémonique (adj.), mnemonic.
See CODE, SYMBOLE.

Mobile (adj.), detachable (keyboard) ; flying (spot).

MOCN (Machine-Outil à Commande Numérique), numerically-controlled machine-tool.

Mode (s. m.), mode ; **m. asservi,** slave mode ; **m. asynchrone,** asynchronous mode : **m. d'accès,** access mode ; **m. d'enregistrement,** recording mode ; **m. dialogue ou dialogué,** conversational mode ; **m. émission,** originate mode ; **m. naturel,** native mode ; **m. réponse,** answer mode ; **m. rouleau,** scroll mode ; **m. synchrone,** synchronous mode.

Modèle (s. m.), model ; picture (COBOL) ; format, layout (of report, etc.) ; **m. hiérarchique,** hierarchical model ; **m. mathématique,** mathematical model ; **m. relationnel,** relational model ; **m. réseau,** network model.

Modélisation (s. f.), model building, model(l)ing ; **m. surfacique,** surface modeling ; **m. volumique,** solids modeling.

Modem (s. m.), modem, data subset ; **m. à rappel,** callback modem ; **m. courte distance,** limited-distance modem, short-haul modem ; **m. longue distance,** long-haul modem ; **modem prêt,** data set ready (DSR).

Modif (s. f.), jarg. modification, change ; **modifs,** mods.

Modificateur (s. m.), modifier ; **m. d'adresse,** address modifier.

Modification (s. f.), modification (of address, etc.) ; alteration, change (to a file, etc.) ; **m. en clientèle,** field modification ; **m. technique,** engineering change (EC).

Modifier (v. t.), to modify (address, etc.), to alter, to change.

Modulaire (adj.), modular (construction, design, etc.), module-based.

Modularisation (s. f.), modularization.

Modulariser (v. t.), to modularize.

Modularité (s. f.), modularity.

Modulateur (s. m.), modulator.

Modulateur-démodulateur (s. m.), modulator/demodulator, modem.

Modulation (s. f.), modulation ; **m. d'amplitude,** amplitude modulation (AM) ; **m. de fréquence,** frequency modulation (FM) ; **m. de phase,** phase modulation (PM) ; **m. par impulsions,** pulse modulation ; **m. par**

impulsions codées (MIC), pulse code modulation (PCM).
See ENREGISTREMENT.

Module (s. m.), **1.** module, building block, **2.** driver (program) ; **m. de base,** core module ; **m. directement exécutable,** load module ; **m. de traitement de terminaux,** terminal handler.

Moduler (v. t.), to modulate, to adjust (flux, etc.).

Modulo.
See CONTRÔLE.

MOG (Micro-Ordinateur de Guichet), front-office micro-computer.

Moletage (s. m.), perforation ; **m. longitudinal,** longitudinal perforation, marginal perforation ; **m. transversal,** cross perforation ; **m. vertical = m. longitudinal ; faire un m.,** to perforate (paper, etc.).

Moleté, -e (adj.), knurled (button), perforated (paper).

Molette (s. f.), (knurled) knob, thumbwheel ; **m. de réglage,** adjustment knob ; perforator.

Moment (s. m.), moment, time ; level (of code) ; **code à huit moments,** 8-level code ; **m. de l'assemblage,** assembly time ; **m. de la compilation,** compile time ; **m. de l'exécution,** object time ; **m. du chargement,** load time.

Monadique (adj.), monadic.

Mondial, -e (adj.), world-wide, global.

Monéticien (s. m.), expert in computerized banking and point of sale (POS).

Monétique (s. f.), credit card and smart card applications, plastic money.

Moniteur (s. m.), **1.** (training) instructor, data processing instructor, **2.** monitor (program *or* routine), **3.** monitor, screen ; **m. anti-emballement,** thrashing monitor ; **m. couleur,** color monitor ; **m. de télétraitement,** teleprocessing monitor ; **m. logiciel,** software monitor ; **m. matériel,** hardware monitor ; **m. monochrome,** monochrome monitor ; **m. temps réel,** real-time monitor.

Monitorat (s. m.), **1.** instructorship, **2.** management (of peripherals, etc,).

Monitrice (s. f.), **m. d'atelier, m. de perforation,** keypunch instructor, keypunch leader, keypunch supervisor, chief keypunch operator, punch-room supervisor.

Monnaie (s. f.), **m. électronique,** plastic money.

Monobobine (adj.), single-reel (file).

Monocabestan (adj.), single-capstan (drive).

Monocanal (adj.), single-channel (controller, etc.).

Monocarte (adj.), single-board (computer, etc.).

Monoclavier (adj.), single-station, single-keyboard (system).

Monoconstructeur (adj.), single-vendor.

Monoconversion (s. f.), single-way conversion.

Monodisque (adj.), single-disk, one-disk (configuration).

Monoface (adj.), single-sided (diskette).

Monofichier (adj.), single-file (tape).

Monofrappe (adj.), single-strike (ribbon).

Monolithique (adj.), monolithic.

Monolocuteur (s. m.), single-speaker, speaker-dependent.

Monomachine (adj.), single-machine.

Mono-ordinateur (adj.), single-computer, one-computer.

Monopoliser (v. t.), to monopolize, to « hog » (central processor, etc.).

Monoposte (adj.) single-station.

Monoprocesseur (adj.), single-processor (system).

Monopuce (adj.), single-chip.

Monoprogrammation (s. f.), uniprogramming.

Monoserveur (adj.), single-server.

Monosite (adj.), single-site (system).

Monostable (adj.), monostable.

Monotâche (adj.), single-task.

Monotonie (s. f.), string, sequence.
See CONSTITUTION, RUPTURE.

Monotraitement (s. m.), single-processor operation, uniprocessing.

Mono-usager (adj.), single-user.

Mono-utilisateur (adj.), single-user.

Monovoie (adj.), single-channel, single-access.

Monovolume (adj.), single-volume.

Montage (s. m.), **1.** assembly (of parts) ; setting-up ; threading, loading (of tape, etc.), mounting (of reel) **2.** (a) fixture (b) circuit, circuitry ; **m. expérimental, m. sur table,** breadboard construction.
See CHAINE, SCHÉMA, TEMPS.

Montant (s. m.), amount, extended value (quantity times unit price).

Monte-Carlo.
See MÉTHODE.

Montée (s. f.).
See TEMPS.

Monter (v. t.), to assemble (parts) ; to thread, to load (tape), to mount (reel), to set up (fixture) ; **monté sur console,** pedestal-mounted.

Mordu (s. m.), **m. d'informatique,** computer addict, computer buff.

Mort, -e (adj.).
See MÉMOIRE.

MOS (Metal Oxide Semiconductor), **MOS à canal N,** N-MOS ; **MOS à canal P,** P-MOS.

Mot (s. m.), word ; **m. à la mode,** buzzword ; **m. alphabétique,** alphabetic word ; **m. d'appel,** call word ; **m. de commande,** control word ; **m. de comptage,** tally word ; **m. de contrôle,** check word ; **m. de donnée,** data word ; **m. d'état,** status word ; **m. de passe,** password ; **m. d'index,** index word ; **m. d'information,** information word ; **m. d'instruction,** instruction word ; **m. machine,** machine word, computer word ; **m. numérique,** numeric word ; **m. paramètre,** parameter word ; **m. réservé,** reserved word.
See COUPURE, LONGUEUR, MARQUE, MÉMOIRE, SÉPARATEUR.

Mot clé (s. m.), keyword.

Moteur (s. m.), motor ; **m. d'inférence,** inference engine (ES) ; **m. pas à pas,** stepper motor, stepping motor.
See PLATEAU.

Motif (s. m.), **1.** reason, **2.** pattern ; **application d'un m.,** patterning.

Mou (s. m.), slack (in tape, etc.).

Mouvement (s. m.), **1.** motion, movement, **2.** (input) transaction, transaction record, change ; activity, transaction data, **3.** paper feed mechanism ; **double m. de papier,** dual-form feed, two-stream paper feed ; **à faible taux de m.,** slow-moving (item).
See ARTICLE, BANDE, CARTE, CODE, DATE, FICHIER, PAQUET, TAUX.

Mouvementation (s. f.), activity (against a file).
See TAUX.

Mouvementé, -e (adj.), active (item) ; **très m.,** high-activity (file) ; **peu m.,** low-activity (file) ; **non-m.,** inactive, unchanged (file).

Moyen, -enne (adj.), average, mean ; **de moyenne puissance,** medium-scale, medium-size(d) (computer) ; **entreprise moyenne,** medium-size firm.
See TEMPS.

Moyennage (s. m.), averaging.

Moyenne (s. f.), mean, average ; **m. des temps de bon fonctionnement,** mean time between failures (MTBF).

Moyeu (s. m.), hub ; **m. porte-bobine,** reel hub.

Muet, -te (adj.), **touche muette,** blank key.

Multiaccès (adj.), multiport.

Multiadresse (adj.), multi-address (message, etc.).

Multibande (adj.), **imprimante m.,** multiple tape lister.

Multibobine (adj.), multireel, multiple-reel ; **fichier m.,** multireel file.

Multibroche (adj.), multipin.

Multicalcul (adj.), multicomputing, multiprocessing.

Multicalculateur (adj.), multicomputer, multiprocessor.

Multicanal (adj.), multichannel.

Multiclavier (adj.), multistation, multiple keyboard (system).

Multicolonnage (s. m.), multiple columns.

Multiconstructeur (adj.), multi-vendor.

Multicouche (adj.), multilayer (board).

Multicritère (adj.), multicriterion.

Multidestinataire (adj.), multi-address (message, etc.).

Multidimensionnel (adj.), multidimensional.

Multifenêtrage (s. m.), multiwindow(ing).

Multifenêtre (adj.), multiviewport.

Multifichier (adj.), multifile ; **bande m.,** multiple file tape.
See BOBINE.

Multifournisseur (adj.), multivendor.

Multifrappe (adj.), multistrike (ribbon).

Multiligne (adj.), multiline.
See CONTRÔLEUR.

Multilocuteur (adj.), multi-speaker, speaker-independent.

Multinational, -e **1.** (adj.), multinational ; **2.** (s. f.), multinational company (MNC).

Multiniveau (adj.), multilevel.

Multinœud (adj.), multinode.

Multipalier (adj.), multirate.
See KIOSQUE.

Multipasse (adj.), multipass (compiler).

Multiperforation (s. f.), multipunching, multiple punching.

Multiple (adj.), multiple ; **à usages multiples,** multipurpose ; **fiche m.,** split wire.

Multiplet (s. m.), byte.

Multiplex (s. m.), multiplex.

Multiplexage (s. m.), multiplexing ; **m. en fréquence,** frequency-division multiplexing (FDM) : **m. spatial,** space-division multiplexing, **m. temporel,** time-division multiplexing (TDM).

Multiplexer (v. t.), to multiplex.

Multiplexeur (s. m.), multiplexer, multiplexor mux ; **canal m.,** multiplexor channel ; **m. statistique,** statistical multiplexor.

Multiplicande (s. m.), multiplicand.

Multiplicateur (s. m.), multiplier ; **m. numérique,** digital multiplier unit.

Multiplication (s. f.), multiplication, multiply.

Multiplier (v. t.), to multiply.

Multiplume (adj.), multipen.

Multipoint (adj.), multipoint, multidrop (line, etc.).

Multipolice (adj.), multifont.

Multiposte (adj.), multistation, multiple station.

Multiprécision (adj.), multiprecision.

Multiprocesseur (adj.), multiprocessor (system).

Multiprogrammation (s. f.), multiprogramming, multiple programming ; **exploitation en m.,** multiprogram operation *or* working.

Multiprotocole (adj.), multiprotocol.

Multipuce (adj.), multichip.

Multiserveur (adj.), multiserver (architecture).

Multiservice (adj.), general purpose.

Multisite (adj.), multisite.

Multisupport (adj.), multimedia.

Multitâche (adj.), multi-task.

Multitarif (adj.), multirate.
See KIOSQUE.

Multiterminal (adj.), multiterminal.

Multitraitement (s. m.), multiprocessing ; **travailler en m.,** to multiprocess.

Multi-utilisateur (adj.), multi-user, multiseat.

Multivoie (adj.), multiway, multichannel, multiport.

Multivolet (adj.), **étiquette m.,** multipart tag.

Muté, -e (adj.), **sans piste mutée,** flag-free.

Mylar, Mylar (Trade-mark of E. I. DuPont de Nemours).

N

N.
See CODE, MÉMOIRE.

N/A (Numérique/Analogique), digital/analog (D/A).

Nacelle (s. f.), boat.

Nanoréseau (s. m.), (Registered Trademark), « micronet ».

Nanoseconde (s. f.), nanosecond (10^{-9}).

Naissance (s. f.), **point de n. (de l'information),** point of origination.

National, -e (adj.), national, nationwide (network, etc.), domestic, home-grown, indigenous, local (computer industry).

Naturel, -elle (adj.), natural.
See LANGAGE, MODE, SUITE.

Navette (s. f.), shuttle.
See CHARIOT, DOCUMENT, IMPRIMANTE.

Né, -e (p. p.), **dernière née (d'une gamme de machines)** latest addition to (a range).

NEA (Numérotation Européenne des Articles), European Article Numbering (EAN).

Négatif, -ive (adj.), negative.
See DÉPASSEMENT.

Négation (s. f.), negation.

Nettoyage (s. m.), cleaning.

Nettoyeur (s. m.), **n. de bande magnétique,** magnetic tape cleaner.

Neuf (s. m. & adj. num.), nine.
See ALIMENTATION, COMPLÉMENT, PREUVE, REPORT.

Neuronal -e (adj.), **informatique neuronale,** neurocomputing ; **ordinateur n.,** neurocomputer ; **réseau n.,** neural network *or* net.

Neutralisation (s. f.), inhibition.

Neutraliser (v. t.), to inhibit.

Ni (conj.).

See OPÉRATION.

Nickel (s. m.), nickel.
See LIGNE.

NIP (Numéro d'Identification Personnel), Personal Identification Number (PIN).

Niveau (s. m.), level ; **au niveau...,** -oriented, at ... level ; **au niveau du bit, de l'octet,** bitwise, bytewise ; **au niveau de l'entreprise, de l'industrie, du système,** companywide, industrywide, systemwide ; **n. d'interruption,** interrupt level ; **l. de haut niveau,** high-level language (HLL).
See HIÉRARCHIQUE.

Nodal (adj.), nodal.

Nœud (s. m.), node ; **n. de réseau,** network node ; **n. de traitement,** computing node ; **n. destinataire,** destination node, TO node ; **n. émetteur, n. origine,** origination node, FROM node ; **n. international,** gateway node.

Nom (s. m.), name, identification ; **n. abrégé,** short name ; **n. de donnée,** data name ; **n. de fichier,** file name ; **n. d'unité,** drive designator ; **n. symbolique,** reference symbol, tag.
See CHANGER, TABLE.

Nombre (s. m.), number ; count (of errors, etc.) population (of programs, manufacturers, chips, etc.) ; **n. à ajouter,** addend ; **n. aléatoire,** random number ; **n. au hasard,** random number ; **n. binaire,** binary number ; **n. biquinaire,** biquinary number ; **n. de composants,** component count ; **n. d'effacements,** erase count ; **n. d'erreurs,** error count ; **n. de mots,** word count ; **n. d'itérations,** iteration count ; **n. décimal,** decimal number ; **n. décimal codé binaire,** binary coded decimal number ; **n. en double précision,** double-precision number ; **n. en longueur double,** double-length number ; **n. entier,** integer, whole number ; **n. immédiatement supérieur,** next-higher number ;

n. octal, octal number ; **n. premier,** prime number.
See GÉNÉRATEUR, REPRÉSENTATION.

Nomenclature (s. f.), bill of materials (B/M), parts list ; **n. à un niveau,** single-level bill of materials ; **n. multiniveau,** indented bill of materials.
See ÉCLATEMENT.

Nominatif, ive (adj.), **données nominatives,** name-linked (computer) data.

Nommage (s. m.), naming.

Nomographe (s. m.), alignment chart.

Non adressable (adj.), non-adressable.

Non affecté, -e (adj.), unallocated, unassigned.

Non agrafé, -e (adj.), unstapled.

Non arrondi, -e (adj.), unrounded.

Non attribué, -e (adj.), unassigned.

Non automatisable (adj.), non-automatizable, non-computerizable.

Non automatisé, -e (adj.), non-automated.

Non borné, -e (adj.), unbounded.

Non codé, -e (adj.), uncoded.

Non commutable (adj.), non-switchable.

Non complémenté, -e (adj.), uncomplemented.

Non-concordance (s. f.), discrepancy, un-equality, mismatch ; **n.-c. de labels,** label check failure.

Non condensé, -e (adj.), uncompressed, un-packed (data).

Non-conjonction (s. f.), non-conjunction.

Non consécutif, -ive (adj.), non-contiguous, disjoint.

Non contrôlé, -e (adj.), unaudited (accounts), unchecked, undebugged (program), un-tested (tape), unverified (card).

Non convivial, -e (adj.), unfriendly, occ. user-hostile.

Non-correspondance (s. f.), no-hit condition (e. g. master item without transaction item).

Non décalé, -e (adj.), unshifted.

Non dédié, -e (adj.), non dedicated.

Non défini, -e (adj.), undefined (symbol, etc.).

Non destructif, -ive (adj.), non-destructive ; **lecture n.-destructive,** non-destructive reading *or* readout.

Non détecté, -e (adj.), undetected (error, etc.).

Non-disponibilité (s. f.), non-availability, un-availability.

Non disponible (adj.), non-available, unavail-able.

Non dissociable (adj.), bundled (price).

Non édité, -e (adj.), 1. unpublished, 2. (anglicism) unedited, unformatted (data).

Non effaçable (adj.), non-erasable (storage, tape error, etc.).

Non encapsulé, -e (adj.), unencapsulated (CI).

Non encoché, -e (adj.), unnotched (card).

Non encombré, -e (adj.), uncluttered.

Non enregistré, -e (adj.), unposted (entry), unrecorded (tape, etc.).

Non-équivalence (s. f.), non-equivalence.

Non ET.
See ÉLÉMENT.

Non-exécution (s. f.), non-performance.

Non garanti, -e (adj.), uncertified (tape).

Non identifiable (adj.), unrecognizable.

Non imposé, -e (adj.), free (format, etc.).

Non imprimable (adj.), unprintable.

Non imprimant, -e (adj.), non-printing (cal-culator, etc.).

Non imprimé, -e (adj.), unprinted.

Non imputé, -e (adj.), uncharged (machine time, etc.).

Non indexé, -e (adj.), unindexed.

Non indicé, -e (adj.), unsubscripted.

Non-informaticien, ne (adj.), non-data pro-cessing people, non-computer people, non-computing people.

Non intelligent, -e (adj.), dumb (terminal).

Non justifié, -e (adj.), unjustified (text).

Non linéaire (adj.), non-linear.
See OPTIMISATION, PROGRAMMATION.

Non masquable (adj.), non-maskable.

Non modifié, -e (adj.), unaltered, unchanged ; unmodified (address).

Non mouvementé, -e (adj.), inactive, unmoved (master item).

Non normalisé, -e (adj.), unnormalized ; non-standard (item, etc.).

Non numérique (adj.), non-numeric.

Non ordonné, -e (adj.), unordered, unsequenced, unsorted (file).

Non orienté, -e (adj.), non-oriented (graph).

Non OU.
See ÉLÉMENT.

Non perforé, -e (adj.), unpunched (card, etc.), unperforated (film, etc.), unsprocketted, punchless.

Non pertinent, -e (adj.), irrelevant.

Non perturbé, -e (adj.), undisturbed.

Non personnalisé, -e (adj.), uncustomized.

Non planifié, -e (adj.), unscheduled (maintenance, etc.).

Non polarisé, -e (adj.), non-polarized.
See ENREGISTREMENT.

Non pondéré, -e (adj.), unweighted.

Non prévisible (adj.), unpredictable (results, etc.).

Non prévu, -e (adj.), non-scheduled, unscheduled.

Non prioritaire (adj.), background (program).

Non privilégié, -e (adj.), unprivileged (user, etc.).

Non procédural, -e (adj.), non procedural (language).

Non productif, -ive (adj.), **travail n.-p. (de mise au point)**, non-production work.

Non programmable (adj.), unprogrammable.

Non programmé, -e (adj.), unprogrammed.

Non proportionnel, -elle (adj.), monospaced.

Non-rémanence (s. f.), volatility.

Non réparable (adj.), unrecoverable, non-recoverable (error, etc.).

Non répétitif, -ive (adj.), one-shot (problem, etc.).

Non réservé, -e (adj.), uncommitted (backplane slots).

Non-retour (s. m.), non-return ; **n.-r. à zéro,** non-return to zero.
See ENREGISTREMENT.

Non segmenté, -e (adj.), unsegmented.

Non significatif, -ive (adj.), non-significant, insignificant.

Non simultané, -e (adj.), non-concurrent (operation).

Non spécialisé, -e (adj.), unskilled (personnel), non-dedicated, undedicated (line), general-purpose (computer).

Non spécifique (adj.), non proprietary.

Non standard (adj.), non-standard.
See FICHIER.

Non structuré, -e (adj.), unformatted.

Non stylisé, -e (adj.), non-stylised (font).

Non tamponné, -e (adj.), non-buffered, unbuffered (printer, etc.).

Non traduit, -e (adj.), uninterpreted (card).

Non traité, -e (adj.), unprocessed, raw (data).

Non translatable (adj.), unrelocatable.

Non trié, -e (adj.), unsorted, unordered (file).

Non tronqué, -e (adj.), untruncated, complete.

Non vérifié, -e (adj.), unverified.

Non vierge (adj.), non-blank.

Normal, -e (adj.), normal, standard ; **perforation normale,** normal stage punching.

Normalisateur, -trice (adj.), standard-making (body).

Normalisation (s. f.), **1.** standardization **2.** normalization.

Normalisé, -e (adj.), **1.** standard, standardized, **2.** normalized (form).
See FORME, INTERFACE.

Normaliser (v. t.), **1.** to standardize, **2.** to normalize.

Norme (s. f.), standard ; **n. de fait,** de facto standard.

Normographe (s. m.), lettering guides.

Notarisation (s. f.), notarization.

Notation (s. f.), notation ; **n. à base fixe,** fixed radix notation ; **n. abrégée,** shorthand notation ; **n. binaire,** binary notation ; **n. biquinaire,** biquinary notation ; **n. décimale,** decimal notation ; **n. décimale codée binaire,** binary coded decimal notation ; **n. infixée,** infix notation ; **n. octale,** octal notation ; **n. polonaise,** Polish notation, Warsaw notation.

Note (s. f.), **n. en bas de page,** footnote.

Notice (s. f.), **n. d'entretien,** maintenance manual.

Nouveau, -velle (adj.), new ; updated (file) ; **n. fichier permanent,** master output file, updated master file ; **n. venu, 1.** new entry (equipment), **2. n. venu à l'informatique,** first-time computer user ; **nouvel article,** addition record.

Novotique (s. f.), data processing + office automation + robotics + « telematics ».

Noyau (s. m.), **1.** core, **2.** nucleus (resident portion of operating system), kernel.

Nu, -e (adj.), naked (mini, etc.) ; bare (board).

Nuage (s. m.), **n. de points,** scatter chart, scatter plot, scattergram.

Nul, -nulle (adj.), null, void ; zero (voltage, etc.).

Numéral, -e (adj.), numeral.

Numérateur (s. m.), numerator.

Numération (s. f.), notation, numeration ; **n. à base fixe,** fixed base notation ; **n. à base multiple,** mixed base notation ; **n. binaire,** binary notation ; **n. biquinaire,** biquinary notation ; **n. décimale,** decimal notation ; **n. hexadécimale,** hexadecimal notation. See BASE, SYSTÈME.

Numériciel (s. m.), numerical computation program *or* software.

Numéricien (adj.), **ingénieur n.,** numerical methods engineer.

Numérique (adj.), numeric(al), digital ; **numérique/analogique,** (N/A) digital-to-analog(ue) (D/A). See ANALYSE, ANALYSEUR, CALCULATEUR, CARACTÈRE, CODE, CODIFICATION, COMMANDE, CONVERTIR, CONVERTISSEUR, DIVISEUR, DONNÉES, HORLOGE, INFORMATION, INTÉGRATEUR, MACHINE, MACHINE-OUTIL, MOT, MULTIPLICATEUR, PERFORATION, REPRÉSENTATION, SOUSTRACTEUR, TRI.

Numériquement (adv.), numerically, digitally.

Numérisation (s. f.), digitization, digitizing.

Numériser (se), to go digital.

Numériser (v. t.), to digitize ; to grab (images).

Numériseur (s. m.), digitizing plotter, digitizer.

Numéro (s. m.), number ; **n. d'appel,** call number ; **n. de compte,** account number ; **n. de contrôle,** check number ; **n. de pointage,** clock number ; **n. de référence,** reference number, part number ; **n. d'identification personnel (NIP),** personal identification number (PIN) ; **n. d'immatriculation,** serial number (of reel, etc.) ; **n. d'ordre,** sequence number (of reel, etc.) ; **n. un mondial de l'informatique,** world's number one computer firm ; **n. vert,** toll-free number.

Numérotage (s. m.), **plan de n.,** numbering plan

Numérotation (s. f.), **1.** numbering ; **2.** dial(l)ing. **n. abrégée,** abbreviated dialing ; **n. consécutive,** serialization (of cards, etc.) ; **N. Européenne des Articles (NEA),** European Article Numbering (EAN).

Numéroter (v. t.), **1.** to number ; to serialize (cards, etc.) ; **2.** to dial.

Numéroteur (s. m.), numbering machine.

Nuplet (s. m.), tuple (relational data base).

O

Objet (s. m.), object ; piece of mail ; **orienté o.,** objected-oriented ; **programmation par objets,** object programming.
See LANGAGE, PROGRAMME.

Obligatoire (adj.), compulsory ; required (option) ; **opérations o.,** must-do operations.

Oblique (adj.), **barre o.,** slash, slant,/.

Obliquité (s. f.), skew ; **o. de la bande,** tape skew.

Obtention (s. f.), **délai d'o.,** lead time.

Occasion (s. f.), opportunity, occasion ; **matériel, ordinateur d'o.,** used equipment, computer.

Occasionnel, -le (adj.), **utilisateur o.,** casual user.

Occultation (s. f.), blanking (of a field, etc.) ; **période d'o. de l'écran,** blackout time.

Occulter (v. t.), to blank (fields).

Occupation (s. f.), occupation ; **o. en mémoire (d'un programme),** memory requirements.
See DAMIER, DENSITÉ.

Occupé, -e (adj.), busy (peripheral etc.), engaged (line).

Occuper (v. t.), to occupy, to take up (space, etc.).

Occurrence (s. f.), occurrence (ling.), find.

Octal, -e (adj.), octal.
See CHIFFRE, NOTATION, SYSTÈME.

Octet (s. m.), eight-bit byte.

Octoprocesseur (adj.), eight-processor (system).

Octroi (s. m.), **o. de licence,** licensing.

Œuvre (s. f.).
See MAITRE, METTRE, MISE, PIED.

OI (Ordinateur Individuel), personal computer (PC).

Ombrage (s. m.), shading.

Ombrer (v. t.), to shade.

Omission (s. f.).
See CARACTÈRE.

O/N (Oui/Non), Yes/No (Y/N).

Onde (s. f.), wave, waveform ; **o. porteuse,** carrier, carrier wave.

Onduleur (s. m.), inverter.

Onze (s. m. & adj. num.), eleven.
See PERFORATION.

OP (Ordinateur Personnel), personal computer (PC).

Opérande (s. m.), operand.

Opérateur (s. m.), 1. (machine) operator, 2. operator (math.) ; **o. arithmétique,** arithmetic(al) operator ; **o. binaire,** binary operator ; **o. booléen,** Boolean operator ; **o. de comparaison** (>, <, =), comparison operator ; **o. de relation,** relational operator ; **o. d'un terminal,** terminal operator ; **o. ET,** AND operator ; **o. logique,** logical operator ; **o. OU,** OR operator ; **o. OU exclusif,** exclusive OR operator ; **o. OU inclusif,** inclusive OR operator ; **o. sur ordinateur,** computer operator ; **o. sur matériel classique,** tabulating machine operator, unit record machine operator ; **o. sur terminal,** terminal operator.
See CHEF, INTERRUPTION, PUPITRE, TABLEAU.

Opération (s. m.), 1. operation, process, 2. transaction ; **o. arithmétique,** arithmetic(al) operation ; **o. auxiliaire,** auxiliary operation ; **o. binaire,** binary operation ; **o. booléenne,** Boolean operation ; **o. complémentaire,** complementary operation ; **o. de calcul,** calculating *or* arithmetic operation ; **o. de commande,** control operation ; **o. de contrôle,** check operation ; **o. de service,** auxiliary, bookkeeping, housekeeping, red tape operation ; **o. de servitude = opération de service, o. de transfert,** transfer operation ; **o. ET,** AND oper-

ation ; **o. ineffective,** no-operation (NOP) ; **o. logique,** logical operation ; **o. machine,** computer operation, machine operation ; **o. NON,** NOT operation ; **o. NON-ET,** NOT-AND operation ; **o. NON-OU,** NOR operation ; **o. OU,** OR operation ; **o. OU exclusif,** exclusive-OR operation ; **o. OU inclusif,** inclusive-OR, operation.
See CODE, DÉROULEMENT, PARTIE, ZONE.

Opérationnel, -elle (adj.), operational.
See CHERCHEUR, RECHERCHE.

Opératoire (adj.), effective (instruction).

Opératrice (s. f.), (female) operator ; **o. de perforation,** keypunch operator ; **o. de saisie,** data entry operator, data entry clerk, input clerk ; **o. de traitement de texte,** word processing operator ; **o. de vérification,** verifier operator.

Opportunité (s. f.).
See ÉTUDE.

Optimalisation (s. f.), optimization.

Optimaliser (v. t.), to optimize.

Optimisation (s. f.), optimization ; **o. non-linéaire,** non-linear optimization.

Optimisé, -e (adj.), (logic) path seeking (bidirectional printing).

Optimiser (v. t.), to optimize.

Optimiseur, 1. (adj.), optimizing, **2.** (s. m.) optimizer.

Option (s. f.) option ; **en o., sur o.,** optional(ly) (as opposed to standard) ; **o. implicite,** assumed option, default option ; **o. systématique = option implicite ; les options,** jarg. « bells and whistles ».

Optique (adj.), optical.
See LECTEUR, LECTURE, MANDAT, RECONNAISSANCE.

Optiquement (adv.), optically.

Optoélectronique (s. f.), optoelectronics.

Ordinateur (s. m.), computer, stored-program computer, computer equipment *or* system, data processing system, information processing system ; **o. à architecture RISC,** RISC computer ; **o. à bandes (magnétiques),** tape-based *or* tape-oriented computer ; **o. à cartes,** card-based *or* card-oriented computer ; **o. à cartes à piste magnétique,** ledger computer ; **o. à disques,** disk-based *or* disk-oriented computer ; **o. à**

disque(s) souple(s), floppy-based computer ; **o. à tolérances de pannes,** fault-tolerant computer ; **o. à usage militaire,** military computer ; **o. asservi,** slave computer ; **o. bancaire,** banking computer ; **o. biprocesseur,** dual-processor computer ; **o. central,** host computer, central computer, main computer, main-site computer ; mainframe ; **o. comptable,** accounting computer ; **o. cryogénique,** cryogenic computer ; **o. de bureau, 1.** desk-size(d) computer, office computer, **2.** desk-top computer ; **o. de compilation,** source computer ; **o. de composition automatique,** typesetting computer ; **o. d'enseignement,** educational computer, instructional computer ; **o. d'exécution,** object computer ; **o. de gestion,** business (-oriented) computer, commercial computer ; **o. de gestion de lignes,** front-end processor (FEP) ; **o. de gestion de réseau,** network control processor ; **o. de grande puissance,** large-scale computer ; **o. de moyenne puissance,** medium-scale computer ; **o. de reprise,** backup computer ; **o. de réservation,** booking computer ; **o. de sauvegarde,** backup computer ; **o. de secours,** backup computer ; **o. de table,** desk-top computer ; **o. de télégestion = ordinateur de transmission ; o. de téléphonie,** telephone processor ; **o. de transmission,** data communications processor, communications-oriented computer ; **o. de vol,** flight computer ; **o. d'occasion,** second-hand computer, used computer ; **o. départemental,** departmental computer ; **o. déporté,** remote computer ; **o. domestique,** home computer ; **o. dorsal,** back-end computer ; **o. en réserve,** backup computer, standby computer ; **o. en temps partagé,** time-sharing computer ; **o. (en) temps réel,** real-time computer ; **o. familial,** home computer ; **o. géant,** superscale computer ; **o. hôte,** host computer ; **o. individuel,** personal computer (PC) ; **o. militaire,** military computer ; **o. monocarte,** single-board computer (SBC) ; **o. monoprocesseur,** single-processor computer ; **o. neuronal,** neurocomputer ; **o. personnel (OP),** personal computer (PC) ; **o. pilote,** master computer, control computer (in multiprocessor system) ; **o. portable,** portable computer ; **o. principal,** main computer, host computer, back-end computer, « number cruncher » ; **o. satellite,** satellite computer, remote computer, peripheral

computer, terminal computer ; **o. scientifique,** scientific computer ; **o. spécialisé,** special-purpose computer, dedicated computer ; **o. travaillant en temps partagé, en temps réel,** time-shared *or* time-sharing computer, real-time computer ; **o. universel,** general-purpose computer, all-purpose computer.
See COMMANDE, COMPOSITION, CONSTRUCTEUR, GÉRÉ, PARC, SALLE, SERVICE.

Ordinatique (s. f.), computer science.

Ordinophobe (s. m.), computer phobic.

Ordinogramme (s. m.), flowchart, flow-diagram.

Ordonnancement (s. m.), scheduling, sequencing ; **agent d'o.** scheduling clerk.

Ordonné, -e (adj.), ordered (set of data).
See SUITE.

Ordonnée (s. f.), ordinate.

Ordonner (v. t.), **1.** to arrange (in ascending *or* descending sequence), to order, to sequence, **2.** to order, to command.

Ordre (s. m.), **1.** order, sequence, **2.** order, command, control information ; **en o.,** ordered, sequenced (file, etc.) ; **en o. inverse,** in reverse order *or* sequence ; **en o. quelconque,** in random order *or* sequence, randomly arranged ; **o. croissant,** ascending order *or* sequence ; **o. d'achat (OA),** purchase order (PO) ; **o. d'apparition,** order of appearance ; **o. de classement des caractères,** collation sequence, collating sequence ; **o. de contrôle,** control statement ; **o. de fabrication (OF),** work order (WO), shop order ; **o. de gestion,** ontrol record ; **o. de modification technique,** engineering change order (ECO) ; **o. de réapprovisionnement,** purchase order ; **o. de succession des opérations,** sequence of operations ; **o. décroissant,** descending order *or* sequence ; **o. d'exécution des instructions,** control sequence ; **o. lexicographique,** collating *or* collation sequence.
See METTRE, MISE, NUMÉRO, REMETTRE, REMISE.

Organe (s. m.), unit ; **o. central,** central processor ; **o. de calcul,** arithmetic unit *or* section ; **o. de commande,** control section *or* unit ; **o. de commande des entrées/sorties,** input/output control section *or* unit ; **o. de gestion des entrées/ sorties = organe de**

commande des entrées/sorties ; **o. de traitement,** processor, processor section.

Organigramme (s. m.), flowchart, flow-diagram ; **o. détaillé,** low-level flowchart ; **o. général,** top-level flowchart ; **o. hiérarchique (de personnes),** organization chart ; **o. logique,** logical flowchart ; **o. de programmation,** programming flowchart.
See TRACER.

Organigraphe (s. m.), flowchart(ing) template, charting template, diagramming template, programmer's template.

Organique (adj.).
See ANALYSE.

Organisation (s. f.), organization ; set-up (of deck of cards) ; scheduling (of vehicle routing) ; **o. en pages,** paging.
See CABINET, CONSEILLER.

Organiser (v. t.), to organize ; to set up (deck of cards, etc.) ; to schedule (vehicle routing, etc.).

Orientable (adj.), swivelable (screen, etc.).

Orienté, -e (adj.), -oriented, -directed.
See GRAPHE.

Original, -e (adj.), original.

Original (s. m.), original, master copy, top copy.

Origine (s. f.), origin.
See ADRESSE.

Orthographique (adj.), **dictionnaire o.,** spelling dictionary.

Oscillo (s. m.), jarg. scope.

Oscilloscope (s. m.), oscilloscope.

OU (conj.), OR ; **OU exclusif,** exclusive OR ; **OU inclusif,** inclusive OR.
See CIRCUIT, ÉLÉMENT, OPÉRATEUR, OPÉRATION.

Outil (s. m.), tool : (plur.) aids ; **o. de calcul,** computational tool ; **o. de gestion,** management, managerial tool ; **outils de mise au point,** debugging aids ; **outils de programmation,** programming aids ; **outils logiciels,** software aids, software tools.

Ouvert, -e (adj.), open ; open-ended (system, etc.).
See BOUCLE, EXPLOITATION, SOUS-PROGRAMME.

Ouverture (s. f.), **1.** opening (of file, etc.);
log-on, sign-on (session); **2.** aperture (in
aperture card, etc.).

See CARTE.

Ouvrir (v. t.), to open (file, etc.); to log on,
to sign on (session).

P

PAE (Prêt A Emettre), clear to send (CTS).

Page (s. f.), page ; **p. d'accueil,** welcome page, banner page, « Welcome to ... Page » ; **p.-écran,** screenful, frame ; **p. suivante,** new page.
See CARACTÈRE, EN-TÊTE, FICHIER, IMPRIMANTE, INDEX, LECTEUR, LIGNE, ORGANISATION, TRANSFERT.

Paginable (adj.), pageable.

Pagination (s. f.), paging ; **p. à la demande,** demande paging.

Paginer (v. t.), to paginate ; **paginé à la demande,** demand-paged.

Paie (s. f.), pay, payroll ; **programme de calcul de la p.,** payroll program.

Paiement (s. m.), **p. électronique,** electronic payment.

Pair, -e (adj.), even.

Pair (s. m.), peer ; **évaluation des performances par les pairs,** peer review ; **appréciation (d'un produit) par les pairs,** peer rating.

Paire (s. f.), **p. torsadée,** twisted pair.

Palier (s. m.), **par paliers de 16 K,** in 16 K increments, jarg. in 16 K chunks.

Palette (s. f.), **1.** palette, gamut (of colors, shades) ; **2.** range (of services), repertoire (of instructions) ; **p. de jeu,** games, paddle ; **p. électronique** *ou* **graphique,** electronic paint system.

Palpeur (s. m.), sensing arm, device, finger, etc. ; **p. de fin de papier,** paper-out arm, out-of-paper arm *or* sensor ; **p. de lecture,** feeler pin.

Panachage (s. m.), mix and match.

Panier (s. m.), **fond de p.,** backplane, backpanel.

Panne (s. f.), breakdown, failure, trouble, fault ; **p. de courant,** power failure ; **p. de secteur,** mains failure, utilities failure ; **p.**

franche, permanent fault ; **p. machine,** equipment failure, hardware failure, computer outage ; **p. système,** hard crash (with loss of data), soft crash (without loss of data) ; **être en p.,** to be out of order (machine, etc.) ; **tomber en p.,** to crash, to go dead.
See RECHERCHE, RECHERCHER, TEMPS.

Panneau (s. m.), **1.** panel, board, **2.** banner (across page) ; **p. d'affichage,** display panel ; **p. d'affichage électronique,** electronic bulletin board ; **p. de commande,** control panel ; **p. de distribution,** switchboard ; **p. d'entretien,** maintenance panel.

Panoramique (s. m.), pan(ning) ; **faire un p.,** to pan.

Panoramiquer (v. t.), to pan.

PAO **1. (Production Assistée par Ordinateur),** Computer-Assisted Manufacturing (CAM) ; **2. (Programmation Assistée par Ordinateur),** Computer-Assisted Programming ; **3. (Publication Assistée par Ordinateur),** desktop publishing (DTP).

Papier (s. m.), paper, forms, stationery ; **p. autocopiant,** carbonless paper ; **p. carboné,** carbon-backed, carbon-loaded paper, carbonized paper ; **p. en accordéon,** fanfold(ed) paper, Z-fold paper ; **p. en continu,** continuous form ; **p. en continu à perforations marginales,** continuous sprocket-hole(d) stationery ; **p. en continu à pliage paravent,** (continuous) fan-fold(ed) paper ; **p. en rouleau,** roll-fed paper ; **p. ordinaire,** plain paper ; **p. thermosensible,** heat-sensitive paper.
See ALIMENTATION, APPROCHE, AVANCEMENT, BOURRAGE, CARACTÈRE, CHARIOT, CHEMIN, COUTEAU, DÉTECTEUR, ÉJECTION, ENTRAÎNEMENT, ENTRAÎNEUR, FIN, FORCE, MÉCANISME, MISE, PALPEUR, PLATEAU, RÉCEPTEUR, SAUT, VITESSE, VOLET.

Papillotement (s. m.), flicker.

Paquet (s. m.), deck *or* pack (of cards) ; burst

(of errors) ; packet (of data) ; **p. de cartes données,** data deck ; **p. de cartes en binaire,** binary deck ; **p. de cartes en langage source,** source deck ; **p. de cartes entrée,** input (card) deck ; **p. de cartes mouvements,** transaction deck ; **p. de cartes paramètres,** control deck ; **p. de cartes sortie,** output (card) deck.
See RÉSEAU.

Paquetage (s. m.), encapsulation (of data).

Parabole (s. f.), dish antenna.

Parabolique (adj.), parabolic ; **antenne p.,** dish antenna.

Paragraphe (s. m.), paragraph ; **p. passe-partout, p. standard,** boiler plate, canned paragraph.

Para-informatique (adj.), computer-related (products, etc.).

Parallèle (adj.), parallel ; **en p. par bit,** parallel by bit, in bit parallel form.
See ACCÈS, ADDITIONNEUR, CALCULATEUR, CONVERTIR, CONVERTISSEUR, DEMI-ADDITIONNEUR, DEMI-SOUSTRACTEUR, EXPLOITATION, IMPRIMANTE, TRANSFERT, TRANSMISSION.

Parallélépipède (s. m.), **p. englobant,** bounding box.

Parallélisation (s. f.), parallelization.

Paralléliser (v. t.), to parallelize.

Parallélisme (s. m.), parallelism.

Paramétrable (adj.), skeletal (coding, etc.).

Paramètre (s. m.), parameter ; control data *or* information ; **p. de description,** descriptive parameter ; **p. d'exploitation,** operating parameter ; **p. effectif,** actual parameter ; **p. prédéfini,** preset parameter.

Paramétré, -e (adj.), parameterized ; **non p.,** parameterless.
See CARTE, FIGEAGE, MOT.

Paramétrer (v. t.), to parameterize.

Paramétrique (adj.), parametric.

Paramétrisation (s. f.), parameterization.

Parasite (s. m.), noise, noise record ; drop in (on tape).

Parasite (adj.), extraneous, spurious (infor-

mation) ; **informations parasites,** hash, garbage ; **signal p.,** interference signal.

Parasurtenseur (s. m.), surge protector.

Paravent (s. m.), fan-fold(ed) paper.
See also PLIAGE.

Parc (s. m.), **1.** fleet (of vehicles), **2.** count of, number of, population of (terminals, programs, etc.) ; inventory (of tapes) ; **p. de matériel,** equipment population, field-installed machines, installed base ; **p. d'ordinateurs,** computer base, computer population ; **p. d'utilisateurs,** user base, user population ; **p. informatique,** computing equipment, computer population ; **p. locatif,** rental equipment, population of (computers, etc.) rented ; **p. micro,** population of microcomputers (sold, etc.) ; **valeur du parc,** value of computers installed, installed value of computer equipment.

Parcourir (v. t.), to search, to browse (through), to scan (file, etc.), to pass through, to travel (a distance), to roam ; to go down (a list) ; to traverse (a loop), to navigate (data base) ; to riffle through, to page through, to flick through (videotex), to go through.

Parcours (s. m.), path (of program), route (of vehicles), navigation (through a data base) ; **impression du p. d'un programme,** tracing.

Parenthésage (s. m.), parenthesizing.

Parenthèse (s. f.), parenthesis, round bracket ; **p. gauche,** opening parenthesis ; **p. droite,** closing parenthesis ; **entre parenthèses,** parenthesized ; **non entre parenthèses,** unparenthesized.

Parité (s. f.), (even) parity ; **p. impaire,** odd parity ; **p. longitudinale,** longitudinal parity, horizontal parity ; **p. transversale,** vertical parity, transverse parity.
See BIT, CLÉ, CONTROLE, PERFORATION.

Parler (v. i.), to talk.

Parleur (s. m.), talker.

Parole (s. f.), speech, voice, words.
See RECONNAISSANCE, SYNTHÈSE.

Parquage (s. m.), parking (of heads) ; **p. automatique,** autopark.

Parquer (v. t.), to park (heads, etc.).

Part (s. f.), slice (of pie chart).

Partage (s. m.), **p. de, du, temps,** time-sharing, **p. des ressources,** resource sharing.

Partagé (adj.).
See TEMPS.

Partageable (adj.), sharable.

Partager (v. t.), to share (resources), to split (screen).

Partie (s. f.), part, portion ; **p. adresse (d'une instruction),** address part ; **p. code opération (d'une instruction),** operation part.

Partiel, -elle (adj.), partial.

Partition (s. f.), partition.

Partitionnement (s. m.), partitioning.

Partitionner (v. t.), to partition.

Pas (s. m.), **1.** (a) **(de progression)** step, step size, stepping increment *or* interval, increment, (b) **(de régression)** decrement, **2.** pitch ; **p. d'entraînement,** feed pitch ; **p. de traitement (d'un programme),** program step ; **p. longitudinal,** row pitch ; **p. transversal,** track pitch.

Pas à pas (s. m.), step-by-step operation ; **(en) pas à pas,** incrementally ; **exécuter un programme (en) pas à pas,** to step through a program ; **faire avancer (en) pas à pas,** to single-step (program) ; **fonctionnement (en) pas-à-pas,** step-by-step operation, single-step operation, one-shot operation.

Passage (s. m.), **1.** run, pass (of program, etc.), running, execution, etc., **2.** (a) shift (e. g. from lower case to upper case), (b) conversion (process) ; cut(ting) over ; transition ; switch-over, change (to new method, etc.) ; **p. de compilation,** compilation run ; **p. de jeton,** token passing ; **p. d'essai,** test run, test shot ; **p. de mise au point,** debugging run ; **p. de tri,** sort run, **p. de validation,** data vetting run ; **p. (en) machine,** machine run.

Passe-partout (s. m.), go-anywhere (portable computer, etc.) ; **paragraphe p.p.,** boilerplate.

Passer (v. t.), **1.** to execute, to run (program, etc.), **2.** to post (entry) ; **p. en majuscules, en minuscules,** to upshift, to downshift ; **p. la main (à un programme),** to give, to pass, to send control to ; **p. un test d'informati-** que, to take an EDP test ; **p. d'un système à l'autre,** to migrate ; **p. d'un écran à l'autre,** to travel from screen to screen, to move from one screen to another ; **se faire p. pour,** to masquerade as, to pretend to be.

Passerelle (s. f.), gateway (G/W), bridge (between networks).

Passe-vues (s. m.), viewer.

Pastille (s. f.), point (of relay) ; chip.

Pâte (s. f.), **p. à (nettoyer les) caractères,** type cleaner.

Patte (s. f.), pin (of an IC).

Pause (s. f.), pause ; **faire, marquer une p.,** to pause (program).

PAV (Point d'Accès Videotex), Videotex Access Point (VAP).

Pavé (s. m.), box, block (of flow-chart) ; **p. numérique,** numeric keypad.

Paye (s. f.) = **paie.**

Paysage (s. m.), **p. informatique,** computer environment ; **mode p.** landscape mode.

Pellicule (s. f.), film.

Pelure (s. f.), **architecture en p. d'oignon,** onion-skin architecture.

Pendule (s. f.), clock ; **p. de pointage,** attendance (time) recorder, time clock.

Pénétration (s. f.), penetration (of a market) ; break-in (of a system) ; tailgating.

Pénétrer (v. t.), to penetrate (a market).

Pense-bête (s. m.), memory-jogger.

Pénurie (s. f.), shortage ; **coût de p.** shortage cost, stock-out cost.

Percée (s. f.), **p. technique,** break-through.

Percer (v. t.), to break, to crack (code).

Perceur (s. m.), **p. de code,** code cracker.

Percussion (s. f.), impact.

Percuter (v. t.), to strike (print roll, etc.).

Péremption (s. f.).
See DATE, PÉRIODE.

Perfectionnement (s. m.), improvement.

Perfectionner (v. t.), to improve.

Perfo (s. f.) = PERFORATION 4, PERFORATRICE 1, PERFORATRICE 2.

Perforateur (s. m.), **1.** keypuncher, keypunch operator, **2.** (a) punch, punching machine, (b) (paper) drill(ing) machine ; **p. à alimentation automatique,** automatic feed punch ; **p. à clavier,** keypunch ; **p. automatique,** automatic punch ; **p. colonne par colonne,** column punch ; **p. de bande (perforée),** (paper) tape punch, perforated tape punch ; **p. de bande pilote,** vertical format unit punch, VFU punch ; **p. de cartes,** card punch (unit) ; **p. d'étiquettes,** tag punch machine ; **p. ligne par ligne,** row punch ; **p. manuel,** hand punch, spot punch ; **p. série,** serial punch.

Perforation (s. f.), **1.** (a) punching (of cards, tape, etc.), keypunching, keystroking, (b) drilling, **2.** hole, punch, punched hole, code hole, **3.** punching section ; **à perforations marginales, à perforations d'entraînement,** sprocket-punched (continuous paper), edge-punched, edge-perforated (card) ; **sans perforations,** punchless ; **sans perforations d'entraînement,** sprocketless (paper) ; **faire des p. multiples,** to multipunch ; **faire des p. hors texte,** to overpunch ; **faire une p. erronée,** to mispunch. **p. Caroll,** sprocket hole ; **p. de bande,** tape punching ; **p. de cartes,** card punching ; **p. de contrôle,** check punch ; **p. de parité,** parity hole ; **p. de saut,** skip hole, slew hole ; **p. de saut de feuillet,** page change hole ; **p. d'entraînement,** feed hole, pinhole, pin-feed hole, sprocket hole ; **p. douze,** twelve punch, Y punch ; **p. en binaire par colonne,** column binary punching ; **p. en binaire par ligne,** row binary punching ; **p. en série,** gang punching ; **p. erronée,** error punch ; **p. fonctionnelle,** control hole, control punch ; **p. hors texte,** overpunch ; **p. intercalée,** interstage punching ; **p. latérale,** side hole ; **p. marginale,** marginal punching, sprocket hole ; **p. multiple,** multiple punching ; **p. normale,** normal stage punching ; **p. numérique,** numeric(al) punch, digit punch, underpunch ; **p. onze,** eleven punch X punch ; **p. récapitulative,** summary punching ; **p. significative,** code hole ; **p. X,** X punch, eleven punch ; **p. Y,** Y punch, twelve punch.

See ATELIER, BLOC, CARTE, CODE, COLONNE, COMBINAISON, CONFETTI, CONTRÔLE, ÉLECTRO-AIMANT, ERREUR, INCIDENT, MATRICE, MÉCANISME, MONITRICE, PISTE, POINÇON, POSITION, POSTE, TÊTE, UNITÉ, VITESSE.

Perforatrice (s. f.). **1.** keypunch operator, keypuncher, **2.** keypunch, keyboard-operated punch ; **p. à alimentation manuelle,** hand-feed punch, hand punch ; **p. à clavier,** keypunch, keyboard punch ; **p. calculatrice,** calculating punch ; **p. calculatrice électronique,** electronic calculating punch ; **p. duplicatrice,** duplicating card punch ; **p. imprimante,** printing (card) punch, printing reperforator ; **p. imprimante à clavier,** keyboard typing punch ; **p. récapitulative,** summary punch ; **p. reproductrice de constantes,** gang punch.

Perforé, -e (adj.), punched (card, tape, etc.), non-blank.
See BANDE, CARTE, ÉTIQUETTE, FICHIER, LECTEUR, MACHINE, MATÉRIEL, NON-PERFORÉ, TRIEUSE.

Perforer (v. t.), to punch (cards, tape, etc.), to punch out (deck of cards), to perforate ; **p. au moyen d'un clavier,** to keypunch ; **p. en série,** to gang punch ; **p. en hors texte,** to overpunch.

Perforeuse (s. f.), keypunch operator.

Performance (s. f.), performance ; **performances,** performance characteristics.
See ANALYSE, RAPPORT, TABLEAU.

Performant, -e (adj.), efficient (program, etc.) ; high-performance ; high-speed (device) ; code-efficient, memory-efficient (program).

Perfostyl (trade-mark).
See CARTE.

Péri (s. f.) jarg = **péri-informatique.**

Péri-informaticien, -nne (s. m. & f.), expert in « péri-informatique ».

Péri-informatique (s. f.), computer peripherals and terminals, micro-computers and microprocessors.

Périminitélie (s. f.), Videotex peripheral devices (e. g. Lecam = lecteur de cartes à mémoire, etc.).

Période (s. f.), period ; **p. comptable,** accounting period ; **p. comprise entre deux dates,** date range ; **p. de marche en parallèle,** cutover period ; **p. de péremption,** retention period ; **p. de rodage,** break-in period ; **p. de transition** = période de marche en parallèle ; **p. d'inactivité,** idle period ; **p. de travail,** work shift ; **p. de validité,** retention period.

Périphérie (s. f.), **la périphérie,** peripherals ; **à la p.,** peripherally.

Périphérique (adj.), peripheral, satellite.
See APPAREIL, MATÉRIEL, SOUS-ENSEMBLE.

Périphérique (s. m.), peripheral, periph ; **p. d'entrée,** input device *or* peripheral ; **p. de sortie,** output device *or* peripheral ; **p. graphique,** graphic device *or* unit ; **p. non tamponné,** unbuffered peripheral ; **p. tamponné,** buffered peripheral.
See CONSTRUCTEUR, LIMITE, SOUS-PROGRAMME, TABLE, TAMPON.

Péritélévision (s. f.), see PRISE PERITEL.

Perluète (s. f.), ampersand.

Permanence (s. f.), **implanté en p. (en mémoire),** permanently stored.

Permanent, -e (adj.), fixed (storage *or* store), main, master (file), permanent (circuit).
See ARTICLE, BANDE, FICHIER.

Permutable (adj.), interchangeable, swappable.

Permutation (s. f.), **p. circulaire,** circular shift, end-around shift, ring shift, cyclic shift ; **faire une p. circulaire,** to rotate.

Permuter (v. t.), to exchange, to flip (values).

Persistance (s. f.), persistence.

Personnalisable (adj.), customizable (equipment, etc.), tailorable.

Personnalisation (s. f.), personalization (of check, etc.) ; customization (of equipment, etc.), tailoring (to specific needs).

Personnalisé, -e (adj.), personalized (check) ; custom-built, customdesigned, custommade, customized, tailor-made (piece of equipment, etc.) ; special-purpose (stationery) ; dedicated (application, computer, etc.) ; bespoke.

Personnaliser (v. t.) to personalize (check) ; to customize (equipment, etc.), to tailor (equipment etc.).

Personnel (s. m.), personnel, staff, manpower ; **p. d'exploitation,** operating personnel *or* staff, operations staff ; **p. informaticien,** computer people, data processing people *or* personnel ; jarg : peopleware.

Perte (s. f.), loss (of information, etc.) ; dropout (on tape).

Pertinence (s. f.), relevance.

Perturbateur, -trice (adj.), disturbing, interfering.

Perturbation (s. f.), disturbance, interference.

Perturber (v. t.), to disturb, to interfere with.

Pétale (s. m.), petal, **imprimante à pétales,** petal printer.

Petit, -e (adj.), small ; **p. ordinateur,** small(-scale) computer ; **p. entreprise,** small business ; **petites et moyennes entreprises (PME),** small and medium-size firms.

Phare (s. m.), **produit phare,** flagship product.

Phase (s. f.), **1.** phase, **2.** run, stage, step ; **p. d'assemblage,** assembly run ; **p. de compilation,** compilation run ; **p. d'exécution, d'exploitation,** production run ; **p. de mise au point,** debugging run ; **p. de traitement,** data processing run.
See ENREGISTREMENT, MODULATION.

Phonique (adj.), **isolation p.,** sound insulation.

Photocomposeuse (s. f.), phototypesetter.

Photodétecteur (s. m.), photosensor.

Photodiode (s. f.), photodiode.

Photoélectrique (adj.), photoelectric.
See LECTURE.

Photolecture (s. f.), photosensing.

Photostyle (s. m.), light gun, light pen, selector pen.

Physionomie (s. f.), **p. des ventes,** sales pattern.

Physique (adj.), physical.
See ARTICLE, ENREGISTREMENT.

Piano (s. m.), function keys displayed as a double row at bottom of screen ; onscreen (command) keys.

Pianoter (v. t. & i.), **p. (sur son terminal, clavier, etc.),** to tap away at.

Pico-informatique (s. f.), personal computing.

Pico-ordinateur (s. m.), personal computer.

Picoseconde (s. f.), picosecond.

Picot (s. m.), (tractor) feed pin ; **p. d'entraîne-ment,** feed pin, sprocket pin.
See ENTRAÎNEMENT, ENTRAÎNEUR, ROUE, ROULEAU, TAMBOUR.

Pictogramme (s. m.), icon.

Pièce (s. m.), part ; **p. de rechange, p. déta-chée,** spare part ; **p. maîtresse (d'un sys-tème)** centre piece, hub, heart, core (of a system).

Pied (s. m.), foot ; **à p. d'œuvre,** on site.

Piège (s. m.), **1.** trap, **2.** « bomb ».

Piégeage (s. m.), trapping.

Piéger (v. t.), to trap ; **être piégé,** to be locked in.

Pile (s. f.), **1.** stack (of cards, of disks, etc.), **2.** stack (of jobs, etc.).

Pilotable (adj.), **p. à distance,** remotely con-trollable.

Pilotage (s. m.), **p. par ordinateur,** computer control ; **logiciel de p.,** driver.

Pilote (s. m. & adj.), driver (program) ; **p. d'écran,** screen driver.
See BANDE, HORLOGE, ORDINATEUR, PER-FORATEUR, UNITÉ.

Piloter (v. t.), to drive, to control ; **p. par commandes, menu, microprocesseur, ordi-nateur, souris,** command-, menu-, micro-processor-, computer-, mouse-, controlled *or* driven.

Pince (s. m.), gripper (robot) ; **p. d'éjection de cartes,** card gripper.

Pinceau (s. m.), **p. lumineux,** light beam.

Pinceur,-euse (adj.), **rouleau p.,** pinch roll(er).

PIO (Production Intégrée par Ordinateur), Computer-Integrated Manufacturing (CIM).

Pipeline (s. m. & adj.), pipeline (processor, etc.) ; **p. d'informations,** infoduct.

Piratable (adj.), hackable.

Piratage (s. m.), **1.** pirate copying, **2.** hacking.

Pirate (s. m.), **1.** pirate copier, **2.** hacker.

Pirater (v. t.), to pirate (software, etc.).

Piraterie (s. f.), = piratage.

Piste (s. f.), **1.** card bed *or* track (of card punch *or* reader, etc.), track (on tape, drum, etc.), stripe (of ledger card), **2.** (erroneously) card transport *or* card unit ; **p. à recirculation,** regenerative track ; **p. concentrique,** concentric track ; **p. d'adresses,** address track ; **p. de don-née(s),** data track ; **p. de lecture,** reading track ; **p. de perforation,** punch(ing) track, punch(ing) transport ; **p. de remplacement,** alternate track, substitute track ; **p. de synchronisation,** clock track, timing track ; **p. défectueuse,** bad track ; **p. sonore,** audio track.
See CARTE, FICHIER, VIDER.

Pistolet (s. m.), **p. capteur,** wand reader.

Pivot (s. m.), hub (of network, etc.).

Pixel (s. m.), pixel ; **p. en 3D,** voxel.

PL (Programmation Linéaire), Linear Pro-gramming (LP).

Place (s. f.), **1.** position, placement (of binary point, etc.), **2.** space, room (available in memory, etc.), jarg. « real estate » ; **sur p.,** on the spot, on site, in situ ; **gain de p.,** space saving.
See METTRE, MISE, REMETTRE, REMISE.

Plage (s. f.), range (of errors, etc.).

Plan (s. m.), **1.** plane ; **p. arrière de décou-page,** back clipping plane ; **p. avant de découpage,** front clipping plane ; **p. de fond,** backdrop plane ; **p. de secours,** con-tingency plan ; **p. objet,** sprite plane *or* sprite ; **2.** drawing, scheme, design ; **p. de tores magnétiques,** magnetic core storage plane.

Plancher (s. m.), floor ; **p. surélevé,** raised floor, false floor.
See FAUX PLANCHER.

Planification (s. f.), planning ; **p. de la confi-guration,** configuration planning ; **p. de la production,** production planning ; **p. des programmes,** program scheduling.

Planifié, -e (adj.), planned, scheduled ; **non p.,** unplanned, unscheduled.

Planifier (v. i.), to plan.

Planning (s. m.), planning ; **p. de charge (d'une machine),** machine loading schedule ; **tableau de p.,** planning board, progress board, control board.

Plante (s. f.) = **plantage.**

Plantage (s. m.), going bananas, going down, crashing.

Planter (se), (v. pr.) jarg. : to blow up, to go down (program) ; to go bananas.

Plaque (s. f.), plate, etc. ; **p. de battage (des cartes),** joggling plate ; **p. de circuits,** circuit board ; **p. tournante,** hub, heart (of a system, etc.).

Plate-forme (s. f.), **p.-f. logicielle,** software platform ; **p.-f. matérielle,** hardware platform.

Plateau (s. m.), tray, platform, plate ; disk platter ; **p. d'alimentation de papier,** paper bin, input paper bin, paper input basket ; **p. de réception de cartes,** stacker plate, stacking platform ; **p. de réception de papier,** refold tray (of decollator), catch basket.

Plein, -e (adj.), full ; **pleine page,** full page.

Pli (s. m.), fold.

Pliage (s. m.), folding (of paper, of key, line, etc.) ; **p. paravent,** fan-folding ; **à p. accordéon, à p. paravent,** fan-fold(ed), zigzag folded, Z-fold (paper, stationery, forms). See CARTE, PAPIER.

Plier (v. t.), to fold ; **machine à p.,** folding machine.

Plieuse (s. f.), folding machine.

Pliure (s. f.), between set perforations.

Plongeur (s. m.), **p. de lecture,** sensing pin.

Plot (s. m.), **1.** hub (of control panel), **2.** pad (of chip) ; **p. d'entrée,** entry hub ; **p. de sortie,** exit hub.

Plume (s. f.), pen, nib.

PLV (Publicité sur le Lieu de Vente), advertising on the point of sale (POS).

PME (Petites et Moyennes Entreprises), small and medium-sized firms.

Poche (s. m.), **calculatrice de poche,** pocket calculator.

Pochette (s. f.), **p. de protection (de disque souple),** protective envelope ; **p. de tri,** sort pocket.

Poids (s. m.), weight, significance, place value, order (of digit position, etc.) ; **de p. faible,** low-order, least significant, trailing, rightmost (bit, character, digit, etc.) ; **de p. fort,** high-order, most significant, leading, leftmost (bit, character, digit, etc.).

Poignée (s. f.), jarg. **p. de main,** handshake.

Poinçon (s. m.), punch, punch knife, punch pin ; **p. de perforation,** punch knife.

Poinçonner (v. t.), to punch.

Poinçonneuse (s. f.), keypunch ; **p. manuelle,** spot punch (for tape loop).

Point (s. m.), **1.** point (in time, space, etc.), **2.** dot ; pixel, period (punct. symbol), **3.** way : **interface 34 points,** 34-way interface ; **au p.,** debugged, checked out (program) ; **non au point,** undebugged, unchecked (program) ; **p. central,** host site ; **p. d'accès,** access port ; **p. d'accès videotex (PAV),** videotex access point (VAP) ; **p. d'accueil, d'ancrage,** software hooks ; **p. d'arrêt,** breakpoint ; **p. de branchement,** branch point ; **p. de collecte,** pick-up point ; **p. de consigne,** set point ; **p. des connaissances,** state of the art ; **p. de contrôle,** checkpoint ; **p. d'émission,** originating point, point of origin (of information, etc.) ; **p. d'entrée,** entry point (of program) ; **p. d'exclamation,** exclamation point, jarg. bang ; **p. d'interruption,** breakpoint ; **p. de naissance,** point of origin (of information) ; **p. de la question,** state of the art, status report, state-of-the-art report ; **p. de raccordement,** drop off point (of line) ; **p. de reprise,** checkpoint (record) ; **p. de rupture,** breakpoint ; **p. de sortie,** exit point ; **p. de vente,** point of sale (POS) ; **p. machine, 1.** index point, **2.** machine point. See IMPRESSION, IMPRIMANTE, METTRE, MISE, NON.

Point à point (adv.), point-to-point (network), point to point control (numerically-controlled machine-tool).

Pointage (s. m.), checking, tally(ing) ; **p. et cliquage,** point and click. See CARTE, PENDULE.

Pointe (s. f.), leading edge, forefront (of technology, etc.), **de p.,** peak (speed, hours, etc.) ; advanced (technique, etc.) ; **industrie de p.,** advanced technology industry ; **produits de p.,** leading-edge products ; **en dehors des heures de p.,** off-peak.

Pointer (v. t.), **1.** to check, **2.** to point ; **p. à** l'entrée, to clock in, to punch in ; **p. à la sortie,** to clock out, to punch out.

Pointeur (s. m.), pointer, handle (pointer to a table of pointers).

Pointillé (s. m.), **ligne de pointillés,** tear line, tear-off perforations (between two pages in continuous forms).

Pointu, -e (adj.), advanced, sophisticated (application, technique, etc.).

Polarisation (s. f.), polarization, bias.

Polarisé, -e (adj.), polarized.
See ENREGISTREMENT.

Polarité (s. f.), polarity.

Police (s. f.), type font *or* fount ; **p. de caractères,** character font ; **p. résidente,** resident font ; **p. téléchargée** *ou* **téléchargeable,** downloaded or downloadable font.

Polonais, -e (adj.).
See NOTATION.

Polyligne (s. f.), polyline.

Polymarque (s. f.), polymark(er).

Polyphasé, -e (adj.), polyphase.

Polytrait (s. m.), polyline.

Polyvalent, -e (adj.), all-purpose, general-purpose, multi-purpose.

Pompage (s. m.), hunting.

Ponctuation (s. f.), punctuation ; **sans p.,** unpunctuated.

Pondération (s. f.), weighting.

Pondéré, -e (adj.), weighted (code) ; **non p.,** unweighted.

Pondérer (v. t.), to weight.

Pool (s. m.), pool (of tapes, etc.).

Port (s. m.), port ; **p. imprimante,** printer port ; **p. parallèle,** parallel port ; **p. série,** serial port ; **p. souris,** mouse port.

Portabilité (s. f.), portability (of software).

Portable 1. (adj.) portable (software, microcomputer) ; 2. (s. m.) transportable, (microcomputer) ; handheld (videocamera, etc.).

Portage (s. m.), 1. porting (of software), 2. port.

Portatif, -ive 1. (adj.) portable, « go-anywhere » ; 2. (s. m.) portable, briefcase *or* laptop (computer).

Porte (s. f.) 1. gate (él.), 2. port ; **p. d'accès,** access port ; **p. imprimante,** printer port ; **p. parallèle,** parallel port ; **p. série,** serial port ; **p. souris,** mouse port ; **opération, journée, « portes ouvertes »,** open day, open house.

Porte-balais (s. m.), brush holder, brush assembly.

Porte-copie (s. m.), copy holder, data holder.

Porte-monnaie (s. m.), **p. m. électronique,** smart card.

Portefeuille (s. m.), **p. de commandes,** order book, « backlog » ;**0p. d'applications,** applications portfolio.

Porter (v. t.), **p. (un logiciel) sur,** to port to.

Porteur, -euse (adj.) ; **marché porteur,** high-growth, fast-growing, booming, market.
See ONDE, SIGNAL.

Porteur (s. m.), **p. de carte,** card holder.

Porteuse (s. f.), carrier wave, carrier.

Portrait (s. m.), **mode p.,** portrait mode.

Pose (s. f.), **p. de repères,** tagging.

Position (s. f.), position, place, placement, location ; status, balance, (of account) ; **p. décimale,** decimal place ; **p. d'impression,** print position ; **p. de mémoire,** (core) storage location *or* position ; **p. de perforation,** hole site, code position, punch(ing) position ; **positions réservées (en mémoire),** dedicated (core) positions.

Positionnable (adj.), positionable (read/write head, etc.).

Positionnel, -elle (adj.), positional.
See REPRÉSENTATION.

Positionnement (s. m.), positioning, setting.
See IMPULSION.

Positionner (v. t.), to position, to set ; **p. la barre lumineuse,** to highlight.

Possesseur (s. m.), 1. **p. de carte** (bancaire, etc.), card holder ; 2. owner (of a computer).

Possibilité (s. f.), possibility, feasibility ; **possibilités d'un matériel, etc.,** capabilities ; **p. d'accès,** accessibility, retrievability ; **p. d'adaptation,** adaptability ; **p. d'adressage,** addressability ; **p. d'effacement,** erasability ; **p. d'extension,** expansibility, upgrading capability ; **p. d'extraction,** retrievability ; **p. d'impression sur papier,** hardcopy capability ; **p. de traitement,** processability.

Poste (s. m.), **1.** station, terminal, unit, set ; extension (telephone), **2.** shift (in shift working), **3.** item (invoice, etc.) ; **p. à distance,** data terminal *or* station, remote terminal, outstation ; **p. d'affichage,** display unit ; **p. « après lecture »,** post-read station ; **p. « après perforation »,** postpunch station ; **p. « avant perforation »,** prepunch station ; **p. d'abonné,** subset ; **p. de commande,** control station, control desk ; **p. de consultation,** inquiry station ; **p. de contrôle,** monitor(ing) station ; **p. de guichet,** teller (window) terminal *or* unit ; **p. d'impression,** print station ; **p. d'interrogation (-réponse),** inquiry (-response) terminal *or* station ; desk inquiry unit ; **p. d'interrogation à distance,** remote inquiry station ; **p. d'introduction (de données),** keyboard data entry unit ; **p. de jour,** day shift ; **p. de lecture,** read station, sensing station ; **p. de nuit,** night shift ; **p. de perforation, 1.** punch(ing) station, **2.** keystation ; **p. de réseau 1.** subscriber station, **2.** network terminal ; **p. de réservation,** (agent's) desk set, desk inquiry unit, reservation terminal ; **p. de saisie,** data entry terminal, input unit ; **p. de télégestion,** data terminal, data transmission terminal, teleprocessing station, remote communications terminal ; **p. de télégestion bancaire,** accounting terminal, banking terminal ; **p. de travail, 1.** workstation, **2.** (work) shift ; **p. de travail à distance,** remote terminal ; **p. de travail graphique,** graphics workstation ; **p. éloigné,** remote station ; **p. téléphonique,** (desk) telephone set, subset ; **p. terminal,** data terminal, remote terminal, outstation. See PREMIER, TRAVAIL.

Posté, -e (adj.), **travail p.,** shift working.

Postmarquage (s. m.), post-printing.

Postmarquer (v. t.), to post-print.

Postmarqueuse (s. f.), post-printer.

Postprocesseur (s. m.), post-processor.

Pourcentage (s. m.), **à fort p. de calculs,** computation-intensive, compute-intensive, numeric-intensive.

Poursuite (s. f.), tracking.

Poussoir (s. m.), push-button, key ; **p. de chargement,** load key.

Pouvoir (s. m.), **p. de décision,** decision-making ability.

Pratique (adj.), practical. See FORMATION.

Préalable (adj.), preliminary. See ÉTUDE.

Préanalyse (s. f.), lookahead.

Préannonce (s. f.), preannouncement.

Précâblage (s. m.), prewiring.

Précâblé, -e (adj.), prewired.

Précalcul (s. m.), precalculation.

Précharger (v. t.), to preload.

Précision (s. f.), precision ; **double p.,** double precision ; **simple p.,** single precision.

Précompilateur (s. m.), precompiler.

Précompilation (s. f.), precompiling, precompilation.

Précompiler (v. t.), to pre-compile.

Prédéfini, -e (adj.). See PARAMÈTRE.

Prédictif, ive (adj.), **commande prédictive,** feedforward control.

Prédiffusé, -e (adj.), **circuits p.,** gate array.

Préenregistrer (v. t.), to prestore.

Préfacturation (s. f.), prebilling, pre-invoicing.

Préfixé, -e (adj.). See NOTATION.

Préformatage (s. m.), preformatting.

Préformater (v. t.), to preformat.

Préformé, -e (adj.), fully-formed (character).

Préimpression (s. f.), preprinting.

Préimprimé, -e (adj.), preprinted.

Prélecture (s. f.), prefetching.

Prélèvement (s. m.), sampling ; **p. en stock,** pulling, picking.

Prélever (v. t.), to deduct (amount) ; to steal (cycles in cycle-stealing operation) ; to sample (pulse) ; to pull, to pick (from stockroom).

Prémarquage (s. m.), preprinting.

Prémarquer (v. t.), to preprint.

Prématriçage (s. m.), premastering.

Premier, -ière (adj.), first ; **p. arrivé, p. traité,** on a first come first served basis ; **p. entré, p. sorti,** first in first out, (FIFO) ; **première équipe, premier poste (de travail),** prime shift.
See NOMBRE.

Prendre (v. t.), to take ; **p. la main,** to take control.
See CHARGE, COMPTE, MAIN, RELÈVE.

Préparation (s. f.), preparation (of data, etc.).
See MATÉRIEL, TEMPS.

Préperforation (s. f.), prepunching, pre-keying.

Préperforer (v. t.), to prepunch, to prekey.

Prépositionnement (s. m.), prepositionning, preset(ting).

Prépositionner (v. t.), to preposition, to preset.

Préprocesseur (s. m.), preprocessor.

Préprogrammé, -e (adj.), preprogrammed, precoded, canned.

Prérégler (v. t.), to preset.

Prérogative (s. f.), **prérogative d'écriture,** write capability.

Préséance (s. f.), precedence.

Présence (s. f.), **p. dans l'antémémoire de la donnée recherchée,** cache hit.

Présentation (s. f.), **1.** format, layout (of printed report, etc.) ; **2.** signing-on ; **p. en sommaire,** hanging indent ; **p. visuelle,** soft copy ; **graphiques de p.,** presentation graphics.

Présenter (v. t.), to exhibit, to showcase, to show (product) ; to submit (print request, etc.) ; **être présenté,** to be on display ; **on lui présente la page 0,** he is shown page 0 ; **p. un texte sous forme de tableau,** to format text as a table ; **produits présentés,** products on show.

Présenter (se) (v.), to identify oneself, to sign on.

Présérie (s. f.), **modèle de p.,** preproduction model.

Presse (s. f.), **p. informatique,** computer press.

Presse-bande (s. m.), tape depressor.

Presse-cartes (s. m.), card weight.

Presse-papiers (s. m.), clipboard.

Presser (v. t.), to press, to depress (push-button).

Prestataire (s. m.), **p. de services,** information provider (IP).

Prêt, -e (adj.), **p. à émettre (PAE),** clear-to-send (CTS) ; **p. à fonctionner, p. à l'emploi, p. à tourner,** ready-to-run (program), ready-to-go.

Prétraitement (s. m.), preprocessing.

Prétraiter (v. t.), to preprocess.

Prétrier (v. t.), to presort.

Preuve (s. f.), **p. par neuf,** casting out nines ; **faire la p. par neuf,** to cast out nines.

Préventif, -ive (adj.), preventive.
See ENTRETIEN, TEMPS.

Préventique (s. f.), protection of people and sites.

Primitif, -ive (adj.), presumptive (address).

Primitive (s. f.), primitive ; **p. graphique,** graphical primitive.

Principal, -e (adj.), principal, main, major.
See FICHIER, LIEU.

Prioritaire (adj.), priority (program, etc.) ; overriding.

Priorité (s. f.), priority.
See TRAITEMENT.

Prise (s. f.), **1.** capture (of data) ; pick-up (of card), **2.** convenience outlet, power outlet, plug ; **p. de commandes,** order taking ; **p. de contact,** log-on, sign-on ; **p. de décision,** decision-making ; **p. de rendez-vous,** appointment management ; **p. d'images,** imaging, imagery ; **p. directe du réseau,** direct outward dialing (DOD) ; **p. en charge, p. en compte,** retrieval, fetching, extraction, acceptance (of instruction, etc.), servicing (of interrupt, etc.), handling ; **p. Péritel** (for Péritélévision) *ou* **prise péri-informati-**

que, video adapter connector (a 21-pin socket on a color TV set for connecting a microcomputer, access to a network, etc.).

Privatique (s. f.), individual computing.

Privatisation (s. f.), privatization.

Privatiser (v. t.), to privatize.

Privé, -e (adj.), private (line, etc.), proprietary, in-house, etc. ; **utilisateur p.**, residential user.

Privilégié, -e (adj.), dedicated (message, etc.), privileged (user).

Prix (s. m.), price ; price tag ; **p. catalogue,** list price.
See RAPPORT.

Problème (s. m.), 1. problem, 2. trouble ; **p. de jeunesse,** teething troubles.
See LANGAGE.

Procédé (s. m.), process.

Procédure (s. f.), procedure, proc. ; **p. cataloguée,** catalogued procedure ; **p. d'abandon,** aborting procedure ; **p. de chargement initial,** initial program load(ing) (IPL) ; **p. de commande de liaison de données à haut niveau,** high-level data link control procedure (HDLC) ; **p. de commande de transmission synchrone,** synchronous data link control (SDLC).

Processeur (s. m.), processor ; **p. auxiliaire,** attached processor (A/P) ; **p. central,** central processor, main frame ; **p. d'application,** application processor ; **p. de données,** data processor ; **p. de diagnostic,** diagnostic processor ; **p. d'E/S,** I/O processor ; **p. de gestion de réseau,** network *or* net processor ; **p. de réseau éloigné,** remote network processor ; **p. de signaux numériques,** digital signal processor (DSP) ; **p. de transfert de blocs,** blitter ; **p. dorsal,** backend processor ; **p. en tranches,** bit-slice processor ; **p. frontal,** front-end processor (FEP) ; **p. graphique,** graphics processor ; **p. horizontal,** horizontal processor ; **p. hôte,** host cpu or processor ; **p. maître,** master processor ; **p. massivement parallèle,** massively-parallel processor ; **p. nodal,** nodal processor ; **p. pilote,** control processor ; **p. pipeline,** pipeline processor ; **p. RIP,** RIP processor, raster image processor ; **p. satellite,** satellite processor ; **p. scientifique,** scientific processor ; **p. systoli-**

que, systolic processor ; **p. vectoriel,** array processor ; **p. vertical,** vertical processor ; **p. virgule flottante,** floating-point processor (FPP).

Processus (s. m.), process.
See CONDUITE.

Producteur (s. m.), **p. de base de données,** data base provider *or* producer, information provider (IP).

Productif, -ive (adj.), productive.

Production (s. f.), production, **p. assistée par ordinateur (PAO),** computer-aided manufacturing (CAM) ; **p. en continu,** flowshop ; **p. mixte,** flow/job shop ; generation (of reports, etc.).
See GESTION, PLANIFICATION.

Productique (s. f.), computer-integrated manufacturing (CIM).

Produire (v. t.), to produce ; to generate, to turn out, to make.

Produit (s. m.), product ; **p. associé,** companion product ; **p. fantôme,** vaporware, vaporware product ; **p. issus de l'ordinateur,** computer-generated products ; **produits logiciels,** software products ; **produits matériels,** hardware products ; **p. phare, p. vedette,** flagship product.

Profane (s. m.), **p. en informatique,** computer illiterate.

Professionel, -elle (adj.), **utilisateur p.,** business user.

Profil (s. m.), configuration, pattern ; **p. binaire,** binary configuration *or* pattern, bit pattern ; **p. d'état,** status return ; **p. de la demande, des ventes,** demand pattern, sales pattern ; **p. d'utilisateur,** user profile.

Profiler (v. t.), to profile (terminal).

Progiciel (s. m.), (software) package ; **p. applicatif** *ou* **p. d'application,** application(-oriented) package ; **p. de comptabilité,** accounting package ; **p. de paie,** payroll package ; **p. graphique,** graphics software *or* package ; **p. scientifique,** scientific package.

Programmabilité (s. f.), programmability.

Programmable (adj.), programmable, codable.
See NON PROGRAMMABLE.

Programmateur (s. m.), 1. programming unit, programmer, **2.** scheduler ; **p. de PROM,** PROM programmer, blaster, burner, writer.

Programmathèque (s. m.), program library.

Programmation (s. f.), **1.** programming, coding, coding process ; **2.** blowing, blasting, zapping (of PROM) ; **p. à temps d'exécution minimal,** minimum delay coding ; **p. absolue,** absolute programming ; **p. assistée par ordinateur (PAO),** computer-assisted programming ; **p. automatique,** automatic programming ; **p. conversationnelle,** conversational programming ; **p. dynamique,** dynamic programming ; **p. en langage machine,** absolute coding ; **p. en n versions,** n-version programming ; **p. interactive,** interactive programming ; **p. linéaire (PL),** linear programming (LP) ; **p. mathématique,** mathematical programming ; **p. modulaire,** modular programming ; **p. non linéaire,** non-linear programming ; **p. orientée objets ou p. par objets,** object (-oriented) programming (OOP) ; **p. personnalisée,** custom programming ; **p. quadratique,** quadratic programming ; **p. relative,** relative coding ; **p. structurée (PS),** structured programming (SP) ; **p. symbolique,** symbolic coding.
See CHEF, ÉQUIPE, ERREUR, EXEMPLE, FEUILLE, GROUPE, INGÉNIEUR, LANGAGE, LIGNE, ORGANIGRAMME, OUTIL, REFAIRE, SERVICE, SYSTÈME*/*

Programmatique (s. f.), programmatics, programming science.

Programme (s. m.), **1.** program (US), programme (Brit.), routine, **2.** schedule ; **par programme,** under program control ; **p. appelant,** calling program ; **p. assembleur,** assemby program ; **p. au point,** checked-out routine, debugged routine ; **p. automatique,** automatic routine ; **p. auxiliaire,** auxiliary routine ; **p. bibliothécaire,** librarian ; **p. câblé,** wired program, externally-stored program ; **p. d'amorçage,** bootstrap routine ; **p. d'analyse,** trace program *or* routine ; **p. d'analyse sélective,** snapshot program ; **p. d'appel,** calling routine, caller ; **p. d'application,** application program *or* routine ; **p. d'assemblage,** assembly program, assembler ; **p. de bibliothèque,** library program ; **p. de calcul d'adresse,** randomizing routine ; **p. de chargement,** loading routine, loader ; **p. de classement de données,** data filer ; **p. de commande,** con-

trol program, driver, handler ; **p. de compilation,** compiling program *or* routine, compiler ; **p. de conduite d'équipements périphériques,** driver ; **p. de contrôle,** check(ing) routine ; **p. de conversion,** conversion program ; **p. de décodage,** decoding routine ; **p. de démonstration,** demonstration program ; **p. de démonstration sur cartes,** demonstration deck ; **p. de dépistage,** tracing routine ; **p. de détection d'erreur,** error-detecting program ; **p. de diagnostic,** diagnostic program ; **p. d'édition,** editor ; **p. d'essai,** test program *or* routine ; **p. d'extraction,** output program *or* routine ; **p. de fusion,** merge program *or* routine ; **p. de gestion,** control program ; **p. de gestion de bibliothèque,** librarian ; **p. de gestion de disques,** disk driver program ; **p. de mise au point,** check-out routine, debugging routine ; **p. de mise en forme de textes,** text editor ; **p. de reprise,** rerun routine ; **p. de service,** service routine, utility routine ; **p. de servitude, 1.** service routine, **2.** support program ; **p. de simulation,** simulator program *or* routine ; **p. de test,** test program ; **p. de traduction,** translator, translating routine ; **p. de test,** benchmarking program ; **programmes de test,** test suite ; **p. de tri,** sort program ; **p. de vidage sélectif,** selective trace routine ; **p. d'impression désynchronisée,** despooler ; **p. d'interprétation,** interpreter ; **p. enregistré,** (internally-) stored program ; **p. espion,** spoofing program ; **p. général,** general program *or* routine ; **p. généralisé,** generalized routine ; **p. générateur,** generator ; **p. heuristique,** heuristic program ; **p. informatique,** computer program ; **p. interprétatif,** interpretive program *or* routine ; **p. machine,** computer program ; **p. moniteur,** monitor ; **p. non prioritaire,** background program ; **p. objet,** object program ; **p. pilote,** driver ; **p. principal,** main program ; **p. prioritaire,** foreground program ; **p. résident,** resident program ; **p. résultant,** object program ; **p. source,** source program ; **p. superviseur,** supervisor ; **p. sur cartes,** program deck ; **p. symbolique,** symbolic, source program ; **p. traducteur,** translator ; **p. utilisateur,** user's program, own-coding, own-code program *or* routine ; **p. utilitaire,** utility routine.

See ARRÊT, BANDE, BARRE, BIBLIOTHÈQUE, BOUCLE, CARTE, COLLECTION, COMMANDE, DÉROULEMENT, ENSEMBLE,

Erreur, Essai, Étage, Exécuter, Géné-
rateur, Instruction, Interruption,
Pas, Passage, Planification, Registre,
Tambour, Translation.

Programme-produit (s. m.), (JO) package.

Programmé, -e (adj.), programmed, coded.
See Arrêt, Contrôle, Enseignement,
Non, Vidage.

Programmer (v. t.), **1.** to program (US), to
programme (Brit.) ; **2.** to blow, to blast, to
zap (PROM) ; **p. en mémoire PROM,** to
blow into PROM.

Programmétrie (s. f.), programmetry.

Programmeur (s. m.), computer programmer ; **p. d'application(s),** application programmer ; **p. de gestion,** business programmer, commercial programmer ; **p.
d'étude,** software programmer ; **p. de maintenance,** maintenance programmer ; **p. en
(langage) C, COBOL, FORTRAN, PAS-
CAL, etc.,** C, COBOL, FORTRAN, PAS-
CAL, programmer ; **p. scientifique,** scientific programmer.
See Élève programmeur.

Programmeuse (s. f.), (female) programmer.

Progresser (v. i.), to advance (counter, etc.),
to move forward.
See Faire.

Progressif, -ive (adj.), **compteur p.-régressif,**
forward-backward counter.

Progression (s. f.), advance(ment), stepping
(of counter, etc.) ; **selon une p. régulière,**
incrementally.

Projet (s. m.), project ; **p. informatique,**
computer project.
See Conduite.

Projeter (v. t.), to jet (ink), to shine (laser
beam).

Propagé, -e (adj.), propagated (error).

Propre (adj.), **1.** in-house (system), **2.** specific : **propre à une application, une industrie,
un matériel,** application-, industry-, equip-
ment-specific ; **valeur p.,** eigenvalue ; **vecteur p.,** eigenvector.

Prospect (s. m.), jarg : prospect, prospective
customer.

Protection (s. f.), protection ; **p. de fichier,**
file protection ; **p. de (la) mémoire,** memory

protection ; **p. par astériques,** asterisk protection ; **p. par mot de passe,** password
protection.

Protégé, -e (adj.), copy-protected (software) ;
battery-backed (memory).

Protéger (v. t.), to protect.

Protocole (s. m.), protocol ; **p. d'accès,** access
protocol ; **p. de communication,** communications protocol ; **p. de gestion de réseau,**
network control protocol (NCP) ; **p. de
transmission,** handshaking ; **p. niveau bit,**
bit-oriented protocol (BOP) ; **p. niveau
octet,** byte-oriented protocol (BOP).

Prototypage (s. m.), prototyping.

Provisoire (adj.), tentative (address, etc.) ;
temporary.

Pseudo-aléatoire (adj.), pseudo-random.

Pseudo-code (s. m.), pseudo-code.

Pseudo-instruction (s. f.), pseudo-instruction.

Pseudo-opération (s. f.), pseudo-op(eration).

Pseudonyme (s. m.), alias.

PTT = State Telecommunications Authorities.

Public (s. m.), public ; **le grand p.,** the
general public ; **l'électronique grand p.,**
consumer electronics ; **le marché grand p.,**
the mass market, consumer market ; **les
produits grand p.,** consumer products, con-
sumer-oriented products.

Publication (s. f.), **p. assistée par ordinateur
(PAO),** desktop publishing (DTP).

Publipostage (s. m.), mass mailing.

Puce (s. f.), **1.** chip, microchip, silicon chip,
2. bullet ; **p. base de données,** database
chip ; **p. (de) communication,** communications chip ; **p. du commerce,** merchant
chip ; **p. électronique,** silicon chip ; **p. graphique,** graphics chip ; **p. image,** imager
chip ; **p. jeu,** game chip ; **p. montre,** watch
chip.

Puissance (s. f.), power ; **p. de calcul,** computational ability, computing power ; **p. de
traitement,** processing capability *or* power ;
de petite, de moyenne, de grande p., small-
scale, medium-scale, large-scale (computer).

Puits (s. m.), **p. à dépression (de dérouleur),**
tape loop chamber, scramble bin.

Pupitrage (s. m.), console operations.

Pupitre (s. m.), desk ; **p. de commande,** control console, control desk ; **p. de conférencier,** lectern ; **p. de l'opérateur,** operator's console ; **p. de réservation,** booking console.

Pupitrer (v. i.), to control (a computer) from a control desk.

Pupitreur, trice (s. m.), (computer) console operator, consoleer.

Q

Quadratique (adj.), quadratic.
See PROGRAMMATION.

Quadrichromie (s. f.), **imprimante en q.,**
four-color printer.

Quadrillage (s. m.), gridding.

Quadriprocesseur (adj.), four-processor (configuration).

Qualité (s. f.), quality ; **q. courrier** (occ.
correspondance), letter quality (printing) ;
q. listage, draft quality (printing) ; **q. ordinateur ; 1.** computer-grade (tape, etc.),
2. draft quality (printing) ; **q. pseudo-courrier,** near-letter quality (NLQ).

Qualiticien, -nne (s. m.), quality control engineer.

Quantificateur (s. m.), quantizer.

Quantification (s. f.), quantization.

Quantifier (v. t.), to quantize.

Quart (s. m.), shift, **chef de q.,** shift leader.

Quartet (s. m.), four-bit byte, jarg. nibble.

Quartier (s. m.), slice (of pie-chart).

Queue (s. f.), **q. de bande,** trailer.

Qui est là ?, Who are you ? (WRU).

Quibinaire (adj.), quibinary.

Quittance (s. f.), receipt.

Quittancement (s. m.), billing.

Quitter (v. t.), to quit, to exit from.

Quotient (s. m.), quotient.

R

Rabattable (adj.), flip-down (keyboard).

Rabattre (v. t.), to flip down.

Raboutage (s. m.), splicing.

Rabouter (v. t.), to splice (tape).

Raccord (s. m.), splice (in tape); **sans raccords**, splice-free (tape); **r. de bande**, tape connector.

Raccordable (adj.), connectable.

Raccordement (s. m.), connection, hooking up (of line); **taxe de r.**, hook-up fee.

Raccorder (v. t.), to connect (up), to hook (into, to), to link.

Raccourci (s. m.), shorcut; **r. de clavier**, keyboard shortcut.

Raccrocher (v. t.), to hang up.

Racine (s. f.), root.

Rafale (s. f.), burst.

Rafraîchir (v. t.), to refresh.

Rafraîchissement (s. m.), refresh(ing).

Rallonge (s. m.), extension cable.

Rallumer (v. t.), to switch or turn on again; **(se) r.**, to light up again, to come on again.

Rampe (s. f.), ramp; **r. d'alimentation**, input hopper; **r. de chargement**, file feed, loading tray; **r. de réception**, output stacker.

Randomisation (s. f.), randomization.

Randomiser (v. t.), to randomize.

Rang (s. m.), 1. row, 2. rank, order; **r. d'une bobine**, sequence number.

Rangée (s. f.), row; array (of buttons etc.); bank (of hammers, keys); **r. de contrôle**, check row.

Rangement (s. m.), 1. storage, 2. ranking; **adresse de r.**, storage address; **espace de r.**, filing space, record-keeping space; **zone**

de **r.**, storage area; **r. par interclassement**, ordering, sequencing by merging.

Ranger (v. t.), 1. (a) to store, (b) to store away, to file away, 2. to rank.

RAO (Recherche Assistée par Ordinateur), Computer-Assisted Retrieval (CAR).

Rapatriement (s. m.), retrieval, occ. downloading.

Rapatrier (v. t.), to retrieve, occ. to download.

Rapide (adj.), fast; high-speed (channel, printer, reader, etc.); fast-access, quick-access (storage); **sous forme r.**, in high-speed format.

Rapidité (s. f.), **r. de modulation**, modulation rate.

Rappel (s. m.), recall, dial-back; **fichier de r.**, tickler file.

Rappeler (v. t.), to recall, to dial back, to call back, to redial, to ring back.

Rapport (s. m.), 1. ratio, 2. report; **r. consultation/impression**, look-print ratio; **r. de sélection**, selection ratio; **r. d'incident**, malfunction report, trouble report; **r. d'intervention**, call report; **r. hauteur/largeur**, aspect ratio, **r. prise de commandes/facturation**, book-to-bill ratio; **r. signal/bruit**, signal-to-noise ratio, S/N ratio; **r. performance/coût**, performance/cost ratio; **r. ventes/locations**, purchase-to-lease ratio.

Rapprochement (s. m.), comparison (of two files, etc.), matching (of files, etc.).

Rapprocher (v. t.), to compare (two files, etc.), to match (files, etc.).

Rassemblement (s. m.), collection, gathering (of data).

Rassembler (v. t.), to collect, to gather.

Râtelier (s. m.), **r. à arceaux**, wire rack; **r. à**

bandes, tape reel rack ; **r. à cartes perforées,** tab card storage rack.

Rattachement (s. m.), **de r.,** host (computer, processor, etc.).

Rattacher (v. t.), to connect to.

Rayon (s. m.), beam (of light).

RAZ (Remise A Zéro), resetting, clearing ; **RAZ générale,** master clear.

Réacheminement (s. m.), rerouting.

Réacheminer (v. t.), to redirect, to re-route.

Réaction (s. f.), reaction, feedback.

Réactiver (v. t.), to reactivate.

Réactualisation (s. f.) = **actualisation.**

Réactualiser (v. t.) = **actualiser.**

Réadressable (adj.), relocatable.

Réadressage (s. f.), relocation ; **possibilité de r.,** relocatability.

Réaffectation (s. f.), reallocation, re-assignment.

Réaffecter (v. t.), to reallocate, to re-assign.

Réafficher (v. t.), to redisplay, to display again, to reshow.

Réalimenter (v. t.), to refeed (card into track) ; to re-enter (program into store).

Réamorçage (s. m.), rebootstrapping.

Réamorcer (v. t.), to rebootstrap.

Réapprovisionnement (s. m.), replenishment, restocking.
See COMMANDE, SEUIL.

Réapprovisionner (v. t.), to replenish, to restock.

Réappuyer (v. i.), to repress, to press again (key).

Réarmement (s. m.), resetting (of mechanism).

Réarmer (v. t.), to reset (mechanism).

Réassemblage (s. m.), re-assembly.

Réassembler (v. t.), to re-assemble.

Rebaptiser (v. t.), to rename, to rechristen.

Rebattre (v. t.), to rejoggle (cards).

Rebobinage (s. m.), rewinding.

Rebobiner (v. t.), to rewind (tape).

Rebond (s. m.), bounce.

Rebondissement (s. m.), bouncing.

Rebouchage (s. m.), capping, recapping (of pens) ; **à r. automatique,** self-capping.

Reboucher (v. t.), to cap, to recap (pens.).

Rebouclage (s. m.), wrap-around.

Reboucler (v. t.), to wrap around.

Rebours (s. m.).
See COMPTE.

Rebut (s. m.), scrapping (of equipment) ; rejection (of cards, etc.) ; **mettre au r.,** to scrap, to junk (equipment).
See CASE, TAUX.

Rebuter (v. t.), to scrap (equipment).

Recâblage (s. m.), rewiring.

Recâbler (v. t.), to rewire.

Recadrage (s. m.), realignment.

Recadrer (v. t.), to realign.

Recalage (s. m.), retiming.

Recaler (v. t.), to retime.

Recalcul (s. m.), recalculation, recomputation.

Recalculer (v. t.), to recalculate, to recompute.

Récapitulatif, -ive (adj.), summary (chart, report, etc.).
See CARTE, ÉTAT, IMPRESSION, PERFORATION, PERFORATRICE, TABLEAU.

Récapitulation (s. f.), summary, recap (ping).

Récapituler (v. t.), to summarize, to recap.

Recarrosser (v. t.), to repackage.

Récepteur, -trice (adj.), receiving (data, field, item, terminal, etc.) ; **adresse réceptrice,** TO-address.
See BANDE, BOBINE, ÉMETTEUR-RÉCEPTEUR, MACHINE A ÉCRIRE, TERMINAL, ZONE.

Récepteur (s. m.), receiver ; **r. de cartes,** card stacker ; **r. de cartes à décalage,** offset stacker ; **r. de contrôle,** video monitor, paper catcher ; **r. de papier,** formstacker, receiving tray, paper stacker, forms cart, paper catcher ; **r. de télévision,** TV set.

Réception (s. f.), **1.** receipt, **2.** acceptance ; **trafic en r.,** incoming traffic ; **envoyer dans une case de r.,** to segregate into a pocket.
See CASE, ESSAI, MAGASIN, PLATEAU.

Recertification (s. f.), recertification (of tape).

Recertifier (v. t.), to recertify (tape).

Recette (s. f.), acceptance.

Recevoir (v. t.), **1.** to receive, **2.** to accommodate, to host, to house ; **le registre reçoit...,** the register is loaded with...

Rechargeable (adj.), reloadable.

Rechargement (s. m.), reloading (of program).

Recharger (v. t.), to reload (program).

Recherche (s. f.), (a) (scientific) research, (b) search, searching, searching process ; retrieval (of information) ; finding, locating, shooting (of troubles, faults, etc.) ; tracking down (of errors) ; looking-up (of table) ; **r. assistée par ordinateur (RAO),** computer-assisted retrieval (CAR) ; **r. bibliographique,** library search ; **r. dichotomique,** binary search, dichotomizing search ; **r. documentaire,** document retrieval, information retrieval (IR), documentary information retrieval ; **r. de pannes,** trouble shooting, bug shooting, fault finding, fault locating ; **r. et remplacement,** search and replace (word processing) ; **r. et remplacement automatiques,** global search and replace ; **r. opérationnelle (RO),** operational research (OR), (Brit.) ; operations research (U. S.) ; **r. par mot clé,** keyword search(ing).
See CENTRE, CRITÈRE, TEMPS.

Rechercher (v. t.), **r. qch,** to seek ; to find (value) ; to look up (item in table, etc.) ; to locate, to track down (errors, etc.), to shoot (troubles) ; to check for, to test for (errors, etc.) ; **r. dans qch,** to search, to search through (a file, etc.) ; **r. qch dans qch,** to search, to scan (a table, etc.) for (a data item, etc.).

Reclassement (s. m.), (a) re-ordering, re-sequencing, (b) refiling.

Reclasser (v. t.), **1.** to re-order, to resequence, **2.** to refile.

Recolorer (v. t.), to recolor.

Recompilation (s. f.), recompilation, recompiling.

Recompiler (v. t.), to recompile.

Recomplémentation (s. f.), recomplementation, recomplementing.

Recomplémenter (v. t.), to recomplement.

Recomposer (v. t.), to reconfigure (system) ; to reformat (message) ; to rekey, to retype (on keyboard) ; to redial (number).

Recomposition (s. f.), reconfiguration (of system) ; rekeying, retyping (on keyboard).

Recompter (v. t.), to count again.

Reconditionnement (s. m.), reconditioning (of equipment), repackaging.

Reconditionner (v. t.), to recondition (equipment) ; to repackage.

Reconfigurabilité (s. f.), reconfigurability.

Reconfigurable (adj.), reconfigurable.

Reconfiguration (s. f.), reconfiguration (of system).

Reconfigurer (v. t.), to reconfigure (system).

Reconnaissance (s. f.), recognition ; **r. automatique de volume,** automatic volume recognition (AVR) ; **r. vocale,** voice recognition ; **r. de caractères,** character recognition ; **r. de caractères magnétiques,** magnetic ink character recognition (MICR) ; **r. de la parole,** speech *or* voice recognition ; **r. des formes, r. des structures,** pattern recognition ; **r. optique de caractères (ROC),** optical character recognition (OCR).

Reconnaître (v. t.), to recognize, to identify.

Reconnecter (v. t.), to reconnect.

Reconnexion (s. f.), reconnection.

Reconstituer (v. t.), to reconstruct, to recreate, to rebuild (file, etc.).

Reconstitution (s. f.), reconstruction, recreation, rebuilding (of a file, etc.).

Reconstruction (s. f.), reconditioning, refurbishing (of equipment) ; **atelier de r.,** reconditioning shop.

Reconstruire (v. t.), to recondition, to refurbish (equipment).

Recontrôler (v. t.), to check again, to recheck.

Reconversion (s. f.), reconversion.

Reconvertir (v. t.), to convert back, to reconvert.

Recopie (s. f.), **imprimante de r. (d'écran),** hardcopy printer ; **r. d'écran,** screen copy *or* dump *or* printing.

Recopier (v. t.), to copy again, to copy back, to copy out.

Recorriger (v. t.), to repatch (program).

Recouvrable (adj.), overlayable.

Recouvrement (s. m.), **1.** overlap, overlapping (of operations, etc.), **2.** overlay (of segments, etc.).

Recouvrir (v. t.), **1.** to overlap, **2.** to overlay.

Récrire (v. t.), to rewrite.

Recto (s. m.), face (of card).

Recueillir (v. t.), to collect, to cull (data).

Reculer (v. t. & i.), to backspace.

Récupérable (adj.), reclaimable (space), salvageable (data).

Récupérateur (s. m.), **r. d'espace mémoire,** garbage collector.

Récupération (s. f.), reclamation (of space), salvage (of data).

Récupérer (v. t.), to reclaim (space), to salvage, to retrieve, to import (data).

Récurrence (s. f.), recursion.

Récurrent, -e (adj.), recursive.

Recyclage (s. m.), retraining, re-education.

Recycler (v. t.), to retrain.

Rédaction (s. f.), writing, writing up (of a program etc.).

Redéfiler (v. i.), **faire r.,** to replay (tape, etc.).

Redémarrage (s. m.), restarting.

Redémarrer (v. t. & i.), to restart.

Rédiger (v. t.) to write (up) (program etc.).

Redimensionnable (adj.), resizable.

Redimensionner (v. t.), to resize.

Redirection (s. f.), redirection (of I/O).

Rediriger (v. t.), to redirect (I/O).

Redondance (s. f.), redundancy. See CONTRÔLE.

Redondant, -e (adj.), redundant.

Redonner (v. t.), **r. la main à,** to pass back control, to turn control back to.

Redresser (v. t.), to correct (error) ; to reformat (structure).

Réduction (s. f.), **r. de données,** data reduction, data massaging.

Réduire (v. t.), to cut (access time, costs, etc.), to minify (image).

Réduit, -e (adj.), restricted (set of characters) ; short (card) ; ten-key (keyboard) ; **jeu d'instructions r.,** reduced instruction set (RISC).

Rééchantillonner (v. t.), to sample again.

Réécouter (v. t.), to replay (message, etc.).

Réécrire (v. t.), to rewrite.

Réécriture (s. f.), rewriting.

Rééditer (v. t.), to relink (linkage editing).

Réédition (s. f.), **r. de liens,** relinking.

Réel, -elle (adj.), actual (address, etc.) ; real (time) ; real-life, real-world (situation) ; live (data). See TEMPS.

Réémettre (v. t.), to re-issue (instruction), to retransmit.

Réémission (s. f.), reissue (of instruction), retransmission.

Réenficher (v. t.), to replug.

Réenregistrable (adj.), rewriteable (medium).

Réenregistrement (s. m.), re-recording, rewriting.

Réenregistrer (v. t.), to re-record, to re-write.

Réenroulement (s. m.), rewinding (of tape, etc.) ; **r. rapide,** high-speed rewind.

Réenrouler (v. t.), to rewind.

Réentrance (s. f.), re-entry.

Réentrant (adj.), re-entrant (program).

Réétalonner (v. t.), to recalibrate.

Réexécuter (v. t.), to re-execute, to rerun (program), to run again.

Réexécution (s. f.), re-execution, rerunning (of program).

Réexpédier (v. t.), to mail back.

Réextraction (s. f.), refetching (of instruction, etc.).

Refacturation (s. f.), chargeback.

Refacturer (v. t.), to charge back.

Refaire (v. t.), to repunch (card) ; to redial, to dial again (number) ; to redo, to redraw (flowchart).

Réfection (s. f.), repunching (of card), reworking (of part).

Refendage (s. m.), slitting (of tape).

Refendre (v. t.), to slit (roll of tape).

Référence (s. f.), **1.** reference, **2.** catalog item, **3.** name, tag, label, **4.** account, customer ; **r. croisées,** cross references ; **r. symbolique,** reference symbol.
See ALIMENTATION, BANDE, BORD, INSTANT, MARGE.

Référothèque (s. f.), (computerized) bibliographic data base.

Réfléchi, -e (adj.), **code binaire réfléchi,** reflected binary code.

Réfléchissant, -e (adj.), reflective (foil, strip).

Reformatage (s. m.), reformatting (process).

Reformater (v. t.), to reformat.

Reformuler (v. t.), to rephrase (query).

Refouler (v. t.), to push down.

Refrappe (s. f.), rekeying, retyping.

Refrapper (v. t.), to rekey, to retype, to reenter (data), to key in again.

Refus (s. m.), denial (of access).

Refuser (v. t.), to deny (access to) ; **se voir refuser l'accès à,** to be denied access to.

Regarnir (v. t.), to replenish (stock-room) ; to refill, to reload (register, etc.).

Regarnissage (s. m.), refilling, reloading (of register).

Régénérateur (s. m.), regenerator.

Régénération (s. f.), regeneration (of signal, etc.) ; **taux de r.,** refresh rate.
See MÉMOIRE.

Régénérer (v. t.), to regenerate ; to refresh (image on screen).

Régime (s. m.), **r. permanent,** steady state ; **r. transitoire,** transient state.

Registre (s. m.), register ; **r. à décalage,** shift register ; **r. arithmétique,** arithmetic(al) register ; **r. d'adresse,** address register ; **r. de base,** base register ; **r. de contrôle,** check register ; **r. de cumul,** accumulator register ; **r. d'entrée,** input register ; **r. fraction-**

nable, split register ; **r. d'index,** index register, B-register ; **r. d'instruction,** instruction register ; **r. de manœuvre,** operating register, working register ; **r. de mémoire,** storage register ; **r. de travail,** working register.
See GARNIR, GARNISSAGE, LONGUEUR.

Réglage (s. m.), adjustment ; **r. de boutons,** knob-tweaking.

Règle (s. f.), **r. à calculer,** slide rule ; ruler (word processing).

Régler (v. t.), to adjust, to set ; **réglé en ou à l'usine,** factory set.

Réglette (s. f.), template ; **r. grossissante,** magnifying bar.

Régresser (v. i.), to regress (counter), to step down (from... to).
See FAIRE.

Régressif, -ive (adj.), **comptage r.,** count down.

Régression (s. f.), regression, decrementation (of counter) ; **r. linéaire,** linear regression ; **r. multiple,** multiple regression.

Regroupement (s. m.), pooling (of information) ; consolidation (of firms) ; gathering (of data).
See VENTILATION-REGROUPEMENT.

Regrouper (v. t.), to pool (information) ; to consolidate (firms) ; **r. en écrivant,** to gather write.

Régulateur (s. m.), controller.

Régulation (s. f.), control ; **r. de la circulation,** traffic control ; **r. en cascade,** cascade control.

Réimmatriculation (s. f.), relabelling.

Réimmatriculer (v. t.), to relabel.

Réimplantation (s. f.), resiting (of equipment) ; re-storing (of data).

Réimplanter (v. t.), to resite (equipment) ; to re-store (data).

Réimpression (s. f.), reprinting.

Réimprimer (v. t.), to reprint.

Réinjecter (v. t.), jarg : to re-insert, to feed back (signal).

Réinjection (s. f.), jarg : re-insertion ; feedback.

Réinitialisation (s. f.), reinitialization, re-bootstrapping.

Réinitialiser (v. t.), to reinitialize, to re-bootstrap.

Réinscriptibilité (s. f.), rewriteability.

Réinscriptible (adj.), rewriteable (medium).

Réinscrire (v. t.), to rewrite, to write back.

Réintroduction (s. f.), re-entry, re-insertion.

Réintroduire (v. t.), to re-enter, to enter again, to re-insert ; to feed back.

Rejet (s. m.), rejection (of erroneous card, etc.) ; reject.

Rejeter (v. t.), to reject (erroneous card, etc.).

Relâcher (v. t.), to release (key, etc.).

Relais (s. m.), relay ; **calculatrice à r.,** relay calculator ; **prendre le r.,** to take over (backup computer).

Relançable (adj.), restartable.

Relance (s. f.), re-initiation, restart, re-activation, retry ; **r. à froid,** cold restart ; **supprimer la r.,** to de-expedite (shop order).
See Sous-programme.

Relancer (v. t.), to re-initiate, to restart, to start again (program), to reactivate ; to re-enter (subprogram), to retry (operation).

Relatif, -ive (adj.), relative.
See Adressage, Adresse, Erreur, Programmation.

Relation (s. f.) ; **mettre en relation,** to connect ; **mise en r.,** connection.
See Opérateur.

Relationnel, -elle (adj.), relational ; **base de données relationnelles (BDR),** relational data base (RDB).

Relayer (v. t.), to relay ; to take over.

Relecture (s. f.), re-reading ; **contrôler par r.,** to read check.

Relégender (v. t.), to relabel (keys, etc.).

Relève (s. f.), **prendre la r.,** to take over ; **faire prendre la r.,** to shoulder tap.

Relevé (s. m.), mapping (of memory) ; statement (of account) ; reading (of meter) ; **date de r. (d'un compteur),** reading date ;

jour de r., reading day ; **faire un r. de la mémoire,** to map.

Relever (v. t.), to read (meter), to lift (plotter pen), to record (error code displayed, etc.), to flip up.

Releveur (s. m.), **r. de compteur,** meter reader.

Relief (s. m.), **mettre en r.,** to highlight, to enhance (characters on screen) ; **mise en r.,** highlighting, enhancement.

Relier (v. t.), **1.** to bind, **2.** to connect, to link ; **r. par fibres optiques,** to fiber link.

Relire (v. t.), to re-read, to read back.

Reliure (s. f.), **1.** binding, **2.** binder ; **r. pour états d'ordinateur,** data processing binder.

Rémanent, -e (adj.), volatile (storage *or* store).

Rembobinage (s. m.) = **rebobinage.**

Rembobiner (v. t.) = **rebobiner.**

Remède (s. m.), corrective action.

Remembrement (s. m.), re-arrangement (of file).

Remembrer (v. t.), to re-arrange (file).

Remettre (v. t.), **r. à l'état initial,** to reset ; **r. à zéro,** to clear (memory), to reset (mechanism), to zeroise ; **r. en activité,** to reactivate ; **r. en commande,** to backorder ; **r. en état,** to recondition (equipment) ; **r. en forme,** to reformat, to re-arrange (data), to reshape (signal) ; **r. en marche,** to restart ; **r. en ordre,** to re-order, to resequence ; **r. en place,** to re-insert, to re-install ; to restack (magnetic card) ; **r. en séquence,** to resequence ; **r. en service,** to restart ; to place, *or* put back into service.

Remicroprogrammation (s. f.), remicrocoding.

Remicroprogrammer (v. t.), to remicrocode.

Remise (s. f.), **1.** resetting, clearing, etc., **2.** discount : **remise quantitative** *ou* **sur quantité,** quantity discount, volume discount, **3.** delivery (of a message) ; **r. à l'état initial,** resetting ; **r. à zéro,** clearing (of memory), resetting (of mechanism), restoring, zeroizing ; **r. en commande,** back-ordering ; **r. en état,** reconditioning ; **r. en forme,** re-arrangement, re-arranging, reformatting ; **r. en forme de signal,** signal reshaping ; **r. en marche,** restarting ; **r. en ordre,** re-ordering, resequencing ; **r. en**

place, re-insertion, re-installation, reloading (tape reel), restacking (magnetic card) ; **r. en séquence,** resequencing ; **r. en service,** restarting.

Remodeler (v. t.), to redesign, to repackage.

Remontée (s. f.), **r. de l'information,** feedback.

Remonter (v. t.), to remount (tape reel) ; **faire r. l'image (sur l'écran),** to scroll up ; **faire r. l'information,** to feed back.

Remplacement (s. m.), replacement, substitution, changeout ; **de r.,** substitute, alternate (track, etc.).

Remplir (v. t.), **1.** to fill, to pad (unused positions, etc.), **2.** to fill in, to fill up, to fill out, to complete (form) ; **r. les blancs,** to fill in the blanks.

Remplissage (s. m.), filling, padding ; **r. d'une zone,** area fill ; **r. par des zéros,** zero-fill(ing) ; **caractère de r.,** filler.

Rendement (s. m.), efficiency ; yield (IC's).

Rendeur (s. m.), **r. de monnaie,** change dispenser.

Rendez-vous (s. m.), rendez-vous (ADA) ; appointment.

Rendre (v. t.), **r. la main,** to return control to, to relinquish control to ; **r. la monnaie,** to issue change ; **r. permanent,** to commit (transaction).

Rendu (s. m.), rendition, rendering (color).

Renfoncement (s. m.), indentation.

Renfoncer (v. t.), to indent.

Renommage (s. m.), renaming.

Renommer (v. t.), to rename.

Renouement (s. m.), (word) wrapping, wraparound.

Renumérotage (s. m.), **1.** renumbering, **2.** redial(l)ing.

Renseignement (s. m.), (piece of) information.

Renseigner (v. t.), **r. (un document),** to fill in, to fill up, to fill out, to complete (form).

Rentrant, -e (adj.), rentrant (program).

Rentré (s. m.), indent ; **faire un r.,** to indent.

Rentrer (v. t.), **1.** to indent (text), **2.** to key in, to type in (through keyboard), to input (data), to read (a program) into storage.

Renuméroter (v. t.), to renumber, to re-serialize (cards, etc.).

Renvoi (s. m.), cross-reference ; **r. d'appel (automatique),** call forwarding.

Renvoyer (v. t.), **1.** to send back, to mail back ; **2.** (a) to branch to, (b) to transfer (back) control to, to return control to, **3.** to refer.

Réordonner (v. t.), to resequence (file).

Réorganisation (s. f.), re-arrangement (of file).

Réorganiser (v. t.), to re-arrange (file).

Repagination (s. f.), repagination.

Repaginer (v. t.), to repaginate.

Réparable (adj.), repairable (equipment), recoverable (error).
See NON RÉPARABLE.

Réparateur (s. m.), repair man, service man.

Réparation (s. f.), repair ; **temps de r.,** repair time.

Réparer (v. t.), to repair (machine, etc.) to fix (U. S.) ; to recondition.

Répartir (v. t.), **1.** to distribute, to dispatch, to share (out), **2.** to apportion (expenses, etc.) ; **informatique répartie, traitement réparti,** distributed data processing (DDP).

Répartiteur (s. m.), dispatcher ; **r. principal,** main distributing frame, (tél.).

Répartition (s. f.), **1.** distribution, dispatching, sharing (out), **2.** apportionment.
See CALCUL DE RÉPARTITION MONÉTAIRE.

Repasser (v. t.), to rerun, to re-execute (program) ; to play back, to replay (tape) ; **r. la main à,** to return control to (a program).

Repérage (s. m.), **r. des défauts,** defect mapping ; **r. des données,** data tagging.

Repère (s. m.), mark.

Reperforer (v. t.), to repunch.

Répertoire (s. m.), **1.** directory, index, **2.** repertory, repertoire (of instructions, etc.) ; **r. de caractères,** character set ; **r. de données,** data directory ; **r. de fichiers,** file directory ; **r. d'instructions,** instruction repertoire, repertory ; **r. des possesseurs de télécopieurs,** fax directory.

Répertorier (v. t.), to list, to index, to catalog.

Répéter (v. t.), to repeat ; to retransmit (message, etc.).

Répéteur (s. m.), repeater ; **sans r.,** repeaterless.

Répétitif, -ive (adj.), repetitive, repetitious ; **caractère r.,** repetitiveness.
See NON RÉPÉTITIF.

Répétition (s. f.), repetition ; retransmission (of message).
See CONTRÔLE, FRÉQUENCE, INSTRUCTION.

Repiquage (s. m.), duplication.

Replanification (s. f.), replanning, rescheduling.

Replanifier (v. t.), to replan, to reschedule ; **r. vers l'amont,** to reschedule in ; **r. vers l'aval,** to reschedule out.

Répondeur (s. m.), **r. téléphonique,** telephone answerer.

Répondre (v. t.), to reply, to respond.

Réponse (s. f.), answer, answerback, response ; **r. automatique,** autoanswer(ing) ; **r. vocale,** audio response, voice answerback ; **r. vocale,** voice response.
See TEMPS.

Report (s. m.), carry ; **r. bloqué à neuf,** standing on nines carry ; **r. bouclé,** end-around carry ; **r. circulaire,** end-around carry ; **r. complet,** complete carry ; **r. en cascade,** cascaded carry ; **r. en feux de file,** ripple-through carry ; **r. partiel,** partial carry ; **r. rapide,** high-speed carry, ripple-through carry ; **r. simultané,** high-speed carry ; **faire un r.,** to carry.

Reporteuse (s. f.), transfer interpreter.

Repos (s. m.), **position de r.** home position (of mechanism).

Repose-paume (s. m.), palm rest.

Repositionnement (s. m.), repositioning.

Repositionner (v. t.), to reposition (tape, etc.).

Reprendre (v. t.), to de-suspend, to resume

(execution) ; to rework (parts) ; **r. la main,** to regain control.

Représentation (s. f.), representation ; **r. analogique,** analog representation ; **r. digitale,** digital representation ; **r. discrète,** discrete representation ; **r. décimale codée binaire,** binary coded decimal representation ; **r. en camemberts,** pie-charting ; **r. en virgule fixe,** fixed-point representation ; **r. en virgule flottante,** floating-point representation ; **r. numérique,** digital representation ; **r. positionnelle,** positional representation ; **r. symbolique,** symbolic notation.

Reprise (s. f.), **1.** (a) restart, rerun, (b) startover, resumption, (c) take-over (of processing by a standby computer), (d) corrective action (performed by an operator), (e) rework (of parts), (f) recovery (after a failure, disaster, etc.), **2.** trade-in.
See ORDINATEUR, POINT, PROGRAMME.

Reproducteur (s. m.), **r. de bande,** tape reproducer.

Reproduction (s. f.), reproduction, duplication, copy(ing) ; **r. automatique,** auto dup.

Reproductrice (s. f.), reproducer, reproducing punch ; **r. de cartes,** card reproducer.

Reproduire (v. t.), to reproduce, to duplicate, to copy.

Reprogrammable (adj.), reprogrammable ; See MÉMOIRE.

Reprogrammation (s. f.), reprogramming, recoding ; reblast(ing) (of REPROM).

Reprogrammer (v. t.), to reprogram, to recode ; to reblast (REPROM).

Reprographie (s. f.), reprographics, reprography.

Reprographique (adj.), reprographic.

Réputé, -e (adj.), **carte réputée bonne,** known-good board.

Requête (s. f.), request, query ; **langage de r.,** query language.

Réseau (s. m.), **1.** (a) network, net (b) array **2.** mains (supply) **grand r.,** wide-area network (WAN) ; **r. à intégration de services,** integrated services network (ISN) ; **r. à valeur ajoutée (RVA),** value-added network (VAN) ; **r. analogique,** analog network ; **r.**

bancaire, banking network ; **r. commercial,** sales network ; **r. commuté,** switched (public) network, dial(-up) network ; **r. de base,** backbone network ; **r. de commutation par paquets,** packet net, packet-switched network (PSN) ; **r. de micros,** micronet ; **r. de Pétri,** Pétri net, Pétri network ; **r. de processeurs,** processor farm ; **r. de transmission de données,** data (transmission) network ; **r. de Transputers,** Transputer bank ; **r. d'entreprise,** corporate network ; **r. d'ordinateurs,** computer network ; **r. d'usine,** factory network ; **r. en anneau,** ring network ; **r. en boucle,** loop network ; **r. en bus,** bus network ; **r. (en) étoile, étoilé,** star network ; **r. étendu,** wide area network (WAN) ; **r. hétérogène,** heterogeneous network ; **r. informatique,** information network, computer net, data net ; **r. informatique bancaire,** banking network ; **r. local (RL),** local area network (LAN) ; **r. local à jeton,** token ring ; **r. local d'entreprise** *ou* **d'établissement,** corporate network ; **r. local en bande de base,** baseband LAN ; **r. logique,** logic network ; **r. logique programmable par l'utilisateur,** field-programmable logic array (FPLA) ; **r. neuronal,** neural network ; **r. numérique à intégration de services (RNIS),** Integrated Services Digital Network (ISDN) ; **r. privé,** private network, private net ; **r. public de transmission de données,** public data network (PDN), **r. public,** public (switched) network (PSN) ; **r. sémantique,** semantic network ; **r. télégraphique,** telegraph network ; **r. télématique,** videotex network ; **r. téléphonique,** telephone network ; **r. téléphonique commuté (RTC),** switched telephone network (STN) ; **r. transfrontière,** crossborder network.
See ANALYSEUR, POSTE.

Réseautage (s. m.), networking.

Resélectionner (v. t.), to reselect.

Réservation (s. f.), reservation (of seats, space, etc.) ; allocation (of parts, ressources, etc.).
See AGENT, GUICHET, ORDINATEUR, POSTE, SYSTÈME.

Réserve (s. f.), reservation ; **en r.,** backup, standby (computer, etc.) ; replacement, substitute (track, cylinder, etc.).
See METTRE, MISE, ORDINATEUR.

Réservé, -e (adj.), reserved (word, etc.).

Réserver (v. t.), to reserve, (seats) to allocate (parts), to set aside.

Réservoir (s. m.), **r. de bande,** tape reservoir, tape bin.

Résident, -e (adj.), resident (monitor, operating, system, etc.) ; **r. en mémoire,** memory-resident ; **r. sur disque, sur bande,** disk-resident, tape-resident.

Résider (v. i.), to reside (in memory, on tape).

Résiduel, -elle (adj.), residual (value).

Résistance (s. f.), **1.** resistance, strength, **2.** resistor ; **r. au déchirement,** tear strength ; **r. à l'éclatement,** bursting strength.

Résolution (s. f.), resolution ; **à faible r.,** low-resolution, lo-res ; **à haute r.,** high-resolution, hi-res.

Responsable (s. m. & f.), **r. de la sécurité,** security officer.

Ressaisie (s. f.), recapture, rekeying (of data, etc.), rekeyboarding.

Ressaisir (v. t.), to recapture, to reenter, to rekey (data), to rekeyboard.

Ressortir (v. i.), **faire r.,** to highlight, to enhance (characters on screen).

Ressouder (v. t.), to resolder.

Ressource (s. f.), resource.

Restauration (s. f.), resetting, reset, restore, restoral.

Restaurer (v. t.), to reset, to restore.

Reste (s. m.), remainder.

Restituer (v. t.), to restore.

Restitution (s. f.), restoration, restoral.

Restreint, -e (adj.), restricted, limited.
See COMPLÉMENT.

Restriction (s. f.), restriction, constraint ; **r. d'accès,** access control.

Restructuration (s. f.), re-organization, re-arrangement, reformatting.

Restructurer (v. t.), to re-organize, to re-arrange, to reformat.

Résultant, -e (adj.), resulting ; object (program).

Résultat (s. m.), result, outcome ; **r. d'une compilation,** object code ; **r. d'un traitement,** output data, output.

Résumé (s. m.), summary, abstract.

Résumer (v. t.), to summarize.

Resynchroniser (v. t.), to resynchronize, to retime.

Rétablir (v. t.), to restore (power, etc.), to re-establish (link, etc.), to reactivate.

Rétablissement (s. m.), restoration, restoral (of power, etc.) ; re-establishment (of link), recovery (after a failure).

Retaper (v. t.), to retype, to type again.

Retard (s. m.), delay ; **r. dans les applications, la maintenance, la programmation,** applications, maintenance, programming, backlog.
See LIGNE.

Retendre (v. t.), to retension (tape).

Retenue (s. f.), 1. deduction (on salary), 2. borrow ; **r. à la source,** pay as you earn (PAYE).

Réticule (s. m.) graticule, cross hair.

Retirer (v. t.), to pull out (card from card deck, etc.) ; to disinstall (device, etc.) ; to dequeue (from queue) ; to withdraw (equipment from catalog, etc.) ; to check out (tape, disk pack from library) ; to remove (smart card from teller machine, from a queue, etc.) ; to dethread (tape), to uncatalog (i. e. remove from a catalog). ; to take (products off the market).

Retirer (se), to bow out (of a market).

Retombée 1. (s. f.), drop out (of relay, etc.), 2. (s. f. pl.), spinoff, fallout.

Retomber (v. t.), to drop (out) (relay, etc.).

Retour (s. m.), return ; **r. à la ligne facultatif,** soft return ; **r. à la ligne obligatoire,** hard return ; **r. à l'état antérieur,** backward recovery ; **r. à zéro,** return to zero, resetting ; **r. à l'exploitation normale (après incident),** recovery from fallback ; **r. arrière,** backspace, backspacing ; **r. (de) chariot,** carriage return ; **r. d'information,** information feedback ; **r. en arrière,** backtracking (expert system) ;
See ADRESSE, DOCUMENT ALLER-RETOUR, NON-RETOUR.

Retournement (s. m.), **rouleau de r. de cartes,** turnover roll.

Retracer (v. t.), to replot.

Retrait (s. m.), removal ; depopulation (of board) ; **r. négatif,** outdent.

Retraitement (s. m.), reprocessing.

Retraiter (v. t.), to reprocess.

Retransférer (v. t.), to transfer back.

Retransmetteur (s. m.), retransmitter.

Retransmettre (v. t.), to retransmit, to transmit back.

Retransmission (s. f.), retransmission (of message, etc.).

Retranscrire (v. t.), to retranscribe.

Retranscription (s. f.), retranscription.

Retrier (v. t.), to re-sort.

Rétroaction (s. f.), feedback.

Rétro-éclairé -e (adj.), backlit.

Rétroprojecteur (s. m.), overhead projector.

Retrouver (v. t.), to retrieve.

Réunion (s. f.), **r. logique,** OR operation, disjunction, ORING.

Réutilisabilité (s. f.), reusability.

Réutilisable (adj.), reusable ; multistrike (ribbon).

Revalidation (s. f.), re-enabling.

Revalider (v. t.), to re-enable, to enable again.

Revectorisation (s. f.), revectoring.

Revectoriser (v. t.), to revector.

Réveil (s. m.), reactivation, wakeup (of task).

Réveiller (v. t.), to wake (up), to reactivate (a task).

Revenir (v. t.), to return, to switch back (to normal operation, etc.) ; **r. à l'état antérieur (à celui qui précédait la mise à jour),** to backout, to deupdate ; **r. à un menu,** to get back to a menu ; **r. à la séquence principale,** to jump back.

Réversible (adj.), reversible.

Rigide (adj.), inflexible (system, etc.) ; hard (disc).

Rigidité (s. f.), inflexibility (of system, etc.).

Rive (s. f.), margin, sprocket hole(d) tearstrip (of continuous sprocket hole(d) paper). See MACHINE.

RL (Réseau Local), local area network (LAN).

RLE (Réseau Local d'Entreprise), corporate network.

RNIS (Réseau Numérique à Intégration de Services), Integrated Services Digital Network (ISDN).

RO (Recherche Opérationnelle), operation research (OR).

Robot (s. m.), robot.

Roboticien (s. m.), roboteer, robotics expert, robotics engineer.

Robotique (s. f.), robotics.

Robotisation (s. f.), robotization.

Robotiser (v. t.), to robotize.

ROC (Reconnaissance Optique des Caractères), optical character recognition (OCR).

Rodage (s. m.), (field-) proving, (field-) testing, shaking-down (of equipment, software, etc.) ; **période de r.,** shake-down period, « running-in » period.

Roder (v. t.), to field test, to shake-down, to run in (equipment, etc.).

Rosace (s. f.), **r. d'impression,** daisywheel, daisy printwheel.

Rose (adj.), jarg : porn, pornographic, "blue". See MESSAGERIE.

Rotatif, -ive (adj.), rotary (switch, etc.).

Rotation (s. f.), **1.** (a) rotation, spinning (of disk, etc.), (b) ring shift, circular shift, **2.** turnover (of stock) ; **r. de stock,** inventory turnover.

Roue (s. f.), wheel ; **r. à caractères, r. d'impression,** printwheel, type wheel. See IMPRIMANTE.

Rouleau (s. m.), **1.** (a) roll, roller, (b) platen (of typewriter), **2.** roll (of paper, punched tape, etc.), coil (of punched tape), web (of magnetic tape before slitting) ; **r. d'alimentation de cartes,** card feed roll ; **r. de caisse enregistreuse,** tally roll, ticket roll ; **r. d'entraînement de cartes,** card feed roll ; **r. d'entraînement à picots,** pin-feed platen ; **r. d'enroulement de carbone,** carbon rewind spindle ; **r. de retournement,** turn-over roll(er) ; **r. de virage,** turn-around roll(er) ; **r. pinceur,** pinch roller. See PAPIER.

Roulette (s. f.), caster.

Route (s. f.). See METTRE EN ROUTE, MISE EN ROUTE, TEMPS.

Routage (s. m.), routing ; **r. adaptatif,** adaptative routing.

Router (v. t.), to route.

Routeur (s. m.), router.

RTC (Réseau Téléphonique Commuté), switched telephone network (STN).

Ruban (s. m.), **1.** ribbon (of typewriter), **2.** tape ; **r. carbone, carboné,** carbon ribbon ; **r. d'imprimante,** data processing ribbon, computer ribbon ; **r. encreur,** inking ribbon ; **r. magnétique = bande magnétique** ; **r. perforé = bande perforée.** See CHANGEMENT.

Rupteur (s. m.), (forms) burster, bursting machine, detacher.

Rupteuse (s. f.), (forms) burster, bursting machine, detacher ; **r.-imprimante,** burster-imprinter.

Rupture (s. f.), break(ing) ; **r. de contrôle,** control change, control break ; **r. de contrôle au niveau inférieur,** minor control change ; **r. de contrôle au niveau intermédiaire,** intermediate control change ; **r. de contrôle au niveau supérieur,** major control change ; **r. de séquence = r. de contrôle ; r. de stock,** out-of-stock condition ; **article en r. de stock,** out-of-stock item.

Rusticité (s. f.), ruggedness.

Rustine (s. f.), jarg., patch (in a program).

RVA (Réseau à Valeur Ajoutée), value-added network (VAN).

RVB (Rouge Vert Bleu), Red Green Blue (RGB).

Rythme (s. m.), rate (of production, etc.) ; clock cycle.

Rythmeur (s. m.), timer.

S

Sac (s. m.), **problème du s. à dos,** knapsack problem.

SAD *(Système d'Aide à la Décision),* decision-support system (DSS).

Saisie (s. f.), (a) data entry, data capture, data inputting (b) data acquisition ; **s. au kilomètre,** automatic word wrapping ; **s. de schéma,** schematic capture ; **s. des données à la source,** source data automation, source recording ; **s. directe,** direct data entry (DDE) ; **s. optique,** optical reading or scanning ; **s. vocale,** voice input.
See AGENT, GRILLE, MASQUE, OPÉRATEUR.

Saisir (v. t.), to key in, to enter, to capture, to acquire (data), to input ; to grab (images) ; **s. à nouveau,** to recapture (data).

Salaire (s. m.), pay ; **s. de base,** basic pay ; **s. net,** take-home pay.
See CUMUL.

Salle (s. f.), room ; **s. blanche,** clean room ; **s. de l'ordinateur, s. des machines, s. informatique,** computer room ; **s. informatique entièrement équipée,** hot site (for use in case of a computer disaster) ; **en salle fermée, en salle ouverte,** on a closed-shop, on an open-shop, basis.

Salon (s. m.), **s. des composants,** components show ; **s. de l'informatique,** (French) computer show.

Sans (prép.), **s. adresse,** addressless ; **s. temps d'attente,** no wait state.

Saphir (s. m.), sapphire ; **silicium sur s.,** silicon on sapphire (SOS).

Satellite (s. m. & adj.), satellite ; **s. de diffusion directe,** direct-broadcast(ing) satellite (DBS) ; **ordinateur s.,** satellite computer, peripheral computer.

Satellitaire (adj.), satellite (images).

Saturé, -e (adj.), saturated, full, completely filled ; fully populated (board).

Saut (s. m.), **1.** jump, branch, **2.** skip(ping), slew(ing), throw (of paper) ; **faire un s. avant impression,** to preslew ; **faire un s. après impression,** to postslew ; **faire un s. de feuillet,** to slew, to eject (paper) ; **s. avant impression,** preslew ; **s. de papier,** paper skip, slew, throw ; **s. de feuillet,** page ejection ; **s. en haut de feuillet,** top-of-page skip(ping), head-of-form skip(ping).
See BALAI, BARRE, CARACTÈRE, LANGUETTE, PERFORATION, VITESSE.

Saute-mouton (s. m.), **test s.-m.,** leap-frog test.

Sauter (v. t.), to skip ; to leapfrog, (computer generation) ; **faire s. (fusible),** to blast, to blow out.

Sauvegardable (adj.), which can be saved, savable.

Sauvegarde (s. f.), **1.** saving, backup, **2. (unité de s.)** streamer ; backing (up) ; **bande, copie, disquette, fichier de s.,** backup tape, copy, diskette, file ; **s. automatique,** autosave, autosaving.

Sauvegarder (v. t.), to save, to back up ; **s. automatiquement,** to autosave.

Sauver (v. t.), to salvage.

Sauvetage (s. m.), salvaging.

SAV *(Service Après-Vente),* aftersales service.

Scanner (s. m.), scanner.

Scannérisation (s. f.), scanning.

Scannériser (v. t.), to scan, to read (with a scanner).

Scanneur (s. m.), scanner.

Schéma (s. m.), diagram, schema (of data base) ; **s. de câblage** wiring diagram ; **s. de connexion,** plugging chart (of control panel) ; **s. de montage,** set-up diagram ; **s. de principe,** schematic diagram ; **s. fonctionnel,** functional diagram ; **s. logique,** logic diagram.

Schématique (adj.), schematic, diagrammatic.

Schématiquement (adv.), schematically, diagrammatically.

Scientifique (adj.), scientific.
See CALCUL, CALCULATEUR, COMPILATEUR, PROGRAMMEUR.

Scinder (v. t.), to divide, to split (up).

Scintillement (s. m.), **sans s.,** flicker-free.

Scintiller (v. i.), to flicker.

Scripteur (s. m.), writer (ling.).

Scrutateur (s. m.), scanner.

Scrutation (s. f.), scanning.

Scruter (v. t.), to scan.

SDA (Sélection Directe à l'Arrivée) Direct Inward Dialing (DID).

SE **1. (Système d'Exploitation),** operating system (OS), **2. (Système Expert),** expert system (ES).

Séance (s. f.), session.

Sécable (adj.), divisible.

Second, -e (adj.), **seconde source (d'approvisionnement),** second source *or* second sourcing.

Secondaire (adj.), secondary ; **poste s.,** slave station (of multiple tape lister).

Secours (s. m.), **de s.,** emergency (switch) ; backup, standby (computer, equipment, etc.) ; **s. automatique,** hot standby ; **s. immédiat,** hot standby ; **s. semi-automatique,** warm standby ; **moyens de s.,** backup facilities.

Secouru, -e (adj.), **s. par batterie,** battery backed, battery-protected (memory) ; rescued (station).

Secteur (s. m.), **1.** (a) sector (on disk), (b) field, area ; branch (of activity) ; slice (of pie-chart), **2.** mains supply ; **en s.,** in the field ; **s. bancaire,** banking, banking environment.
Voir GRAPHIQUE.

Sectoriel, -elle (adj.), **applications sectorielles,** industry-specific applications.

Sectorisation (s. f.), sectorization, sectoring ; **s. logicielle,** soft sectoring ; **s. matérielle,** hard sectoring.

Sécurisé, -e (adj.), protected.

Sécurité (s. f.), **1.** security, **2.** safety ; **d. sécurité,** backup (copy, tape, etc.) ; **s. de fonctionnement,** reliability ; **s. informatique,** computer security.
See STOCK.

SED (Système d'Exploitation à Disques), disc operating system (DOS).

Segment (s. m.), segment (of program, market, etc.) ; stroke (of character) ; **s. de recouvrement,** overlay.

Segmentation (s. f.), segmentation.

Segmenter (v. t.), to segment, to divide into.

Sélecter (v. t.) = **sélectionner.**

Sélecteur, -trice (adj.), **canal s.,** selector channel.

Sélecteur (s. m.), selector, selector switch ; **s. d'indice,** digit selector.

Sélectif, -ive (adj.), selective.
See ACCÈS, APPEL, MÉMOIRE, PROGRAMME, TEST, VIDAGE.

Selecting (s. m.), jarg. selection, selective calling.

Sélection (s. f.), selection, selecting ; **s. automatique de ligne,** automatic line selection ; **s. directe à l'arrivée (SDA),** direct inward dialing (DID) ; **s. par cadran,** dial(l)ing, dial-up ; **s. par clavier,** keyboard selection ; **s. par souris,** mouse selection.
See CIRCUIT, CONTRÔLE, ERREUR, RAPPORT.

Sélectionnable (adj.), **s. par interrupteur, par souris,** switch-selectable, mouse-selectable.

Sélectionner (v. t.), to select ; **s. à l'aiguille (de tri),** to needle ; **s. au cadran,** to dial (up).

Sélectionneuse (s. f.), **s. de chèques,** bankproof machine.

Sémantique (s. f.), semantics ; **s. dénotationnelle,** denotational semantics.

Sémaphore (s. m.), semaphore.

Semi-automatique (adj.), semi-automatic ; warm (standby).

Semi-conducteur (adj. & s. m.), semi-conductor.

Semi-duplex (adj.), half-duplex.

Semi-graphique (adj.), semi-graphic.

Sens (s. m.), direction (of flow, etc.) ; **s. machine,** machine direction (of paper).

Sensibilisation (s. f.), **cours de s.,** appreciation course.

Sensibilité (s. f.), sensitivity.

Séparable (adj.), **1.** fenceable, separable, **2.** burstable (pages of continuous paper).

Séparateur (s. m.), **1.** (a) separator, divider (of words, etc.), (b) divider, **2.** resolver ; **s. de fichiers,** file separator ; **s. de mots,** word separator.

Séparation (s. f.), **1.** separation, splitting (of columns), **2.** bursting (of continuous paper) ; **bit de s.,** fence bit.

Séparé (adj.), **1.** separate, distinct, freestanding (piece of equipment). **2.** burst (sheets of continuous paper) ; **documents séparés,** cut forms.

Séparer (v. t.), to separate, to split, to fence, **2.** to burst (pages of continuous paper).

Séquence (s. f.), **1.** (a) sequence, coding, (b) script ; **2.** sequence, order ; **s. d'appel,** calling sequence ; **s. d'échappement,** escape sequence ; **s. de coupure (du courant),** power-down sequence ; **s. de mise sous tension,** power-up sequence ; **s. des instructions du programme,** program sequence, P-sequence ; **s. d'instructions initiales,** bootstrap ; **s. paramétrable,** skeletal coding ; **s. utilisateur,** (user) own code, own coding.
See CONTRÔLE, CONTRÔLER, CONTRÔLEUR, METTRE, MISE, REMETTRE, REMISE, ZONE.

Séquentiel, -elle (adj.), sequential ; **s. enchaîné,** linked sequential ; **s. indexé,** indexed sequential.
See ACCÈS, CALCULATEUR, ENSEIGNEMENT, FICHIER, MÉMOIRE.

Séquentiellement (adv.), sequentially.

Série (s. f.), series, stream, string, succession, suite ; **en s.,** serial, serially ; **de s.,** serial ; **fabrication en s.,** mass production ; **s. chronologique,** time series ; **s. économique,** economic lot size.
See ADDITIONNEUR, CALCULATEUR, CONVERTIR, CONVERTISSEUR, DEMI-ADDITIONNEUR, DEMI-SOUSTRACTEUR, ENREGIS-TREMENT, IMPRIMANTE, LECTEUR, NUMÉRO, OPÉRATION, PERFORATEUR, SOUSTRACTEUR, TRAITEMENT, TRANSFERT, TRANSMISSION.

Sérigraphie (s. f.), screen printing.

Sérigraphier (v. t.), **machine à s.,** screen printer.

Serveur (s. m. & adj.), **1.** (center) retrieval center (RC), information retrieval center (IRC), information retrieval service (IRS), data base utility, information utility. **2.** (equipment) (a) host computer, host processor, host system (b) (Ethernet, etc.) server ; **s. de base de données,** database server ; **s. de communication,** communications server ; **s. de disques,** disk server ; **s. de fichier,** file server ; **s. d'impression,** print server. **3.** (operator) (on-line) database services company, electronic distributor.

Service (s. m.), **1.** service, **2.** department, **3.** duty (of machine, etc.) ; **en s.,** working, in use ; **hors s.,** unserviceable, unused ; **entrer en s.,** to go on the air ; **être en s.,** to be on the air (system), to be up (link) ; **mettre en s.,** to bring, to put into service ; **mettre hors s.,** (a) to disable, to cripple, (b) to withdraw from service ; **services à valeur ajoutée (SVA),** value-added services (VAS) ; **s. (de la) comptabilité,** accounting department ; **s. d'entretien en clientèle,** field service, field engineering ; **s. d'exploitation,** operations department ; **s. de programmation,** programming department ; **s. émetteur,** originating department ; **s. extraction,** pulling section ; **s. informatique,** information *or* data processing department ; **s. mécanographique,** voir MÉCANOGRAPHIQUE ; **s. ordinateur,** computer department, EDP department ; **s. public de traitement de l'information,** information processing utility.
See APTITUDE, BIT, CARACTÈRE, OPÉRATION, PROGRAMME, SOUS-PROGRAMME, TAUX.

Servitude (s. f.), **opération de s.,** red tape operation, housekeeping operation, housekeeping chore.

Servomécanisme (s. m.), servo mechanism.

Session (s. f.), session ; **ouvrir une s.,** to log on ; **fermer une s.,** to log out.

Seuil (s. m.), threshold ; **s. de réapprovisionnement,** re-order level, re-order point.

SFSD (Simple Face Simple Densité), single-sided single density (SSSD).

SFDD (Simple Face Double Densité), single-sided double density (SSDD).

SGBD (Système de Gestion de Base de Données), Data Base Management System (DBMS).

SGBDR 1. (Système de Gestion de Base de Données Relationnelles), Relational Database Management System (RDBMS), 2. (Système de Gestion de Bases de Données Réparties), Distributed Database Management System (DDBMS).

Shunter (v. t.), to shunt, to by-pass.

SIAD (Système Intégré d'Aide à la Décision), Integrated Decision-Support System (IDSS).

Signal (s. m.), signal, waveform ; dial tone ; **s. de commande,** control signal ; **s. d'horloge,** clock signal ; **s. d'interdiction,** inhibiting signal ; **s. d'occupation,** busy tone (U. S.), engaged signal (Brit.) ; **s. parasite,** interfering signal ; **s. porteur d'information,** information-bearing signal ; **s. de validation,** enabling signal ; **s. sonore,** audible signal, beep.
See RAPPORT, REGÉNÉRATION, REMISE.

Signaler (v. t.), to signal, to flag (error, etc.) ; to return (status), to indicate ; to highlight, to report, to tell ; **ne pas être signalé,** to go unreported.

Signalétique (adj.), **fiche s.,** descriptive sheet, specification sheet.

Signalisation (s. f.), signalling ; **s. des écarts, des cas particuliers,** exception reporting ; **s. des erreurs,** error reporting.

Signe (s. m.), sign ; **signe « / »,** slant, slash, diagonal ; **s. #,** number sign, pound sign ; **s. monétaire,** currency symbol ; **avec s.,** signed ; **sans s.,** signless, unsigned.
See BIT, CARACTÈRE, CONTRÔLE, EMPLACEMENT.

Significatif, -ive (adj.), significant, meaningful ; **bit, caractère, chiffre, le moins significatif,** least significatant bit (LSB), character (LSC), digit (LSD) ; **bit, caractère, chiffre,** **le plus significatif,** most significant bit (MSB), character (MSC), digit (MSD).
See NON SIGNIFICATIF.

Signification (s. f.), significance, meaning.

Silicium (s. m.), silicon ; **s. sur saphir,** silicon on sapphire (SOS).

Simple (adj.), 1. single (channel, controller, precision, spacing, etc.), 2. straightforward (method, etc.) ; unsophisticated (equipment, etc.) ; **s. face double densité (SFDD),** single-sided double density (SSDD) ; **s. face simple densité (SFSD),** single-sided double density (SSDD).

Simplex (adj.), simplex (line, etc.).

Simplicité (s. f.), **s. d'utilisation ou d'emploi,** ease of use.

Simu (s. f.) jarg. = **simulation.**

Simulateur (s. m.), simulator, simulating program, simulating routine ; **s. de modem,** modem eliminator ; **s. de vol,** flight simulator.

Simulation (s. f.), simulation, previewing ; **mode simulation,** what if mode ? **programme de simulation = simulateur ; s. de gestion,** business game.

Simulé, -e (adj.), **s. sur ordinateur,** computer-simulated.

Simuler (v. t.), to simulate, to mimic, to preview, to fake (i. e. masquerade as).

Simultané, -e (adj.), simultaneous, concurrent ; **en s.,** simultaneously, concurrently.
See BIDIRECTIONNEL, CALCULATEUR, NON SIMULTANÉ, REPORT.

Simultanéité (s. f.), simultaneity, overlap(ping) ; **en s.,** simultaneously, concurrently ; **s. d'exécution,** concurrency, concurrent execution (of programs, etc.) ; **exploitation, fonctionnement, travail en s.,** simultaneous operation.

Simultanément (adv.), simultaneously, concurrently.

Sinistre (s. m.), **s. informatique,** computer disaster.

Site (s. m.), (abus) site ; **s. central,** central site, main site ; **s. informatique,** computer site ; **s. mixte,** multivendor site *or* environment.

Situation (s. f.), **s. des travaux, etc.,** (progress) report ; **s. du stock,** inventory position *or* status.

Société (s. f.), **1.** society, **2.** company, firm ; **(la) Société câblée,** wired Society ; **s. de crédit,** credit agency ; **s. de distribution, distributrice,** distributive firm ; **s. de location d'ordinateur,** computer leasing firm ; **s. de logiciel,** software firm, software house ; **s. de maintenance,** maintenance firm ; **s. de maintenance tierce** *ou* **de tierce maintenance,** third-party maintenance (TPM) firm ; **s. d'informatique,** computer firm, computing company ; **(la) S. informatisée,** information-based Society ; **(la) Société sans chèques, sans argent (espèces, numéraire),** checkless, cashless Society ; **s. de services, prestataire de services,** service firm ; **s. de services et d'ingénierie en informatique (SSII),** systems house, software house ; **s. tierce,** third party.

Soft (s. m.) jarg. = **software.**

Software (s. m.), software.

Solde (s. m.), balance.

Sollicitation (s. f.), **s. de l'opérateur,** prompting.

Solliciter (v. t.), **1.** to access (a system) ; **très s.,** to make heavy demands on, to tax ; **2.** to prompt (the operator) for (information), to invite input from (the operator).

Solution (s. f.), solution ; **s. globale (matériel + logiciel, ...),** all-in-one package ; **s. ordinateur,** computerized solution.

Sommation (s. f.), summation.

Somme (s. f.), sum, amount ; **s. logique,** logical sum.

Sommeil (s. m.), **(mis) en sommeil,** dormant, asleep, (task) ; **mettre en s.,** to mute (terminal), to deactivate (task) ; **mise en s.,** deactivation (of a task).

Sommer (v. t.), to sum up.

Sondage (s. m.), **contrôle par s.,** spot check ; **faire un contrôle par s.,** to spot check.

Sonde (s. f.), probe.

Sonore (adj.), audible (signal).

Sophistiqué, -e (adj.), (abus), sophisticated.

Sortance (s. f.), fan-out.

Sortie (s. f.), **1.** (a) output ; reading out (of store) ; typing out (on type-writer) ; printing, printing out, listing, listing out (on printer) ; writing (out) (on magnetic tape) ; punching out (on card punch), dumping out (on disk, tape, etc.) ; pulling out (of a card file) ; retrieval (from disk, etc.) ; shifting out (of a shift register), (b) exit (e.g. from main program, on tabulator control panel, etc.) ; sign(ing)-off, log(ging) off ; **2.** withdrawal, issue, pull(ing) (from stock) ; **s. parallèle,** parallel port ; **s. série,** serial port.
See APPAREIL, BANDE, CARTE, CONTRÔLE, CONTRÔLEUR, ENTRÉE/ SORTIE, FICHIER, GESTION, LABEL, LIMITE, MATÉRIEL, MESSAGE, ORGANE, PAQUET, PÉRIPHÉRIQUE, ZONE.

Sortir (v. t.), **1.** (a) to output ; to read out, to kick out, to retrieve from, to fetch from, to extract from (memory) ; to type out (on type-writer) ; to print (out), to list (out), jarg : to churn out, to spew out (on printer) ; to write out (on tape) ; to punch out (on card punch) ; to dump (on disk tape, etc.) ; to pull out (of a card file) ; to shift out (of a shift register) ; to check out (e.g. tape reel from tape library) ; (b) to exit (e.g. from main program or system), to exit from (system) ; to branch out, to break out (of a loop) ; **2.** to withdraw, to pull (from stock) ; **introduire en mémoire et s. de mémoire (alternativement),** to shuttle in an out of, to swap in and out of, to usher in and out of (memory).

Souche (s. f.), stub (of check, etc.).

Soudure (s. f.), **s. à la vague,** wave solder(ing).

Soufflerie (s. f.), blower.

Soulignage (s. m.), = soulignement.

Souligné (s. m.), = soulignement.

Soulignement (s. m.), underlining, underscoring ; **s. automatique,** autoscore ; **s. inférieur,** underlining, underscoring.

Souligner (v. t.), to underline, to underscore.

Soumission (s. f.), **s. de travaux à distance,** remote job entry (RJE).

Souple (adj.), flexible.

Souplesse (s. f.), **s. d'emploi, d'utilisation,**

flexibility ; **s. de traitement,** processing flexibility ; **manque de s.,** inflexibility.

Souplisseau (s. m.), spaghetti (tubing).

Source (s. f.), source, origin ; **sources d'approvisionnement multiples,** multisourcing ; **s. de données,** data source ; **s. d'incident(s),** problem area, trouble area.
See Langage, Matériel, Programme, Saisie.

Souris (s. f.), **(la) souris,** mouse (pl. mice) ; **s. à infrarouge,** cordless mouse ; **s. à trois boutons,** three-buttoned mouse.

Sous-boucle (s. f.), subloop.

Sous-canal (s. m.), sub-channel.

Sous-catalogue (s. m.), subcatalog.

Sous-commande (s. f.), subcommand.

Sous-ensemble (s. m.), subset (of characters) ; sub-assembly (of part) ; sub-system (of system).

Sous-fenêtre (s. f.), pane.

Sous-fichier (s. m.), subfile.

Sous-file (s. f.), sub-queue.

Sous-indicatif (s. m.), sub-key.

Sous-liste (s. f.), sublist.

Sous-porteuse (s. f.), subcarrier.

Sous-produit (s. m.), by-product.

Sous-programme (s. m.), subroutine, subprogram, routine ; **s.-p. d'analyse d'erreur,** error analysis subroutine ; **s.-p. d'autopsie,** post-mortem routine ; **s.-p. de bibliothèque,** library subroutine ; **s.-p. de calcul de temps machine,** accounting routine ; **s.-p. de constitution de fichier,** file building routine ; **s.-p. de constitution de points de reprise,** checkpoint routine ; **s.-p. de contrôle de labels,** label checking routine ; **s.-p. de correction,** error-correction routine, patch routine ; **s.-p. de détection d'erreur,** error-detection routine ; **s.-p. de division,** division subroutine ; **s.-p. d'écriture de labels,** labelling routine ; **s.-p. de gestion de périphériques, de tampons,** peripheral, buffer, control routine ; **s.-p. de mise au point,** debugging routine, debugger ; **s.-p. de relance,** restart routine, **s.-p. de service,** utility routine, service routine ; **s.-p. de servitude,** utility routine, service routine ; **s.-p. de traduction,** translating routine ; **s.-p. de traitement d'erreurs,** error-handling routine ; **s.-p. de traitement d'interrup-** tions, interrupt servicing routine, interrupt handling routine ; **s.-p. de traitement de labels,** label handling routine ; **s.-p. de tri,** sort routine ; **s.-p. de vidage mémoire,** core dump routine ; **s.-p. d'impression,** print routine ; **s.-p. d'impression bande/imprimante,** tape-to-printer routine ; **s.-p. d'initialisation,** initializing routine ; **s.-p. d'ouverture de fichier,** file opening routine ; **s.-p. dynamique,** dynamic subroutine ; **s.-p. emboîtés,** nesting subroutines ; **s.-p. fermé,** closed subroutine ; **s.-p. ouvert,** open subroutine ; **s.-p. standard,** standard subroutine ; **s.-p. utilisateur,** user-code, user-written (program).
See Appel, Bibliothèque.

Sous-répertoire (s. m.), sub-directory.

Sous-réseau (s. m.), sub-network, sub-net.

Sous-rubrique (s. f.), subentry.

Sous-schéma (s. m.), subschema (of data base).

Sous-système (s. m.), sub-system.

Sous-tâche (s. f.), subtask.

Sous-titre (s. m.), subtitle, subhead.

Soustracteur (s. m.), subtracter ; **s. à deux entrées,** two-input subtracter ; **s. numérique,** digital subtracter ; **s. parallèle,** parallel full subtracter ; **s. série,** serial full subtracter ; **s. à trois entrées,** three-input subtracter.
See Demi.

Soustraction (s. f.), subtraction.

Soustraire (v. t.), to subtract ; **s. (du temps à),** to steal time from ; **nombre, quantité à, s.,** subtrahend.

Sous-traitance (s. f.), sub-contracting.

Sous-traiter (v. t.), to sub-contract, to sub-out, to farm out.

Sous-utilisation (s. f.), under-utilization, loafing.

Sous-zone (s. f.), subfield.

Spatial, -e (adj.), **commutation spatiale,** space-division switching.

Spécial, -e (adj.), special (character, etc.) ; tailor-made, custom-made (equipment).
See Calculateur, Caractère, Fichier, Jeu.

Spécialisation (s. f.), specialization, dedication.

Spécialisé, -e (adj.), specialized ; dedicated, single-purpose (computer, etc.) ; leased (line) ; job-oriented, application-oriented, application-dedicated (terminal), application-unique ; trained, skilled (personnel).
See NON SPÉCIALISÉ.

Spécialiser (v. t.), to specialize, to dedicate.

Spécification (s. f.), specifications, specs.

Sphère (s. f.), sphere, ball ; **m. à écrire à sphère,** golf-ball typewriter.

Spiralé -e (adj.), **cordon s.,** coiled cable.

Spoule (s. m.) (JO), spool.

Spot (s. m.), (magnetic, etc.) spot.

SSII (Société de Services et d'Ingénierie en Informatique), systems house, software house.

Stabilisation (s. f.), **temps de s.,** settling time.

Stabiliser (v. t.), to settle ; to stabilise (power supply).

Stage (s. m.), training period.

Stagiaire (s. m.), trainee.

Stand (s. m.), **s. (d'exposition),** booth.

Standard (adj.), standard ; **de format s.,** standard-size ; **être s., exister en s.,** to be standard, to be a standard feature.
See NON STANDARD, SOUS-PROGRAMME.

Standardisation (s. f.), standardization.

Standardiser (v. t.), to standardize.

Standardiste (s. m. & f.), telephone operator, switchboard operator.

Station (s. f.), (punch, read, etc.) station ; **s. appelante, d'appel,** calling station ; **s. appelée,** called station ; **s. asservie,** slave station ; **s. de commande,** control station ; **s. de travail,** workstation ; **s. maîtresse,** master station ; **s. pilote = station de commande ;** s. primaire, primary station ; **s. secondaire,** secondary station ; **s. terrienne,** earth station ; **s. tributaire,** tributary station.

Statique (adj.), static.
See CONTRÔLE, ERREUR, MÉMOIRE.

Statistique (adj.), statistical.
See BANDE, ÉTAT, MACHINE.

Statistique (s. f.), statistics.

Stochastique (adj.), stochastic.

Stock (s. m.), stock ; **s. de sécurité,** safety stock.
See ARTICLE, CARTE, ENTRÉE, ÉTAT, FICHIER, GESTION, NON EN STOCK, ROTATION, RUPTURE, SITUATION, SORTIE.

Stockage (s. m.), storage.
See APPAREIL, CONDITIONS, ZONE.

Stocker (v. t.), to store (in memory) ; to save (in a register) ; **stocké sur ordinateur,** computer-held (index, etc.).

Structure (s. f.), structure ; format (of address, instruction, record, etc.) construct ; **s. logique,** logic(al) design.
See RECONNAISSANCE.

Structurer (v. t.), to structure ; **structuré autour de,** built around.

Structuré, -e (adj.), structured (programming).

Style (s. m.), style ; **feuille de s.,** style sheet.

Stylet (s. m.), **s. lumineux,** light pen, light gun.

Stylisé, -e (adj.), stylized (character, font, forms, etc.).

Stylophote (s. m.), light gun, light pen.

Subdiviser (v. t.), to subdivide, to split (up), to partition.

Subdivision (s. f.), subdivision, splitting (up), partitioning.

Submicronique (adj.), submicron (technology, etc.).

Subordonné, -e (adj.), **s. au temps d'entrée, de sortie, de calcul, de traitement,** input-bound *or* limited, output-bound *or* limited, computer-bound *or* limited, process-bound *or* limited.

Substituer (v. t.), to substitute (for).

Substitution (s. f.), substitution ; **mise à jour par s.,** update-in-place.

Substrat (s. m.), substrate.

Suite (s. f.), **1.** continuation, **2.** sequence (of events, instructions, etc.) stream, string (of bits, data, etc.) ; **s. naturelle,** natural sequence ; **s. non ordonnée,** orderless sequence *or* set ; **s. ordonnée,** ordered sequence *or* set.

Suiveur, -euse (adj.), **carte suiveuse,** traveler card.

Suivi (s. m.), follow-up, keeping track of, reporting ; **faire le s. de,** to keep track of ; **s. de projet,** project tracking.

Suivre (v. t.), to follow ; to track, to keep track of.

Sujet, -ette (adj.), **s. aux erreurs,** error prone.

Supercalculateur (s. m.), supercomputer.

Supérieur, -e (adj.), upper ; **borne supérieure,** high delimiter.
See INDICE.

Superjeu (s. m.), superset.

Supermicro (s. m.), supermicro.

Supermini (s. m.), superminicomputer, supermini.

Super-ordinateur (s. m.), supercomputer, super-scale computer.

Superutilisateur (s. m.), superuser.

Superposer (v. t.), to overwrite ; to overpunch, to superimpose ; to overlay.

Superviser (v. t.), to monitor, to control.

Superviseur (s. m.), supervisor, executive ; **s. de télégestion,** communications executive.

Supervision (s. f.), monitoring, control.

Supplémentaire (adj.), additional.

Support (s. m.), **1.** cradle (of telephone handset), holder, stand ; **2.** substrate, base material ; **3.** support, help ; **s. de données,** data carrier, data (recording) medium ; **s. d'archivage,** archival medium ; **s. de traitement,** processing medium ; **s. d'information,** information carrier, information carrying medium, information storage medium ; **s. exploitable par (une) machine,** machine-readable medium, machine-sensible medium, machine-usable medium, **s. externe,** external medium ; **s. vide,** empty medium, blank medium.

Supporter (v. t.), (abus) to support.

Suppression (s. f.), suppression (of zeros, etc.) ; deletion (of data, etc.) ; clearing (of tabs, card jam, etc.) ; truncation (of excess bits, etc.) ; removal (of hidden lines *or* surfaces).

Supprimable (adj.), deletable.

Supprimer (v. t.), to suppress (zeros, etc.) ; to delete (data, etc.) ; to clear (tabs, card jam, etc.) ; to truncate, to chop off, to discard (excess bits, etc.) ; **s. (le soulignement, la mise en valeur, etc.),** to deunderline, to dehighlight, etc.

Supravocal, -e (adj.), **transmission de données supravocales,** data above voice (DAV).

Sur (prép.), **sur mini,** mini-based (catalogue, etc.) ; **sur PC,** PC-based (tools, etc.).

Surbaissé, -e (adj.), low-profile (keyboard).

Surbrillance (s. f.) (JO), brightening.

Surdoué (s. m.), **s. en, de l'informatique,** computer wizard.

Surensemble (s. m.), superset.

Suréquiper (v. t.), to overequip.

Sûreté (s. f.), **s. de fonctionnement,** reliability, dependability.

Surface (s. f.), **s. cachée,** hidden surface.

Surfacique (adj.), voir MODELISATION.

Surfrappe (s. f.), overtyping.

Surimpression (s. f.), overprinting.

Surimprimer (v. t.), to overprint.

Surlignement (s. m.), overscoring.

Surligner (v. t.), to overscore.

Surnombre (s. m.), **en s.,** redundant, excess (bits, etc.).

Surpuissant, -e (adj.), turbo-charged.

Surstock (s. m.), overstock.

Surveillance (s. f.), supervision, monitoring ; **de s.,** supervisory, monitoring (typewriter, etc.) ; **fonctionnement sous, sans s.,** attended, unattended operation.

Surveiller (v. t.), to supervise, to monitor.

Survol (s. m.), **1.** overview, **2.** (J. O.) browsing.

Suspendre (v. t.), to suspend.

Suspension (s. f.), suspension.

SVA (Services A Valeur Ajoutée), Value-Added Services (VAS).

Symbole (s. m.), symbol ; **s. de contrôle,** check symbol ; **s. de décision,** decision box (in flowchart) ; **s. de renvoi,** connection box (in flow-chart) ; **s. de service,** control symbol ; **s. d'organigramme,** flowchart symbol ; **s. défini plusieurs fois,** multiply-defined symbol ; **s. fonctionnel,** functional symbol ; **s. logique,** logic(al) symbol ; **s. mnémonique,** mnemonic symbol.

Symbolique (adj.), symbolic.
See ADRESSAGE, ADRESSE, ANALYSE, INSTRUCTION, LANGAGE, LOGIQUE, NOM, PROGRAMMATION, PROGRAMME, RÉFÉRENCE, REPRÉSENTATION.

Synchrone (adj.), synchronous.
See CALCULATEUR, FONCTIONNEMENT, TRANSMISSION.

Synchronisateur (s. m.), synchronizer.

Synchronisation (s. f.), synchronization, syncing, sync, timing, clocking.
See BIT, DISQUE, IMPULSION, PISTE.

Synchroniser (v. t.), to synchronize, to time, to lock.

Synchronisé, -e (adj.), in step.

Synchroniseur (s. m.) = **synchronisateur.**

Synonyme (s. m.), duplicate (record, etc.).

Synoptique (s. m.), mimic diagram.

Syntaxe (s. f.), syntax.

Syntaxique (adj.), syntactic(al).

Synthèse (s. f.), synthesis ; **de synthèse,** summary (data, report), computer-generated (images) ; **s. de la parole, s. vocale,** voice synthesis, speech synthesis, speech synthesizing ; **s. d'images par ordinateur,** computer-generated imagery ; **s. vocale,** voice synthesis.

Synthétique (adj.), summary (data, report) ; computer-generated (images).

Synthétiseur (s. m.), **s. de (la) parole, s. vocal,** speech, voice, synthesizer.

Système (s. m.), system ; **s. à bandes,** tape-based, tape-oriented system ; **s. à cartes,** card-based, card-oriented system ; **s. à clavier,** keyboard-based system ; **s. à disques,** disk-based, disk-oriented system ; **s.**

d'adressage, addressing system ; **s. décimal,** decimal number system ; **s. de câblage,** cabling scheme ; **s. de développement à microprocesseur,** microprocessor development system (MDS) ; **s. d'exploitation,** operating system (OS) ; **s. d'exploitation à bandes,** tape operating system (TOS) ; **s. d'exploitation à cartes,** card operating system (COS) ; **s. d'exploitation à disques,** disk operating system (DOS) ; **s. d'exploitation de base,** basic operating system (BOS) ; **s. de facturation,** billing scheme ; **s. de gestion de base de données (SGBD),** data base management system (DBMS) ; **s. de gestion de base(s) de données relationnelles (SGBDR),** relational data base management system (RDBMS) ; **s. de gestion de base de données réparties (SGBDR),** distributed data base management system (DDBMS) ; **s. de gestion de fichiers (SGF),** file management system ; **s. de gestion des entrées/sorties,** input/output control system (IOCS) ; **s. d'information,** information system (IS) ; **s. (d') informatique,** information processing system ; **s. intégré de gestion (SIG),** management information system (MIS) ; **s. de messagerie informatisé,** computer-based message system (CBMS) ; **s. de numération,** number(ing) system ; **s. de numération binaire,** binary number system ; **s. de numération décimale,** decimal number system ; **s. de numération octale,** octal number system ; **s. de programmation,** programming system ; **s. de recherche documentaire,** information retrieval system, document retrieval system (DRS) ; **s. de réservation de chambres d'hôtel,** hotel reservation system ; **s. de réservation de places (d'avion),** (airline) seat reservation system, flight reservation system ; **s. de traitement automatique de l'information,** automatic data processing system (ADPS) ; **s. de traitement de texte (STT),** word processing system (WPS), word processor ; **s. de traitement électronique de l'information,** electronic data processing system (EDPS) ; **s. électronique de transfert de fonds,** electronic funds transfer system (EFTS) ; **s. expert (SE),** expert system (ES) ; **s. expert générique,** expert system shell.
See BANDE, SOUS-SYSTÈME.

T

Table (s. f.), table, index, list ; **t. d'achemine-**
ment, routing table ; **t. d'affectation de**
périphériques, peripheral assignment
table ; **t. de conversion,** conversion table ;
t. de correspondance, table of correspondence ; **t. de correspondance appareils logi-**
ques/appareils physiques, logical-to-physi-
cal translation table ; **t. de décision,**
decision table ; **t. de fichiers,** file table ; **t.**
de fonctions, function table ; **t. de traduc-**
tion, translation table ; **t. de transcodage,**
translation table ; **t. de tri,** sort table ; **t. de**
vérité, truth table ; **t. des étiquettes,** symbol
table, symbolic reference table ; **t. des**
matières du volume, volume table of contents (VTOC) ; **t. des noms symboliques,**
symbol table ; **t. traçante,** plotting table,
output table ; **t. traçante à plat,** flat-bed
plotter.
See CONSTITUER, CONSTITUTION, CONSUL-
TATION, CONSULTER, INSTRUCTION,
RECHERCHE, RECHERCHER.

Tableau (s. m.), **1.** panel, board. **2.** (a) table,
array, (b) chart ; **t. à aiguilles,** pin-board ;
t. à deux, trois dimensions, two-dimensional, three-dimensional array ; **t. à N dimen-**
sions, n-dimensional array ; **t. à double**
entrée, two-dimensional array ; **t. à feuilles**
arrachables (pour conférence), flip chart ;
t. comparatif, competitive analysis ; **t.**
d'affichage, display board, panel ; **t. de**
bord, management report ; **t. de code,** code
chart ; **t. de commande,** control panel ; **t.**
de commande de l'opérateur, operator's
control panel ; **t. de connexions,** control
panel, plugboard, problem board, patch
board, program board, patch panel, wiring
board, jack panel ; **t. de connexions amovi-**
ble, detachable, removable, plugboard ; **t.**
de distribution, switchboard ; **t. d'essai,**
test board, test panel ; **t. des temps d'exécu-**
tion, timing table ; **t. d'utilisation du temps**
machine, machine-usage chart ; **t. électroni-**
que, electronic spreadsheet ; **t. récapitula-**
tif, summary chart.

Tablette (s. f.), work board, reading board
(on keypunch) ; **t. à papier,** paper shelf ; **t.**
à digitaliser, à numériser, digitizing tablet ;
t. graphique, graphic tablet.

Tableur (s. m.), spreadsheet (program *or*
package).

Tabulateur (s. m.), tab-key.

Tabulation (s. f.), **1.** tabulation, tabbing **2.**
tab stop ; **t. automatique,** autotab ; **t. hori-**
zontale, tabulation, skip ; **t. verticale,** vertical tabulation, vertical tab(bing) ; skip ;
faire une t., to tab ; **faire une t. arrière,** to
backtab ; **poser des tabulations,** to set tabs.
See CARACTÈRE, TAQUET.

Tabulatrice (s. f.), accounting machine,
(punched card) tabulator.

Tabuler (v. t.), to tabulate, to print totals
only ; **t. jusqu'à,** to tab to.

Tâche (s. f.), task ; **t. de fond,** background
task *or* job.

Tactile (adj.), **écran t.,** touch (-sensitive)
screen.

TAF (Traitement à Façon), service bureau.

Taille (s. f.), size (of memory, firm, etc.).

Talon (s. m.), stub.
See CARTE.

Tambour (s. m.), drum ; **t. à picots,** sprocket
drum ; **t. auxiliaire,** backing drum ; **t.**
d'éjection, stacker drum, stacking drum ; **t.**
d'évacuation, swapping drum ; **t. de**
réponse, answer-back drum ; **t. d'impres-**
sion (porte-caractères), print drum, type
wheel, type roll, type drum ; **t. magnétique,**
magnetic drum ; **t. porte-caractères,** type
drum, print drum ; **t. programme,** program
drum.

Tampon (s. m.), buffer, buffer storage ; **doté,**
muni d'un t., buffered (peripheral, etc.) ;
non doté, non muni d'un tampon, unbuffered (peripheral, etc.) ; **t. Z,** Z buffer.
See MÉMOIRE.

Tamponnage (s. m.), buffering.

Tamponné, -e (adj.), buffered (peripheral, etc.) ; **non t.,** unbuffered (peripheral, etc.).

Tamponner (v. t.), to buffer.

TAO (Traduction Assistée par Ordinateur), Computer-Assisted Translation (CAT).

Taper (v. t.), to type, to hit, to strike, to press (key).

Tapis (s. m.), **t. antistatique,** antistatic pad.

Tapoter (v. i.), to type, to play around with.

Tapuscrit (s. m.), typescript.

Taquage (s. m.), jogging, joggling (of cards, documents, etc.).

Taquer (v. t.), to jog, to joggle (sheets of paper, etc.).

Taquet (s. m.), **t. de tabulation,** tab stop.

Taqueuse (s. f.) (paper) jogger, (document) jogger.

Tarif (s. m.), tariff, price list, rate.

Tarifaire (adj.), tariff (agreement) ; pricing (policy).

Tarification (s. f.), pricing, rate-making ; **t. séparée,** unbundling (of hardware, software, etc.) ; **système de t.,** pricing scheme.
Voir KIOSQUE.

Tarte (s. f.), jarg. pie-chart.

Tas (s. m.), jarg. **formation sur le t.,** on-the-job training.

Tassement (s. m.), packing (of data).

Tasser (v. t.), to pack (data).

Taux (s. m.), rate, ratio ; **t. d'activité,** activity ratio *or* factor ; **t. d'aptitude au service,** serviceability ratio ; **t. de croissance,** growth rate ; **t. de défaillance,** failure rate ; **t. de disponibilité,** availability ratio, operating ratio ; **t. d'erreurs,** error rate ; **t. d'erreurs non détectées,** undetected error rate ; **t. d'erreurs résiduelles,** residual error rate ; **t. d'expansion,** growth rate ; **t. de facturation,** billing rate ; **t. de mouvement = t. d'activité ; t. de mouvementation = t. d'activité ; t. de présence (des données en antémémoire),** cache hit rate ; **t. de production,** production rate ; **t. de puces bonnes,** chip yield ; **t. de rebut,** reject(ion)

rate, fallout rate ; **t. de réduction,** reduction ratio ; **t. de rejet = t. de rebut ; t. de service,** customer service, assurance ; **t. de succès,** hit ratio ; **t. de succès en antémémoire,** cache hit rate ; **t. d'insuccès,** miss rate ; **t. d'occupation,** load factor ; **t. d'utilisation,** utilisation ratio ; **à t. de consultation élevé,** frequently-referenced (table).

Taxable (adj.), chargeable.

Taxation (s. f.), charging ; **t. au demandé,** reverse charging, collect call, reverse charge call ; **t. kiosque,** general public videotex service rate.

Taxer (v. t.), to charge.

TDT (Traitement De Texte), **1.** word processing (WP), **2.** word processing system (WPS), **3.** word processing software.

TEC (Transistor à Effet de Champ), field-effect transistor (FET).

Technicien (s. m.), technician, technical man ; **t. de maintenance,** maintenance man, service man, customer engineer, field(-service) engineer.

Technico-commercial, -e (adj.), **ingénieur t.c.,** systems engineer (SE).

Technique (adj.), technical ; **école t.,** technical training school ; **rédacteur t.,** technical writer.

Technique (s. f.), technique.
See POINTE.

Technocrate (s. m.), **t. de l'informatique,** computercrat.

Technologie (s. f.), technology ; **t. de groupe (TG),** group technology (GT) ; **t. de l'information,** information technology (IT).

Technologique (adj.), technological, technology-based (products) ; **transfert t. (ou de technologie),** technology transfer.

TEF (Transfert Electronique de Fonds), electronic funds transfer (EFT).

TEF/TPV (Transfert Electronique de Fonds au Point de Vente), electronic funds trasnfer at point of sale (EFTPOS).

Teinte (s. f.), hue.

Téléachats (s. m. pl.), remote shopping, tele-shopping, armchair shopping, home shopping.

Téléacquisition (s. f.), remote acquisition (of data).

Téléaffichage (s. m.), remote display.

Téléalarme (s. f.), remote alarm.

Téléassistance (s. f.), remote support.

Télébande (s. f.), teletape.

Télébase (s. f.), remoteley-accessed database.

Téléboutique (s. f.), teleboutique.

Télécarte (s. f.), phone card.

Téléchargeable (adj.), downloadable.

Téléchargement (s. m.), downloading, downline loading (host → satellite) ; upload(ing) (satellite → host), teleload ; **effectuer, exécuter, un téléchargement,** to download (→ satellite), to upload (→ host).

Télécharger (v. t.), to download (→ satellite), to upload (→ host).

Téléchargeur (s. m.), downloader.

Télécom(s) (s. f. pl.), telecommunications, telecoms.

Télécommandable (adj.), remotely controllable.

Télécommande (s. f.), remote control, telecontrol.

Télécommandé, -e (adj.), remote controlled, remotely controlled.

Télécommander (v. t.), to control remotely.

Télécommunication (s. f.), telecommunication ; **les t.,** telecoms, telecommunications authority.

Télécommuniquer (v. t.), to telecommunicate.

Téléconférence (s. f.), teleconference, teleconferencing ; **t. par ordinateur,** computer conferencing.

Téléconnexion (s. f.), remote connection.

Téléconsultation (s. f.), (remote) access to a data base from a combination TV receiver/keyboard.

Téléconvivialité (s. f.), chat lines.

Télécopie (s. f.), telefax, facsimile transmission.

Télécopier (v. t.), to telecopy.

Télécopieur (s. m.), telecopier (Trade mark of Xerox Corporation) ; facsimile device,

machine, terminal *or* unit, fax device, machine, terminal *or* unit ; **t. (à) grande diffusion (TGD), t. grand public,** (low-cost) consumer facsimile unit, mass(-produced) fax unit.

Télécourtage (s. m.), telebroking.

Télédétection (s. f.), remote sensing.

Télédiagnostic (s. m.), telediagnosis (long-distance diagnostic of an illness) ; remote diagnosis (of a computer) ; **faire un t.,** to diagnose remotely.

Télédiaphonie (s. f.), far-end crosstalk.

Télédictée (s. f.), remote dictation, teledictation.

Télédiffusion (s. f.), **t. par satellite,** satellite broadcasting.

Télédistribution (s. f.), cable television, cable TV, cablecasting.

Téléécriture (s. f.), telewriting.

Téléenseignement (s. m.), educational television (ETV), distance teaching.

Télégestion (s. f.), (trade-mark of Thomson-Houston) teleprocessing (TP), remote processing, remote computing, telecomputing ; **faire de la t.,** to teleprocess.
See POSTE, SOFTWARE, TERMINAL.

Télégraphe (s. m.), telegraph.

Télégraphie (s. f.), telegraphy.

Télégraphique (adj.), telegraph (line, etc.).

Téléimpression (s. f.), remote printing.

Téléimprimeur (s. m.), teleprinter, teletype, teletypewriter, page printer ; **t. émetteur-récepteur,** automatic send-receive (set).

Téléinformaticien, -ne (s. m.), data communication expert, remote data processing expert, teleprocessing expert.

Téléinformatique (s. f.), « teleinformatics », data communications, remote data processing, teleprocessing, computer-communications, computications.

Téléinitialisation (s. f.), remote booting.

Téléjeu (s. m.), video game.

Télélecture (s. f.), remote reading.

Télélogiciel (s. m.), telesoftware.

Télémaintenance (s. f.), remote maintenance.

Télémater (v. i.), to use a Minitel.

Télémateur (s. m.), Minitel user, videotex user.

Télématicien, -ne (s. m.), telematics expert.

Télématique (adj.), telematic, videotex.

Télématique (Télécommunications + informatique) (s. f.), « telematics », home and office information systems and services, videotex ; **t. domestique,** home information services (videotex, phone directory, etc.) ; **t. professionnelle,** office information services (electronic mail, teleconferencing, facsimile, etc.).

Télématisation (s. f.), providing telematic facilities.

Télématiser (v. t.), to provide telematic facilities.

Télémesure (s. f.), telemetering, remote measuring.

Télémesurer (v. t.), to telemeter.

Télépaiement (s. m.), **terminal de t.,** home-banking terminal.

Téléparis (s. m.), telebetting.

Téléphone (s. m.), telephone, phone ; **t. automatique,** dial telephone.
See ABONNÉ.

Téléphonie (s. f.), telephony.

Téléphonique (adj.), telephone (call, line, etc.).
See CENTRAL, CIRCUIT, LIGNE, POSTE, RÉPONDEUR, RÉSEAU.

Téléport (s. m.), teleport.

Téléprogrammation (s. f.), remote programming.

Télépupitrage (s. m.), remote maintenance and monitoring.

Télérelevé (s. m.), remote reading (of meter).

Téléréunion (s. f.), telemeeting.

Télésaisie (s. f.), remote data entry.

Téléscripteur (s. m.), teleprinter, teletype, teletypewriter, page printer ; **t. émetteur-récepteur à clavier,** keyboard-send-receive (set), (KSR).

Télésignalisation (s. f.), remote signalling, remote fault reporting.

Télésoumission (s. f.), **t. de travaux,** remote job entry (RJE).

Télésupervision (s. f.), remote monitoring.

Télésurveillance (s. f.), remote monitoring.

Télétel (s. m.), French public viewdata service.

Télétex (s. m.), teletex.

Télétexte (s. m), teletext (= broadcast videotex).

Télétraitement (s. m.) = **télégestion ; t. par lots,** remote batch processing.

Télétravail (s. m.), telecommuting, home working, working at home via a terminal ; **terminal de t.,** work-at-home terminal.

Télétravailler (v. t.), to work from home, out of one's home.

Télétravailleur (s. m.), telecommuter, remote worker, home worker, teleworker, home-based office worker.

Télétype (s. m.), teletype (TTY) (trade-mark of Teletype Corporation), teleprinter, teletypewriter (trade-mark of AT & T) ; teletype machine *or* unit ; **envoyer par t.,** to teletype, to teletypewrite.

Télétypiste (s. m. & f.), teletype operator.

Télévendeur (s. m.), telesales operator.

Télévente (s. f.), telesales.

Télévidage (s. m.), teledump, upline dump.

Télévirement (s. m.), **t. électronique,** electronic funds transfer (EFT).

Télévision (s. f.), television, TV, « idiot box » ; **écran genre écran de t.,** TV-like screen ; **t. éducative,** educational television (ETV).

Télex (s. m.), telex ; **bande t.,** telex tape ; **envoyer par t.,** to telex.

Télexer (v. t.), to telex.

Télexiste (s. m. & f.), telex operator.

Temporel, elle (adj.), **commutation temporelle,** time-division switching.

Temporisation (s. f.), **1.** time-filling, marking time, time-out, **2.** backoff.

Temporiser (v. t.), **1.** to time-fill, to mark time, **2.** to back off.

Temps (s. m.), time ; **en t. partagé,** on a time-shared basis ; **t. bloqué,** block time ; **t. d'accélération,** acceleration time, start time ; **t. d'accès,** access time, retrieval time ; **t. d'accès maximal,** maximum access time ; **t. d'accès minimal,** minimum access time ; **t. d'accès moyen,** average access time ; **t. d'addition,** add time ; **t. d'arrêt, 1.** down time, **2.** deceleration time, coasting time ; **t. d'attente,** latency time, latency ; **t. de calcul,** calculating time ; **t. de commutation,** switching time ; **t. de compilation,** compile time ; **t. de cycle,** cycle time ; **t. de décélération,** deceleration time ; stop time ; **t. d'écriture,** write time ; **t. d'entretien,** maintenance time ; **t. d'entretien préventif,** preventive maintenance time ; **t. d'exécution,** execution time ; instruction time, operation time, running time ; **t. d'exploitation,** running time, production time ; **t. de garde,** maintenance standby time ; **t. de lecture,** read time ; **t. de maintenance concertée,** scheduled engineering time ; **t. de manipulation (de bobines, etc.),** (tape) handling time ; **t. de marche,** up time ; **t. de mise au point, 1.** code-checking time, **2.** debugging time ; **t. de mise en route,** installation time ; **t. de montage,** set-up time ; **t. de montée en vitesse,** acceleration time ; **t. de préparation,** set-up time ; **t. de présence,** attendance time ; **t. de réaction,** response time ; **t. de réalisation des programmes,** program development time ; **t. de recherche,** search time ; **t. de réponse,** response time ; **t. de réserve,** ready time ; idle time ; **t. de traitement,** processing time, « mill time » ; **t. de transfert,** transfer time ; **t. d'immobilisation,** down time ; engineering time ; **t. d'indisponibilité,** unavailable time, out-of-service time ; **t. d'inutilisation,** ineffective time ; **t. d'utilisation du processeur,** central processor unit time (CPU time) ; **t. disponible,** serviceable time ; available machine time ; **t. écoulé,** elapsed time ; **t. élémentaire,** digit time ; **t. machine,** machine time, computer time ; **t. mort,** dead time ; **t. moyen de bon fonctionnement,** mean time between failures, (MTBF) ; **t. moyen de réparation,** mean repair time ; **t. moyen entre erreurs,** mean time between errors (MTBE) ; **t. non imputable,** debatable time ; **t. partagé,** time-sharing (TS) ; **t. réel,** real time (RT) ; **t. utile,** effective time.

See BASE, CENTRE, CONSOLE, DÉPASSE-

MENT, DIAGRAMME, ÉCHELLE, ENREGISTREUR, EXPLOITER, FONCTIONNEMENT, FORMULE, ORDINATEUR, TRAITEMENT, TRANCHE, TRAVAIL, UTILISATEUR.

Tenir (v. t.), **t. (sur l'écran, sur une ligne),** to fit.

Tension (s. f.), **1.** tension (of tape), **2.** voltage ; **hors t.,** off ; **sous t.,** on.
See METTRE, MISE.

Tentative (s. f.), **t. de relance (en cas d'erreur),** (error) retry ; **faire une nouvelle t.,** to retry.

Tenue (s. f.), **t. d'archives,** record keeping ; **t. de fichier,** file maintenance.

Teraoctet (s. m.), terabyte.

Terme (s. m.), **t. d'une opération,** operand ; **t. d'une comparaison,** comparand.

Terminal, -e (adj.), terminal ; **point terminal,** ending period.
See POSTE.

Terminal (s. m.), terminal, terminal station ; **t. à clavier,** keyboard terminal ; **t. à clavier genre machine à écrire,** typewriter-like terminal ; **t. à domicile,** home terminal ; **t. à écran de visualisation,** video display *or* visual display terminal (VDT) *or* unit (VDU) ; **t. à entrée vocale,** voice input terminal ; **t. annuaire,** electronic directory terminal ; **t. banalisé,** general-purpose terminal ; **t. bancaire,** banking terminal ; **t. d'affichage,** display terminal ; **t. d'affichage à clavier,** keyboard display terminal ; **t. d'arrière-guichet,** back-office terminal ; **t. d'atelier,** shopfloor terminal ; **t. de collecte de données,** data collection terminal ; **t. de contrôle de solvabilité,** credit authorization terminal ; **t. de dialogue,** conversational, interactive terminal ; **t. de données prêt,** data terminal ready (DTR) ; **t. de guichet,** front-office terminal ; **t. de paiement électronique (TPE),** electronic payment terminal ; **t. de point de vente,** point-of-sale terminal, POS terminal ; **t. de réseau,** network terminal ; **t. de saisie de données,** data entry terminal ; data capture terminal ; **t. de saisie industriel, en milieu industriel,** factory data terminal ; **t. de télésaisie de travaux,** remote job entry terminal ; **t. de saisie de données à la source,** source data terminal ; **t. de prise de données,** data entry terminal ; **t. de télécopie,** facsimile termi-

nal ; **t. de télégestion,** teleprocessing terminal, data communications terminal, remote peripheral ; **t. de télétraitement,** remote batch terminal (RBT) ; **t. de télétravail,** work-at-home terminal ; **t. de traitement de texte,** word processing terminal ; **t. de vidéotex,** videotex terminal ; **t. de visualisation,** display terminal ; **t. de visualisation à écran cathodique,** CRT (display) terminal ; **t. d'impression,** hard copy terminal ; **t. d'impression sur livret,** passbook terminal ; **t. d'ordinateur,** computer terminal ; **t. domestique,** home terminal ; **t. émetteur,** sending, transmitting, originating terminal ; **t. financier,** financial terminal ; **t. grand public,** home terminal ; **t. graphique,** graphic(s) terminal ; **t. imprimant,** printing terminal ; **t. industriel,** factory (data) terminal ; **t. individuel,** personal terminal ; **t. informatique,** computer terminal ; **t. intelligent,** intelligent terminal ; **t. léger,** low-speed terminal, conversational terminal ; **t. lourd,** (remote) batch terminal, batch data terminal, bulk transmission machine, high-speed terminal ; **t. mixte,** data/word processing terminal ; **t. monétique,** electronic payment terminal ; **t. non intelligent,** dumb terminal ; **t. multifonction,** multifunction terminal ; **t. personnalisé,** customized terminal ; **t. point de vente (TPV),** point-of-sale (POS) terminal ; **t. portable,** portable *or* desk-top terminal ; **t. récepteur,** receiving, destination, terminal ; **t. spécialisé,** job-oriented terminal, application-dedicated terminal ; **t. télématique,** videotex terminal ; **t. vidéo,** video terminal ; **t. virtuel,** virtual terminal.
See OPÉRATEUR.

Terminal-annuaire (s. m.), (electronic) directory terminal.

Terminaliste (s. m.), (computer) terminal operator.

Ternaire (adj.), ternary.

Terrain (s. m.), **sur le t.,** on site, in situ, in the field, on the job.

Terrestre (adj.) land (line).

Terrien -ienne (adj.), **station t.,** earth station.

Test (s. m.), test ; **t. d'aptitude,** aptitude test ; **t. de diagnostic,** diagnostic test ; **t. d'endurance,** shake-down test ; **t. de fiabilité (des circuits),** confidence test ; **t. de performances (JO),** benchmark ; **t. d'évaluation des performances,** benchmark test ; **t. de localisation de panne,** fault-locating test ; **tests fonctionnels,** functional tests, black box testing ; **t. structurels,** white-box testing ; **t. saute-mouton,** leapfrog test ; **t. saute-mouton restreint,** crippled leap-frog test.
See COMMUTATEUR, FICHE, IMPULSION, PROGRAMME.

Testable (adj.), testable, pollable (line, etc.).

Tester (v. t.), **1.** to test, to benchmark (equipment), **2.** to monitor, to sense, to interrogate, to examine (status word, etc.).

Testeur (s. m.), tester, exerciser ; **t. de cartes,** board tester.

Tête (s. f.), head ; **en t.,** leading, leftmost, most significant (characters, etc.) ; **ligne des neuf en t.,** nine-edge leading ; **la carte ● PUNCH étant en t. du paquet de cartes,** with the ● PUNCH card as the first card of the deck ; **en t. de votre fichier,** at the top of your file ; **t. d'écriture,** write head ; **t. d'effacement,** erase head ; **t. d'enregistrement,** recording head, write head ; R/W head ; **t. flottante,** floating head ; **t. de lecture,** read head ; playback head ; **t. de lecture/écriture,** read/write head ; **t. de magnétisation,** magnetizing head ; **t. de perforation,** punch head ; **t. de première lecture, de prélecture,** preread head ; **t. de réseau,** head end ; **t. d'impression,** print head (of golf-ball typewriter, etc.) ; **t. magnétique,** magnetic head.
See BRAS, COMMUTATION, EN-TÊTE.

Tête-bêche (adv.), **carte t.-b.,** tumble card.

Texte (s. m.), text, narrative ; textual data, textual information ; **t. chiffré,** cipher-text ; **t. constant,** boilerplate ; **t. en clair,** plaintext ; **t. intégral,** full text ; **fichier de texte,** text(ual) file ; **message sans t.,** non-text message.
See HORS-TEXTE.

Textuel, -elle (adj.), textual.

TGAO (Technologie de Groupe Assistée par Ordinateur), computer-assisted group technology.

TGD (Très Grande Diffusion), mass market.
Voir PUBLIC.

Théorie (s. f.), theory ; **t. de la communication,** communications theory ; **t. de la commutation,** switching theory ; **t. de la**

décision, decision theory ; **t. de l'échantillonnage,** sampling theory ; **t. de l'information,** information theory ; **t. des automates,** automata theory ; **t. des ensembles,** set theory ; **t. des files d'attente,** queueing theory, theory of congestion, of queues, of waiting lines ; **t. des jeux,** game theory ; **t. des graphes,** graph theory ; **t. des probabilités,** probability theory.

Théorique (adj.), theoretical ; **formation t.,** formal training.

Thermique (adj.), thermal (printer).

Thermographie (s. f.), thermal imaging.

Thermographique (adj.), thermographic (printer).

Thermosensible (adj.), heat-sensitive (paper).

Thésaurus (s. m.), thesaurus.

TI (Traitement de l'Information), data processing (DP).

Ticket (s. m.), ticket ; **distributeur de tickets,** ticket-issuing machine, ticket-vending machine.

Tierce (adj.), **t. maintenance,** third-party maintenance.

Tir (s. m.), **calculateur de t.,** fire control computer.

Tirage (s. m.), (JO), hard copy.

Tiret (s. m.), dash.

Tiroir (s. m.), drawer.

Titre (s. m.), title, headline ; **t. courant en haut de page,** running header ; **t. courant en bas de page,** running footer.

Toboggan (s. m.), **t. à papier,** paper chute.

Tolérance (s. f.), tolerance ; **t. aux pannes,** fault-tolerance.
See CONTRÔLE.

Tolérant, -e (adj.), tolerant, forgiving ; **t. aux pannes,** fault-tolerant.

Tomber (v. i.), **t. en panne,** to break down (machine), to go down, to go dead, to go haywire, to crash ; jarg. to conk out.

Tonalité (s. f.), dial tone ; **t. d'invitation à numéroter,** dial tone ; **t. d'invitation à transmettre,** go-ahead tone.

Topogramme (s. m.), **t. de bande,** tape layout ; **t. de la mémoire,** memory diagram, layout, storage map.

Topologie (s. f.), **t. de réseau,** network topology ; **t. en anneau, en arbre, en bus,** ring, tree, bus, topology.

Tore (s. m.), (magnetic) core ; **t. de commutation,** switching core ; **t. enroulé,** tape core, tape wound core ; **t. de ferrite,** ferrite core ; **t. magnétique,** magnetic core.
See MÉMOIRE.

Torique (adj.), toroidal, annular, doughnut-shaped.

Torsadé -e (adj.), **paire t.,** twisted pair.

Total (s. m.), total ; **t. cumulé,** accumulated total ; **t. de contrôle,** audit total, check total, check sum, control total, proof total ; **t. de contrôle (par groupe),** batch total ; **t. général,** sum total, grand total ; **t. horizontal,** cross total, crossfoot total ; **t. mêlé,** gibberish total, hash total ; **t. partiel,** subtotal ; **t. pour vérification,** proof total.

Totalisateur (s. m.), accumulator, counter ; totalling accumulator, totalizing counter.

Totalisation (s. f.), totalling, accumulation, summation.
See CONTRÔLE.

Totaliser (v. t.), to total, to accumulate, to sum(up), to take a total.

Touche (s. f.), key ; **t. d'annulation,** cancel key ; **t. de caractère,** character key ; **t. de chiffre,** digit key ; **t. de commande,** 1. control key, 2. command key ; **t. de commande du curseur,** cursor control key ; **t. de correction,** edit key ; **t. de déplacement du curseur,** cursor control key ; **t. de défilement,** roll key ; **t. de données,** data key ; **t. de droit à l'erreur,** UNDO key ; **t. de fonction,** function key ; **t. de fonction programmable,** soft key ; **t. de rappel arrière,** backspace key ; **t. de retour** *ou* **touche retour,** RETURN key, ENTER key ; **touche ENTREE,** ENTER key ; **t. fléchée,** arrow key ; **t. muette,** blank key ; **t. OR,** golden key ; **t. trait d'union,** dash key ; **t. « X »,** crossout key.

Tour (s. f.), tower.

Tour (s. m.), **faire le tour (des constructeurs)** to shop around for, to comparison shop.

Tournée (s. f.), **système de calcul des tournées,** road scheduling system.

Tourner (v. t. & i.), to rotate, to spin ; **t. sur une boucle, 1.** to loop through (a sequence of instructions), to cycle through, **2.** to loop endlessly *or* infinitely ; (absolute use) jarg. to work, to be operational (program, application, etc.), to run (on a specific equipment), to flip (videotex pages) ; **tourné vers,** -oriented ; **t. à 16 MHz,** to be clocked at 16 MHz (microprocessor).

Tournette (s. f.), spinner.

Tournoi (s. m.), tournament.

TPE (Terminal de Paiement Electronique), electronic payment terminal.

TPV (Terminal Point de Vente), point-of-sale terminal, POS terminal.

Traçage (s. m.), plotting ; **t. d'organigramme,** flowcharting ; **vitesse de t.,** plotting rate, speed.

Traçant, -e (adj.).
See TABLE.

Trace (s. f.), **t. écrite,** hard copy ; **conserver la t. de,** to keep a record of.

Tracé (s. m.), **1.** plotting (of curve), **2.** layout (of card, etc.) ; **t. automatique,** autoplot ; **t. à distance,** remote plotting ; **t. de rayons,** ray tracing ; **t. élastique,** rubber band(ing).

Tracer (v. t.), **1.** to plot (curve), **2.** to do, to draw (a flowchart).

Traceur (s. m.), **t. à plat,** flat-bed plotter ; **t. à tambour,** drum plotter ; **t. automatique,** autoplotter ; **t. de courbes,** curve plotter ; **t. incrémentiel,** incremental plotter ; **t. numérique,** digital plotter.

Traditionnel, -elle (adj.), conventional (equipment).

Traducteur (s. m.), translator ; **t. ligne par ligne,** one-for-one assembler *or* translator.

Traduction (s. f.), **1.** translation, **2.** interpretation, interpreting (of punched card) ; **t. assistée par ordinateur (TAO),** computer-assisted translation (CAT) ; **t. automatique,** mechanical translation.
See PROGRAMME, TABLE.

Traductrice (s. f.), (card) interpreter.

Traduire (v. t.), **1.** to translate, **2.** to interpret (punched card).

Trafic (s. m.), traffic ; **t. en émission,** outgoing traffic ; **t. en réception,** incoming traffic.

Train (s. m.), train (of pulses, etc.) ; stack, stream (of jobs, etc.) ; **t. binaire,** bit stream.
See TRAITEMENT.

Trait (s. m.), stroke, line, bar ; **t. d'union,** hyphen ; **t. d'union de coupure,** breaking hyphen.

Traitable (adj.), processable.

Traitement (s. m.), **1.** processing (of data, information, etc.) ; handling (of interrupt, errors, etc.), **2.** operation ; **t. à distance,** remote data processing, remote computing, teleprocessing ; **t. à façon,** service bureau ; **t. à la demande,** demand processing ; **t. automatique des données, de l'information,** automatic data processing, (ADP) ; **t. centralisé de l'information,** centralized data processing ; **t. de l'image,** image processing ; **t. de l'information,** information processing, data processing ; **t. de liste,** list processing ; **t. de tables,** table handling ; **t. de texte (TdT), 1.** word processing (WP), **2.** word processor, word processing system (WPS) *or* machine, **3.** word processing program *or* software ; **t. des commandes,** order handling ; **t. des données,** data processing, (DP), data handling ; **t. des programmes non prioritaires,** background processing ; **t. des programmes prioritaires,** foreground processing ; **t. décentralisé de l'information,** decentralized data processing ; **t. dégradé (en cas d'incident),** fail-soft operation ; **t. différé = traitement en différé ; t. différé en entrée/sortie,** spooling ; **t. direct = traitement en direct ; t. distribué,** distributed data processing (DDP) ; **t. électronique de l'information, des données,** electronic data processing (EDP) ; **t. en différé, 1.** batch processing, **2.** off-line operation *or* working ; **t. en direct,** on-line operation *or* working ; **t. en parallèle,** parallel processing ; **t. en série,** serial processing ; **t. en temps réel,** real-time processing ; **t. groupé,** batch processing ; **t. groupé à distance,** remote batch processing ; **t. immédiat,** in-line processing, demand processing, immediate processing ; **t. intégré de l'information,** integrated data processing ; **t. par lots,** batch processing ; **t. par**

lots à distance, remote batch processing ; **t. par priorités,** priority processing ; **t. par trains,** batch processing ; **t. pipeline,** pipe-lining, piping ; **t. réduit (en cas d'incident),** fail-soft operation ; **t. réparti,** distributed data processing (DDP), distributed com-puting, distributed processing ; **t. séquen-tiel,** batch processing ; **t. séquentiel à dis-tance,** remote batch processing ; **t. sur place,** in-house data processing ; **t. transac-tionnel,** transaction-oriented, transaction processing.
See ASSERVI, BRANCHE, CENTRE, LAN-GAGE, ORGANE, PHASE, POSSIBILITÉ, PRÉ-TRAITEMENT, PUISSANCE, SOUPLESSE, SUP-PORT, UNITÉ, TEMPS, VITESSE.

Traiter (v. t.), to process (data), to handle (interrupt) ; to deal with (terminals) ; **t. à nouveau,** to reprocess ; **t. par lots,** to batch process ; **données à t.,** raw data, input data, working data.
See PRÉTRAITER.

Trame (s. f.), raster, frame.

Tranche (s. f.), slice, slot (of time) ; incre-ment ; wafer ; **microprocesseur en tranches,** bit-slice microprocessor.

Transaction (s. f.), transaction.

Transactionnel, -elle (adj.), transactional, transaction-oriented ; **fortement t.,** transac-tion-heavy.

Transcodage (s. m.), transcoding, code translation.

Transcoder (v. t.), to transcode, to translate.

Transcodeur (s. m.), transcoder.

Transcription (s. f.), transcription.
See ERREUR.

Transcrire (v. t.), to transcribe ; **t. en clair,** to interpret (card).

Transducteur (s. m.), transducer.

Transférer (v. t.), to transfer, to move, to switch ; **t. sur une mémoire auxiliaire,** to roll out, to swap out ; **t. en mémoire centrale,** to roll in, to swap in.

Transfert (s. m.), transfer, move, movement, swapping ; **t. bloc par bloc,** block transfer ; **t. de bloc,** block move ; **t. de fichier,** file transfer ; **t. de technologie,** technology transfer ; **t. électronique de fonds (TEF),** electronic funds transfer (EFT) ; **t. électro-nique de fonds au point de vente,** e. funds transfer at point of sale (EFTPOS) ; **t. en parallèle,** parallel transfer ; **t. en série,** serial transfer.
See FONCTION, OPÉRATION, TEMPS.

Transformateur (s. m.), transformer.

Transformation (s. f.), transformation ; **t. de Fourier rapide,** fast Fourier transform (FFT).

Transformer (v. t.), to transform, to turn into.

Transfrontière (adj.), **flux de données trans-frontières,** transborder data flow (TDF).

Transistor (s. m.), transistor ; **t. à effet de champ (TEC),** field-effect transistor (FET).

Transistorisation (s. f.), transistorization.

Transistoriser (v. t.), to transistorize.

Transiter (v. i.), to pass through, to travel along.

Transition (s. f.), transition ; change-over, cut(ting) over ; **logiciel de t.,** bridging software.

Transitoire (adj. & s. m.), transient.

Translatabilité (s. f.), relocatability.

Translatable (adj.), relocatable.

Translater (v. t.), to relocate (program).

Translation (s. f.), relocation (of program) ; **t. dynamique,** dynamic relocation.

Translitération (s. f.), transliteration.

Translitérer (v. t.), to transliterate.

Transmetteur (s. m.), transmitter.

Transmettre (v. t.), to transmit.

Transmission (s. f.), transmission, transmit-tal ; **t. asynchrone,** asynchronous trans-mission, start-stop transmission ; **t. binaire synchrone,** binary synchronous communi-cations (BSC) ; **t. de données,** data trans-mission, data communications ; **t. (en) parallèle,** parallel transmission ; **t. (en) série,** serial transmission ; **t. point à point,** point-to-point transmission ; **t. synchrone,** synchronous transmission.
See CARACTÈRE, VITESSE.

Transparence (s. f.), transparency (of terminal, etc.).

Transparent, -e (adj.), transparent (terminal,
etc.).

Transparent (s. m.), (overhead) transparency.

Transpercé, -e (adj.), punctured (paper).

Transposer (v. t.), to transpose.

Transposition (s. f.), transposition.

Transversal, -e (adj.), transverse, lateral,
vertical (parity, parity check).
See CONTRÔLE, MOLETAGE, PARITÉ.

Travail (s. m.), 1. work, working, operation,
2. job, work ; **t. à domicile = télétravail ; t.
à façon,** 1. contract work, 2. service
bureau operation ; **t. à plusieurs postes,**
multiple-shift operation *or* working ; **t. à
un seul poste,** single-shift working ; **t. en
bascule,** alternate, alternating operation ;
t. en longueur double, double-length operation ; **t. en porte fermée,** closed-shop
operation ; **t. en porte ouverte,** open-shop
operation ; **t. en simple, double, triple
équipe,** single-shift, two-shift, three-shift
working ; **t. en temps partagé, en temps
réel,** time-sharing, real-time working *or*
operation ; **t. par équipes, par rotation
d'équipes,** shift work.
See BON, CHARGE, DOCUMENT,
ÉTUDE, FICHIER, MÉMOIRE,
PÉRIODE, POSTE, REGISTRE, TAB-
LETTE, VOLUME, ZONE.

Travers (s. m.), skew (of tape, etc.) ; **de t.,**
askew ; **se mettre en t.,** to skew ; **qui ne
peut se mettre en t.,** skew-proof.

Tri (s. m.), sort, sorting ; **t. à l'aiguille,**
needle sorting ; **t. binaire,** binary sort ; **t.
croissant,** ascending sort, forward sort ; **t.
décroissant,** backward sort, descending
sort ; **t. numérique,** numerical sorting ; **t.
par grands groupes,** block sort ; **t. préalable,** pre-sort, presorting ; **t. sur bande,** tape
sort ; **t. sur disques,** disk sort ; **faire une
erreur de t.,** to missort.
See AIGUILLE, BALAI, CASE, CASIER,
ERREUR, FICHIER, GÉNÉRATEUR, INDICA-
TIF, PASSAGE, POCHETTE, SOUS-PRO-
GRAMME, TABLE, ZONE.

Triable (adj.), sortable.

Tributaire (adj.), **t. du type d'appareil,**

device-dependent ; **t. du temps d'entrée, de
sortie, de calcul, de traitement = subordonné au temps d'entrée, de sortie, de
calcul, de traitement.**

Tricolore (adj.), **un micro tricolore,** a French
microcomputer.

Tridimensionnel, -elle (adj.), three-dimen-
sion(al), 3-D.

Trié, -e (adj.), sorted (file, etc.) ; **non t.,**
unsorted, unordered (file).

Trier (v. t.), to sort (data, items, etc.) ; to
marshall, to screen.
See PRÉTRIER.

Trieuse (s. f.), sorter ; **t. compteuse,** counting
sorter ; **t. de cartes (perforées),** punched
card sorter ; **t. de chèques,** check sorter ; **t.
de documents,** document sorter.

Trieuse-lectrice (s. f.), sorter reader.

Trieuse-liseuse (s. f.), sorter reader.

Triprocesseur (adj.), three-processor (configuration).

Triturer (v. t.), to manipulate (key), to mas-
sage (data).

Troisième (adj.), **ordinateur de (la) t. génération,** third-generation computer.

Tromper (se), **se tromper de touche,** to mis-
press.

Troncature (s. f.), truncation, chopping off,
cutting off (of excess bits, etc.).
See ERREUR.

Tronçon (s. m.), leg, hop, section.

Tronqué, -e (adj.), truncated ; garbled, mutilated (message, etc.).

Tronquer (v. t.), to truncate, to chop off, to
cut off (excess bits, etc.).

Trou (s. m.), hole (in punched card, etc.) ;
gap (in file) ; **t. d'entraînement,** sprocket
hole, feed hole ; **t. d'index,** index hole ; **t.
métallisé,** plated-through hole.

Tube (s. m.), **t. à mémoire à vision directe,**
direct view storage tube (DVST) ; **t. à
ondes progressives (TOP),** travelling wave
tube (TWT) ; **t. à rayons cathodiques,**
cathode ray tube (CRT).

Tuer (v. t.), jarg. to kill (a run).

Turbo (adj.), turbo-charged.

Turing, **machine de T.,** Turing machine.

Tutoriel (JO) (s. m.), tutorial.

Type (s. m.), type ; **t. abstrait,** abstract type.

U

UC (Unité Centrale) central processing unit (CPU).

Ultra-sonore (adj.), ultrasonic ; **acoustique ultra-sonore,** ultrasonics.

Unicolore (adj.), single-color (ribbon).

Un (s. m. & adj. num.), one.
See COMPLÉMENT, ÉTAT, METTRE, MISE.

Unaire (adj.), unary (operation).

Uniclavier (adj.), single-station (system).

Unidirectionnel, -elle (adj.), unidirectional, simplex, one-way.

Uniligne (adj.), single-line (controller, etc.).

Unique (adj.), single, etc. ; **carbone à frappe u.,** one-time carbon ; **travail u.,** one-off, one-shot, one-of-a-kind, one-time job.

Unisélecteur (s. m.), uniselector.

Unitaire (adj.), unitary ; unit (price, etc.) ; one-off, one-shot, one-of-a-kind (job, etc.).

Unité (s. f.), **1.** unit, **2.** (a) unit, drive, (b) production facility, operations ; **augmenter, diminuer, d'une unité,** to increase, to increment, to decrease, to decrement, by one ; **dépasser le cap des 1 000 unités,** to pass the 1 000 mark ; **u. arithmétique,** arithmetic section *or* unit ; **u. arithmétique et logique,** arithmetic and logical unit (ALU) ; **u. à disquettes,** diskette drive unit (DDU) ; **u. à tambour,** drum unit ; **u. centrale (UC) (de traitement),** central processing unit, central processor (CPU) ; **u. d'affichage,** display unit ; **u. d'affichage à écran cathodique,** cathode ray tube (CRT) device ; **u. d'affichage graphique,** graphic display unit ; **u. d'appel automatique,** automatic calling unit (ACU) ; **u. de bande magnétique,** magnetic tape unit, magnetic tape handler ; **u. de bande pilote,** vertical format tape unit, VFU unit (on printer) ; **u. de bande pilote à accès direct,** direct access vertical format unit (DAVFU) ; **u. de calcul, 1.** calculating

unit, **2.** arithmetic unit *or* section ; **u. de chiffrement de données,** data encryptor ; **u. de commande,** control unit ; **u. de comparaison,** comparing unit ; **u. de contrôle,** control unit ; **u. de déplacement,** step size ; **u. de disques,** disk (storage) drive, disk (storage) unit, disk (storage) file, disk handler, file (unit) ; **u. de disques amovibles,** disk pack drive ; **u. de disques jumelés,** dual-spindle drive ; **unité de disque dur,** hard disk unit *or* drive (HDD) ; **u. de disques monopile,** single-spindle drive ; **u. de disques multipile,** multi-spindle drive ; **u. de disque(s) souple(s),** flexible disk drive, floppy disk drive ; **u. de disquette,** diskette drive ; **u. d'échange,** controller ; **u. d'endossement,** endorsing unit ; **u. d'entrée,** input unit ; **u. d'évaluation,** evaluation unit ; **u. de fabrication de tranches,** wafer fabrication plant ; **u. de feuillets magnétiques,** mass storage subsystem, magnetic cell ; **u. de film magnétique,** magnetic film unit ; **u. d'impression,** print unit ; **u. de mémoire,** storage unit ; **u. de mémoire à film magnétique,** magnetic film unit ; **u. de mémoire à tores,** core storage unit ; **u. de perforation,** punch(ing) unit ; **u. de production,** production facility ; **u. de réponse vocale,** audio response unit (ARU), voice response unit, voice answerback unit ; **u. de sauvegarde, 1.** streamer, **2.** backup unit ; **u. de sortie,** output unit ; **u. de stockage,** storage unit ; **u. de stockage à accès direct,** direct access storage device (DASD) ; **u. de taxation,** (telephone) charge unit ; **u. de traitement, 1.** = **u. centrale, 2.** step, run, job ; **u. de visualisation,** display unit ; **u. de visualisation graphique,** graphic display unit ; **u. industrielle,** production facility, manufacturing facility ; **u. périphérique,** peripheral unit ; **u. pilote,** master unit, control processor ; **u. quadruple densité,** quad-density drive.

Univers (s. m.), environment, world ; **u. multiconstructeur,** multivendor environment.

Universalité (s. f.), universality, generality.

Universel, -elle (adj.), all-purpose, general-purpose (GP), multipurpose, general.
See ORDINATEUR.

URV (Unité de Réponse Vocale), audio response unit, voice response unit, voice answerback unit.

Usage (s. m.), **à u. industriel,** industry-oriented ; **ordinateur à u. familial,** home computer.

Usager (s. m), user.

Usine (s. f.), works, factory, plant ; **u. de fabrication,** manufacturing plant *or* facility ; **u. à cartes,** card plant.

Usurpation (s. f.), **u. d'identité,** masquerading (as).

UT (Unité Telecom), charge unit.

Utile (adj.), useful, usable.
See BIT, TEMPS.

Utilisable (adj.), usable, serviceable ; **u. directement par la machine,** machine-readable, machine-sensible (medium) ; **u. par un personnel non spécialisé,** people-oriented ; **u. sur des ordinateurs différents,** computer-compatible.

Utilisateur (s. m.), user, customer, installation ; **u. d'un centre de temps partagé,** time-sharer, time-sharing user *or* customer ; **u. expérimenté,** sophisticated user, power user. **u. final,** end-user ; **écrit par l'u.,** user-coded, user-written, user-generated, own-code (program, etc.) ; **sous la dépendance de l'u.,** user-controlled ; **conçu pour l'u.,** user-oriented.
See LABEL, SÉQUENCE, SOUS-PROGRAMME.

Utilisation (s. f.), use, usage ; **u. collective de fichiers,** file sharing ; **u. de tampons en commun,** buffer sharing ; **u. en vol de cycles,** cycle stealing (operation).
See DURÉE, SOUPLESSE, TAUX.

Utiliser (v. t.), to use ; **u. en bascule,** to alternate (operation) ; **u. en commun,** to share.

Utilitaire **1.** (adj.), (a) utilitarian (b) **logiciel, programme, routine, utilitaire,** utility software, program, routine, **2.** (s. m.), utility.

V

Vacation (s. f.), time slice ; **à la v.,** on a scheduled basis.

Vague (s. f.), wave ; **soudure à la v.,** wave soldering.

Vainqueur (adj.), winning (record).

Valeur (s. f.), value ; **mettre en v.,** to enhance, to highlight ; **mise en v.,** enhancement, highlighting (characters, fields, on screen) ; **v. de progression,** increment, increment size, step size ; **v. absolue,** absolute value ; **v. de consigne,** set point ; **v. locative,** rental value ; **v. réelle,** actual value ; **v. résiduelle,** residual value ; **forcer à une v.,** to set (to a value).

Validation (s. f.), validation, vetting, enabling ; (Often just means "confirming" the data entered is "valid", hence "authorizing" execution to proceed. Validation may consist in pressing a VAL (for validation) key on a DAB (Distributeur Automatique de Billets) to confirm the "validity" of the user's personal code or pressing the ENTER or RETURN key to start execution on a computer or microcomputer. In a way, validation acts as a "security barrier" against mishandling ; **instruction de v.,** enabling pulse ; **passage de v.,** vetting run.

Valide (adj.), valid.

Valider (v. t.), to validate (compiler, etc. : DOD-validated, **validé, agréé, par le DOD) ;** to vet, to enable, to arm, to press a "VAL" key, ENTER key or RETURN key ; to accept (settings displayed on a screen).

Validité (s. f.), validity.
See CONTRÔLE, DATE, PÉRIODE.

Valorisation (s. f.), extension.

Valoriser (v. t.), to extend.

Variable (adj.), variable ; **v. globale,** global variable ; **v. locale,** local variable ; **données variables,** variable data.

See ADRESSE, BLOC, ENREGISTREMENT, LONGUEUR.

Variable (s. f.), variable ; **v. binaire,** binary variable ; two-state variable, two-valued variable ; **v. dépendante,** dependent variable ; **v. indépendante,** independent variable.

Vecteur (s. m.), vector ; **v. absolu,** absolute vector.

Vectoriel -elle (adj.), vector (computer, processor, etc.).

Vectorisable (adj.), vectorisable.

Vectorisation (s. f.), vectorization.

Vectorisé, -e (adj.), vectored (interrupt, etc.).

Vectoriser (v. t.), to vectorise.

Vectoriseur (s. m.), vectoriser.

Vedette (s. m.), **produit vedette,** flagship product.

Véhiculer (v. t.), to convey (information, etc.).

Veilleuse (s. f.), **se mettre en v.,** to go dormant (terminal), **mettre en v.,** to deactivate (terminal).

Venn.
See DIAGRAMME.

Vente (s. f.), sale ; **v. directe à un constructeur** = O. E. M. market ; **v. par correspondance (VPC),** mail order business, mail order selling.
See ENTREPRISE, POINT, TERMINAL.

Ventilateur (s. m.), fan, blower.

Ventilation (s. f.), 1. (a) ventilation, (b) fanning, riffling (of cards), 2. allocation, apportionment, distribution (of expenses) ; **v./regroupement,** scatter/gather.

Ventiler (v. t.), 1. (a) to ventilate, (b) to fan, to riffle (cards), 2. to allocate, to apportion, to distribute (expenses) ; to explode, to scatter (data).

Venu, -e (s. m.), **dernier venu (sur un marché),** latest entrant (in a market), **nouveau**

venu à l'informatique, first-time computer user.

Vérificateur (s. m.), **v. orthographique,** spelling checker.

Vérification (s. f.), verification (of punched cards, etc.) ; check, checking ; **v. à rebours,** audit(ing) trail ; **v. orthographique,** spell checking.
See TOTAL.

Vérificatrice (s. f.), **1.** verifier operator, key verifier, **2.** verifying punch, card verifier ; **v. de bande,** tape verifier.

Vérifier (v. t.), to key-verify (punched cards, etc.) ; to check, to check against ; to audit (accounts).

Vérifié, -e (adj.), key-verified (card) ; true (condition).
See NON VÉRIFIÉ.

Vérifieuse (s. f.), key verifier, verifier operator.

Vérité (s. f.), truth.
See TABLE.

Verrou (s. m.), lock.

Verrouillage (s. m.), lock-out, inter-locking ; **v. de clavier,** keyboard lockout ; **v. de fichier,** file lock.

Verrouiller (v. t.), to lock-out, to interlock.

Verrue (s. f.), patch (in program).

Version (s. f.), version ; **v. à bandes, à cartes, à disques,** tape-based, card-based, disk-based (system) ; **v. de base,** basic configuration ; **v. économique,** cut-rate version ; **v. réduite,** downgraded, scaled-down, stripped down, version.

Verso (s. m.), back (of card).

Vert, -e (adj.), **informatique verte,** agricultural data processing ; **numéro v.,** toll-free number ; **réseau vert,** farming network ; **terminal vert,** a terminal used by farmers, in the agricultural business.

Vertical, -e (adj.), vertical (application etc.).
See FLÈCHE, MISE, MOLETAGE, PAS, TABULATION.

Vidage (s. m.), dump, flushing ; **v. à la demande,** snapshot dump ; **v. automatique,** auto-dump ; **v. d'autopsie,** post-mortem dump ; **v. de la mémoire,** core dump, storage dump, memory dump ; **v. de disques,** disk dump ; **v. dynamique,** dynamic dump ; **v. en catastrophe,** disaster dump ;

v. programmé, programmed dump ; **v. sélectif,** selective dump ; **v. sur bande,** tape dump ; **v. sur imprimante,** print-out ; **faire un v.,** to take a dump.

Vide (adj.), empty, blank (medium) ; quiescent (frame).

Vide (s. m.), **1.** blank, void, **2.** vacuum ; **colonne à v.,** vacuum bin.

Vidéo (s. m. & adj.), video ; **v. inverse,** reverse video.
See BANDE, FICHIER, IMPRIMANTE.

Vidéocassette (s. f.), videocassette.

Vidéoconférence (s. f.), videoconferencing.

Vidéodisque (s. m.), videodisk.

Vidéographie (s. f.), videotex ; **v. diffusée,** broadcast videotex ; **v. interactive ;** videotex.

Vidéographique (adj.), videographic ; **terminal v.,** videotex terminal.

Vidéolecteur (s. m.), videodisc player.

Vidéotex (s. m.), videotex ; **v. diffusé,** broadcast videotex, teletext (Antiope) ; **v. interactif,** (interactive) videotex (Teletel).

Vider (v. t.), to clear (memory, card track) ; to dump (memory) ; to run out (cards from card track) ; to flush out (queue).

Vierge (adj.), blank (card, tape, etc.), virgin, unrecorded (medium, etc.), input (medium, paper).
See BANDE, CARTE, COLONNE, NON VIERGE.

Vif, -ive (adj.), **mémoire vive (MEV),** read-write memory (RWM).

Virage (s. m.), **rouleau de v.,** turn-around roller.

Virgule (s. f.), **1.** comma, **2.** (decimal, etc.) point ; **v. binaire,** binary point ; **v. binaire implicite,** implied binary point ; **v. de séparation,** delimiting comma, comma delimiter ; **v. décimale,** decimal point ; **v. décimale implicite,** assumed decimal point ; **v. fixe,** fixed point ; **v. flottante,** floating point.

Virtuel, -elle (adj.), virtual (address, circuit, file, etc.).

Virus (s. m.), **v. informatique,** computer virus.

Viseur (s. m.), **v. (de contrôle),** check window, viewing window, display window.

Visionique (s. f.), machine vision, computer-vision systems *or* techniques, vision processing ; **système de v.,** (industrial) vision system.

Visionneuse (s. f.), viewer ; **v. de microfiches,** microfiche viewer ; **v. de microfilms,** microfilm viewer.

Visiophone (s. m.), Picturephone.

Visu (s. f.), jarg. = **unité de visualisation,** visual display unit (VDU).

Visualisable (adj.), displayable.

Visualisation (s. f.), **1.** displaying, **2.** display screen, readout ; **v. (à l'avance) sur l'écran,** previewing.
See APPAREIL, CONSOLE, ÉCRAN, TERMINAL, UNITÉ.

Visualiser (v. t.), to display (data on a screen, etc.) ; **v. (à l'avance) sur l'écran,** to preview.

Visuel, -elle (adj.), visual ; **contrôle v. des cartes,** sight check.

Visuel (s. m.), (J. O.) visual display unit (VDU).

Vitesse (s. f.), speed, rate ; **v. angulaire constante,** constant angular velocity (CAV) ; **v. d'alimentation (des cartes, etc.),** feed rate ; **v. de calcul,** calculating, computing speed ; **v. de commutation,** switching speed ; **v. de consultation,** accession rate ; **v. de défilement,** (a) (forward) tape speed, (b) paper speed, (c) card speed, (d) scrolling speed (screen) ; **v. de déroulement = v. de défilement ; v. de frappe, 1.** print(ing) speed (of printer), **2.** keying speed, key depression rate (of keypunch) ; **v. d'impression,** print(ing) speed *or* rate, output speed ; **v. d'impression en liste,** list speed ; **v. de lecture,** reading rate ; **v. de perforation,** punching rate ; **v. de pointe,** peak speed, top speed ; **v. de rebobinage,** rewind speed ; **v. de régénération,** refresh rate ; **v. de rotation,** (a) disk speed, (b) drum speed ; **v. de saut,** slew rate, paper skipping rate ; **v. de séparation (des feuillets),** bursting speed (of burster) ; **v. de tracé,** drawing rate (on graphic screen, etc.) ; **v. de traitement des documents,** document handling speed, document rate ; **v. de transmission,** transmission speed ; **v. linéaire constante,** constant linear velocity (CLV) ; **v. réduite,** fallback speed.

Vitrine (s. f.), showcase.

Vocabulaire (s. m.), vocabulary ; **v. (d'un synthétiseur),** speech set.

Vocal, -e (adj.).
See CIRCUIT, FRÉQUENCE, LIGNE, UNITÉ.

Vocation (s. f.), **à v. « gestion »,** business-oriented, commercial (computer, system, etc.) ; **à v. graphique,** graphics-oriented ; **à v. industrielle,** industry-oriented ; **à vocation médicale,** medically-oriented ; **à v. scientifique,** scientific (-oriented) system, etc. ; **à vocations multiples,** general-purpose, multipurpose (system, etc.).

Voie (s. f.), (telegraph, telephone, etc.) channel ; track (of magnetic tape), port ; way (e. g. in two-way sort) ; **v. d'accès,** access path ; **v. d'aller,** forward channel ; **v. de communication,** communication channel ; **v. de déroutement,** alternate routing ; **v. d'enregistrement,** recording channel ; **v. d'entraînement,** feed track ; **v. d'évolution,** upward path ; **v. de retour,** backward channel, reverse channel ; **v. de supervision,** supervisory channel.

Voisé, -e (adj.), voiced (sound).

Voix (s. f.), voice.

Vol (s. m.), **1.** flight, **2.** stealing (of cycles, etc.) ; **v. de cycles,** cycle-stealing (operation) ; **en vol de cycles,** on a cycle-stealing basis.
See SIMULATEUR.

Volée (s. f.), **à la v.,** on-the-fly (printing).
See IMPRESSION, IMPRIMANTE.

Voler (v. t.), **v. des cycles (à l'unité centrale),** to steal cycles (from the central processor).

Volet (s. m.), **1.** phase, step, part (of plan) ; **plan en trois volets,** three-phase plan ; part (of multipart tag) ; **étiquette à 5 volets,** 5-part tag, **2.** plate, cover, etc. ; **v. presse-papier,** paper hold-down plate ; **v. d'entraîneur,** tractor cover.
See CARTE.

Volume (s. m.), **1.** volume (e. g. disk pack, etc.), **2.** volume ; amount, bulk (of information) ; **v. de calculs,** computational load ; **v. de commandes en retard,** backlog ; **v. de travail,** workload ; **v. multifichier,** multifile volume.

Volumique (adj.).
Voir MODÉLISATION.

Vorace (adj.), **v. en courant,** power-hungry ; **v. en mémoire,** memory-eating, memory-consuming, memory-intensive (applications) ; **v. en ressources,** resource-heavy (task).

Voyant (s. m.), (signal) light, indicator light, prompting light, pilot light.

VPC (Vente par correspondance), mail order business, mail order selling.

Vrac (s. m.), **en v.,** unformatted, unordered, unsequenced, unsorted (file).

Vrai -e (adj.), true.

Vraisemblance (s. f.).
See CONTRÔLE.

Vue (s. f.), view (of data base) ; **v. de l'utilisateur,** user view.

W

W (coupe en).
See COUPE EN W.

Winchester, (disque) en technologie W., W.-based ; **disque W.,** Winchester disk (drive).

X

X (perforation).
See PERFORATION X.

XAO = different forms of computer help
(CAO, DAO, GPAO, MAO, etc.).

Xérographie (s. f.), xerography.

Xérographique (adj.), xerographic.
See IMPRIMANTE.

Xéroxer (v. t.), to xerox.

Y

Y (coupe en).
See COUPE EN Y.

Y (impression en).
See IMPRESSION EN Y.

Y (perforation).
See IMPRESSION EN Y, PERFORATION Y.

Z

Zéro (s. m.), zero ; **z. à droite,** trailing zero ; **z. à gauche,** leading zero ; **z. barré,** slashed zero, 0̸ ; **z. non significatif,** non-significant zero, leading zero ; **z. significatif,** trailing zero ; **différent de zéro,** non-zero.

See ÉLIMINATION, ENREGISTREMENT, ÉTAT, FORÇAGE, FORCER, GARNIR, METTRE, MISE, NON-RETOUR, REMETTRE, REMISE, REMPLISSAGE, SUPPRESSION.

Zone (s. f.), field (of card, etc.) ; area (of memory, etc.) ; region ; **z. adresse (d'une instruction),** address field ; **z. de carte,** card field ; **z. de comptage,** count field ; **z. de contrôle,** control field ; **z. de cumul,** accumulator, count field ; **z. de débordement,** overflow area ; **z. de destination,** destination field, receiving field ; **z. d'entrée,** input area ; **z. de fond,** background area ; **z. de libellé,** quote field ; **z. de l'indicatif de tri,** sequence key field, ordering field ; **z. de manœuvre,** work(ing) area, working storage area, scratch area ; **z. de mémoire,** storage area ; **z. de mémorisation,** storage area ; **z. de modification d'adresse,** address control field ; **z. de sauvegarde,** save field ; **z. de sortie,** output area ; **z. de stockage,** storage area ; **z. de stockage des instructions,** instruction area ; **z. de travail = z. de manœuvre ; z. de tri,** sort control field ; **z. des constantes,** constant area ; **z. du code opération,** operation field ; **z. du numéro de séquence,** sequence field ; **z. émettrice,** sending, source field ; **z. (utilisée) en bascule,** alternate area ; **z. réceptrice,** destination field, receiving field ; **z. tampon,** buffer area ; **z. utile d'impression,** print area ; **z. utilisateur (en mémoire),** user core.

See SOUS-ZONE.

Zoom (s. m.), zoom.

Zoomer (v. i.), to zoom.

ABRÉVIATIONS FRANÇAISES

ACERLI   Association Française des Centres d'Essais pour les Réseaux Locaux Industriels.

ACI   Association Canadienne d'Informatique.

ACSF   Association des Centres Serveurs Français.

ADAI   Agence pour le Développement des Applications Informatiques.

ADBS   Association Française des Documentalistes et Bibliothécaires Spécialisés.

ADELI   Association pour le Développement de la Logique Informatique.

ADEPA   Association pour le Développement de la Programmation Automatique.
Association pour le Développement de la Production Automatisée.

ADETAA   Association pour le Développement des Techniques d'Automatisation en Aquitaine.

ADGI   Association pour le Développement de l'Automatisation et de la Gestion Informatisées.

ADIAF   Association pour le Développement de l'Informatique dans l'Administration Française.

ADIBAN   Association pour le Développement de l'utilisation de l'Informatique et de l'Automatique en Basse-Normandie.

ADIJ   Association pour le Développement de l'Informatique Juridique.

ADILOR   Association pour le Développement de l'Informatique en Lorraine.

ADIM   Association pour le Développement de l'Informatique Médicale.

ADIPC   Association des Informaticiens de Poitou-Charentes.

ADIRA   Association pour le Développement de l'Informatique et de l'automatique dans la région Rhône-Alpes.

ADIRC   Association pour le Développement de l'Informatique dans la Région Centre.

ADIREB   Association pour le Développement de l'Informatique et de l'automatique dans la région Bourgogne.

ADM   Aide au Diagnostic Médical.

ADMIRA   Association pour le Développement des moyens informatiques en Région Auvergne.

ADN   Analyseur Différentiel Numérique.

ADRET   Association pour le Développement de Recherches sur les Télécommunications et le Service Public.

ADRIM   Association pour le Développement et la Recherche en Informatique Médicale.

ADUCI   Association de Défense des Utilisateurs et Consommateurs d'Informatique.

AFAI   Association Française d'Audit Informatique.

AFAS   Association Française pour l'Avancement des Sciences.

AFB   Association Française de Banque.

AFCAL   Association Française de Calcul.

AFCALTI   Association Française de Calcul et de Traitement de l'Information.

AFCAN   Association Française de Calcul Numérique.

AFCERQ   Association Française pour les Cercles et la Qualité Totale.

AFCET   Association Française pour la Cybernétique Economique et Technique.

AFCIQ   Association Française pour le Contrôle Industriel et la Qualité.

AFDI   Association Française du Droit de l'Informatique.

AFGI   Association Française de Gestion Industrielle.

AFIAS   Association Française d'Intelligence Artificielle et des Systèmes de Simulation.

AFIN   Association Française des Informaticiens.

AFLIC   Association de la Micro-Informatique Compatible.

AFME   Agence Française pour la Maîtrise de l'Energie.

AFMI   Association Française pour le Développement de la Microinformatique.

AFNOR   Association Française de Normalisation.

AFRA   Association Française de Régulation et d'Automatisme.

AFRI   Association Française de Robotique Industrielle.

AFSM   Association Française des Directeurs de Service de Maintenance.

AFTEL   Association Française de Télématique.

AFUP   Association Française des Utilisateurs de Prime.

AFUTT   Association Française des Utilisateurs du Téléphone et des Télécommunications.

AFUU   Association Française des Utilisateurs d'Unix.

AFUW   Association Francophone des Utilisateurs de Wang.

AGL   Atelier de Génie Logiciel.

AIA   Agence de l'Intelligence Artificielle.

AILF   Association des Informaticiens de Langue Française.

AIR   Animateur Informatique Régional.

AMI	Association pour la Micro-Informatique.
AMII	Association Médicale d'Informatique Individuelle.
AMRT	Accès Multiple à Répartition dans le Temps.
A/N	Analogique/Numérique.
ANACT	Agence Nationale pour l'Amélioration des Conditions de Travail.
ANIST	Agence Nationale d'Information Scientifique et Technique.
ANL	Agence Nationale du Logiciel.
ANRT	Association Nationale de la Recherche Technique.
ANTIOPE	Acquisition Numérique et Télévisualisation d'Images Organisées en Page d'Ecriture.
APC	Agent de Prestation Commerciale.
APEM	Association des Prestataires en Micrographie.
API	Automate Programmable Industriel.
APP	Agence pour la Protection des Programmes.
APREL	Association des Professionnels pour la Télématique.
ASPROM	Association pour la Promotion de la Micro-informatique.
ASTE	Association pour le développement des Sciences et Techniques de l'Environnement.
AT	Adaptateur de Terminal.
ATA	Agent par Territoire d'Application.
ATALA	Association pour le Traitement Automatique des Langues.
ATIS	Agence de traitement et d'interprétation des images spatiales.
ATM	Agent de Transfert de messages.
AU	Agent Utilisateur.
AUA	Architecture Unifiée d'Application (SAA).
AUOB	Association des Utilisateurs d'Ordinateurs Burroughs.
AUSI	Association des Utilisateurs de Systèmes Informatiques Cii HB.
BAL	Boîte à Lettres.
BBD	Banques et Bases de Données.
BCD	Base Commune de Données.
BD	Base de Données.
BD(D)	Base De Données.
BDDPI	Banque de Données du Droit de la Propriété Industrielle.
BDL	Banque de Données Locales.
BDR	Banque de Données Régionales.
	Base de Données Relationnelles.
	Base de Données Réparties.
BIAM	Banque d'Information Automatisée sur les Médicaments.
BIG	Base d'Information Généralisée.
BIPA	Banque d'Information Politique et d'Actualité.
BIPE	Bureau d'Information et de Prévision Economique.
BM	Bande Magnétique.
BNI	Bureau d'orientation de la Normalisation en Informatique.
BNIST	Bureau National de l'Information Scientifique et Technique.

CA	Composants Acoustiques.
CAAO	Conception Architecturale Assistée par Ordinateur.
CAF	Carte à Fenêtre.
CAM	Carte à mémoire.
	Comité d'Application de la Méthode.
CAN	Convertisseur Analogique Numérique.
CAO	Conception Assistée par Ordinateur.
CATIA	Conception Assistée Tridimensionnelle Interactive.
CBD	Club des Utilisateurs de Banques de Données.
CCE	Commission des Communautés Européennes.
CCETT	Centre Commun d'Etudes de Télévision et Télécommunications.
CCITT	Comité Consultatif International Télégraphique et Téléphonique.
CCRIA	Comité Consultatif de la Recherche en Informatique et Automatique.
CEA	Commissariat à l'Energie Atomique.
CECUA	Conférence des Associations d'Utilisateurs Européens d'Informatique.
CEDIJ	Centre de Recherche et de Développement en Informatique Juridique.
CEI	Commission Electrotechnique Internationale.
CEN	Comité Européen de Normalisation.
CENELEC	Comité Européen de Normalisation Electrique.
CEPT	Conférence Européenne des Postes et Télécommunications.
CERI	Centre pour l'Innovation et la Recherche dans l'Enseignement.
CERN	Centre Européen pour la Recherche Nucléaire.
CESIA	Centre d'Etudes des Systèmes d'Information de l'Administration.
CFAO	Conception et Fabrication Assistées par Ordinateur.
CFONB	Comité Français d'Organisation et de Normalisation Bancaire.
CFRO	Centre Français de Recherche Opérationnelle.
CGR	Centre de Gestion de Réseau.
CI	Circuit Intégré.
CIAME	Commission Interministérielle des Appareils de Mesure.
CICI	Centre d'Information sur les Carrières liées à l'Informatique.
CID	Centre des hautes études d'Informatique Documentaire.
CIGREF	Club Informatique des Grandes Entreprises Françaises.
CIMAB	Centre d'Information des Matériels et Articles de Bureau.
CIMEF	Club Informatique des Moyennes Entreprises Françaises.
CIRMP	Club des Utilisateurs de Systèmes d'Informatique de Midi-Pyrénées.
CIRO	Centre Interarmées de Recherche Opérationnelle.
CI TGV	Circuit Intégré à Très Grande Vitesse.
CLUSIF	Club de Sécurité Informatique Français.
CMAO	Création Musicale Assistée par Ordinateur.
CMC7	Caractère Magnétique Codé 7.
CMS	Composants Montés en Surface.
CN	Commande Numérique.

CNA	Convertisseur Numérique Analogique.
CNC	Commande Numérique par Calculateur.
CNE	Concentrateur Numérique Eloigné.
CNES	Centre National d'Etudes Spatiales.
CNET	Centre National d'Etudes des Télécommunications.
CNI	Centre Notarial Informatique.
	Commande Numérique Informatisée.
CNIL	Commission Nationale de l'Informatique et des Libertés.
CNL	Concentrateur Numérique Local.
CNIT	Centre National des Industries et Techniques.
CNMO	Commande Numérique de Machines-Outils.
CNRS	Centre National de la Recherche Scientifique.
CORSIA	Comité de Recherche pour la Sécurité des Systèmes d'Information Automatisés.
COTTI	Commission de Traitement et de la Transmission de l'Information.
CPAO	Conception de Programme Assistée par Ordinateur.
CQ	Cercle de Qualité.
CQAO	Contrôle de Qualité Assisté par Ordinateur.
CS	Complément de Service.
CSA	Conseil Supérieur de l'Audiovisuel.
CSE	Concentrateur Satellite Electronique.
CSMI	Commission Spécialisée des Marchés Informatiques.
CSN	Centre Satellite Numérique.
CTA	Concentrateur de Terminaux Annuaire.
CTI	Centre de Traitement de l'Information.
CTP	Commutateur de Transit Principal.
CTS	Centre de Transit Secondaire.
CUBE	Club des Utilisateurs Bull Européens.
CVC	Circuit Virtuel Commuté.
CVP	Circuit Virtuel Permanent.
CXP	Centre d'Expérimentation des Progiciels.
DAO	Diagnostic Assisté par Ordinateur.
DAAO	Dessin Animé Assisté par Ordinateur.
DAB	Distributeur Automatique de Billets.
DACT	Direction des Affaires Commerciales et de la Télématique.
DAO	Dessin Assisté par Ordinateur.
	Diagnostic Assisté par Ordinateur.
	Documentation Assistée par Ordinateur.
DD	Disque Dur.
	Double Densité.
DEL	Diode Electroluminescente.
DFDD	Double Face Double Densité.
DGRST	Délégation Générale à la Recherche Scientifique et Technique.
DI	Directeur Informatique.
DIELI	Direction des Industries Electroniques et de l'Informatique.
DIO	Directeur Informatique et Organisation.
DOC	Documentation.
DON	Disque Optique Numérique.

DONE	Disque Optique Numérique Effaçable.
DOT	Direction Opérationnelle des Télécommunications.
DPE	Demande Pour Emettre.
DSI	Diffusion Sélective de l'Information.
EAO	Enseignement Assisté par Ordinateur.
EB	Elément Binaire.
EBS	Entrée Banalisée Synchrone.
EDF	Electricité de France.
EDI	Echange de Documents Informatisés ou de Données Informatisées.
EEG	Ensemble Electronique de Gestion.
EGAO	Expression Graphique Assistée par Ordinateur.
ENST	Ecole Nationale Supérieure des Télécommunications.
ENSTA	Ecole Nationale Supérieure des Techniques Avancées.
EPO	Enseignement Programmé par Ordinateur.
E-S	Entrée Sortie.
ETCD	Equipement de Terminaison de Circuit de Données.
ETL	Equipement Terminal de Lignes.
ETTD	Equipement Terminal de Traitement de Données.
FAIB	Fédération des Associations d'Informaticiens de Belgique.
FAO	Fabrication Assistée par Ordinateur.
FEDIP	Fédération de la Distribution Informatique Professionnelle.
FFII	Fédération Française des Informaticiens Indépendants.
FICA	Fédération Internationale de Contrôle Automatique.
FICOB	Fédération de l'Informatique, de la Communication et de l'Organisation de Bureau.
FID	Fédération Internationale de Documentation.
FIEE	Fédération des Industries Electriques et Electroniques.
FIM	Fédération Française de l'Informatique Médicale.
FNA	Fédération Nationale de l'Automation.
FNIE	Fédération Nationale des Industries Electroniques.
FIO	Fabrication Intégrée par Ordinateur.
FPA	Formation Professionnelle des Adultes.
FUB	Fédération des Utilisateurs de Bureautique.
GAB	Guichet Automatique de Banque.
GAC	Groupe d'Amélioration de la Qualité.
GALF	Groupement des Acousticiens de Langue Française.
GAMNI	Groupement pour l'Avancement des Méthodes Numériques de l'Ingénieur.

GAO	Graphique Assisté par Ordinateur.	INIST	Institut National de l'Information Scientifique et Technique.
GAPA	Guichet d'Affranchissement Postal Automatique.	INPI	Institut National de la Propriété Industrielle.
GAVE	Groupe de l'Edition Audiovisuelle et Electronique.	INRIA	Institut National de la Recherche en Informatique et en Automatique.
GEMMA	Guide d'Etudes des Modes de Marches et d'Arrêts.	INSEE	Institut National de la Statistique et des Etudes Economiques.
GENCOD	Groupement d'Etudes de Normalisation et de Codification.	INT	Institut National des Télécommunications.
GEPL	Guide Européen des Produits Logiciels.	IP	Institut de Programmation.
GFFIL	Groupement Français des Fournisseurs d'Informations en Ligne.	IPT	(plan) Informatique Pour Tous.
		IQRG	Indice de Qualité du Réseau Général.
GIBUS	Groupe Informatiste de Bibliothèque Universitaire et Spécialisée.	IQSP	Indice de Qualité des Services Professionnels.
GICI	Groupement Interministériel pour les Circuits Intégrés.	IREST	Institut de Recherches Economiques et Sociales sur les Télécommunications.
GIE	Groupement d'Intérêt Economique.		
GIEL	Groupement des Industries Electroniques.	IRETIJ	Institut de Recherche pour le Traitement de l'Information Juridique.
GMAO	Gestion de Maintenance Assistée par Ordinateur.	IRIAM	Institut International de Robotique et d'Intelligence Artificielle.
GPAO	Gestion de Production Assistée par Ordinateur.	IRISA	Institut de Recherche en Informatique et Systèmes Aléatoires.
GPNI	Groupement Professionnel National de l'Informatique.	IRM	Imagerie par Résonance Magnétique.
GRAFCET	Graphe de Commande Etape-Transition.	ISI	Institut de la Sécurité Informatique.
GRETSI	Groupe de Recherche sur le Traitement du Signal.	ISMEA	Institut Supérieur de Micro-électronique Appliquée.
GSE	Générateur de Système Expert.	IT	Intervalle de Temps.
GTI	Garantie du Temps d'Intervention.	ITA	Installation Terminale d'Abonné.
GUFI	Groupe des Utilisateurs Francophones d'Informatique.	ITC	Ingénieur Technico-Commercial.
GUI	Groupement des Utilisateurs ICL.	ITMI	Industrie et Technologie de la Machine Intelligente.
GUN^{cr}	Groupement des Utilisateurs NCR.		
		JAT	Juste À temps.
IA	Intelligence Artificielle.	JIIA	Journées Internationales de l'Informatique et de l'Automatique.
IAEI	Institut d'Automatique et d'Electronique Industrielle.		
IAO	Ingénierie Assistée par Ordinateur.	LAAS	Laboratoire d'Automatique et d'Analyse des Systèmes.
IAT	Interface d'Accès aux Transmissions.	LCIE	Laboratoire Central des Industries Electriques.
IB	Interface Bancaire.	LCP	Logique de Construction des Programmes.
IBI	Bureau Intergouvernemental pour l'Informatique.	LCS	Logique de Conception des Systèmes.
IC	Ingénieur Commercial.	LCT	Langage Commun de Transactions.
ICF	Société des Ingénieurs Civils de France.	LDD	Langage de Définition des Données.
IDATE	Institut pour le Développement et l'Aménagement des Télécommunications et de l'Economie.	LDI	Langage de Définition des Informations.
		LDP	Langage de Description de Page.
IDI	Institut de Développement Industriel.	LEC	Laboratoire d'Essais des Calculateurs.
IETN	Institut Européen des Techniques Nouvelles.	LECAM	Lecteur de carte à mémoire.
IFACI	Institut Français des Auditeurs et Contrôleurs Internes.	LEP	Laboratoire d'Electronique et de Physique Appliquée.
IFESI	Institut Français des Experts en Systèmes d'Information.	LETI	Laboratoire d'Electronique et de Technologie de l'Informatique.
IGT	Interface Généralisée de Transmission.	LGP	Lecteur Grand Public.
IHM	Interface Homme-Machine.	LHN	Langage (de) Haut Niveau.
IHN	Informaticien de Haut Niveau.	LMP	Laboratoire de Manipulation de Données.
IITT	Institut Industriel de Transfert de Technologie.	LOO	Langage Orienté Objets.
IMA	Information Médicale Automatisée.	LP	Ligne Principale.
IMI	Institut de la Machine Intelligente.	LS	Ligne spécialisée.
INFOREP	Association des Utilisateurs d'Informatique Répartie.	LSB	Libre-Service Bancaire.

LSE	Langage Symbolique d'Enseignement.	PSI	Petit Système Informatique.
LTR	Langage Temps Réel.	PSM	Prestataire de Service de Maintenance.
		PTE	(Ministère des) Postes, (des) Télécommunications (et de) l'Espace.
MAE	Machine à Ecrire.	PTS	Point de Transfert de Signalisation.
MAIA	Machine pour les Applications en Intelligence Artificielle.	PTT	Postes, Télécommunications, Télédiffusion.
MAO	Maintenance Assistée par Ordinateur.	PUCE	Produits Utilisant des Composants Electroniques.
MAP	Mise au point.		
MCD	Machine de Collecte et de Diffusion.		
MEE	Machine à Ecrire Electrique.		
MEM	Mémoire Morte.	QCM	Questionnaire à Choix Multiples.
MEV	Mémoire Vive.	QROC	Questions à Réponses Ouvertes et Courtes.
MIAGE	(Maîtrise de) Méthodes Informatiques Appliquées à la Gestion.		
MIC	Modulation par Impulsions Codées.		
MICADO	Mission pour la Conception Assistée et le Dessin par Ordinateur.	RA	Régie d'Abonné.
MIDIST	Mission Interministérielle de l'Information Scientifique et Technique.	RACE	Recherches Avancées en Communications pour l'Europe.
MIJID	Marché International des Jeux Vidéo de l'Informatique Individuelle et Domestique.	RAF	Robotique et Automatisation Flexible.
MO	Méga-Octet.	RAO	Recherche Assistée par Ordinateur.
MOB	Micro-ordinateur Banalisé.	RARE	Réseaux Associés de la Recherche Européenne.
MOCN	Machine-Outil à Commande Numérique.	RAZ	Remise à Zéro.
MOG	Micro-Ordinateur de Guichet.	RCB	Rationalisation des Choix Budgétaires.
MPI	Moyennes et Petites Industries.		Réseau Carte Bancaire.
MPU	Moyens et Petits Utilisateurs.	RCP	Réseau Expérimental à Commutation par Paquets.
N/A	Numérique/Analogique.	RES	Rachat d'Entreprise par les Salariés.
NAB	Nom Abrégé.	RF	Reconnaissance de Formes
NEA	Numérotation Européenne des Articles.	SFIB	Syndicat des Fabricants d'Ensembles d'Informatique, de Bureautique et de leurs applications Télématiques.
NET	Norme Européenne de Télécommunication.	RHIN	Réseaux Informatiques Hétérogènes Normalisés.
NF	Norme Française.	RHM	Relations Homme Machine.
NIP	Numéro d'Identification Personnel.	RIAO	Recherche d'Informations Assistée par Ordinateur.
NTI	Nœud de Transit International.	RIB	Relevé d'Identité Bancaire.
	Nouvelles Technologies de l'Information.	RIC	Réseau d'Interconnexion.
		RIE	Réseau Informatique Européen.
NUI	Numéro d'Utilisateur International.	RITA	Réseau Informatisé de Transmissions Automatiques.
OC	Ordinateur de Compensation.	RITD	Réseau Intégrant la Téléphonie et les Données.
ODB	Ordinateur de Bureau.	RLD	Réseau Local Départemental.
OFTA	Observatoire Français des Techniques Avancées.	RLE	Réseau Local d'Etablissement.
OMF	Ordinateur Multifonction.		Réseau Local d'Entreprise.
OP	Ordinateur Personnel.	RLI	Réseau Local Industriel.
		RNI	Réseau Numérique Intégré.
PAB	Point d'Accès Bancaire.	RNIPP	Répertoire National d'Identification des Personnes Physiques.
PAD	Point d'Accès Distant.	RNIS	Réseau Numérique avec Intégration de Services.
PAE	Prêt A Emettre.	RO	Recherche Opérationnelle.
PAFE	Plan d'Action en Faveur de la Filière Electronique.	ROC	Reconnaissance Optique des Caractères.
PAO	Production Assistée par Ordinateur.	RPDCP	Réseau Public de Données à Commutation de Paquets.
	Publication Assistée par Ordinateur.	RPI	Réseau de Production Industrielle.
PARLE	Point d'Accès au Réseau Local.	RPIS	Réseau Privé de Télécommunications à Intégration de Services.
PAV	Point d'Accès Vidéotex.	RTC	Réseau Téléphonique Commuté.
PAVI	Point d'Accès Vidéotex Intégré.	RVA	Réseau à Valeur Ajoutée (VAN).
PLV	Publicité sur le Lieu de Vente.	RVB	Rouge Vert Bleu.
PME	Petites et Moyennes Entreprises.		
PMI	Petites et Moyennes Industries.		
PNA	Programmes Nationaux d'Applications.		
PPP	Point par Pouce.		
PS	Point de Signalisation.		

SAFARI — Système Automatisé pour les Fichiers Administratifs et le Répertoire des Individus.

SAGACE — Système Automatique pour la Gestion et l'Echange des Comptes Economiques.

SAGITTAIRE — Système Automatique de Gestion Intégrée par Télétransmission de Transactions avec Imputation de Règlement « Etranger ».

SART — Système d'Assistance aux Renseignements Téléphoniques.

SAT — Service d'Accès Télétel.

SAV — Service Après-Vente.

SCOM — Service Central d'Organisation et Méthodes.

SCRIBE — Système de Communication et de Réseaux informatiques et Bureautiques Evolutifs.

SCT — Système de Calcul par Téléphone.

SDI — Schéma Directeur d'Informatisation.

SE — Système Expert.

SED — Système d'Exploitation à Disques.

SEE — Société des Electriciens, des Electroniciens et des Radioélectriciens.

SFDD — Simple Face Double Densité.

SFIB — Syndicat des Fabricants d'Ensembles d'Informatique et Bureautique.

SFM — Société Française des Mécaniciens.

SGBC — Système de Gestion de Base de Connaissances.

SGBD — Système de Gestion de Base de Données.

SGF — Système de Gestion de Fichiers.

SIAD — Système Interactif d'Aide à la Décision.

SIC — Système Informatique pour la Conjoncture.

SICOB — Salon International de l'Informatique, de la Communication et de l'Organisation de Bureau.

SIT — Système Interbancaire de Télétransmission.

SITELESC — Syndicat des Industries de Tubes Electroniques et Semiconducteurs.

SMF — Société Mathématique de France.

SNICAF — Syndicat National des Informaticiens Conseils.

SNIMAB — Syndicat National des Importateurs de Matériels de Bureau et d'Informatique.

SNPLM — Syndicat National des Professionnels du Logiciel Informatique.

SOC — Système d'Ordinateurs Connectés.

SPBB — Système de Planification, Programmation, Budgétisation.

SPER — Syndicat des Industries de Matériels Professionnels Electroniques et Radioélectriques.

SSCI — Société de Services et de Conseils en Informatique.

SSCM — Société de Service et de Conseil en Microélectronique.

SSDI — Sociétés de Services et de Distribution Informatique.

SSII — Société de Services et d'Ingénierie Informatique.

SVA — Services à Valeur Ajoutée (VAS).

SYDONI — Système de Documentation National Informatisé.

SYNAME — Syndicat National de la Mesure Electrique et Electronique.

TA — Terminal d'Autorisation.

TAF — Traitement A Façon.

TAI — Traitement Automatique de l'Information.
Traitement Avancé de l'Information.

TAO — Traduction Assistée par Ordinateur.

TAP — Traitement Automatique de la Parole.

TC — Terminal de Commutation.

TdT — Traitement de Texte.

TEB — Taux d'erreurs sur les bits.

TEC — Transistor à Effet de Champ.

TEF — Transfert Electronique de Fonds.

TEF/TPV — Transfert Electronique de Fonds au Point de Vente.

TGA — Télégestion des Abonnés.

TGAO — Technologie de Groupe Assistée par Ordinateur.

TMAO — Télémaintenance Assistée par Ordinateur.

TI — Traitement de l'Information.
Technologies de l'Information.

TICTAC — Terminal Intégré Comportant un Téléviseur et l'Appel Au Clavier.

TL — Terminal de Ligne.

TMG — Terminal Multifonction de Guichet.

TNA — Terminaison Numérique d'Abonné.

TNR — Terminaison Numérique de Réseau.

TO — Terminal Ordinaire.

TPE — Terminal de Paiement Electronique.

TPV — Terminal (au) Point de Vente.

TUP — Titre Universel de Paiement.

UC — Unité Centrale.

UER — Union Européenne de Radiodiffusion.

UIT — Union Internationale des Télécommunications.

UR — Unité de Raccordement.

URA — Unité de Raccordement d'Abonné.

URCN — Unité de Raccordement de Circuits Numériques.

URV — Unité à Réponse Vocale.

UT — Unité de Traitement.
Unité Télécom.

UTE — Union Technique de l'Electricité.

UTP — Unité de Traitement de Paquets.

VAO — Vente Assistée par Ordinateur.
Vision Assistée par Ordinateur.

VPC — Vente Par Correspondance.

ZTA — Zone de Télécommunications Avancées.

ZTS — Zone de Transit Secondaire.

ABRÉVIATIONS ANGLAISES

A

AAA — Association for Artificial Intelligence.

AAAI — American Association for Artificial Intelligence.

AAAS — American Association for Advancement of Science.

AACC — American Automatic Control Council.

AAES — American Association of Engineering Societies.

AAIM — American Association of Industrial Management.

AAP — Attached Array Processor.

AAS — Advanced Administrative System.

ABA — American Bankers Association.

ABCU — Association of Burroughs Computer Users.

ABET — Accrediting Board for Engineering and Technology.

ABM — Asynchronous Balanced Mode.

ABI — Application Binary Interface.

ABP — Actual Block Processor.

AC — Alternating Current.
Analog Computer.
Automatic Computer.

ACARD — Advisory Council for Applied Research and Development.

ACB — Access Control Block.
Adapter Control Block.
Application Control Block.

ACBS — Accrediting Commission for Business Schools.

ACC — Accumulate.
Accumulator.
Advanced Chip Carrier.
Application Control Code.

ACCA — Asynchronous Communications Control Attachment (feature).

ACCT — Account.

ACD — Automatic Call Distributor.

ACE — Automated Computing Engine.
Automated Cost Estimating.

ACF — Access Control Field.
Advanced Communications Function.

ACH — Automated Clearing Houses.

ACI — Automatic Car Identification.

ACIA — Asynchronous Communications Interface Adapter.

ACK — Acknowledge Character.

ACL — Access Control List.
Application Control Language.

ACM — Association for Computing Machinery.

ACP — Advanced Communication Processor.

ACPA — Association of Computer Programmers and Analysts.

ACR — Alternate Recovery.
Audio Cassette Recorder.
Automatic Call Recording.

ACRE — APAR Control Remote Entry.

ACS — Application Customiser Service.
Asynchronous Communications Server.

ACSE — Association Control Service Element.

ACT — Abend Control Table.

ACTT — Ad hoc Committee for Competitive Telecommunications.

ACU — Address Control Unit.
Automatic Calling Unit.

ACUTE — Accountants Computer Users Technical Exchange.

ACV — Address Control Vector.

ACVC — ADA Compiler Validation Capability.

A/D — Analog/Digital.

AD — Authorized Distributor.

ADA — Automatic Data Acquisition.

ADAC — Automated Direct Analog Computer.

ADAM — Advanced Data Management.

ADAPSO — Association of Data Processing Service Organizations.

ADAPT — Adaptation of Automatically Programmed Tools.

ADC — Analog-to-Digital Converter.

ADC — Automatic Data Capture.

ADCCP — Advanced Data Communications Control Procedure.

ADDDS — Automatic Direct Distance Dialling System.

ADE — Automatic Design Engineering.
Automatic Drafting Equipment.

ADES — Automatic Digital Encoding System.

ADF — Adapter Configuration File.
Application Development Facility.

ADI — American Documentation Institute.

ADL — Application Development Language.

ADP — Automatic Data Processing.

ADPCM — Adaptive Differential Pulse Code Modulation.

ADPE — Automatic Data Processing Equipment.

ADPS — Application Development Project Support.
Automatic Data Processing System.

ADR — Address.
Application Definition Record.
Applied Data Research.

ADT	Active Disk Table.	AM	Amplitude Modulation.
	Application-Dedicated Terminal.	AMA	American Management Association.
	Application Design Tool.		American Medical Association.
ADU	Automatic Dial(l)ing Unit.		Automated Message Accounting.
ADX	Automatic Data eXchange.		Automatic Message Accounting.
A/E	A/E firm.	AMH	Application Message Handler.
	Architectural/Engineering firm.	AMIS	Automated Management Information System.
AE	Application Engineer.		
AEA	American Electronics Association.	AMR	Automatic Message Routing.
AEC	Architectural, Engineering and Construction (applications).	AMS	American Mathematical Society.
		AMT	Advanced Manufacturing Technology.
AED	Automated Engineering Design.		Amount.
AEDS	Association for Educational Data Systems.	AMVSB	Amplitude Modulation with Vestigial Side Band.
AEIMS	Administrative Engineering Information Management System.	A/N	Alphanumeric.
		ANA	Article Numbering Association.
AF	Audio Frequency.		Automatic Network Analyzer.
AFCOM	Association for Computer Operations Managers.	ANS	American National Standard.
		ANSI	American National Standards Institute.
AFF	Automatic Track Following.		
AF/FM	Automated Mapping and Facilities Management.	A/O	Answer/Originate.
		AO	Automated Office.
AFIP	American Federation for Information Processing.		Automated Operator.
		AOI	Automated Operator Interface.
AFIPS	American Federation of Information Processing Societies.	AOQ	Average Outgoing Quality.
		AOQL	Average Outgoing Quality Limit.
AFL	Abstract Family of Languages.	AOS	Advanced Operating System.
AFM	Automatic File Migration.	AP	Accounts Payable.
AFP	Appletalk Filing Protocol.		Applications Processor.
	Automatic Floating Point.		Attached Processor.
AFR	Application Function Routine.	AP or A/P	Attached Processor.
	Automatic Fingerprint Recognition.	APA	All Points Addressable.
AFSM	Association of Field Service Managers.	APAR	Authorized Program Analysis Report.
		APF	Authorized Program Facility.
AFT	Active File Table.	APG	Application Programming Generator.
AG	Application Generator.		
AGC	Automatic Gain Control.		Automatic Priority Group.
AHBF	Average Hours Before Failures.	API	Application Program Interface.
AHL	A Hardware Programming Language.		Application Programming Interface.
		APICS	American Production and Inventory Control Society.
AHPL	A Hardware Programming Language.		
		APL	Applied Physics Laboratory.
AI	Artificial Intelligence.		A Programming language.
AIA	Aerospace Industries Association.	APPC	Advanced Program to Program Communication.
AICPA	American Institute of Certified Public Accountants.		
		APPN	Advanced Peer To Peer Network.
AID	Attention Identifier.	APR	Alternate Path Retry.
AIEE	American Institute of Electrical Engineers.		Automatic Passbook Recording.
		APS	Assembly Programming System.
AIGA	American Institute of Graphic Arts.	APSE	Ada Programming Support Environment.
AIIE	American Institute of Industrial Engineers.		
		APT	Actual Parameter Area.
AIIM	Association of Information and Image Management.		Automatic Programming Tool.
			Automatically Programmed Tools.
AIM	Advanced Intelligent Modem.	APU	Auxiliary Processing Unit.
	American Institute of Management.	AQL	Acceptable Quality Level.
	Application Interface Module.	AQS	Automated Quotation Systems.
	Associated Information Managers.	AR	Accounts Receivable.
	Avalanche Induced Migration.		Address Register.
AIMS	Automated Industry Management Services.	ARCII	Arabic Reduced Code for the Interchange of Information.
		ARDI	Analysis Requirements, Determination, Design and Development.
AIP	Average Instructions per second.		
AIX	Advanced Interactive Executive.	ARM	ACRE/RETAIN merge.
AKA	Also Called.		Asynchronous Response Mode.
ALA	American Library Association.		Availability Reliability Maintainability.
ALD	Automatic Logic Diagram.		
ALGOL	Algorithmic Oriented Language.	ARO	After Receipt of Order.
ALL	Application Load List.	ARPA	Advanced Research Projects Agency.
ALLC	Association of Literary and Linguistic Computing.		
		ARQ	Automatic Repeat Request.
ALU	Arithmetic and Logical Unit.	ARS	Automatic Rate Select.

ARU	Audio Response Unit.
AS	Address Syllable.
ASA	Accelerated Storage Adapter.
	American Standards Association.
ASAP	As soon As Possible.
ASCE	American Society of Civil Engineers.
ASCII	American Standard Code for Information Interchange.
ASE	Application Service Elements.
ASIC	Application Specific Integrated Circuit.
ASID	Address Space Identifier.
ASIS	American Society for Information Science.
ASK	Amplitude Shift Keying.
ASLIB	Association of Special Libraries and Information Bureaux.
ASM	Auxiliary Storage Manager.
ASME	American Society of Mechanical Engineers.
ASMO	Arabic Standards and Metrology Organization.
ASN	Abstract Syntax Notation.
ASP	Asymmetric Multiprocessing System.
	Attached Support Processor.
ASQC	American Society of Quality Control.
ASR	Automatic Send-Receive (set).
ASSP	Acoustics, Speech and Signal Processing.
	Application Specific Standard Products.
AST	Application-specific Tools.
ASTL	Advanced Schottky Transistor Logic.
ASTM	American Society for Testing and Materials.
ASTME	American Society of Tool and Manufacturing Engineers.
ASTRA	Automatic Scheduling with Time-Integrated Resource Allocation.
ATC	Air Traffic Control.
ATDM	Asynchronous Time-Division Multiplexing.
ATE	Automatic (or Automated) Test Equipment.
ATL	Automated Tape Library.
ATM	Asynchronous Transfer Mode.
	Automated Teller Machine.
ATMS	Advanced Text Management System.
ATN	Attention.
	Augmented Transition Network.
ATP	Alternative Term Plan.
ATPG	Automatic Test Pattern Generation.
ATS	Administrative Terminal System.
ATT	American Telephone and Telegraph.
ATTN	Attention.
ATTP	Aptitude Test for Programmer Personnel.
AUI	Attachment Unit Interface.
AUTODIN	AUTOmatic DIgital Network.
AV or A/V	Audio-visual.
AVD	Alternate Voice and Data Service.
AVIP	Association of Viewdata Information Providers.
AVM	Anti-Vibration Mount.
AVR	Automatic Volume Recognition.

AWB	Analyst Workbench Tool.
	Analyst Workbench.

B

BAS	Basic Activity Subset.
BAAS	British Association for the Advancement of Science.
BABT	British Approval Board for Telecommunications.
BAL	Basic Assembly Language.
	Branch Linkage.
BAM	Basic Access Method.
	Block Allocating Map.
	Bus Arbitration Module.
BAP	Basic Assembly Program.
BAR	Base Address Register.
BARSA	Billing, Accounts Receivable, Sales Analysis.
BART	Bay Area Rapid Transit.
BASIC	Beginners All-Purpose Symbolic Instruction Code.
BAVIP	British Association of Viewdata Information Providers.
BB	Begin Bracket Indicator.
BBD	Bucket Brigade Devices.
BB&N	Bolt, Beranek and Newman.
BBS	Bulletin Board Service.
BC	Basic Control.
	Before Computer.
B/C Net	Business Communications Network.
BCB	Bit Control Block.
	Buffer Control Block.
BCC	Block Check Character.
BCD	Binary Coded Decimal.
BCH	Block Control Header.
BCL	Base-Coupled Logic.
BCM	Bound Control Module.
BCNF	Boyce-Codd Normal Form.
BCO	Binary Coded Octal.
BCP	Byte Controlled Protocol.
BCR	Bar Code Reader.
BCS	Basic Combined Subset.
	British Computer Society.
	Bull Cabling System.
BCU	Basic Counter Unit.
	Block Control Unit.
BDAM	Basic Direct Access Method.
BDE	Batch Data Exchange.
BDES	Batch Data Exchange Services.
BDN	Bell Data Network.
BDP	Bulk Data Processing.
BDPA	Black Data Processing Association.
BDU	Basic Device Unit.
BEB	Binary Exponential Backoff.
BEL	Bell Character.
BEMA	Business Equipment Manufacturers Association.
BER	Bit Error Rate.
BERT	Bit Error Rate Test.
BES	Business Expansion Scheme.
BETA	Business Equipment Trade Association.
BEX	Broadband Exchange.
BIBO	Bounded Input - Bounded Output.
BIC	Bureau of International Commerce.
BICARSA	Billing, Inventory Control, Accounts Receivable, Sales Analysis.
BIFET	Bipolar Field Effect Transistor.

BIM — Beginning of Information Marker.
British Institute of Management.
BINET — Bicentennial Information Network.
BIOS — Basic Input Output Supervisor.
BIPS — Billions of Instructions Per Second.
BISAM — Basic Indexed Sequential Access Method.
BISFA — British Industrial and Scientific Film Association.
BIT — Binary Digit.
Burn-In Test.
BIU — Basic Information Unit.
Bus Interface Unit.
BKF — Blocking Factor.
BLERT — Block Error Rate Test.
BLK — BlinK.
BLS — Bureau of Labor Statistics.
BLU — Basic Link Unit.
B/M — Bill of Materials.
BMC — Basic Monthly Charge.
Bulk Media Conversion.
BMD — Bubble Memory Device.
BMMG — British Microcomputer Manufacturers Group.
BMP — Batch Message Processing (Program).
BMS — Bit Mark Sequencing.
BNA — Burrough's Network Architecture.
BNF — Backus Normal Form.
BNN — Boundary Network Node.
BO — Branch Office.
BOC — Basic Operating Company.
Bell Operating Company.
BOE — Beginning Of Extent.
BOF — Beginning Of File.
BofA — Bank Of America.
BOM — Beginning Of Message.
Bill Of Materials.
BOMP — Bill Of Material Processor.
BOP — Basic Operator Panel.
Beginning of Packet.
Bit-Oriented Protocol.
BORAM — Block Oriented Random Access.
BORS(C)HT — (functions) Battery Feed, Overload protection, Ringing, Supervision Codec and Channel Filters, Hybrid and Test.
BOS — Basic Operating System.
BOT — Beginning Of Tape.
BPAM — Basic Partitioned Access Method.
BPI — Bits Per Inch.
Bytes Per Inch.
BPM — Batch Processing Monitor.
BPO — British Post Office.
BPOS — Batch Processing Operating System.
BPS — Basic Programming Support.
Bits Per Second.
BPSS — Bell Packet Switching System.
BR — Base Register.
BRAM — Broadcast Recognizing Access Method.
BRK — Break.
BRS — Bibliographic Transition Network.
BS — Backspace Character.
British Standard.
BSAM — Basic Sequential Access Method.
BSC — Binary Synchronous Communication(s).
BSCA — Binary Synchronous Communications Adapter.
BSD — Berkeley Standard Distribution.
BSDA — Business and Defense Services Administration.
BSI — British Standards Institution.

BSS — Basic Synchronized Subset
Block Started By Symbol.
BSTAT — Basic Status Register.
BT — British Telecom.
BTAM — Basic Telecommunications Access Method.
BTG — British Technology Group.
BTL — Beginning Tape Label.
BTR — Behind Tape Reader.
BTS — Bound Task Set.
Burster-Trimmer-Stacker.
BTU — Basic Transmission Unit.
British Thermal Unit.
BTX — Bildschirmtext.
BUS — Binary Unit System.
B & W — Black & White.

C

C^3 — Communications, Command, Control.
CA — Channel Adapter.
Collision Avoidance.
Communications Adapter.
Continue-Any (mode).
CAAT — Computer-Assisted Audit Technique(s).
CAD — Computer-Aided Design.
Computer-Assisted Drafting.
CADAM — Computer-Augmented Design and Manufacturing.
CAD/CAM — Computer-Aided Design/Computer-Aided Manufacturing.
CAE — Computer-Assisted Engineering.
CAI — Computer Analog Input.
Computer Assisted Instruction.
CAIS — Common APSE Interface Set.
CAL — Common Assembler Language.
Computer-Assisted Learning.
Conversational Algebraic Language.
CAM — Content-Addressed Memory.
Computer-Aided Manufacturing.
CAMAC — Computer-Automated Measurement and Control.
CAN — Cancel Character.
CANTRAN — CANcel TRANsmission.
CADD — Computer-Aided Design and Drafting.
CAP — Cable Access Point.
Computer-Aided Publishing.
CAR — Computer-Assisted Retrieval.
Check Authorization Record.
CARDS — Calma Automated Routing and Design System.
CARR — Carrier.
CAS — Chemical Abstracts Services.
Communicating Applications Specification.
Computer Accounting System.
CASA — Computer and Automated Systems Association.
CASE — Common Application Service Elements.
Computer-Aided Software Engineering.
Computer-Assisted Systems Engineering.

CASS	Common Address Space Section.	CD-ROM	Compact Disc-ROM.
CAT	Computer-Aided Testing.	CDT	Command Definition Table.
	Computer-Aided Translation.		Communications Display Terminal.
	Computer-Assisted Training.	CDV	Check Digit Verification.
	Computer-Assisted Tomography.	CE	Consumer Electronics.
	Computerized Axial Tomography.		Customer Engineer.
CATV	CAble Television.		Customer Engineering.
	Community Antenna Television.	CECUA	Conference of European Computer
CAU	Command/Arithmetic Unit.		User Associations.
CAV	Constant Angular Velocity.	CEGL	Cause-Effect Graph Language.
CAW	Channel Address Word.	CEO	Comprehensive Electronic Office.
CAX	Community Automatic Exchange.	CEP	Civil Engineering Package.
CAZ	Commutating Auto-Zero.		Corporate Electronic Publishing.
CB	Citizen Band.	CES	Consumer Electronics Show.
CBA	Cost Benefit Analysis.	CESD	Composite External Symbol Dictio-
CBCT	Customer Bank Communications		nary.
	Terminal.	CFF	Critical Fusion Frequency.
CBEMA	Computer and Business Equipment	CFIA	Component Failure Impact Analysis.
	Manufacturers Association.	CFM	Continuous Flow Management.
CBMS	Computer-Based Message System.		Cubic Feet per Minute.
C & C	Command and Control.	CFMS	Chained File Management System.
CC	Card Code.	CFP	Creation Facilities Program.
	Card Column.	CFS	Continuous Forms Stacker.
	Communications Computer.		Cubic Feet per Second.
	Control Computer.	CG	Channel Grant.
CCA	Central Computer Agency.		Clock Generator.
	Common Communications Adapter.		Computer Graphics.
	Communications Control Area.	CGA	Color Graphics Adapter.
	Current Cost Accounting.	CGI	Computer-Generated Imagery.
CCB	Character Control Block.		Computer Graphics Interface.
	Command Control Block.	CGM	Computer Graphics Metafile.
CCCB	Completion Code Control Block.	CGMID	Character Generation Module Iden-
CCD	Charge Coupled Device.		tifier.
CCE	Channel Command Entry.	CGMIF	Computer Graphic Metafile Inter-
CCF	Cobol Communications Facility.		change Format.
	Controller Configuration Facility.	CGVDI	Computer Graphics Virtual Device
CCH	Channel-Check Handler.		Interface.
CCHS	Cylinder-Cylinder-Head-Sector.	CHAPS	Clearing House Automated Payment
CCIA	Computer and Communications In-		System.
	dustries Association.	CHAR	Character.
CCITT	Consultative Committee on Inter-	CHCV	Channel Control Vector.
	national Telegraph and Telephone.	CHIL	CCITT High-Level Language.
CCM	Charge Coupled Memory.	CHIO	Channel I/O.
CCP	Character-Controlled Protocol.	CHIPS	Clearing House Interbank Payment
	Communications Control Program.		System.
CCPT	Controller Creation Parameter	CHP	Channel Pointer.
	Table.	CHPS	Characters Per Second.
CCR	Chanel Control Routine	CI	Computer Interconnect.
	Commitment, Concurrency and Re-	CIA	Computer Industry Association.
	covery.		Computer Interface Adaptor.
CCROS	Card Capacitor Read-Only Store.	CIB	Command Input buffer.
CCSA	(Bell's system) Common Control	CIC	Communications Intelligence Chan-
	Switching Arrangement.		nel.
CCT	Carriage Control Tape.	CIC	Computer Integrated Communi-
	Circuit.		cations.
CCTA	Central Computer and Telecom-	CICP	Communication Interrupt Control
	munications Agency.		Program.
CCTV	Closed-Circuit Television.	CICS	Complex Instruction Set Computer.
CCU	Central Control Unit.		Customer Information Control Sys-
	Channel Control Unit.		tem.
CCW	Channel Command Word.	CID	Communication Identifier.
	Counterclockwise.		Connection ID.
CD	Carrier Detect.	CIDA	Channel Indirect Data Addressing.
	Collision Detection.	CIDF	Control Interval Definition Field.
	Compact Disk.	CIF	Central Information File.
CDB	Corporate Data Base.	CIG	Computer Image Generation.
CDC	Call Directing Code.	CIL	Condition-Incident Log.
	Call Direction Code.		Core Image Library.
	Control Data Corporation.		
CDD	Common Data Dictionary.		
CD-I	Compact Disc-Interactive.		
CDP	Certificate in Data Processing.		
CDRM	Cross-Domain Resource Manager.		

CIM	Communications Interface Module.
	Computer Input Microfilm.
	Computer Integrated Manufacturing.
CIOCS	Communications Input/Output Control system.
CIP	Commercial Instruction Processor.
CIPS	Canadian Information Processing Society.
CIRC	Cross-Interleaved Reed-Solomon Code.
CIU	Communication Interface Unit.
	Computer Interface Unit.
CKD	Count-Key-Data.
CKDS	Cryptographic Key Data Set.
CKT	Circuit.
CLA	Computer Law Association.
	Custom Logic Array.
CLAT	Communication Line Adapter.
CLC	Communications Link Controller.
CLIST	Command List.
CLK	Clock.
CLNS	Connectionless Network Service.
CLP	Current Line Pointer.
CLT	Communications Line Terminal.
CLV	Constant Linear Velocity.
CM	Configuration Management.
CMA	Computer Monitor Adapter.
CMC	Communications Mag Card.
	Concurrent Media Conversion.
CMD	Cartridge Module Drive.
	Command.
CMI	Computer Managed Instruction.
CMIP	Common Management Information Protocol.
CML	Current Mode Logic.
CMM	Communications Multiplexer Module.
CMND	Command.
CMOD	Customer Module.
CMOS	Complementary Metal Oxide Semiconductor.
CMS	Conversational Monitor(ing) System.
CMU	Carnegie Mellon University.
CNA	Communication Network Architecture.
CNC	Communications Network Controller.
	Computer(ized) Numerical Control.
CNM	Communication Network Management.
CNP	Communications Network Processor.
CNR	Carrier-to-Noise Ratio.
CNTL	Control.
COAM	Customer-Owned And Maintained.
COBOL	Common Business Oriented Language.
COC	Computer On the Chip.
COD	Cash On Delivery.
CODASYL	Conference On DAta SYstems Languages.
COGO	Coordinate Geometry Program.
COL	Computer Oriented Language.
COLA	Cost Of Living Adjustment.
COM	Computer Output Microfilm.
	Computer Output Microfilmer.
	Computer Output Microfilming.
	Computer Output Microform.

COMPETA	Computer and Peripherals Equipment Trade Association.
COMSTAT	Competitive Statistical Analysis.
CONS	Connection-Oriented Network Service.
COP	Character-Oriented Protocol.
	Communications Output Printer.
CORS	Canadian Operational Research Society.
COS	Class Of Service.
	Commercial Operating System.
	Corporation for Open Systems.
COSATI	Committee On Scientific And Technical Information.
COSBA	Computer Services and Bureaux Association.
COTP	Connection-Oriented Transport Protocol.
CP	Card Punch.
	Central Processor.
	Circuit Pack.
	Command Processor.
	Communication Processor.
	Continuous Path.
	Control Program.
CPA	Channel Program Area.
	Continuous Processing Auditing.
	Critical Path Analysis.
CPAB	Computer Programmer Aptitude Battery.
CPB	Channel Program Block.
CPC	Card Programmed Calculator.
	Computer Process Control.
CPE	Computer Performance Evaluation.
	Cross-Program Editor.
CPF	Control Program Facility.
CPH	Cost Per Hour.
CPI	Changes Per Inch.
	Characters Per Inch.
	Clock Cycle per average Instruction.
	Code Page Information.
	Common Programming Interface.
CPL	Characters Per Line.
CPM	Cards Per Minute.
	Characters Per Minute.
	Computer Program for Micro-Computers.
	Critical Path Method.
	Cycles Per Minute.
CPMA	Computer Peripheral Manufacturers Association.
CPO	Concurrent Peripheral Operations.
CPS	Card Programming System.
	Characters Per Second.
	Cycles Per Second.
CPT	Chief Programmer Team.
	Customer Provided Terminal.
CPU	Central Processing Unit.
CPW	Communicating Word Processor.
CR	Card Reader.
	Carriage Return.
	CRedit.
CRA	Computer Retailers' Association.
	Catalogue Recovery Area.
CRAM	Card Random Access Memory.
CRBE	Conversational Remote Batch Entry.
CRC	Cyclic Redundancy Check.
CRCC	Cyclic Redundancy Check Character.
CRE	Carrier Return Character.
CRJE	Conversational Remote Job Entry.
CROM	Control Read-Only Memory.
CROS	Card capacitor Read Only Store.

CRP	Channel Request Priority.		DARC	Digital Authorised Rental Channel.
CRT	Cathode Ray Tube.		DARPA	Defense Advanced Research Project Agency.
CRTL	Control.			
CRV	Cryptography Verification Request.		DAS	Data Acquisition System.
CS	Communication Services.			Data Automation System.
CSA	Canadian Standards Association.			Digital/Analog System.
	Computer Services Association.		DASD	Direct Access Storage Device.
CSA	Customer Service Agreement.		DASM	Direct Access Storage Media.
CSB	Communication Scanner Base.		DAT	Digital Audio Tape.
CSC	Computer Society of Canada.			Disk Allocation Table.
CSECT	Control Section.			Dynamic Address Translation.
CSI	Civil Service Institute.		DAV	Data Above Voice.
CSMA/CA	Carrier Sense Multiple Access with Collision Avoidance.		DAVFU	Direct Access Vertical Format Unit.
			DB	Data Base.
CSMA/CD	Carrier Sense Multiple Access with Collision Detection.			Debit.
			DBAM	Database Access Method.
CSMP	Continuous Systems Modeling Program.		DB/DC	Data Base/Data Communications.
			DBA	Data Base Administrator.
CSN	Computer Service Network.		DBC	Data Base Computer.
CSO	Computer Service Office.		DBD	Data Base Description.
CSP	Communications Symbiont Processor.		DBDA	Data Base Design Aid.
			DBDL	Data Base Definition Language.
CSR	Console Send-Receive.		DBF	Data Base Facility.
CST	Channel Status Message.		DBMS	Data Base Management Software.
CSU	Customer Service Unit.			Data Base Management System.
	Customer Setup.		DBOS	Disc-Based Operating System.
CSW	Channel Status Word.		DBS	Direct Broadcast Satellite.
CTB	Concentrator Terminal Buffer.		DBTG	Data Base Task Group.
CTCA	Channel-To-Channel Adapter.		DC	Data Center.
CTRL	Control.			Data Communication.
CTS	Carriage Tape Simulator.			Data Conversion.
	Clear To Send.			Device Control.
	Concrete Transfer Syntax.			Digital Computer.
	Conversational Terminal System.			Direct Control.
CUA	Computer Users Association.			Direct Current.
CUBE	Cooperative Users of Burroughs Equipment.		DCA	Distributed Communications Architecture.
CUE	Computer Utilization Efficiency.			Document Content Architecture.
	Configuration Utilization Evaluator.		DCB	Data Control Block.
CUG	Closed User Group.			Device Control Block.
CUTS	Computer Users Tape System.		DCC	Data Communication Controller.
CVD	Chemical Vapor Deposition.			Digital Communications Console.
CW	Clockwise.		DCD	Data Carrier Detect.
CWP	Communicating Word Processor.			Disk Cartridge Drive.
	Computer Word Processing.		DCE	Data Communications Equipment.
				Data Circuit Terminating Equipment.
			DCF	Data Collection Facilities.
				Data Communication Facility.
				Data Count Field.
				Discounted Cash Flow.
	D		DCL	Data Control Language.
				Data Control List.
			DCP	Distributed Control Processor.
DA	Data Administrator.		DCS	Data Collection System.
	Device Adapter.			Data Communications Subsystem.
	Differential Analyzer.			Defense Communications System.
	Digital-to-Analog.			Distributed Computer System.
	Direct Access.		DCT	Data Collection Terminal.
DAA	Dara Access Arrangement.			Data Communications Terminal.
DAC	Data Acquisition and Control.			Device Characteristics Table.
	Design Augmented by Computer.			Dispatcher Control Table.
	Digital-to-Analog Converter.		DCTL	Direct-Coupled Transistor Logic.
	Discretionary Access Control.		DCU	Data Control Unit.
DAD	Digital Audio Disk.			Display Control Unit.
DAF	Destination Address Field.		DCW	Data Control Work.
DAL	Digital Access Line.		DD	Data Definition.
DAM	Direct Access Method.		DDA	Demand Deposit Accounting.
DAMA	Demand-Assigned, Multiple-Access.			Digital Differential Analyzer.
				Direct Disk Attachment.
DAP	Data Access Protocol.		DDB	Device Descriptor Block.
DAPS	Direct Access Programming System.		DDBMS	Distributed Database Management System.
DAR	Damage Assessment Routine.		DDC	Direct Digital Control.

DDCMP	Digital Data Communications Message Protocol.	DIY	Do It Yourself.
DDD	Direct Distance Dial(l)ing.	DJNR	Dow Jones News/Retrieval.
DD/D	Data Dictionary/Directory.	. DL/1	Data Language/1.
DDE	Direct Data Entry.	DLA	Data Link Adapter.
	Dynamic Data Exchange.	DLAT	Directory Look-Aside Table.
DDDL	Dictionary Data Definition Language.	DLC	Data Link Control.
		DLE	Data Link Escape.
DDI	Device Driver Interface.	DLT	Data Loop Transceiver.
DDG	Digital Display Generator.	DLU	Data Line Unit.
DDL	Data Definition Language.	DM	Data Management.
	Data Description Language.	DMA	Direct Memory Access.
DDM	Device Descriptor Module.	DMAC	Direct Memory Access Controller.
	Distributed Data Management.	DMF	Disc Management Facility.
DDN	Defense Data Network.	DMH	Device Message Handler.
DDNRZI	Double Density NRZI.	DML	Data Manipulation Language.
DDP	Datagram Delivery Protocol.		Device Media Language.
	Distributed Data Processing.	DMM	Digital Multimeter.
DDR	Dynamic Device Reconfiguration.	DMOS	Diffused MOS.
DDR & E	Directorate for Defense Research and Engineering.	DMP	Dot Matrix Printer.
		DMS	Data Management System.
DDS	Dataphone Digital Service.	DMY	Day Month Year.
	Data Distribution System.	DNA	Digital Network Architecture.
	Digital Data System.		Distributed Network Architecture.
	Dynamic Dispatch System.	DNC	Direct Numerical Control.
DDSA	Digital Data Service Adapter.	DNIC	Data Network Identification Code.
DDT	Data Description Table.	DNS	Department of National Savings.
DE	Data Entry.		Distributed Network Supervisor.
	Dictating Equipment.	DOC	Department of Commerce.
DEA	Data Encryption Algorithm.	DOD	Department Of Defence.
DEB	Data Extent Block.		Direct Outward Dialing.
DEC	Digital Equipment Corporation.	DOE	Department of Energy.
DECNET	Digital Equipment Corporation Network.	DOF	Device Output Format.
		DOI	Department of Industry.
DECUS	Digital Equipment Computer Users Society.	DOR	Digital Optical Recording.
		DOS	Disc Operating System.
DEDB	Data Entry Data Base.	DOSF	Distributed Office Support Facility.
DEF	Destination Element Field.	DOT	DOmain Tip.
DEL	Delete Character.	DOV	Data Over Voice.
DES	Data Encryption Standard.	DP	Data Processing.
DEU	Data Encryption Unit.		Double Precision.
DFC	Data Flow Control.		Draft Printer.
	Disc File Controller.		Draft Proposal.
DFLD	Device Field.		Dynamic Programming.
DFP	Data Facility Product.	DPA	Display/Printer Adapter.
DFT	Diagnostic Function Test.	DPAGE	Device Page.
	Discrete Fourier Transform.	DPB	Dynamic Pool Block.
DFU	Data File Utility.	DPC	Data Processing Center.
DG	Data General.		Disc Pack Controller.
DHCF	Distributed Host Command Facility.	DPCM	Differential PCM.
DI/DO	Digital Input/Digital Output.	DPCX	Distributed Processing Control Executive.
DIA	Document Interchange Architecture.		
		DPDT	Double-Pole Double-Throw.
DIAL	Data Interchange at the Application Level.	DPH	Disc Pack Handler.
		DPI	Dots Per Inch.
DIB	Data Integrity Block.	DPM	Data Plant Management.
DIBOL	Digital Equipment Business Oriented Language.		Data Processing Machine.
			Data Processing Manager.
DIC	Data Interchange Code.		Distributed Presentation Management.
DID	Direct Inward Dialing.		
DIF	Data Interchange Format.		Documents Per Minute.
	Device Input Format.	DPMA	Data Processing Management Association.
DIL	Dual-In-Line.		
DINA	Distributed Information Processing Network Architecture.	DPNSS	Digital Private Network Signalling Scheme.
		DPPX/BASE	Distributed Processing Programming Executive Base.
DIOCB	Device I/O Control Block.		
DIP	Document Image Processing.	DPR	Dual-Port Ram.
	Dual-In-Line Package.	DPS	Data Processing System.
DIS	Draft International Standard.		Disc Programming System.
DISOS	Distributed Office Support System.		Distributed Presentation Services.
DITTC	Data Interfile Transfer, Testing and Operations Utility.		Document Processing System.
		DPSA	Data Processing Supplies Association.
DIV	Data In Voice.		
DIVA	Data Input Voice Answerback.	DPSK	Differential Phase Shift Keying.

DPU	Display Processor Unit.	DTPA	Dynamic Transient Pool Area.
DQCB	Disk Queue Control Block.	DTPM	Dynamic Transient Pool Management.
DR	Digital Research.		ment.
DRAM	Dynamic RAM.	DTR	Data Terminal Ready.
DRAW	Direct Read After Write.		Distribution Tape Reel.
DRC	Data Recording Control.	DTS	Data Transfer Sequence.
DRCS	Dynamically Redefinable Character Set.		Dynamic Transient Segment Register Save.
DRD	Data Recording Device.	DTSX	Data Transport Station.
DRDS	Dynamic Reconfiguration Data Set.	DTT	Domain Tip Technology.
DRDW	Direct Read During Write.	DTU	Display Terminal Unit.
DRO	Destructive Read-Out.	DTV	Digital Television Display.
DRQ	Data Ready Queue.	DUART	Dual Universal Asynchronous Receiver/Transmitter.
DRS	Document Retrieval System.		
DS	Data Set.	DUT	Device Under Test.
DSA	Dealer Sales Agent (programme).	DUV	Data Under Voice.
	Distributed System Architecture.	DVB	Device Base Control Block.
DSAC	Data Set Authory Credential.	DVMS	Digital Voice Messaging System.
DSAF	Destination Subarea Field.	DVST	Direct-View Storage Tube.
DSAP	Destination Service Access Point.	DVT	Device Vector Table.
DSC	Disc Storage Controller.	DXAM	Distributed Indexed Access Method.
DSCA	Default System Control Area.	DXF	Data Exchange Format.
DSCB	Data Set Control Block.	DXS	Data Exchange System.
DSCP	Data Services Command Processor.	DXT	Data Extract Facility.
DSD	Data Set Definition.	DVI	Digital Video Interactive.
DSDD	Double Sided Double Density.		
DSDS	Dataphone Switched Digital Service.		
DSDT	Data Set Definition Table.		
DSE	Data Set Extension.		
	Data Switching Exchange.		**E**
	Distributed Systems Environment.		
DSECT	Dummy Control Section.		
DSHD	Double Sided High Density.	EA	Effective Address.
DSI	Data Stream Interface.	EAA	Export Administration Act.
	Digital Signal Interpolation.	EAM	Electrical Accounting Machine.
	Digital Speech Interpolation.	EAN	European Article Number.
DSID	Data Set Identification.	EAPROM	Electrically-Alterable Programmable Read-Only Memory.
DSL	Data Set Label.		
	Development Support Library.	EARN	European Academic and Research Network.
DSLO	Distributed Systems License Option.		
DSM	Data Services Manager.	EAROM	Electrically Alterable Read-Only Memory.
DSN	Distributed Systems Network.		
DSO	Data Set Optimizer.	EAU	Extended Arithmetic Unit.
	Direct System Output.	EAX	Electronic Automatic Exchange.
DSP	Digital Signal Processor.	EB	Electronic Beam.
DSQD	Double Sided Quad Density.		Event Block.
DSR	Data Set Ready.	EBAM	Electron Beam Accessed Memory.
	Data Signalling Rate.	EBCDIC	Extended Binary Coded Decimal Interchange Code.
DSRB	Data Services Request Block.		
DSS	Digital Subset.	EBR	Electron Beam Recorder.
	Disc Storage Subsystem.		Electron Beam Recording.
	Dynamic Support System.	EC	Engineering Change.
DSSD	Double Sided Single Density.		Extended Control.
DST	Data Services Task.	ECAS	European Computing Services Association.
	Device Service Task.		
DSU	Digital Service Unit.	ECB	Event Control Block.
	Disc Storage Unit.	ECC	Error Correction Code.
DSW	Device Status Word.		Error Check(ing) and Correction.
DSX	Distributed System Executive.	ECCAI	European Coordinating Committee for Artificial Intelligence.
DT	Data Transmission.		
	Display Terminal.	ECCCS	Emergency Command Control Communications System.
DTC	Data Transmission Channel.		
	Desk-Top Computer.	ECD	Enhanced Colour Display.
DTE	Data Terminal Equipment.	ECF	Enhanced Communication Facility.
DTF	Define The File.	ECIP	European Co-operation In Information Processing.
DTI	Department of Trade and Industry.		
DTL	Diode-Transistor Logic.	ECL	Emitter-Coupled Logic.
DTM	Dynamic Transient Master Control Block.	ECLAT	European Computer Leasing and Trading Association.
DTMF	Dual-Tone Multifrequency (receiver).	ECM	Extended Core Memory.
			Electronic Countermeasures.
DTMS	Data Base and Transaction Management System.	ECMA	European Computer Manufacturers Association.
DTP	Desktop Publishing.	ECN	Engineering Change Number.

ECO	Engineering Change Order.
ECOM	Electronic Computer Originated Mail.
ECOMA	European Computer Measurement Association.
ECR	Electronic Cash Register.
ECS	European Communications Satellite.
	Expanded Character Set.
ECSA	European Computing Services Association.
	Exchange Carriers Standards Association.
ECT	Environment Control Table.
ECU	Electronic Control Unit.
	European Currency Unit.
EDA	Electronic Design Automation.
EDAC	Error Detection and Correction.
EDC	Engineering Data Control.
	Error-Detection Code.
	Error Detection and Correction.
EDD	Electronic Document Distribution.
EDI	Electronic Data Interchange.
	Electronic Document Exchange.
EDOS	Extended Disc Operating System.
EDP	Electronic Data Processing.
EDPE	Electronic Data Processing Equipment.
EDPM	Electronic Data Processing Machine.
EDPS	Electronic Data Processing System.
EDS	Engineering Design System.
	Exchangeable Disc Store.
EDSAC	Electronic Delay Storage Automatic Computer.
EDST	Elastic Diaphragm Switch Technology.
EECA	European Electronic Components Manufacturers Association.
EEMA	European Electronic Mail Association.
EEMS	Enhanced Expanded Memory Specification.
EEO	Equal Employment Opportunity.
EEPROM	Electrically-Erasable Programmable Read-only Memory.
EEROM	Electrically Erasable Read-Only Memory.
EFMA	European Financial Management and Marketing Association.
EFP	Expanded Function Operator Panel.
EFT	Electronic Funds Transfer.
EFTPOS	Electronic Funds Transfer at the Point Of Sale.
EFTS	Electronic Funds Transfer System.
EGA	Enhanced Graphic Adapter.
EGC	Enhanced Graphics Card.
EHF	Extremely High Frequency.
EHOG	European Host Operators Group.
EIA	Electronics Industries Association.
EIAJ	Electronic Industries Association of Japan.
EIES	Electronic Information Exchange System.
EIII	European Independent Informatics Industry.
EIN	European Informatics Network.
EIOS	Extended Input Output System.
EIPC	European Institute of Printed Circuits.
EIRV	Error Interrupt Request Vector.
EIS	Environmental Impact Statement.
	Extended Instruction Set.
EISA	Extended Industry Standard Architecture.
EJCC	Eastern Joint Computer Conference.

EL	Electroluminescent.
ELM	Error Log Manager.
ELQ	Enhanced Letter Quality.
EM	Electronic Mail.
EMC	End of Medium Character.
	Electromagnetic Compatibility.
EMH	Expedited Message Handling.
EMI	Electromagnetic Interference.
EMP	Electromagnetic Pulse.
EMS	Electronic Message System.
	Expanded Memory Specifications.
EMU	Energy Management Unit.
EMUG	European MAP Users Group.
ENA	Extended Network Architecture.
ENIAC	Electronic Numerical Integrator and Calculator.
ENQ	Enquiry Character.
ENS	Extended Network Service.
EOA	End Of Address.
EOB	End Of Block.
EOC	End Of Card.
	End Of Chain.
EOD	End Of Data.
EOE	End Of Extent.
EOF	End Of File.
	End Of Form.
EOI	End Of Identify.
	End Of Inquiry.
	End Of Item.
EOJ	End Of Job.
EOL	End Of Line.
	End Of List.
EOM	End Of Message.
EOO	Esprit Operations Office.
EOP	End Of Packet.
	End Of Program.
EOQ	Economic Order Quantity.
EOR	End Of Record.
	End Of Reel.
	End Of Report.
	End Of Run.
EOS	Extended Operating System.
EOT	End Of Tape.
	End Of Text.
	End Of Transmission.
EOV	End Of Volume.
EP	Emulator Program.
EPA	Enhanced Performance Architecture.
	Environmental Protection Agency.
EPHOS	European Procurement Handbook for Open Systems.
EPIC	Executive Planning Information and Communication System.
EPL	European Program Library.
EPO	Emergency Power-Off.
EPOS	Electronic Point Of Sale.
EPPT	European Printer Performance Tests.
EPROM	Erasable Programmable Read Only Memory.
EPS	Encapsulated PostScript Format.
EPSF	Encapsulated Postscript Format.
EPSS	Experimental Packet Switched Service.
EPST	Extended Partition Specification Table.
EQ	EQual to.
ER	Explicit Route.
ERB	Execution Request Block.
ERC	Error Retry Count.
ERCC	Error Checking and Correction.

EREP	Environmental Recording, Editing and Printing.	FCB	Forms Control Buffer.
ERISA	Employee Retirement Income Security Act.		Function Control Block.
		FCC	Federal Communications Commission.
ERM	Error Recovery Manager.	FCCTS	Federal Cobol Compiler Testing Service.
ERMA	Electronic Recording Method of Accounting.		
		FCO	Field Change Order.
ERP	Error Recovery Procedures.	FCPI	Flux Changes Per Inch.
ERR	Error.	FCI	Flux Changes per Inch.
ESC	Escape Character.	FCS	Frame Check Sequence.
ESD	External Symbol Dictionary.	FD	File Description.
ESDI	Enhanced Small Disk Interface.		Floppy Disk.
ESE	Expert System Environment.		Full Duplex.
ESL	European System Language.	FDC	Floppy Disk Controller.
ESN	Effective Segment Number.	FDD	Fixed Disk Drive.
ESPRIT	European Strategic Program for Research in Information Technology.	FDDI	Fiber Distributed Data Interface.
		FDM	Frequency Division Multiplexing.
		FDMA	Frequency-Division Multiple-Access.
ESS	Electronic Switching System.		
ESTV	Error Statistics by Tape Volume.	FDP	Form Description Program.
ESV	Error Statistics by Volume.	FDS	Federal Supply Schedule.
ET	Electrical Typewriter.		Fixed Disc Store.
	Electronic Typewriter.	FDT	Function Data Table.
ETB	End of Transmission Block.	FDX	Full DupleX.
ETC	Extended Text Compositor.	FE	Field Engineer.
ETCO	European Telecommunications Consultancy Organisation.		Field Engineering.
			Format Effector.
ETOS	Extended Tape Operating System.	FEA	Finite Element Analysis.
ETP	Extended Tape Processing.	FEC	Forward Error Correction.
	Extended Term Plan.	FECB	File Extent Control Block.
ETSI	European Telecommunications Standards Institute.	FEFO	First-Ended, First-Out.
		FEM	Finite Element Model.
ETX	End of TeXt.	FEP	Front-End Processor.
EUROCRA	EURopean OCR Association.	FET	Field Effect Transistor.
EUSIDIC	European Association of Information Services.	FF	Flip Flop.
			Form Feed.
EUT	Equipment Under Test.	FFA	Function-To-Function Architecture.
EUUG	European Unix Users Group.	FFT	Fast Fourier Transform.
EVA	Error Volume Analysis.	FGL	Fourth Generation Language.
EWOS	European Workshop for Open Systems.	FHP	Fixed Header Prefix.
		FIC	First-In-Chain.
EWS	Engineering Workstation.	FICA	Federal Insurance Contribution Act.
EXCP	EXecute Channel Program.		
EXLST	Exit List.	FICB	File Identification Control Block.
EXR	Exception Request.	FID	Format Identification.
EXTRN	External Reference.	FIFF	First-In, First-Fit.
EYP	Electronic Yellow Pages.	FIFO	First In First Out.
		FIGS	Figures Shift.
		FIMAS	Financial Institution Message Authentication Standard.

F

		FINAC	Fast Interline Non-Activate Automatic Control.
		FIP	Finance Image Processor.
FA	Final Address.	FIPS	Federal Information Processing Standards.
F & A	Finance and Administration.		
FA & T	Final Assembly and Test.	FIR	Finite Impulse Response.
FAC	Function Authority Credential.	FIS	Floating Instruction Set.
FAM	Fast Access Memory.	FIT	Failure Unit.
FAMOS	Floating gate Avalanche injection MOS.	FJCC	Fall Joint Computer Conference.
		F/L	Fetch/Load.
FAMS	Forecasting And Modeling System.	FL	Fluorescent.
FAPS	Financial Analysis and Planning System.	FLAD	Fluorescence-Activated Display.
		FLOPS	Floating Point Operations Per Second.
FASB	Financial Accounting Standards Board.		
		FLURPS	Functionality, Localizability, Usability, Reliability, Performance, Supportability.
FAST	Federation Against Software Theft.		
FAX	Facsimile.	FM	Facilities Management.
FBA	Fixed Block Architecture.		Frequency Modulation.
FBT	Facility Block Table.	FMD	Function Management Data.
FC	Font Change Character.	FMH	Function Management Header.
		FMS	File Management Supervisor.
			Flexible Manufacturing System.
		FNP	Front-End Network Processor.

FO	Fiber Optics.
FOCAL	Formula Calculator.
FOCUS	Forum Of Control Data Users.
FOMOT	Four-Mode Ternary.
FORTRAN	FORmula TRANslation.
FOSDIC	Film Optical Scanning Device for Input to Computers.
FP	File Processor.
FPH	Floating Point Hardware.
FPL	File Parameter List.
FPLA	Field Programmable Logic Array.
FPM	Feet Per Minute.
FPP	Floating Point Processor.
FPROM	Field Programmable Read-Only Memory.
FPS	Feet Per Second.
	Financial Planning System.
FPT	File Parameter Table.
FROM	Fusible Read-Only Memory.
FRPI	Flux Reversals Per Inch.
FRR	Functional Recovery Routine.
FRU	Field Replaceable Unit.
FS	File Separator.
	Future Series.
	Field Service.
FSA	Field Search Argument.
FSCB	File System Control Block.
FSE	Full Screen Editor.
FSK	Frequency Shift Keying.
FSM	Finite State Machine.
FSN	File Sequence Number.
FSP	Full Screen Processing.
FSR	Full-Scale Range.
FSS	Federal Supply Schedule.
FST	File Status Table.
FSV	Floating Point Status Vector.
FTA	Fast Turnaround.
FTA	Fault Tree Analysis.
FTAB	Field Tab.
FTAM	File Transfer, Access and Management.
FTE	Frame Table Entry.
FTLP	Fixed Term Lease Plan.
FTP	Fixed Term Plan.
	File Transfer Protocol.
FTRT	Faster Than Real Time.
FTS	Federal Telecommunication System.
FUD	Fear, Uncertainty and Doubt.
FTS	Federal Telecommunications Standards.
FURPS	Functionality, Usability, Reliability, Performance, Supportability.
FW	Fiscal Week.
FWH	Flexible Working Hours.
FX	Foreign Exchange.
FY	Fiscal Year.

G

GaAs	Gallium Arsenide.
GA	Go-Ahead Sequence.
GADDR	Group Address.
GAM	Graphics Access Method.
GAO	General Accounting Office.
GAP	General Accounting Package.
GAT	Graphic Arts Terminal.
GATX	General American Transportation Corporation.
GCR	Group Coded Recording.
GDDM	Graphic Device Display Manager.

GDG	Generation Data Group.
GDP	Graphic Display Processor.
GDT	Global Descriptor Table.
GDT	Graphic Display Terminal.
GE	Greater than or equal to.
GERT	Graphical Evaluation and Review Technique.
GIGO	Garbage In Garbage Out.
GIP	Graphic Image Processor.
GIS	Generalized Information System.
GJP	Graphic Job Processor.
GKS	Graphic Kernel System.
GKSS	Graphics Kernel Systems Standard.
GM	Group Mark.
GML	Generalized Mark-Up Language.
GNA	Goupil Network Architecture.
GND	GrouND.
GNP	Gross National Product.
GNR	Guest Name Record.
GOSIP	Government OSI Profiles.
GP	General Purpose.
GPC	General Peripheral Controller.
	General Purpose Computer.
GPIA	General Purpose Interface Adapter.
GPIB	General Purpose Interface Bus.
GPNNC	General Purpose Non Numeric Computer.
GPO	General Post Office.
GPP	General Purpose Processor.
GPS	General Problem Solver.
	Graphic Programming Services.
GPSS	General Purpose Simulation System.
GPT	General Purpose Terminal.
GPU	Graphic Processing Unit.
G-ROM	Graphic Read-Only Memory.
GS	Group Separator.
GSA	General Services Administration.
GSAM	Generalized Sequential Access Method.
GSP	Graphic Subroutine Package.
GSR	Global Shared Resources.
GSVC	Generalized Supervisor Call.
GT	Greater Than.
	Group Technology.
GTF	Generalized Trace Facility.
GWAM	Gross Words per Minute.

H

HAM	High-Availability Manager.
HASP	Houston Automatic Spooling Program.
HBA	Host Bus Adapter.
HCF	Host Command Facility.
HCM	Hard-Core Monitor.
HCP	Host Command Processor.
	Host Communication Processor.
HCT	Hard Copy Task.
HD	Half Duplex.
	Hard Disk.
	High Density.
HDA	Head Disc Assembly.
HDAM	Hierarchical Direct Access Method.
HDC	Hard Disk Controller.
HDD	Hard Disk Drive.
HDL	Hardware Description Language.
HDLC	High Level Data Link Control.
HDR	Header.
HDX	Half DupleX.
HEB	Home Electronics Bus.

HEW	Department of Health, Education and Welfare.	IC	Instruction Counter. Integrated Circuit.
HEX	HEXadecimal.	ICA	Integrated Communications Adapter.
HF	High Frequency.		International Communication Association.
HGC	Hercules Graphics Card.		
HGCP	Hercules Graphics Card Plus.	ICAM	Integrated Communications Access Method.
HHC	Hand Held Computer.		
HIC	Hybrid Integrated Circuit.		Integrated Computer Aided Manufacturing Program.
HIDAM	Hierarchical Indexed Direct Access Method.		
HIDM	High-Information Delta Modulation.	ICB	Interrupt Control Block.
		ICC	Integrated Communications Controller.
HIFIPI	High Fidelity Picture.		
HIFT	Hardware Implemented Fault Tolerance.		Inter-Computer Coupler. International Computer Center.
HIPO	Hierarchy plus Input, Process, Output.	ICCE	International Council for Computers in Education.
HISAM	Hierarchical Indexed Sequential Access Method.	ICCF	Interactive Computing and Control Facility.
H&J	Hyphenation and Justification.	ICCP	Institute for Certification of Computer Professionnals.
HLC	High-Level Center.		
HLL	High-Level Language.	ICDS	Input Command Data Set.
HMOS	High-Performance MOS.	ICE	In-Circuit Emulation.
HNR	Handwritten Numeral Recognition.		In-Circuit Emulator.
HOF	Head Of Form.	ICOT	Institute for New Generation Computer Technology.
HOL	High Order Language.		
HP	Hewlett-Packard.	ICR	Independent Component Release.
	High Performance.	ICS	Institute of Computer Science.
HPIB	Hewlett-Packard Interface Bus.		Interactive Counting System.
HPGL	Hewlett-Packard Graphic Language.	ICST	Institute for Computer Sciences and Technology.
HPP	High-Performance Packaging.		
HPPA	HP Precision Architecture.	ICV	Initial Chaining Value.
HR	High Resolution.	ID	Identification.
HS	High Speed.		Identifier.
	Hierarchic Sequential.	IDA	Integrated Disc Adapter.
HSAM	Hierarchic Sequential Access Method.	IDAC	Intelligent Data Acquisition And Control.
HSI	High Speed Input.	IDCB	Immediate Device Control Block.
HSM	High Speed Memory.	IDCMA	Independent Data Communications Manufacturers Association.
HSO	High Speed Output.		
HSP	High Speed Printer.	IDEA	International Data Exchange Association.
HSR	High Speed Reader.		
HT	Horizontal Tabulation Character.	IDF	Internal Distribution Frame.
HTL	High Threshold Logic.	IDM	Intelligent Database Machine.
HV	High Voltage.	IDMS	Integrated Data Base Management System.
HVAC	Heating, Ventilation, Air Conditioning.		
		IDN	Integrated Digital Network.
HW or H/W	Hardware.	IDP	Independent Display Processor.
			Institute of Data Processing.
			Integrated Data Processing.
		IDPM	Institute of Data Processing Management.

I

IAC	International Association of Cybernetics.	IDS	Integrated Data Store.
		IDT	Interrupt Descriptor Table.
IACSS	International Association for Computer Systems Security.	IEC	International Electrotechnical Commission.
IAL	International Algebraic Language.	IEEE	Institute of Electrical and Electronics Engineers.
IAP	Industry Applications Programs.		
IAR	Instruction Address Register.	IEO	Integrated Electronic Office.
IAS	Interactive Application System.	IERE	Institution of Electronic and Radio Engineers.
IBA	Independent Broadcasting Authority.		
		I/F	Interface.
IBG	Interblock Gap.	IFA	Integrated File Adapter.
IBI	Intergovernmental Bureau for Informatics.	IFAC	International Federation of Automatic Control.
IBM	International Business Machines.		
IBN	Indexed By Name.	IFB	Invitation For Bid.
IBRO	Inter-Bank Computer Bureau.	IFCB	Interrupt Fan Control Block.
IBS	International Business Services.	IFIP	International Federation of Information Processing.
IBT	Interrupt Bit Table.		
IBU	Independent Business Unit.		

IFIPS	International Federation of Information Processing Societies.	IPS	Inches Per Second.
			Information Processing System.
IFORS	International Federation of Operational Research Societies.		Installation Performance Specification.
IGES	Initial Graphic Exchange Standard.	IPSE	Integrated Project Support Environment.
IGFET	Insulated Gate Field Effect Transistor.	IPSS	International Packet Switched Service.
IIA	Institute of Internal Auditors.		
IIR	Infinite Impulse Response.	IPT	Improved Programming Technologies.
I²L	Integrated Injection Logic.		
IJP	Inkjet Printing.	IQF	Interactive Query Facility.
IKBS	Intelligent Knowledge-Based System.	IQL	Incoming Quality Level.
		IR	Indicator Register.
ILAN	Industrial Local Area Network.		Industrial Relations.
ILBT	Interrupt Level Branch Table.		Industrial Robot.
IMC	Institute of Measurement and Control.		Information Retrieval.
			InfraRed.
IMCV	Input Media Conversion.		Interrupt Request.
IMFM	Inverted Modified Frequency Modulation.	IRA	Individual Retirement Account.
		IRAM	Integrated RAM.
IMH	Intermodal Message Handler.	IRBT	Intelligent Remote Batch Terminal.
IMIA	International Medical Informatic Association.	IRC	International Record Carrier.
			Information Retrieval Center.
IMIS	Integrated Management Information System.	IRDS	Information Resource Dictionary System.
	Integrated Municipal Information System.	IRE	Institute of Radio Engineers.
		IRG	Interrecord Gap.
IML	Initial Microprogram Load.	IRIS	Instantaneous Retrieval Information System.
IMP	Interface Message Processor.		
IMPL	Initial Microprogram Load.	IRL	Information Retrieval Language.
IMR	Interruption Mask Register.	IRM	Information Resource Management.
IMS	Information Management System.	IRMS	Information Retrieval Management System.
IN	Information Network (IBM).		
INFO	INFOrmation.	IRR	Internal Rate of Return.
INP	Intelligent Network Processor.	IRS	Inquiry and Reporting System.
INS	Information Network Services.		Internal Revenue Service.
INTAMIC	International Association for Microcircuit Card.		Information Retrieval Service.
		IRSS	Intelligent Remote Station Support.
INX	Index Character.	IRT	Index Return Character.
I/O	Input Output.	IS	Information Separator.
IOAU	Input Output Access Unit.		Information System.
IOB	Input Output Block.		International Standard.
IOC	Input Output Controller.	ISA	Industry-Standard Architecture.
IOCR	Input Output Control Routine.		Instrument Society of America.
IOCS	Input Output Control System.	ISAM	Indexed Sequential Access Method.
IOM	Input Output Multiplexor.	ISC	Integrated Storage Control.
IONL	Internal Organisation of the Network Layer.	ISDN	Integrated Digital Switching and Transmission Network.
IOP	Input Output Processor.		Integrated Services Digital Network.
IOQ	Input Output Queue.		Innovation (that) Subscribers Don't Need.
IOS	Input Output Supervisor.		
IP	Image Processing.	ISE	Institute for Software Engineering.
	Information Processing.	ISI	Intelligent System Interface.
	Information Provider.	ISL	Initial System Load.
IP	Internetwork Protocol.		Integrated Schottky Logic.
IPA	Information Processing Architecture.	ISO	International Standards Organization.
			Independent Sales Organization.
IPC	Industrial Process Control.	ISP	International Standard Profile.
	Illustrated Parts Catalog.	ISPBX	Integrated Services Private Branch Exchange.
	Integrated Peripheral Channel.		
IPCS	Interactive Problem Control System.	ISR	Information Storage And Retrieval.
IPDS	Intelligent Printer Data Stream.		Input Select and Reset.
IPE	Institution of Production Engineers.	ISSCC	International Solid State Circuits Conference.
IPI	Intelligent Peripheral Interface.		
IPL	Information Processing Language.	IST	Input Stack Tape.
	Initial Program Load.		Interrupt Service Task.
	Initial Program Loader.	ISV	Independent Software Vendor.
	Initial Program Loading.	IT	Indent Tab Character.
IPM	Inches Per Minute.		Information Technology.
	Interpersonal Messaging.	ITB	Intermediate Text Block.
IPO	Installation Productivity Option.	ITC	Investment Tax Credit.
IPR	Isolated Pacing Response.		

ITF	Integrated Test Facilities.
	Interactive Terminal Facility.
ITI	Industrial Technology Institute.
ITR	Isolation Test Routine.
ITS	Invitation to Send.
ITU	International Telecommunications Union.
IUP	Installed User Procedure.
IVD	Ion Vapor Deposition.
IVIA	International Videotex Industry Association.
IVP	Installation Verification Procedure.
IWP	International Information/Word Processing Association.
IWS	Intelligent Workstation.

J

JAN	Japanese Article Number.
JCB	Job Control Block.
JCFI	Job Control File (internal).
JCFS	Job Control File (source).
JCL	Job Control Language.
JCP	Job Control Program.
JDA	Joint Development Agreement.
JECS	Job Entry Central Services.
JEDEC	Joint Electron Device Engineering Council.
JEPS	Job Entry Peripheral Services.
JES	Job Entry Subsystem.
	Job Entry System.
JFET	Junction Field-Effect Transistor.
JIS	Japan Industry Standard.
	Job Information Station.
JIT	Just In Time.
JJL	Josephson Junction Logic.
JOD	Journal Of Development.
JPA	Job Pack Area.
JSIA	Japan Software Industry Association.
JSP	Jackson Structured Programming.
JTM	Job Transfer and Manipulation.

K

KAPSE	Kernel ADA Program Support Environment.
KB	Kilobyte.
KBD	Keyboard.
KBMS	Knowledge-Based Management System.
KBPS	Kilobits Per Second.
KBS	Knowledge-Based System.
KCS	Kilo Characters per Second.
KEE	Knowledge Engineering Environment.
KIPS	Knowledge Information Processing System.
KISS	Keep It Simple, Stupid !
	Keep It Short, Stupid !
KOD	Knowledge-Oriented Design.
KNCSS	Thousand lines of Nocomment Source Statements.
KOPS	Thousands of Operations per Second.
KR	Knowledge Representation.

KRL	Knowledge-Representation Language.
KSAM	Keyed Sequential Access Method.
KSOS	Kernelized Secure Operating System.
KSR	Keyboard Send Receive.
KTR	Keyboard Typing Reperforator.
KWIC	KeyWord In Context.
KWIPS	Kilo Whetstone Instructions Per Second.
KWOC	KeyWord Out of Context.

L

LA	Line Adapter.
LADT	Local Area Data Transport.
LAN	Local Area Network.
LASAR	Logic-Automated Stimulus and Response.
LAP	Link Access Protocol.
LAPB	Link Access Protocol Balanced.
LASP	Local Attached Support Processor.
LASR	Letter Writing with Automatic Send-Receive.
LAT	Local Area Terminal.
LAU	Line Adapter Unit.
LBG	Load Balancing Group.
LBN	Logical Block Number.
LBR	Laser Beam Recording.
LBT	Listen Before Talk.
LCB	Line Control Block.
LCC	Leadless Chip Carrier.
LCD	Liquid Crystal Display.
LCDDS	Leased Circuit Digital Data Service.
LCH	Logical Channel Queue.
LCN	Local Computer Network.
LCP	Language Conversion Program.
LCR	Longitudinal Redundancy Check.
LCS	Large Capacity Storage.
	Liquid Crystal Shutter.
LCU	Loop Control Unit.
LDA	Laminated Disk Assembly.
	Logical Device Address.
LDM	Limited-Distance Modem.
LDO	Logical Device Order.
LDT	Local Descriptor Table.
LDT	Logical Device Table.
LDX	Long Distance Xerography.
LE	Less Than or equal to.
LEAP	Low-Power Enhanced AT Portable.
LED	Light-emitting Diode.
LESS	Least Cost Estimating and Scheduling.
LF	Line Feed.
LGN	Logical Group Number.
LH	Left Hand.
LIC	Last-In-Chain.
	Linear Integrated Circuit.
LID	Line Isolation Device.
LIF	Low-Insertion Force.
LIFO	Last In First Out.
LILO	Last In, Last Out.
LIM	Lotus, Intel, Microsoft.
LIPS	Logical Inferences Per Second.
LIT	Load Initial Table.
LLC	Logical Link Control.
LLG	Logical Line Group.
LLL	Low Level Language.
LM	Load Module.
LNA	Local Network Architecture.

LOCMOS	Local Oxidation Complementary MOS.	MAP	Macro-Assembly Program.
			Maintenance Analysis Procedures.
LOSOS	Local Oxidation of Silicon-On-Sapphire.		Manufacturing Automation Protocol.
LP	Laser Projection.	MAU	Media Access Unit.
	Line Printer.		Multistation Access Unit.
	Linear Programming.	MB	Megabyte.
	Load Point.	MBM	Magnetic Bubble Memory.
	Longitudinal Parity.	MBO	Management By Objectives.
LPA	Link Pack Area.	MBPS	Millions of Bits Per Second.
LPB	Load Program Block.	MBWA	Management By Wandering Around.
LPC	Linear Predictive Coding.		
LPDA	Link Problem Determination Aid.	MBX	Mailbox.
LPDU	Link Protocol Data Unit.		Management By Exception.
LPI	Lines Per Inch.	MBZ	Must Be Zero.
LPM	Lines Per Minute.	MC	Management Committee.
LPN	Logical Page Number.		Monitor Call Instruction.
LPS	Linear Programming System.	MCA	Micro Channel Architecture.
	Lines Per Second.	MCAR	Machine Check Analysis and Recording.
LQ	Letter Quality.		
LQP	Letter Quality Printer.	MCAV	Modified CAV.
LRC	Longitudinal Redundancy Check.	MCBF	Mean Characters Between Failures.
LRCC	Longitudinal Redundancy Check Character.	MCC	Magnetic Card Code.
			Master Control Code.
LRU	Least Recently Used.	MCCR	Machine Check Recording and Recovery.
LS	Least Significant.		
	Low Speed.	MCGA	Multi Colour Graphics Array.
LSAP	Link Service Access Point.	MCH	Machine Check Handler.
LSB	Least Significant Bit.	MCI	Machine Check Interruption.
LSC	Least Significant Character.	MCP	Master Control Program.
	Loop Station Connector.		Message Control Program.
LSD	Least Significant Digit.	MCR	Magnetic Character Reader.
LSI	Large Scale Integration.	MCRR	Machine Check Recording and Recovery.
LSID	Local Session Identification.		
LSP	Loop Splice Plate.	MCS	Management Control System.
LSQA	Local System Queue Area.		Message Control System.
LSR	Local Shared Resources.		Multiple Console Support.
LSS	Loop Surge Suppressor.	MCU	Magnetic Card Unit.
LSU	Local Store Unit.		Microprocessor Control Unit.
LT	Less Than.	MDA	Monochrome Display Adapter.
LTERM	Logical TERMinal.	MDF	Main Distribution Frame.
LTPL	Long Term Procedural Language.	MDNS	Management Data Network Services.
LTRS	Letters Shift.		
LTU	Line Termination Unit.	MDR	Magnetic Document Reader.
LTWA	Log Tape Write Ahead.		Mark Document Reader.
LU	Logical Unit.	MDS	Microprocessor Development System.
LUN	Logical Unit Number.		
LUT	Look-up Table.	MDT	Mobile Data Terminal.
LV	Luncheon Voucher.	MDTS	Modular Data Transaction System.
LWC	Loop Wiring Concentrator.	MDU	Magnetic Disk Unit.
LWR	Laser Write/Read.	MDY	Month Day Year.
		ME	Manufacturing Engineering.
		MES	Miscellaneous Equipment Specification.
			Mapping and Earth Science (applications).

M

		MF	Multifrequency.
		MFCM	Multifunction Card Machine.
		MFCU	Multifunction Card Unit.
MA	Maintenance Agreement.	MFG	Manufacturing.
MAC	Machine-Aided Cognition.	MFH	Magnetic Film Handler.
	Medium Access Control.	MFLD	Message Field.
	Message Authentication Code.	MFLOP	Millions Floating Point Operations Per Second.
	Multiple Access Computer.		
	Multiple Access Computing.	MFM	Modified Frequency Modulation.
MACS	Modular Application Customizing System.	MFR	Multifrequency Receiver.
		MFS	Message Format Service.
MAD	Mean Absolute Deviation.	MFT	Multiprogramming with a Fixed number of Tasks.
MAI	Multiple Access Interface.		
MAL	Macro-Assembly Language.	MH	Message Handler.

MHD	Moving Head Disc.	MOSFET	Metal-Oxide Semiconductor Field Effect Transistors.
MHS	Magnetic Hand Scanner.	MOTIS	Message-Oriented Text Interchange System.
	Message Handling Service.		
	Message Handling System.	MP	MultiProcessor.
MIB	Member Information Bank.		Multi-Purpose.
MIBS	Mean Image Before Service.	MPBF	Mean Pages Between Failures.
MIC	Message Identification Code.	MPC	Multi-Processor Controller.
	Middle-In-Chain.	MPO	Management Personnel Office.
	Monolithic Integrated Circuit.	MPP	Message Processing Program.
MICOS	Medical Information and Communication Area.	MPPS	Message Processing Procedure Specification.
MICR	Magnetic Ink Character Recognition.	MPS	Mathematical Programming System.
			Microprocessor System.
MICS	Management Information and Control System.		Multiprogramming System.
			Multiple Partition Support.
MID	Message Input Descriptor.	MPSX	Mathematical Programming System Extended.
MIDA	Message Interchange Distributed Application.	MPU	Microprocessor.
MIDI	Musical Instrument Digital Interface.	MRA	Multiple Regression Analysis.
		MRM	Machine Readable Material.
MIG	Metal-in-Gap (head).	MRO	Multi-Region Operation.
MIH	Missing Interruption Handler.	MRP	Manufacturing Resource Planning.
MIMD	Multiple Instruction Multiple Data Stream.		Machine Readable Passport.
			Material Requirements Planning.
MIMO	Multiple-Input Multiple-Output.	MRT	Multiple Requestor Program.
MIP	Mixed Integer Programming.	MS	Mark Sensing.
MIPS	Millions of instructions per second.		Master Scheduler.
MIS	Machine Instruction Set.	MSB	Most Significant Bit.
	Management Information System.	MSC	Mass Storage Control.
	Manufacturing Information System.		Mass Storage Controller.
	Medical Information System.		Multiple Systems Coupling Feature.
	Multistate Information System.	MSD	Most Significant Digit.
MISD	Multiple Instruction Single Data Stream.	MSDB	Main Storage Data Base.
		MSF	Mass Storage Facility.
MIT	Massachusetts Institute of Technology.	MSG	MeSsaGe.
		MSHP	Maintain System History Program.
	Master Instruction Tape.	MSI	Medium Scale Integration.
MITI	Ministry of International Trade and Industry.	MSNF	Multisystem Networking Facility.
		MSP	Most Significant Position.
MJD	Modified Julian Date.	MSR	Magnetic Stripe Reader.
ML	Machine Language.	MSS	Magnetic Slot Scanner.
MLC	Magnetic Ledger Card.		Mass Storage System.
	Medium-Level Center.	MSSF	Monitoring and System Support Facility.
	Multi-Line Controller.	MST	Monolithic Systems Technology.
MLE	Microprocessor Language Editor.	MSU	Modern Sharing Unit.
MLP	Multiple Line Printing.	MSVC	Mass Storage Volume Control.
MLR	Multiple Line Reading.	MSW	Machine Status Word.
MLT	Monolithic Logic Technology.	MT	Machine Translation.
MMA	Microcomputer Managers Association.		Magnetic Tape.
			Mechanical Translation.
MMFM	Modified Modified Frequency Modulation.	MTA	Message Transfer Agent.
			Multiple Terminal Access.
MMFS	Manufacturing Message Format Standard.	MTBC	Mean Time Between Calls.
		MTBE	Mean Time Between Errors.
MMI	Man-Machine Interface.	MTBF	Mean Time Between Failures.
MML	Micro Mainframe Link.	MTBM	Mean Time Between Maintenance.
MMS	Manufacturing Message Service.	MTBO	Mean Time Between Overhauls.
	Manufacturing Message Standard.	MTC	Magnetic Tape Controller.
	Manufacturing Monitoring System.	MTH	Magnetic Tape Handler.
		MTNS	Metal-Thick Oxide-Nitride-Silicon.
MMU	Memory Management Unit.	MTS	Message Transfer System.
MNC	Multinational Company.	MTTA	Mean Time To Arrive.
MNOS	Metal Nitride Oxide Silicon.	MTTF	Mean Time To Failure.
MNP	Microcom Network Protocol.	MTTR	Mean Time To Repair.
MOBOL	Mohawk Business Oriented Language.	MTU	Magnetic Tape Unit.
		MUG (US)	Map Users Group.
		MUSE	Modcom Users Exchange.
MOD	Message Output Descriptor.	MUST	Message User Service Transcriber.
MOM	Measure-On-the-Move.	MUT	Module Under Test.
MOS	Metal-Oxide Semiconductor.	MUX	Multiplexer.

MVS	Multiple Virtual Storage.
MVT	Multiprogramming with a Variable number of Tasks.
MY	Man-Year.

N

NA	Not Applicable.
	Numerical Aperture.
NAB	National Association of Broadcasters.
NABB	National Association for Better Broadcasting.
NAK	Negative Acknowledge Character.
NAM	National Association of Manufacturers.
NAMAS	National Measurement Accreditation Services.
NAO	National Audit Office.
NAP	Network Automation Protocol.
NAPLPS	North American Presentation Level Protocol Syntax.
NARUC	National Association of Regulatory Utility Commissioners.
NAS	National Academy of Sciences.
	Network Administration Station.
	Network Application Support.
NASA	National Aeronautics and Space Administration.
NASD	National Association of Securities Dealers.
NASDAQ	National Association of Securities Dealers Automated Quotation system.
NASU	National Association of IBM System/3 Users.
NATTS	National Association for Trade and Technical Schools.
NAU	Network Addressable Unit.
NBS	National Bureau of Standards.
	Numeric Backspace Character.
NC	Network Control.
	Normally Closed.
	Numerical Control.
	Numerically Controlled.
NCC	National Computing Center.
	Network Control Center.
NCCF	Network Communications Control Facility.
NCE	National Computer Exposition.
NCI	Non-Coded Information.
NCP	Network Control Processor.
	Network Control Protocol or Point.
NCPS	National Commission on Product Safety.
NCR	No Carbon Required.
NCS	Network Computing System.
	Network Control Station.
NCSC	National Computer Security Center.
NCSS	No Comment Source Statement.
NCU	Network Communication Unit.
NDC	Normalized Device Coordinates.
NDF	No Defect Found.
	Normalized Document Format.
NDL	Network Definition Language.
NDPS	National Data Processing Service.
NDRO	Non Destructive ReadOut.
NDS	Network Development System.
NE	Not Equal to.

NEB	National Enterprise Board.
NEC	National Electrical Code.
NEDC	National Economic Development Council.
NEMA	National Electrical Manufacturer's Association.
NEP	Never-Ending Program.
NETBIOS	NETwork Basic Input Output System.
NEU	Network Extension Unit.
NFF	No Fault Found.
NFP	Network Facilities Package.
NFPA	National Fire Protection Association.
NFS	Network File System.
NFT	Network File Transfer.
NHI	National Health Insurance.
NHS	National Health Service.
NIB	Node Initialization Block.
NIC	Network Information Center.
	Network Interface Card.
	Newly Industrialized Countries.
NIDL	Network Interface Definition Language.
NIFTP	Network Independent File Transfer Protocol.
NIH	National Institute of Health.
	Not Invented Here.
NIOSH	National Institute for Occupational Safety and Health.
NIP	Non Impact Printer.
	Nucleus Initialization Program.
NIRI	National Information Research Institute.
NIS	Network Information Services.
NISO	National Information Standards Organization.
NIST	National Institute For Standards and Technology.
NIT	Nearly Intelligent Terminal.
NIU	Network Interface Unit.
NJE	Network Job Entry.
NJI	Network Job Interface.
NL	New Line.
NLQ	Near Letter Quality.
NMA	National Microfilm Association.
NMAA	National Machine Accountants Association.
NMC	Network Management Centre.
NMI	Non-Maskable Interrupt.
NMOS	N-channel MOS.
NMR	Nuclear Magnetic Resonance.
NN	Network Node.
NO	Normally Open.
NOC	Network Operations Centre.
	Network Operator Console.
NOF	National Optical Font.
NOMA	National Office Management Association.
NOMDA	National Office Machine Dealers Association.
NOP	NO-OP.
NOS	Network Operating System.
NOSP	Network Operation Support Program.
NP	Non Print.
NPC	Non Printing Character.
NPDA	Network Problem Determination Application.
NPDN	Nordic Public Data Network.
NPDU	Network Protocol Data Unit.
NPL	National Physical Laboratory.
NPM	Network Performance Monitor.
NPR	Numerical Position Readout.

NPS	Network Processing Supervisor.
NRDC	National Research and Development Council.
NRMA	National Retail Merchants Association.
NRT	Non Requestor Terminal.
NRZ	Non Return to Zero.
NRZI	Non Return to Zero I.
NS	Network Services.
NSA	National Security Agency.
NSAP	Network Service Access Point.
NSC	Network Services Complex.
NSF	National Science Foundation.
NSP	Network Services Protocol. Numeric Space Character.
NSPE	Network Services Procedure Error.
NTA	National Telecommunications Agency.
NTF	No Trouble Found.
NTIA	National Telecommunication and Information Administration.
NTO	Network Terminal Option.
NTR	Nine Thousand Remote (Protocol).
NTU	Network Terminating Unit.
NUA	Network Users Association. Network Utility Address.
NUI	Network User Identification.
NUL	Null Character.
NURBS	Non-Uniform Rational Bi-Splines.
NVRAM	Non-Volatile RAM.
NVT	Network Virtual Protocol.

O

OA	Office Automation.
OAC	Office Automation Conference.
OAF	Origin Address Field.
OAR	Office of Aerospace Research. Operator Authorization Record.
OAS	Organizational Accounting Structure.
OASI	Old Age and Survivors' Insurance.
OBC	On-board Computer.
OBR	Outboard Recorder.
OCC	Operator Control Command.
OCCF	Operator Communication Control Facility.
OCDS	Output Command Data Set.
OCF	Operator Console Facility.
OCL	Operator Control Language.
OCP	Order Code Processor.
OCR	Optical Character Reading. Optical Character Recognition.
OCR-A	Optical Character Recognition-font A.
OCR-B	Optical Character Recognition-font B.
OCRIT	Optical Character Recognizing Intelligent Terminal.
OCRUA	OCR Users Association.
ODA	Office Document Architecture.
ODD	Optical Disk Drive.
ODIF	Office Document Interchange Format.
ODT	Octal Debugging Technique. On-line Debugging Technique.
OED	Opto-Electronic Display.
OEF	Origin Element Field.
OEM	Original Equipment Manufacturer.
OFTEL	Office of Telecommunications.

OHP	Overhead Projector.
OIC	Only-In-Chain.
OIRM	Office of Information Resources Management.
OIS	Office Information System.
OJT	On-the-Job Training.
OLPD	On Line Problem Determination.
OLRT	On Line Real Time.
OLTEP	On-Line Test Executive Program.
OLTP	On-Line Transaction Processing.
OLTS	On-Line Test System.
OLTSEP	On-Line Stand-Alone Executive Program.
OLTT	On-Line terminal Test.
O & M	Organization and Methods.
OMB	Office of Management and Budget.
OMDR	Optical Memory Disk Recorder.
OMR	Optical Mark Reading.
ONA	Open Network Architecture.
ONP	Open Network Provision.
OOD	Object-Oriented Design.
OOF	Office Of the Future.
OOP	Object-Oriented Programming.
OPCE	Operator Control Element.
OPD	Office Products Division. One Per Desk.
OPICT	Operator Interface Control Block.
OPM	Office of Personnel Management. Operations Per Minute.
OPS	Operations Per Second.
OPTIM	Order Point Technique for Inventory Management.
OPUR	Object Program Utility Routines.
OQL	Outgoing Quality Level.
OR	Operational Research.
OROM	Optical Read Only Memory.
ORS	Optimal Real Storage.
ORSA	Operations Research Society of America.
OS	Operating System.
OSA	Open Systems Architecture.
OSAF	Origin Subarea Field.
OSAM	Overflow Sequential Access Method.
OSF	Open Software Foundation. Open Systems Facilities.
OSHA	Occupational Safety and Health Administration.
OSI	Open Systems Interconnection.
OSITOP	Open Systems Interconnection Technical and Office Protocol.
OSLAN	Open System Local Area Network.
OST	Operator Station Task.
OT	Office of Telecommunications. Overtime.
OTA	Office of Technology Assessment.
OTB	Off-Track Betting.
OTF	Open Token Foundation.
OTP	Office of Telecommunications Policy. One-Time Programmable.
OTSS	Open Systems Transport and Session Support.
OUTLM	Output Limiting Facility.

P

PA	Paper Advance.
	Product Assurance.
	Program Attention.
PAB	Primary Application Block.
PABX	Private Automatic Branch Exchange.
PAC	Program Authorized Credentials.
PAD	Packet-Assembler Disassembler.
	Packet Assembly Disassembly.
PAL	Programmable Array Logic.
PAM	Pulse Amplitude Modulation.
PARCOR	Partial Correlation.
PAT	Peripheral Allocation Table.
	Programmers Aptitude Test.
PATRIC	Pattern Recognition and Information Correlation System.
PAV	Program Activation Vector.
PAX	Private Automatic Exchange.
PAYE	Pay As You Earn.
PBA	Printed Board Assembly.
PBX	Private Branch Exchange.
PC	Path Control.
	Personal Computer.
	Plug Compatible.
	Printed Circuit.
	Production Control.
	Programmable Controller.
PCA	Primary Communication Attachment.
PCAM	Punch Card Accounting Machine.
PCB	Page Control Block.
	Printed Circuit Board.
	Process Control Block.
	Program Communication Block.
PCD	Partition Control Descriptor.
	Preconfigured Definition.
PCE	Processing and Control Element.
PCI	Program Check Interruption.
	Programmable Communication Interface.
	Program Controlled Interruption.
	Protocol Control Information.
PCL	Process Control Language.
PCM	Plug Compatible Manufacturers.
	Pulse Coded Modulation.
	Punch Card Machine.
PCMI	PhotoChromic Micro-Imagery.
PCO	Program Change Order.
PCP	Primary Control Program.
	Printed Circuit Pack.
PCR	Peripheral Control Routine.
	Print Contrast Ratio.
PCS	Print Contrast Signal.
	Project Control System.
PCT	Partition Control Table.
PCTE	Portable Common Tools Environment.
PCU	Peripheral Control Unit.
PD	Process Descriptor.
PDA	Physical Device Address.
PDES	Product Data Exchange Specification.
PDI	Picture Description Instructions.
PDIF	Product Definition Interchange Format.
PDL	Page Description Language.
PDM	Pulse Duration Modulation.
PDN	Public Data Network.
PDR	Processing Data Rate.

PDS	Partitioned Data Set.
PDU	Protocol Data Unit.
PE	Parity Error.
	Phase Encoding.
PEC	Page End Character.
	Program Exception Code.
PECOS	Project Evaluation and Cost Optimisation Systems.
PEL	Picture Element.
PEM	Program Execution Monitor.
PEP	Partitioned Emulation Programming.
PEP	Packet Exchange Protocol.
PER	Price Earning Ratio.
	Program Event Recording.
PERT	Program Evaluation and Review Technique.
PFP	Plastic Flat Package.
PFR	Power Fail Recovery.
PFT	Page Frame Table.
PGA	Pin-Grid Array.
	Professional Graphics Adapter.
	Programmable Gate Array.
PGDN	Page Down.
PGT	Page Table.
PGUP	Page Up.
PHB	Program Header Block.
PHIGS	Programmers Hierarchical Interactive Graphics Standard.
PHY	Physical Layer.
PI	Program Isolation.
	Programmed Instruction.
PIA	Peripheral Interface Adaptor.
PIC	Position-Independent Code.
	Program Information Code.
	Programmable Interrupt Controller.
PICS	Production Information and Control System.
PID	Personal Identification Device.
	Proportional, Integral Derivative.
PIF	Program Information File.
PIN	Personal Identification Number.
PIO	Parallel Input/Output.
	Peripheral Input/Output.
	Programmed I/O.
PIOCS	Physical Input/Output Control System.
PIP	Peripheral Interchange Program.
PIPO	Parallel Input Parallel Output.
PIRV	Programmed Interrupt Request Vector.
PISO	Parallel In Serial Out.
PIT	Programmable Interval Timer.
PIU	Path Information Unit.
	Peripheral Interface Unit.
PIV	Personal Identification Verification.
PKE	Public Key Encryption.
PL	Programming Language.
PLA	Programmable Logic Array.
PLC	Program Level Change Tape.
	Programmable Logic Controller.
	Programming Language Committee.
PLCB	Pseudo-Line Control Block.
	Program List Control Block.
PLCC	Plastic Leaded Chip Carrier.
PL/I	Programming Language I.
PLO	Phase-Locked Oscillator.
PLPS	Presentation Level Protocol Standard.
PLR	Program Library Release.

PLU	Price Look-up (files, tables).	PS	Power Supply.
PM	Phase Modulation.		Presentation Services.
	Presentation Manager.	PSA	Peripherals Suppliers Association.
	Preventive Maintenance.		Process Service Area.
	Program Mode.	PSB	Program Specification Block.
PMBX	Private Manual Branch Exchange.	PSCB	Presentation Services Command
PMCT	Program Management Control		Processor.
	Table.	PSCF	Primary System Control Facility.
PMD	Physical Media Dependent.	PSDN	Public Switched Data Network.
PMF	Performance Measurement Facility.	PSE	Packet Switching Exchange.
PMI	Personnel Management Infor-	PSF	Print Service Facilities.
	mation.	PSG	Planning System Generator.
PMIG	Programmer's Minimal Interface to	PSI	Peripheral Subsystem Interface.
	Graphics.	PSK	Phase Shift Keying.
PMOS	P-channel MOS.	PSL	Portable Standard Lisp.
PMS	Project Management System.	PSM	Production Systems Management.
	Public Message Service.		Proportional Spacing Machine.
PMTS	Predetermined Motion Time Sys-	PSN	Print Sequence Number.
	tem.		Public Switched Network.
PMX	Private Manual Exchange.	PSP	Packet Switching Processor.
PN	Part Number.	PSR	Programming Support Representa-
	Physical Node.		tive.
PNA	Project Network Analysis.	PSRR	Product and Support Requirements
PNR	Passenger Name Record.		Request.
PO	Post Office.	PSS	Packet Switch Stream.
	Purchase Order.		Packet Switching Service.
POF	Point-Of-Failure Restart.		Process Switching Services.
POH	Power-On Hours.	PST	Priority Selection Table.
POI	Program Operator Interface.		Program Synchronization Table.
POL	Problem-Oriented Language.	PSTN	Public Switched Telephone Net-
POLE	Point-Of-Last-Environment Restart.		work.
POM	Printer Output Microfilm.	PSU	Port Sharing Unit.
POP	Project Optimisation Procedures.		Power Supply Unit.
POS	Pascal Operating System.	PSV	Program Status Vector.
	Point Of Sale.	PSW	Password.
POSI	Promotion Conference for OSI in		Processor Status Word.
	Japan.		Program Status Word.
POSIX	Portable Operating System Inter-	PT	Partition Table.
	face.		Punched Tape.
POST	Power on Self-Test.	PTERM	Physical Terminal.
POTS	Plain Old Telephone Service.	PTF	Program Temporary Fix.
P/P	Parallel Port.	PTM	Programmable Terminal Multip-
PPA	Protected Partition Area.		lexor.
PPBS	Planning Programming and Budget-	PTP	Paper Tape Punch.
	ing System.		Point To Point.
PPD	Port Protection Device	PTR	Paper Tape Reader.
PPE	Problem Program Efficiency.	PTT	Programmer Productivity
	Problem Program Evaluator.		Techniques.
PPH	Pages Per Hour.		Put That There.
PPI	Programmable Peripheral Interface.	PTTC	Paper Tape Transmission Code.
	Pulses per Inch.	PTW	Page Table Word.
PPM	Pages Per Minute.	PU	Physical Unit.
	Pulse Position Modulation.		Pluggable Unit.
PPS	Pulses per second.	PUB	Physical Unit Block.
PPSN	Public Packet-Switched Network.	PUCP	Physical Unit Control Point.
PPT	Primary Program Operator Interface	PUG	Pascal Users' Group.
	Task.	PVC	Permanent Virtual Circuit.
PQA	Protected Queue Area.	PVS	Program Validation Services.
PQEL	Partition Queue Element.	PWM	Pulse Width Modulation.
PRC	Postal Rate Commission.	PWS	Private Wire Service.
	Primary Return Code.	PWT	Poll Wait Time.
	Program Required Credentials.		
PRF	Pulse Repetition Frequency.		
PRIP	Pattern Recognition and Image Pro-		
	cessing.		
PROFS	Professional Office System.		
PROM	Programmable Read-Only Memory.		
PRR	Pulse Repetition Rate.		
PRT	PRinTer.	QA	Quality Assurance.
PRTSC	Print Screen.	Q/A	Question/Answer.

Q

QAM	Quad Amplitude Modulation.	RFA	Register Field Address.
	Queued Access Method.	RFP	Request For Proposal.
QBE	Query By Example.	RFQ	Request For Quotation.
QC	Quality Circle.	RFS	Remote File Sharing.
	Quality Control.	RGB	Red Green Blue.
QCB	Queue Control Block.	RH	Relative Humidity.
QECB	Queue Element Control Block.		Right Hand.
QIC	Quarter-Inch Cartridge Drive Compatibility.		Request/Response Header.
		RHM	Remote Hardware Monitoring.
QISAM	Queued Indexed Sequential Access Method.	RHS	Right Hand Side.
		RIA	Research Institute of America.
QLT	Quality Logic Test.		Robot Institute of America.
QMF	Query Management Facility.	RIDS	Reset Information Data Set.
QMS	Quality Management System.	RIM	Resource Interface Module.
QOH	Quantity on Hand.	RIP	Raster Image Processor.
QSAM	Queued Sequential Access Method.	RISC	Reduced Instruction Set Computer.
QTAM	Queued Telecommunications Access Method.	RIRO	Rollin/Rollout.
		RJE	Remote Job Entry.
QUIP	Quad In Line Package.	RLA	Remote Loop Adapter.
		RLD	Relocation Dictionary.
		RLL	Run Length Limited.
		RLM	Resident Load Module.
	R	RMC	Rod Memory Computer.
		RMF	Resource Management Facility.
		RMM	Read-Mostly Memory.
		RMS	Recovery Management Support.
RA	Repair Action.		Root Mean Square.
	Repeat to Address.	RNX	Restricted Numeric Exchange.
RACE	Research and Development in Advanced Communications in Europe.	RO	Receive Only.
		ROCOF	Rate Of Occurrence Of Failures.
RADC	Rome Air Development Center.	ROI	Regions of Interest.
RAIR	Remote Access Immediate Response.		Return On Investment.
		ROM	Read Only Memory.
RAM	Random Access Memory.	RON	Run Occurrence Number.
	Resident Access Method.	ROS	Read Only Storage or Store.
RAMP	Reliability, Availability, Maintainability Program.		Resident Operating System.
		ROSE	Remote Operations Service Element.
RAP	Response Analysis Program.		
RAR	Rapid Access Recording.		Research Open Systems for Europe.
RAS	Reliability - Availability - Serviceability.	ROT	Rule Of Thumb.
		ROTR	Receive Only Typing Reperforator.
RAX	Remote Access Computing System.	ROW	Rest Of the World.
RB	Return-to-Bias.	RPC	Remote Procedure Call.
RBA	Relative Byte Address.	RPE	Required Page End Character.
RBM	Real-Time Batch Monitor.	RPG	Report Program Generator.
RBOC	Regional Bell Operating Company.	RPL	Request Parameter List.
RBP	Registered Business Programmer.	RPM	Revolutions Per Minute.
RBT	Region Control Task.	RPN	Reverse Polish Notation.
	Remote Batch Terminal.	RPQ	Request for Price Quotation.
RC	Retrieval Center.	RPS	Rotational Position Sensing.
RCB	Request Control Block.	RPT	Repeat Character.
	Resource Control Block.	RPW	Running Process Word.
RCF	Reader's Comment Form.	RQ	ReQuest.
RCP	Recognition and Control Processor.	RQE	Reply Queue Element.
RCS	Reloadable Control Store.	RRN	Relative Record Number.
RCR	Required Carrier Return Character.	RS	Record Separator.
RCT	Region Control Task.		Reset.
R & D	Research and Development.	RSA	Rivest Shamir Alderman.
RD	Read.	RSAM	Relative Sequential Access Method.
	Remote Device.	RSCS	Remote Spooling Communications Subsystem.
RDB	Relational Database.		
RDBMS	Relational Data Base Management System.	RSDS	Relative Sequential Data Set.
		RSP	Remote Support Facility.
RDC	Remote Diagnostic Capability.	RSID	Resource Identification Table.
RDF	Record Definition Field.	RSM	Real Storage Management.
RDH	Remote Device Handler.	RSN	Real Soon Now.
RDOS	Real-Time Disc Operating System.	RSP	Required Space Character.
RDT	Resource Definition Table.	RSPT	Real Storage Page Table.
RES	Remote Entry Services.	RSS	Resources Security System.
RETAIN	Remote Technical Assistance And Information Network.	RT	Real Time.
			Receiver-Transmitter.
REU	Remote Entry Unit.	RTAM	Remote Terminal Access Method.
REW	Read, Execute, Write.	RTB	Response/Throughput Bias.
REX	Route Extension.	RTC	Real-Time Clock.

RTF	Rich Text Format.
RTI	Real-Time Interface.
RTL	Resistor-Transistor Logic.
RTM	Real Time Monitor.
	Registered Trade Mark.
RTOS	Real-Time Operating System.
RTS	Reactive Terminal Service.
	Ready To Send.
	Remote Terminal Supervisor.
	Request To Send.
RTSE	Reliable Transfer Service Element.
RTTS	Real Time Task Scheduler.
RTU	Remote Terminal Unit.
RU	Request/Response Unit.
RVA	Recorded Voice Announcement.
RVI	Reverse Interrupt.
RVT	Resource Vector Table.
R/W	Read/Write.
RWM	Read/Write Memory.
RWO	Right Wrong Omits.
Rx	Receiver.
RZ	Return to Zero.

S

SAA	System Application Architecture.
SAB	Secondary Application Block.
	Session Awareness Block.
SAC	Store Access Control.
SAD	Single Administrative Document.
SADT	Structured Analysis and Design Technique.
SAGMOS	Self-Aligning Gate MOS.
SAM	Sequential Access Method.
SAMOS	Silicon and Aluminium Metal Oxide Semiconductor.
SAN	Small Area Network.
SAP	Service Access Point.
SASE	Specific Application Service Elements.
SASI	Shugart Associates System Interface.
SAT	System Access Technique.
SAU	Standard Advertising Unit.
SAVT	Secondary Address Vector Table.
	Save Area Table.
SAW	Surface Acoustic Wave.
SAYE	Save As You Earn.
SBA	Shared Batch Area.
	Small Business Administration.
SBC	Single-Board Computer.
	Small Business Computer.
SBS	Satellite Business Systems.
	Small Business System.
	Subscript Character.
SC	Session Control.
	Steering Committee.
	Subcommittee.
SCA	System Control Area.
SCADA	Supervisory Control and Data Acquisition.
SCANIT	SCAN-Only Intelligent Terminal.
SCB	Station Control Block.
	String Control Byte.
SCC	Specialized Common Carriers.
SCD	System Contents Directory.
SCDDS	Switched Circuit Digital Data Service.

SCDR	Store Controller Definition Record.
	Subsystem Controller Definition Record.
SCF	System Control Facility.
SCI	Science Citation Index.
SCL	System Control Language.
SCP	Support Control Program.
	System Control Programming.
SCR	Silicon-Controlled Rectifier.
SCS	Society for Computer Simulation.
SCSI	Small Computer Systems Interface.
SCT	Special Characters Table.
	System Configuration Table.
SDA	Source Data Automation.
SDF	Simple Document Formattable.
SDI	Selective Dissemination of Information.
	Serial Data In.
	Standard Disc Interface.
SDL	Specification and Description Language.
	System Directory List.
SDLC	Synchronous Data Link Control.
SDO	Serial Data Out.
SDR	Statistical Data Recorder.
	System Definition Record.
SDS	Schema Definition Set.
SDU	Service Data Unit.
SDW	Segment Descriptor Language.
SDX	Satellite Data Exchange.
SE	Systems Engineer.
	Systems Engineering.
SEC	Securities and Exchange Commission.
SEM	Scanning Electron Microscope.
SEP	Separate Element Pricing.
SERC	Science and Engineering Research Council.
SEREP	System Error Record Editing Program.
SET	Selective Employment Tax.
SFC	Sectored File Controller.
SFD	Simple Formattable Document.
SGJP	Satellite Graphic Job Processor.
SGL	System Generation Language.
SGML	Standards Generalized Markup Language.
SGP	Statistics Generation Program.
SGT	Segment Table.
S/H	Sample and Hold.
SHA	Software Houses Association.
SHY	Syllable Hyphen Character.
SI	Shift-in-Character.
SIA	Semiconductor Industry Association.
SIAM	Society for Industrial and Applied Mathematics.
	System Integrated Access Method.
SIB	Session Information Block.
SIC	Standard Industrial Classification.
SICB	Subinterrupt Control Block.
SID	Society for Information Display.
SIG	Special Interest Group.
SII	Standard Individual Identifier.
SIMD	Single Instruction Multiple Data Stream.
SIMM	Single In-Line Memory Module.
SIO	Serial I/O.
	Serial Input/Output.

SIP	Scientific Instruction Processor.
	Single In Line Package.
	System Initialize Program.
SIPO	Serial In Parallel Out.
	Systems Installation Productivity Option.
SIRE	Syracuse Information Retrieval System.
SISD	Single Instruction Single Data Stream.
SISO	Serial In Serial Out.
SITPRO	Simplification of International Trade.
	Procedures Organization.
SIU	System Integration Unit.
SJCC	Spring Joint Computer Conference.
SKU	Stock-Keeping Unit.
S & L	Savings & Loan.
SLAP	Subscriber Line Access Protocol.
SLC	Single Line Controller.
SLD	Straight-Line Depreciation.
SLIB	Subsystem Library.
SLIC	Subscriber Line Interface Circuit.
SLIP	Serviceability Level Indicator Processing.
SLSI	Super Large Scale Integration.
SLSS	System Library Subscription Service.
SLT	Solid Logic Technology.
SLU	Secondary Logical Unit.
SMD	Standard Model Drive.
	Storage Module Drive.
	Surface Mounted Device.
SME	Society of Manufacturing Engineers.
SMF	System Management Facility.
SML	Spool multileaving.
SMM	System Management Monitor.
SMP	Symmetric Multiprocessing.
SMQ	Save/Restore Message Queue.
SMS	System Measurement Software.
SMT	Station Management.
	Surface Mount Technology.
SMTP	Simple Mail Transfer Protocol.
S/N	Signal-to-Noise Ratio.
SNA	Systems Network Architecture.
SNACP	SubNetWork Access Protocol.
SNADS	System Network Architecture Distributed Services.
SNBU	Switched Network Backup.
SNF	Sequence Number Field.
SNI	System Network Interconnect.
SNICP	SubNetwork Independent Convergence Protocol.
SNR	Signal to Noise Ratio.
SO	Shift-out Character.
SOA	Safe Operating Area.
	Start Of Address.
SOD	Sum-of-the-years digit.
SOF	Start-Of-Format Control.
SOH	Start Of Header.
	Start Of Heading Character.
SOM	Small Office Microfilm.
	Start Of Message.
	System Operator's Manual.
SOP	Small Outline Package.
	Standard Operating Procedure.
	Study Organization Plan.

SOR	Single Operator Responsability.
	Statement Of Requirements.
SOS	Silicon On Sapphire.
	Sophisticated Operating System.
SOTUS	Sequentially Operated Teletypewriter Universal Selector.
S/P	Serial Port.
	Single Precision.
	Space Character.
	Structured Programming.
SPA	Scratchpad Area.
SPAG	Standards Promotion and Application Group.
SPARC	Scalable Processor Architecture.
SPC	Stored-Program Control(ed).
SPDT	Single-Pole Double Throw.
SPEC	Speech Predictive Encoding.
SPF	Structured Programming Facility.
SPG	Sort Program Generator.
SPI	Single Program Initiator.
SPIN	Strategies and Policies in Informatics.
SPM	Source Program Maintenance.
	Source Program Maintenance Online.
SPN	Switched Public Network.
SPO	Serving Post Office.
SPOOL	Simultaneous Peripheral Operations On-Line.
SPP	Sequenced Packet Protocol.
SPPS	Subsystem Program Preparation Support.
SPR	System Parameter Record.
SPROM	Switched Programmable Read-Only Memory.
SPS	Superscript Character.
SPT	System Parameter Table.
SQA	System Queue Area.
SQL	Structured Query Language.
SRAM	Static RAM.
SRB	Service Request Block.
SRF	Software Recovery Facility.
SRI	Standard Research Institute.
SRM	System Resources Manager.
SRPI	Server Requester Programming Interface.
SRR	Serially Reusable Resource.
SRST	System Resource and Status Table.
SRT	Segmentation Register Table.
	Single Requestor Terminal.
SRTS	Special Reverse Charge Service.
SRU	Smallest Replaceable Unit.
SS	Solid State.
	Start Stop.
SSA	Segment Search Argument.
	Slave Service Area.
	Status Save Area.
	Structured Systems Analysis.
SSADM	Structured Systems Analysis and Design Methodology.
SSAM	Slave Service Area Module.
SSAP	Source Service Access Point.
SSCF	Secondary System Control Facility.
SSCP	System Service Control Point.
SSD	Solid State Disk.
SSDD	Single Sided Double Density.
SSDR	Supermarket Subsystem Definition Record.
SSE	Switching System Engineer.
SSI	Small-Scale Integration.
SSID	Subsystem Identification.
SSL	Source Statement Library.
SSN	Social Security Number.
SSP	System Service Program.

SSQD	Single Sided Quad Density.
SSR	Solid-State Relay.
SSS	Subsystem Support Services.
SSSD	Single Sided Single Density.
SST	System Scheduler Table.
ST	Straight Time.
	Structured Techniques.
	Synchronization Table.
	System Table.
STA	Spanning Tree Algorithm.
STAIRS	Storage and Information Retrieval System.
STCB	Subtask Control Block.
STD	State Transition Diagram.
	Subscriber Trunk Dialling.
STDM	Statistical Time Division Multiplexer.
STE	Segment Table Entry.
STEC	Store Exception Condition.
STL	Schottky Transistor Logic.
STMT	Statement.
STN	Super Twisted Nematic.
STOCS	Small Terminal Oriented Computer Systems.
STP	Stop Character.
STR	Synchronous Transmit/Receive.
	Synchronous Transmitter/Receiver.
STRAM	Synchronous Transmit Receive Access Method.
STST	System Task Set Table.
STW	System Tape Writer.
STX	Start of TeXt.
SU	Selectable Unit.
SUB	Substitute Character.
SVA	Shared Virtual Area.
SVC	Supervisor Call Instruction.
	Switched Virtual Circuit.
SVID	System V Interface Definition.
SVS	Single Virtual Storage System.
SVT	System Variable Table.
SVVS	System V Verification Suite.
SW	Switch Character.
SW or S/W	Software.
SWA	Scheduler Work Area.
SWADS	Scheduler Work Area Data Set.
SWAMI	Software-Aided Multifont Input.
SWIFT	Society for Worldwide Interbank Financial Telecommunications.
SYN	Synchronous Idle Character.
SYNC	Synchronizing Character.
SYSGEN	System Generation.
SYSLOG	System Log.
SYSRES	System Residence Disk.

T

TA	Transactional Analysis.
TAB	Tape-Automated Bonding.
	Tone Answer-Back.
TACT	Transient Area Control Table.
TAD	Transient Area Descriptor.
TAG	Time Automated Grid.
TAP	Terminal Access Point.
TBM	Terabit Memory.
TBO	Time Between Overhaul.
TC	Technical Committee.
	Transmission Control.

TCA	Telecommunications Association.
TCAM	Telecommunications Access Method.
TCAS	Terminal Control Address Space.
TCB	Task Control Block.
	Thread Control Block.
	Trusted Computing Base.
TCC	Technical Control Center.
TCF	Terminal Configuration Facility.
TCM	Trellis Code Modulation.
	Thermally-Controlled Module.
TCP/IP	Transmission Control Protocol/Internet Protocol.
TCU	Terminal Control Unit.
	Transmission Control Unit.
T & D	Test & Diagnostic.
	Transmitter-Distributor.
TDCC	Transportation Data Coordinating Committee.
TDF	Transborder Data Flow.
TDL	Terminal Display Language.
	Transformation Definition Language.
TDM	Time Division Multiplexing.
TDMA	Time-Division Multiple Access.
TDOS	Tape Disc Operating System.
TDR	Time Domain Reflectometry.
TDS	Transaction Data Set.
	Transaction Driven System.
T&E	Travel and Entertainment (company).
TEFRA	Tax Equity and Fiscal Responsibility Act.
TEG	Telecommunications Gateway.
TELECAUSE	Telecommunications Competitive Alternatives for Users Services and Equipment.
TELOPS	Telemetry On-Line Processing System.
TFT	Thin Film Transistor.
TGID	Transmission Group Identifier.
TH	Transmission Header.
	Trojan Horse.
TI	Texas Instruments.
TIBOL	Texas Instrument Bubble Operating Language.
TICCETT	Time-shared Interactive Computer-Controlled Educational Television.
TICOL	Texas Instruments Cassette Operating Language.
TID	Terminal Identifier.
TIFF	Tag Image File Format.
TIOC	Terminal I/O Coordinator.
TIOT	Task I/O Table.
	Terminal I/O Task.
TIP	Terminal Interface Processor.
TIQ	Task Input Queue.
TJB	Time Sharing Job Control Block.
TJID	Terminal Job Identification.
TLA	Telex Line Adapter.
TLAB	Translation Look-Aside Buffer.
TLB	Translation Look-Aside Buffer.
TLI	Transport Level Interface.
TLP	Term Lease Plan.
TLU	Table Look-Up.
T & M	Time & Materials.
TM	Tape Mark.
TML	Teradyne Modeling Language.
TMP	Terminal Monitor Program.
TMR	Triple Modular Redundancy.
TN	Twisted Nematic.
TNL	Technical Newsletter.
TNP	Transport Network Protocol.
TOAF	TCAM Origin Address Field.

TOC	Table Of Contents.
TOCT-TOU	Time Of Check To Time Of Use.
TOD	Time Of Day.
TOF	Top Of File.
	Top Of Form.
TOLTEP	Teleprocessing On-Line Test Executive Program.
TOM	Transparent Office Manager.
TOON	Two Out Of Nine.
TOP	Technical and Office Protocol.
TOPI-TOPO	Tons Of Paper In, Tons Of Paper Out.
TOPS	Tera Operations Per Second.
TOS	Tape Operating System.
TOTE	Teleprocessing Online Test Executive.
TP	Teleprocessing.
	Transaction Processing.
TPD or TPDB	Third Party DataBase.
TPF	Transaction Processing Facility.
TPI	Transport Provider Interface.
	Tracks Per Inch.
TPL	Terminal Programming Language.
TPLIB	Transient Program Table.
TPM	Third-Party Maintenance.
	Total Productive Maintenance.
TPNS	Teleprocessing Network Simulator.
TPR	Technical Proposal Requirements.
TPS	Transactions Per Second.
TQN	Technical Query Language.
TRACS	Traffic Reporting And Control System.
TRAN	Transmit.
TRC	Table Reference Character.
TRE	Time Request Element.
TRI	Transmission Interface Converter.
TRM	Test Request Message.
TRN	Token Ring Network.
TRV	Triple Redundant Voting.
TS	Time Sharing.
	Transmission Services.
TSAC	Time Slot Assignment Circuit.
TSB	Terminal Status Block.
TSC	Time Sharing Control Task.
TSCB	Task Set Control Block.
TSID	Time Sharing Input QCB.
TSO	Time Sharing Option.
TSOS	Time Sharing Operating System.
TSR	Terminate and Stay Resident.
TSRT	Task Set Reference Table.
TSS	Time Sharing System.
TT	Transmitting Typewriter.
TTD	Temporary Text Delay.
TTF	Terminal Transaction Facility.
TTL	Transistor-Transistor Logic.
TTY	TeleTYpe.
TU	Tape Unit.
TWA	Two-Way Alternate.
TWS	Technical Workstation.
	TeleSoftWare.
	Translator Writing Systems.
	Two-Way Simultaneous.
TWT	Travelling Wave Tube.
TWTA	Travelling Wave Tube Amplifier.
TWX	TeletypeWriter eXchange service.
TX	Transmit.
Tx	Transmitter.

U

UA	User Agent.
UADS	User Attribute Data Set.
UART	Universal Asynchronous Receiver Transmitter.
UBHR	User Block Handling Routine.
UBS	Unit Backspace Character.
UCC	Universal Commercial Code.
UCF	Utility Control Facility.
UCLA	University of California, Los Angeles.
UCS	Universal Character Set.
UCSD	University of California, San Diego.
UDC	Universal Decimal Classification.
UDC	Update Center.
UDI	Universal Development Interface.
UDK	User-Defined Key.
UDP	User Datagram Protocol.
UDS	Universal Data Set.
UEC	User Environment Component.
UFP	Utility Facilities Program.
UHL	User Header Label.
UHLL	Ultrahigh Level Language.
UID	Universal Individual Identifier.
UIL	Univac Interactive Language.
UIMS	User Interface Management System.
UL	Underwriters Laboratories.
ULA	Uncommitted Logic Array.
ULC	Universal Logic Circuit.
ULSI	Ultra Large Scale Integration.
UNCID	Uniform rules of Conduct for Interchange of trade Data by teletransmission.
UPC	Universal Product Code.
UPL	User Programming Language.
UPS	Uninterruptible Power Supply.
URC	Unit Record Controller.
US	Unit Separator.
USASI	United States of America Standards Institute.
USART	Universal Synchronous Asynchronous Receiver Transmitter.
USERID	User Identification.
USM	Unlisted Securities Market.
USPS	US Postal Service.
USRT	Universal Synchronous Receiver Transmitter.
USS	Unformatted System Services.
USS	User Support System.
UTL	User Trailer Label.
UTS	Unbound Task Set.
	Universal Time-Share System.
UUA	Univac Users Association.
UUD	Unit Under Development.
UUPC	Unix To Unix Communication Protocol.
UUT	Unit Under Test.
UV ROM	UltrA-Violet Read Only Memory.

V

VAB	Voice Answer-Back.
VAC	Value-Added Carrier.
VACC	Value Added Common Carrier.
VAD	Value-Added Dealer.
VADN	Value-Added Data Network.

VADS	Value-Added and Data Services.	VSB	Vestigial Side Band.
VAI	Video Assisted Instruction.		Very Small Business User.
VAM	Virtual Access Method.	VSE	Virtual Storage Extended.
VAN	Value-Added Network.	VSM	Virtual Storage Management.
VANS	Value Added Network Services.	VSN	Volume Serial Number.
VAP	Videotex Access Point.	VSPX	Vehicle Scheduling Program Extended.
VAR	Value-Added Remarketer or Reseller.	VT	Vertical Tabulation Character.
VAS	Value Added Services.		Virtual Terminal.
VAT	Value Added Tax.	VTAM	Virtual Telecommunications Access Method.
VBI	Vertical Blanking Interval.	VTI	Virtual Terminal Interface.
VCAM	Virtual Communications Access Method.	VTNS	Virtual Telecommunication Network Service.
VCBA	Variable Control Block Area.	VTOC	Volume Table of Contents.
VCO	Voltage-Controlled Oscillator.	VTP	Virtual Terminal Protocol.
VCR	Video Cassette Recorder.	VTR	Video Tape Recorder.
VDE	Verband Deutscher Electroteknicker.	VU	Voice Unit.
VDI	Virtual Device Interface.	VUVM	Voluntary Universal Marking Program.
VDL	Vienna Definition Langage.	V & V	Verification & Validation.
VDM	Vienna Development Method.		
	Virtual Device Metafile.		
VDMM	Virtual DOS Machine Manager.		
VDP	Video-Display Processor.		
VDTE	Voice Data Terminal Equipment.		
VDU	Video Display Unit.		
	Visual Display Unit.		
VESA	Video Electronic Standards Association.		

W

VF	Voice Frequency.	WACK	Wait Before Receive Positive Acknowledgement.
VFD	Vacuum Fluorescent.	WACO	Wire and Cable Company.
VFU	Vertical Format Unit.	WADS	Wire Area Data Service.
VG	Voice Grade.	WALAN	Wide Area Local Area Network.
VGA	Video Graphics Array.	WAMI	World Association For Medical Informatics.
VGC	Video Generator Chip.	WAN	Wide-Area Network.
VHD	Very High Density.	WARM	Write-And-Read-Many (DOD).
VHDL	Very High Description Language.	WATS	Wide Area Telephone Service.
VHLL	Very High Level Language.	WBS	Work Breakdown Structure.
VHPIC	Very High Performance Integrated Circuit.	WCGA	World Computer Graphics Association.
VHSIC	Very High Scale Integrated Circuit.	WCS	Writeable Control Store.
VICC	Visual Information Control Console.	WD	Wiring Diagram.
VIO	Virtual I/O.		Working Draft.
VIP	Verifying Interpreting Punch.	WDC	World Data Center.
VIT	Very Intelligent Terminal.	WE	Western Electric.
VLCD	Very Low Cost Display.	WESCON	Western Electronics Show and Convention.
VLSI	Very Large Scale Integration.	WIMP	Window, Icon, Mouse, Pull-down Menu.
VLT	Video Lookup Table.	WIP	Women in Information Processing.
VM	Virtual Memory.		Work In Process.
VME	Versa Module Eurocard.		Work In Progress.
V-MOS	Vertical Metal Oxide Semiconductor.	WJCC	Western Joint Computer Conference.
VMOS	Virtual Memory Operating System.	WM	Window Manager.
VMS	Virtual Memory System.		Word Mark.
VMT	Video Matrix Terminal.	WMRA	Write Many Read Always.
VNL	Via Net Loss.	WOOD	Write-Once Optical Disc.
VOGAD	Voice-Operated Gain-Adjusting Device.	WORM	Write Once Read Mostly (or Many Times).
VOS	Virtual Operating System.	WP	Word Processing.
VP	Verifying Punch.	WPM	Words Per Minute.
VPA	Volume Purchase Agreement.	WPS	Words Per Second.
VR	Virtual Route.	WRU	Who Are You ?
VRAM	Video Memory RAM.	WSI	Wafer Scale Integration.
	Volatile RAM.	WTC	World Trade Corporation.
VRC	Vertical Redundancy Check.	WTO	Write-To-Operator.
	Visible Record Computer.	WTOR	Write-To-Operator with Reply.
VRID	Virtual Route Identifier.	WU	Western Union.
VRM	Virtual Resource Manager.	WWMCCS	World Wide Military Command and Control System.
VS	VerSus.		
	Virtual Storage.		
VSAM	Virtual Storage Access Method.		
VSAT	Very Small Aperture Terminal.		

WYSIWYG	What You see is What You Get.
WYSYWOG	What You See You Won't Get.
WXTRN	Weak External Reference.

X

XMOS	High-Speed Metal Oxide Semiconductor.
XNS	Xerox Network System.

Y

YMD	Year Month Day.
YTD	Year To Date.

Z

ZBB	Zero Base Budgeting.
ZBR	Zone Bit Recording.
ZIF	Zero Insertion Force.
ZIP	Zigzag In-line Package.
	Zone Improvement Plan.

SIGNES COURANTS

0, 1, ..., 9	numerals	chiffres
A, B, ..., Z	alphabetic characters	lettres
+	plus sign	signe plus
−	minus sign	signe moins
-	hyphen	trait d'union
×	multiply sign	signe de multiplication
:	divide sign	signe de division
	colon	deux points
.	period, decimal point	point
,	comma	virgule
;	semi-colon	point-virgule
'	apostrophe	apostrophe
—	underline, underscore	souligné
—	dash	tiret
=	equal sign, equals	signe égal
!	exclamation mark or point	point d'exclamation
?	question mark	point d'interrogation
..	diaeresis	tréma
/	diagonal, slash, slant	barre de fraction
	virgule, solidus	barre oblique
\	inverted diagonal	barre oblique inverse
	reverse slant, backslash	
"	quotation marks, quotes	guillemets
'	single opening quotation mark	apostrophe d'ouverture
"	double opening quotation marks	guillemet d'ouverture
,	single closing quotation mark	apostrophe de fermeture
"	double closing quotation marks	guillemet de fermeture
( )	parentheses, round brackets	parenthèses
(	left parenthesis, opening parenthesis	parenthèse gauche
)	right parenthesis, closing parenthesis	parenthèse droite
{ }	braces	accolades
{	left brace, opening brace	accolade gauche
}	right brace, closing brace	accolade droite
[ ]	brackets, square brackets	crochets
[	left bracket, opening bracket	crochet gauche
]	right bracket, closing bracket	crochet droit
<	less-than-sign	signe « inférieur à »
>	greater-than-sign	signe « supérieur à »
↑	vertical arrow	flèche verticale
→	horizontal arrow	flèche horizontale
...	points of suspension, ellipsis	points de suspension
^	circumflex accent	accent circonflexe
∧	caret	caret, v inversé
ƀ	slashed b	b barré
@	at sign or symbol	a commercial, arobas, « escargot »
&	ampersand	et commercial, perluète
%	percent sign	signe %
$	dollar sign	signe $
£	pound sign	signe £
c	cent sign	signe c
*	asterisk, star	astérisque
#	number sign, pound sign	signe # (très peu différent de), fagot
◊	lozenge, diamond	losange, « oreiller écrasé », oreiller fatigué
©	Copyrighted	Copyright
R	Registered trademark	marque déposée
TM	Trade-mark	marque de fabrique
●	bullet	puce

APPEL AU LECTEUR

Aucun dictionnaire, *a fortiori* un dictionnaire bilingue spécialisé, ne saurait être exhaustif, ce qui impliquerait l'immobilité de la langue. Cet ouvrage n'est donc pas exempt de lacunes, voire d'imperfections.

L'auteur serait heureux de bénéficier de vos critiques et de vos suggestions afin d'en tenir compte lors d'une prochaine édition. S'agissant d'un dictionnaire bilingue, il vous demande seulement de lui fournir, si possible, un minimum de contexte et, si vous la connaissez, la traduction du mot ou de l'expression.

Adressez vos commentaires à l'éditeur en précisant votre adresse si vous désirez ne pas rester anonyme.

Merci d'avance

Michel GINGUAY

OUVRAGE : « **DICTIONNAIRE D'INFORMATIQUE, BUREAUTIQUE, TÉLÉMATIQUE, MICRO-INFORMATIQUE** » **FRANÇAIS/ANGLAIS (5ᵉ édition).**

Commentaires destinés à l'auteur, envoyés par : (éventuellement)

M., Mme ou Mlle ....

Adresse ....

Pli à adresser à : **MASSON Editeur**
Département Livres de Sciences
120 boulevard St-Germain
75280 PARIS Cedex 06

MASSON, Éditeur
120, Bd St-Germain
75280 Paris Cedex 06
Dépôt légal : Février 1990

JOUVE
18, rue Saint-Denis
75001 Paris
Dépôt légal : Janvier 1990
Nᵒ 51606